WILLIAM STONE promovierte an der University of Texas in Bauingenieurwese und gehört seit vielen Jahren zu den bekanntesten Höhlenforschern der Wel In den vergangenen 33 Jahren nahm e an über 40 internationalen Expeditione teil, von denen er einige selbst leitete. Darüber hinaus entwickelte Bill einen radargesteuerten Kartografen, der mit Hilfe von Sonarwellen und modernster militärischer Technologien Begrenzungen von Unterwasserhöhlen punktgenau ortet. Als Anerkennung für seine Arbeit bekam Bill Stone 2001 vom Explorers Club den Willard Bascom Quadrennial Preis verliehen.

BARBARA AM ENDE schloss 1995 ihre Doktorarbeit in Geologie ab und hielt 1998 Vorlesungen an der University of Maryland. Anschließend erhielt sie aufgrund ihrer Kenntnisse in der Höhlenkartografie eine Stelle als Grafikprogrammiererin. Sie nahm an zahlreichen Forschungsexpeditionen in acht Ländern teil. Auf einer Expedition der National Geographic Society 1999 nach Wakulla Springs war sie für visuelles Programmieren zuständig und fertigte die erste dreidimensionale Höhlenkarte. Derzeit ist Barbara am Ende am National Institute of Standards and Technology tätig, wo sie zusammen mit Chemikern und Physikern an Projekten über Halbleiter und Supraleiter arbeitet.

Das Buch entstand unter Mitarbeit von MONTE PAULSEN. Seine Tätigkeiten für zahlreiche Zeitschriften und Magazine führten den Journalisten, Höhlenforscher und Entdecker bereits um die ganze Welt.

WILLIAM STONE
BARBARA AM ENDE
unter Mitarbeit
von Monte Paulsen

HÖHLENRAUSCH

*Eine spektakuläre Expedition
unter die Erde*

*Aus dem Amerikanischen
von Regina Schneider*

*Ein Buch der Partner
Goldmann und National Geographic Deutschland*

Die Originalausgabe erschien 2002
unter dem Titel »Beyond the Deep«
bei Warner Books, New York.

Umschlagfotos:
Flamur Tonuzi (oben), Wes Skiles (hinten)

Diana Lowrey: S. 63
Wes Skiles: S. 43, 291; Farbteil S. 1, 2, 3, 4 oben, 4 links unten, 5
Alle weiteren Fotografien stammen von William Stone,
wenn nicht anders angegeben.

SO SPANNEND WIE DIE WELT.

Dieses Werk erscheint in der Taschenbuchreihe
NATIONAL GEOGRAPHIC ADVENTURE PRESS
im Goldmann Verlag, München.

1. Auflage Juni 2003, deutsche Erstausgabe
Copyright © 2003 der deutschsprachigen Ausgabe
NATIONAL GEOGRAPHIC ADVENTURE PRESS
im Goldmann Verlag, München,
in der Verlagsgruppe Random House GmbH
Copyright © 2002 William C. Stone,
Barbara am Ende und Monte Paulsen
Alle Rechte vorbehalten
Lektorat: Gudrun Honke, Bochum
Umschlaggestaltung: Petra Dorkenwald, München
Herstellung: Sebastian Strohmaier, München
Satz: Uhl + Massopust, Aalen
Druck und Bindung: Clausen & Bosse, Leck
ISBN 3-442-71221-1
www.goldmann.de
Printed in Germany

Das Papier wurde aus chlorfrei gebleichtem Zellstoff hergestellt.

Für Jim King und Roland Puton,
die visonären Schirmherren, die in dem Vorhaben sahen,
was es war: die Erforschung der letzten irdischen Grenze.

Für Rolf Adams und Ian Rolland,
die in ihrer kurzen Zeit auf Erden intensiver gelebt haben,
als viele andere jemals leben werden.

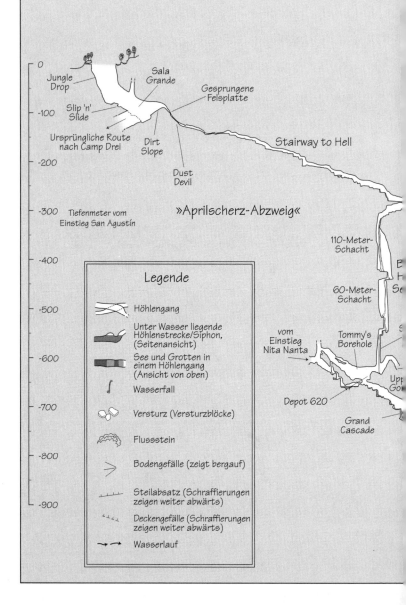

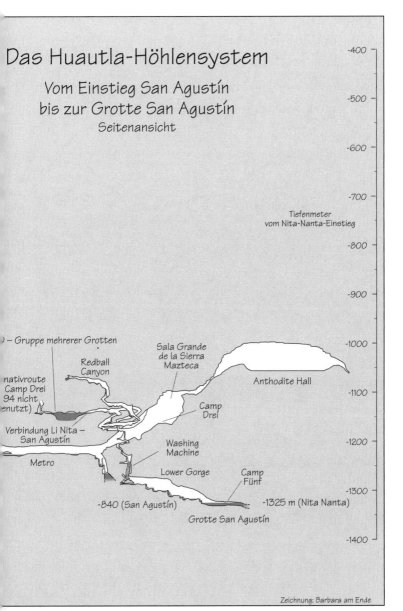

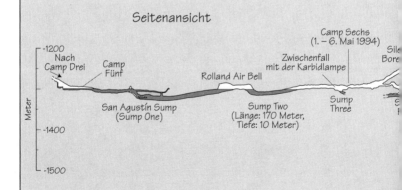

Das Huautla-Höhlensystem
San Agustín Grotte und Umgebung

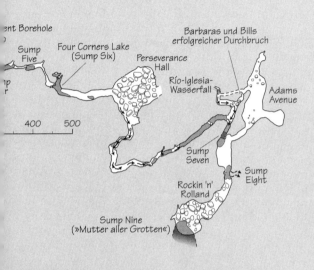
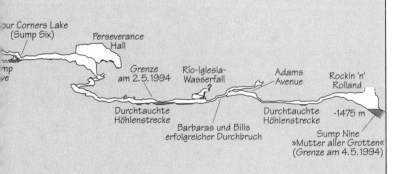

Zeichnung: Barbara am Ende

Vorwort der Autoren

»Höhlenrausch« ist die wahre Geschichte der im Jahr 1994 durchgeführten Expedition in das Herz des Huautla-Plateaus in Mexiko. Es schildert die Expedition aus der Perspektive von Bill Stone und Barbara am Ende. Als Grundlage dienten ihnen die Eintragungen in den Expeditionstagebüchern und ihren persönlichen Tagebüchern, ihre Erinnerungen sowie zahlreiche Interviews, die Mitautor Monte Paulsen geführt hat.

Derlei unterschiedliche persönliche Berichte in eine Erzählung zu verweben hat uns gezwungen, viele amüsante Anekdoten wegzulassen und andere Geschehnisse auf Zeitpunkte oder Orte zu verlagern, die von denen des eigentlichen Geschehens abweichen. So fanden wir es beispielsweise sinnvoll, in den Kapiteln, welche die Höhle selbst vorstellen, die Zeitspanne leicht zu verändern, um im Höhlenlabyrinth nicht unüberschaubar von hier nach da zu springen. Keines der geschilderten Ereignisse ist erfunden, und das Hauptgeschehen ist so genau wie möglich wiedergegeben.

Gleichermaßen war es notwendig, die Dialoge zu rekonstruieren. Jemand anderem Worte in den Mund zu legen ist immer ein heikles Unterfangen, umso mehr sieben Jahre danach. Jedes Teammitglied war mit den geschilderten Dialogen einverstanden und hat selbst so viel wie möglich aus seiner Erinnerung beigetragen. In der wörtlichen Rede stammen manche Worte oder Sätze aus späteren Kommentaren desselben Sprechers. In gleicher Weise haben wir die Erinnerungen der Mazteken verwertet, die sie uns bereitwillig auf Spanisch übermittelten.

Erinnerung ist naturgemäß etwas sehr Subjektives. Daher haben wir, sobald wir merkten, dass ein Teammitglied mit unserer Darstellung nicht einverstanden war, nach einem Kompromiss gesucht. Insofern wird das Geschehen in den wenigsten Fällen aus Bills und Barbaras Perspektive erzählt.

Wo immer es möglich war, haben wir fachsprachliche Ausdrücke durch allgemein verständliche Begriffe ersetzt und komplizierte Zusammenhänge vereinfacht dargestellt. Das Hin und Her von englischen Maßeinheiten und metrischem System zu vereinheitlichen ist uns allerdings weniger gelungen. Als Naturwissenschaftler ziehen Bill und Barbara die Präzision des metrischen Systems zwar vor, doch unglückseligerweise hatte dies keinen Einfluss auf die gesprochene Sprache der amerikanischen und britischen Taucher. Als Kompromiss haben wir die Längen- und Tiefenmaße der Höhlen in Metern angegeben, sie im tagtäglichen Sprachgebrauch hingegen manchmal in den englischen Einheiten belassen.

Zwei erzähltechnische Kunstgriffe haben wir in diesem Buch jedoch *nicht* angewendet: Wir haben keine fiktiven Ereignisse hinzugefügt und keine Figuren erfunden. Alles, was in diesem Buch erzählt wird, hat sich während der Expedition 1994 tatsächlich so zugetragen (ausgenommen die vermerkten historischen Verweise), und hinter jedem Namen verbirgt sich eine tatsächlich lebende Person.

Die Geschichten, die dieses Buch füllen, sind die Geschichten nicht weniger Menschen, die aus purer Entedeckungslust unglaubliche Entbehrungen auf sich nehmen und ihr Leben tagtäglich in die Hände anderer geben. Sie alle haben unsere größte Hochachtung. Und wir sind sicher, sie werden auch die Ihre erwerben.

Monte Paulsen	Bill Stone	Barbara am Ende
Baltimore	Gaithersburg	Germantown
Maryland	Maryland	Maryland

Im Februar 2002

Prolog

19. März 1979

840 Meter unterhalb des dunklen Ackerbodens eines mexikanischen Maisfelds kroch Bill Stone zaghaft die Decke eines durchfluteten Höhlengangs entlang. Seine Knie scheuerten geräuschlos gegen das Deckengestein.

Dort, am untersten Ende der Welt, mit dem Kopf nach unten hängend, griff er nach dem Manometer, das um seine Brust baumelte, und zerrte daran, damit er das Skalenblatt ablesen konnte, das etwa so groß war wie der Puck beim Eishockey. Er atmete langsam tief durch, und kühle Luft durchströmte seine Lungen. Ein unheimliches Geräusch durchbrach die Stille: »Ssssshuuu.« Mit einem Ruck bewegte sich die dünne schwarze Nadel über das Skalenblatt des leuchtgrünen Druckmessgeräts, blieb stehen und zeigte an, wie viel Sauerstoff er noch hatte: 2700 PSI (Pfund pro Quadratinch). Für eine kleine Sauerstoffflasche, wie sie ihm seitlich an der Hüfte hing – ein Metallzylinder ungefähr so groß wie eine Weinflasche –, bedeutete das noch ungefähr zehn Minuten lang Atemluft, sofern er einen kühlen Kopf behielt. Er atmete aus: »Pschschsch.«

Silbrige Luftblasen perlten an seinem Arm hoch, ein paar bis zur Decke, wo sie sich in den Fugen und Ritzen festsetzten; der Großteil aber glitt zwischen seinen Beinen hindurch, wie fallendes Quecksilber. Er sah zu, wie die ausgeatmeten Luftblasen entschwanden, als ob sie besser wüssten als er, was da vor ihm lag. Am liebsten hätte auch er sich auf und davon gemacht, doch die Auftriebskraft, die seinen Atem hinaus aus der Höhle zog, hielt seinen Körper an Ort und Stelle. Das dicke Neoprengewebe seines schwarzen Taucheranzugs war mit Luft gefüllt, und da er keinen Bleigurt trug, hielt ihn der Auftrieb fest gegen die Decke gedrückt. Um sich beim Entlangrutschen nicht den Rücken aufzuschürfen, hatte er sich kopfüber in die Hocke begeben und kroch so hinein in die mit Wasser gefüllten Teile der Höhle. Der Gedanke an den tiefblauen Himmel über Mexiko, eine halbe Meile unterhalb seines Bauchnabels, brachte sein Raumempfinden durcheinander. Besser nicht daran denken, sagte er sich.

Bill tankte mit einem kräftigen Atemzug seine Lungen auf und glitt weiter vorwärts wie eine übergroße Spinne. »Sssssshuuu.« Auf seinem abgenutzten Taucheranzug trug er schweres Gerät, das an einem dicken Nylonseil festgemacht war. Am anderen Ende des Seils standen Hal Lloyd und Steve Zeman, bereit, ihn notfalls zurück an die Oberfläche zu ziehen. Und sie gingen alle drei davon aus, dass das früher oder später der Fall sein würde. Tiefe Höhlen wie diese wurden von unterirdischen Flüssen ausgeformt. Die strömenden Wasser überfluteten durch Ritzen und Spalten die engen Durchgänge zwischen größeren Untergrundkammern und schufen überschwemmte Höhlengänge, so genannte Grotten. Da die drei sicher waren, dass der nächste mit Luft gefüllte Raum höhenmesstechnisch tiefer liegen würde als derjenige, in dem Hal und Steve im Moment standen, mussten sie am anderen Ende der Senke eigentlich auf einen Wasserfall stoßen, der mit gewaltiger Kraft in eine weitere Kammer hinabstürzen würde. Bill befürchtete daher, ein plötzlicher Strudel könnte ihn mitreißen und zu Tode stürzen, und hatte die beiden gebeten, nur ganz langsam Seil zu geben und auf sein Zeichen zu achten: Einmal ziehen hieß »Stop«, zwei- oder mehrmals hieß »Zieht mich zurück, *sofort*.«

Weitere quecksilberartige Bläschen entwichen in die Grotte. Bill wartete, bis das Glucksen aufgehört hatte, verharrte dann still und reglos. Mit seinen schwieligen Fingern lockerte er die Neoprenkapuze, die er unter seinem Schutzhelm trug, und fragte sich, ob er den Wasserfall wohl hören würde, bevor er ihn sehen könnte. Kaltes Wasser drang in sein Ohr. Doch zu hören war nichts. Er schauderte, überprüfte noch einmal den Karabinerhaken, der ihn mit dem Führungsseil verband, und robbte weiter vorwärts.

Die marmorähnliche Decke fiel weiter ab. Vor ihm schimmerte etwas. Doch was da schimmerte, konnte er nicht erkennen, denn die kleinen elektrischen Strahler auf seiner Fiberglasstirnlampe leuchteten nicht hell genug. Vorsichtig kroch er weiter, drauf und dran, sich jeden Moment gegen die erwartete Strömung zu stemmen. Als er dem Schimmer näher kam, sah er, dass es sich nicht um die ersten kleinen Kräuselungen eines Wasserstrudels handelte, sondern um die silbrige Unterseite einer riesigen Luftblase unter einer Wölbung an der Decke. Er watete hinein in die Luftglocke. Drinnen reckte er den Kopf in die Höhe. Der orangegelbe Schein seiner Zwei-Watt-Stirnlampe leuchtete nun wesentlich heller. Er schob sein Mundstück halb heraus und atmete ganz normal aus, sog die Luft ein, erst sacht, dann tief. Sie schien in Ordnung zu sein. Für alle Fälle aber hielt er den Scuba-Regler griffbereit; erst vor wenigen Jahren waren drei britische Höhlenforscher ums Leben gekommen, nachdem sie in einer eingeschlossenen Luftkammer wie dieser schlechte Luft eingeatmet hatten. Er steckte das Mundstück zurück in den Mund und stieg wieder hinab in das dunkle Nass.

Das Schwindelgefühl beim Wiedereintauchen brachte seinen Orientierungssinn durcheinander. In der Luftglocke war oben oben gewesen. Zurück in der Mulde war oben wieder unten – ein Gefühl, als wäre die Höhle selbst auf den Kopf gestellt, als würde er durch die Eingeweide eines riesigen Tieres gleiten. Diese Vorstellung jagte ihm einen Schrecken ein. Sein Herz raste wie wild. Er fing an, Luft zu schlucken. »Ssssshuuu« – die dünne schwarze Nadel schlug heftig aus.

Reiß dich zusammen, Mann!, schalt er sich selbst. *Wenn dich etwas umbringt, dann eher Panik als die Höhle.* Schon zahlreiche Höhlentaucher waren ertrunken, als sie die Angst gepackt hatte. Dann saugten sie viermal so schnell wie normal an ihrer Sauerstoffflasche, verschwendeten kostbare Zeit, indem sie sich unnötig mit etwas aufhielten, was sie erschreckt hatte. Bill rief sich ins Gedächtnis, dass ihm noch nie zu Ohren gekommen war, jemand sei von einem Wasserfall in die Tiefe gerissen worden. Er zwang sich zur Ruhe und dachte an einen alten Witz, den sein Freund Jim Smith in solchen Situationen gern erzählte: »Billiger kommst du nicht tiefer unter die Erde, alter Kumpel.«

Der Galgenhumor beruhigte seine Nerven. Er atmete ruhig aus, leise wieder ein und überprüfte seinen Sauerstoffvorrat: noch 2200 PSI.

Er drängte weiter. Die Decke fiel steil ab. Der Höhlengang war wie eine eingedrückte Birne geformt. Der bauchige obere Teil maß ungefähr drei Meter im Durchmesser; die von Geröll umsäumte Grotte lag rund fünf Meter unterhalb der Deckenwölbung. Die schwarzen Kalksteinwände waren mit einer samtartigen, ockerfarbenen Schlammschicht überzogen, was trotz des rund 17 Grad kalten Wassers einen warmen Eindruck vermittelte.

Nach 35 Metern in der Grotte überprüfte er erneut die Druckanzeige: 1900 PSI. Ein Drittel des Sauerstoffs in der Hauptversorgungsflasche hatte er bereits verbraucht. Und wenn er ein Drittel als Reserve einkalkulierte, sollte er sich nun besser auf den Rückweg machen. Die schwarz umrandete Taucherbrille schränkte sein Sichtfeld stark ein. Bevor er endgültig umkehrte, stieß er sich sacht von der Decke ab und machte eine Rolle, um einen letzten Blick auf das zu werfen, was vor ihm lag. Was er sah, verschlug ihm den Atem.

Während er sich die ganze Zeit voll und ganz darauf konzentriert hatte, sich an der gewölbten Decke entlangzuhangeln, war der Boden des Höhlengangs einfach verschwunden. Stattdessen erstreckte sich dort ein kristallklarer See von unergründlicher Tiefe. Das Wasser war so rein, dass das matte Scheinwerferlicht der Zwillingsstrahler seiner Stirnlampe in die tiefblaue Schlucht fiel und sich im Schwarz der Tiefe verlor, ohne auf ein Anzeichen von Grund zu stoßen. So etwas hatte er noch nie gesehen. Einen stummen Moment lang starrte er träumerisch hinunter zum Mittelpunkt der Erde.

»Pschschsch« – das Aushauchen des angehaltenen Atems durchbrach die stumme Versunkenheit und zog seine Aufmerksamkeit zurück in die Gegenwart. Er befand sich nur zehn Meter unterhalb der Oberfläche der Grotte, doch selbst in dieser Tiefe saugte er mit jedem Atemzug doppelt so viel Luft aus dem winzigen Sauerstofftank wie an der Oberfläche.

»Ssssshuuu« – die Nadel auf dem Manometer schlug deutlich aus und blieb bei 1600 PSI stehen. Zeit, sich auf den Rückweg zu machen. Er drehte sich herum und zog dreimal kräftig am Führungsseil.

»Pschschsch.« Nichts passierte.

»Ssssshuuu« – 1500 PSI. Fünf Minuten noch, höchstens. Er zog noch einmal.

»Pschschsch« – noch immer nichts.

»Ssssshuuu« – 1400 PSI. Das dicke Nylonseil erschlaffte und sank, wobei es sich wie eine lange Spaghettischnur kringelte. *Hal! Pass doch auf. Und wo zum Teufel steckt Steve?*

»Pschschsch.« Bill begann zu sinken. Das schwere Kettenglied zog ihn nach unten, wie einen Anker. Der steigende Wasserdruck, der die Luft in seinem Tank komprimierte, drückte auch die Luft in seinem Taucheranzug zusammen. Je weniger Volumen, desto weniger Auftrieb. Und nun, da ihn der Auftrieb nicht mehr gegen die Decke gedrückt hielt, sank er langsam in den tiefblauen Abgrund.

»Ssssshuuu« – 1300 PSI. Er strampelte mit den Beinen, was kaum etwas nützte. Um das Gewicht der Tauchausrüstung zu minimieren, hatte er seine Flossen an der Oberfläche zurückgelassen und sich zusammen mit seinen Teamkollegen über 840 strapaziöse Meter vorsichtig in die Höhle abgeseilt. Ohne die Flossen schlenkerten seine Beine im Wasser einfach hin und her.

»Pschschsch.« Wie wild schwamm er in Richtung des birnenförmigen Trichters über sich und schluckte Luft, schneller und schneller, in immer kürzeren Abständen.

»Ssssshuuu« – 1100 PSI. Sein langer Arm bekam ein Gesims zu fassen.

»Pschschsch.« Er zog sich hoch, hinein in die Mulde am Fuß des Höhlengangs.

»Ssssshuuu« – 900 PSI. Er fand sich damit ab, sich auf dem Rückweg von einem kleinen Vorsprung an der Felswand zum nächsten hangeln zu müssen.

»Pschschsch.« Der durchflutete Höhlengang, eben noch kristallklar, war jetzt eine einzige trübe Brühe, ein undurchsichtiger Wald voller ockergelber Schlammschlieren. Mit den Scheinwerfern der Stirnlampe leuchtete er die Decke ab. Überall dort, wo er mit Händen oder Knien aufkam oder wo die silbrigen Luftblasen seines ausgestoßenen Atems auftrafen, strömte ihm eine orangegelbe Schlammwolke entgegen. Er hatte die Ablagerungen an der Decke losgetreten, und nun rieselten sie wie in einem Schneesturm auf ihn herab.

»Ssssshuuu« – 700 PSI. Die einzelnen Schlieren verschmolzen schnell zu einem mächtigen, schlammigen Pfuhl, so dass er nach wenigen Metern nicht mehr die Hand vor Augen sah.

»Pschschsch.« Blind tastete er nach dem Führungsseil. Nichts lief nach Plan: kein Auftrieb, null Sichtweite, horrender Sauerstoffverbrauch und noch dazu ein schlaffes Führungsseil. *Wo stecken die Jungs bloß?*

»Ssssshuuu« – 500 PSI. Fast schon Zeit, die Reserveflasche in Gebrauch zu nehmen. Bis hierhin hatte ihm eine Flasche gereicht, und das unter guten Bedingungen. Sollte er nun gezwungen sein, den Rückweg tastend und mit der gleichen Menge Sauerstoff zurückzulegen, musste er einen kühlen Kopf bewahren.

Plötzlich straffte sich das Seil. Er fühlte, wie er durch den ockergelben Schlamm gezogen wurde. *Na endlich!*, dachte er, *wurde auch langsam Zeit.*

»Pschschsch.« Er spürte, wie er immer schneller wurde, konnte im dichten Schlamm aber nichts sehen. »Krach!« Sein Helm schlug gegen eine Wand. *Oder war es die Decke?*

»Ssssshuuu.« Er rollte sich ab und streckte die Hand aus. Die Sicht wurde allmählich besser.

»Pschschsch.« Als er wieder Auftrieb hatte, kippte er erneut kopfüber und stieß sich mit den Fingerspitzen von der Decke weg. Das Atmen ging immer schwerer, da die Sauerstoffflasche leerer wurde. Um nach unten zu greifen und den zweiten Regler zu finden, musste er riskieren, erneut gegen eine Höhlenwand zu krachen. Doch ehe er wusste, was er als Nächstes tun wollte, fand er sich mit dem Kopf oberhalb der Wasseroberfläche. Er spuckte den Regler aus und atmete keuchend die kühle Höhlenluft. Hal und Steve zogen weiter am Führungsseil, bis er sich direkt unter ihnen befand. Als er wieder bei Atem war, lachte er seine beiden Freunde an.

»Hallo, Kumpel!«, rief Hal. »Wir haben uns echt Sorgen um dich gemacht!«

»Es kam einfach kein Signal«, fügte Steve hinzu. »Zu viel Reibung, schätze ich.«

Bill schlotterte und nickte.

»Ja, mir war so, als hätte ich eine kleine Spannung im Seil bemerkt«, fuhr Hal fort, »und wir sagten uns, Teufel noch mal, der ist sowieso schon viel zu lange da unten. Also haben wir angefangen zu ziehen.«

»Das war kurz vor knapp«, erwiderte Bill. Er streifte die schwarze Gummimaske in den Nacken und schwang sich auf das Gesims zu Hal und Steve.

»Mann«, sagte er, »ihr werdet es nicht glauben, aber diese Schlucht führt zum Mittelpunkt der Erde.«

Diese Expedition – sie fand 1979 statt – wurde anderthalb Monate später zu einem glücklichen Ende gebracht. Ein Team junger Höhlenforscher erkundete die Höhle – die Sótano de San Agustín heißt –, packte die rostigen Pickups für die Heimfahrt, überquerte das Huautla-Plateau (sprich: WAU-tla), kutschierte nordwärts durch Mexiko und war Mitte Mai wieder zu Hause in Texas.

Seinerzeit, in den Pioniertagen der mexikanischen Höhlenforschung, konnte jeder Tatenlustige, der eine Stirnlampe und eine Ladung Seile besaß, unerforschte Höhlen entdecken und der Erste sein, der ihre Tiefen ergründete. Damals lebte Bill in Austin, wo er sich mit einer Clique solcher Höhlenforscher ein billiges Appartement in einem Mietwohnblock teilte. Die »Kirkwood Road Crew« verwendete den Großteil ihres Geldes – und ihrer Freizeit – auf die Erforschung der Höhlen Mexikos. Wie langhaarige Abenteuerflüchtlinge aus »Star Trek« waren sie süchtig nach Orten, wohin noch kein Mensch vor ihnen seinen Fuß gesetzt hatte.

Bills abenteuerlicher Tauchgang in die tiefen Grotten von San Agustín brachte dem schlaksigen 26-Jährigen einen Artikel in der Zeitschrift »Outside« ein. Seit seiner Jugend hatte er Höhlen überall in den USA und Mexiko erkundet, doch so etwas wie den klaffenden, tiefblauen Abgrund im Herzen der Huautla hatte er noch nie gesehen. Die Höhlen hatten erst unlängst ihre Geheimnisse preisgegeben, einen dunklen Spalt nach dem anderen, und belohnten die wochenlange Arbeit der Forscher zuweilen mit einer tiefen Schlucht oder großen Kammer. Diese Entdeckungen machten den Kern der Höhlenforschung aus und waren für Bill genau das, was diesen Extremsport von anderen, wie beispielsweise dem Bergsteigen, unterschied. Während man hohe Gipfel vom flachen Land aus vermisst, bevor sie je erklommen werden – der Mount Everest wurde nicht etwa nach seinem Erstbesteiger benannt, sondern nach jenem Geometer, der seine Höhe vermessen hat –, weiß kein Mensch, welche Höhle die tiefste ist, bis sie allesamt von Höhlenforschern ausgelotet sind.

Die Kirkwood Cowboys waren allerdings der Meinung, dass Bills nervenaufreibender Tauchgang einen Fehlschlag darstellte. Da er keinen weiterführenden Höhlengang gefunden hatte, folgerten seine Kumpel, dass die Sótano de San Agustín nicht tiefer ging. Bill setzte alles daran, sie von diesem Schluss abzubringen. Auf jeder nächtlichen Party, die mal in dieser, mal in jener Bude des baufälligen Wohnblocks stattfand, erzählte er ihnen immer wieder von jenem Moment der Offenbarung, als sich der lockende Abgrund vor ihm auftat. Unterhalb der tiefen Grotte, da war er ganz sicher, lag der tiefste Punkt der Welt. Für seine Kumpel jedoch gab es vielversprechendere Höhlen zu erkunden.

Als Bill und die anderen Höhlenabenteurer dann im Juni 1980 zum Huautla-Plateau zurückkehrten, lenkten sie ihr Augenmerk auf eine »begehbare« Höhle namens Li Nita. Doch nach drei Monaten anstrengender Erkundungsgänge fanden sie sich mehr oder weniger am gleichen Ort wie ein Jahr zuvor: Wie San Agustín lief auch Li Nita in eine Grotte aus. Bill schnallte sich die kleinen Sauerstoffflaschen um die Hüfte und watete hinein, um sich umzusehen. Er wandte die gleiche Kriechtechnik an, mit der er sich im Vorjahr an der Decke entlanggehangelt hatte, durchquerte etliche Luftglocken und war drauf und dran umzukehren, als er über sich die Wasseroberfläche schimmern sah, ein silbriges Fenster, durch das er auftauchte. Er befand sich in einer großen Kammer. Vor Aufregung zitternd ließ er seine Tauchausrüstung fallen und lief in den weiten Höhlengang, der sich vor ihm auftat. »O bitte«, rief er in die Leere hinein, »lass es das sein.« 200 Meter vor sich sah er, wonach er suchte: »US 10« stand da in einem kleinen Kreis, flüchtig hingekritzelt mit schwarzem Ruß auf die weiche Kalksteinwand – ein Vermessungspunkt, einer von vielen Markierungen, mit denen Höhlenforscher ihre Position unter Tage kartografisch verzeichnen. »Up-Stream, 10th survey mark (stromaufwärts, 10. Vermessungspunkt)«, murmelte er vor sich hin und stieß einen lang gezogenen Freudenschrei aus. Er stand im East Redball Canyon, einem Seitengang der Sótano de San Agustín. Mit der Verbindung beider Höhlen in 1220 Meter Tiefe hatten die Kirkwood Cowboys die bislang drittiefste Höhle der Erde entdeckt.

Damit gelang dem 1980er-Expeditionsteam etwas bis dato Unvorstellbares: Es jagte den Franzosen, welche die Höhlenforschung praktisch erfunden haben, die Bronzemedaille der Tiefenhöhlenforschung ab. Die Franzosen hatten die ersten Grotten erforscht, als Erste unter Tage biwakiert, und sie waren es auch gewesen, die erstmals unter Tage Bergsteigertechniken anwendeten. Ein französisches Team unter Leitung von Pierre Chevalier durchbrach 1944 als Erstes die unterirdische 500-Meter-Marke, und französische Höhlenforscher hielten alle Tiefenrekorde – bis zu jenem Tag. Im Laufe der folgenden Jahre sollte der Tiefenrekord-Titel noch ein paar Mal den Besitzer wechseln, denn fortan lieferten sich frisch motivierte Teams aus Russland, Polen und Australien mit den Franzosen einen Konkurrenzkampf um den Rekord.

Auch Bill und seine Kumpanen aus Austin ließen sich vom Wettlauf um den tiefsten Punkt der Erde anstecken. Seit Roald Amundsen im Wettlauf um den Südpol seinen Konkurrenten Robert Scott geschlagen hatte, haben Abenteurer nicht mehr um einen solch fragwürdigen – und gefährlichen – Preis gerungen. Schon bald beschrieben amerikanische Forscher – allen voran wagemutige junge Höhlenforscher wie Jim Smith und Bill Steele – die untereinander verbundenen Höhlen des Huautla-Plateaus nicht mehr mit einzelnen Namen – San Agustín oder Li Nita –, sondern sie gebrauchten die weit greifendere Bezeichnung Huautla-System. Des Weiteren war ihnen klar, dass zwei Voraussetzungen erfüllt sein mussten, wollte das verzweigte, mehrfache Eingänge und zahllose Forschungsmöglichkeiten aufweisende Huautla-System einen Spitzenplatz auf der Liste der tiefen Höhlen erringen: Zunächst mussten sie an Tiefe gewinnen und dafür die Verbindung zu einer weiteren Höhle namens Nita Nanta finden, wie anfangs den Anschluss von Li Nita an San Agustín. Zweitens mussten sie noch einmal die San-Agustín-Höhle befahren.

Die Vorbereitung für eine neuerliche Befahrung wurde Bill Stone übertragen, was vor allem eine technologische Herausforderung darstellte. Davon abgesehen galt er als der Fachmann unter den Kirkwood Cowboys, da er weiter in die Grotte vorgedrungen war als irgendjemand vor ihm. Obwohl er als Sohn eines professionellen Baseball-Spielers aufgewachsen war, hatte Bill seine Jugend lieber im Keller in seinem Chemielabor als auf dem Baseballplatz ver-

Das Team der Expedition von 1981 (von links nach rechts): Ron Simmons, Chris Kerr, Bill Stone, Neil Hickson, Bob Jefferys, Tony White, Alan Warild und Tommy Shifflett.

bracht. Später promovierte er an der University of Texas in Bauingenieurwesen. Fasziniert von der San-Agustín-Höhle, nahm er im Winter danach Unterricht bei Sheck Exley, dem legendären Höhlentaucher aus Florida.

Anfang 1981 kehrten die Kirkwood Cowboys in das Bergdorf San Agustín Zaragoza zurück, im Gepäck zwölf Scuba-Pressluftanks, von denen jeder genügend Sauerstoff für bis zu zwei Stunden in der Tiefe fassen konnte. Bill überredete seine Teamkollegen, zwei komplette Tauchausrüstungen in die Tiefe zu schaffen – einschließlich Taucherflossen, Bleigurten, Auftriebswesten sowie weitere Instrumente, um die Schwierigkeiten von vor zwei Jahren zu bewältigen. Doch durch den ungewöhnlich frühen Regen im Frühjahr war Wasser in die Höhle eingetreten und hatte sie überschwemmt. Zudem hatten die schnell strömenden Fluten den Bodenschlamm aufgewühlt. Im ganzen durchfluteten Höhlengang hing nun ein dichter, trüber, ockerfarbener Dunstschleier, so wie damals, beim Tauchgang 1979, der Bill zum Schluss beinahe zum Verhängnis geworden war. Fest entschlossen, sich weder von Schlamm noch von den sagenumwobenen Killerwasserfällen entmutigen zu lassen, machte er zwei lange Tauchgänge und drang bis in eine Tiefe von 285 Meter unter die Grottenoberfläche vor, ehe er wieder in einen begehbaren Höhlengang gelangte.

Er konnte es kaum erwarten, im folgenden Jahr hierher zurückzukehren, dann mit besseren Sauerstoffflaschen und mehr Tauchern. Seine Teamkollegen waren weniger darauf erpicht. Auf zwei Expeditionen hatten sie die schwere Tauchausrüstung die weite Strecke hinunter in die Grotte geschleppt, und es war so gut wie nichts dabei herausgekommen: Alles in allem hatten die Tauchgänge dem Huautla-System lediglich 28 Meter mehr an Tiefe eingebracht. Das alteingeschworene Kirkwood-Team begann auseinander zu bröckeln, als Bill Steele sich darauf konzentrierte, die Nita-Nanta-Verbindung zu finden. Er warnte Bill Stone mit einer alten Binsenweisheit texanischer Höhlenforscher: »Mit einer Grotte will der liebe Gott dir sagen, dass die Höhle hier zu Ende ist.«

Bill Stones flüchtiger Blick in das Herz der Huautla verfolgte ihn weitere 13 Jahre. Oft träumte er von jenem kurzen Augenblick, da sich das unergründliche azurblaue Meer offenbarte, eine halbe Meile unterhalb des Kalkgesteins friedlich dahinfließend.

Es war nicht das erste Mal, dass ein einziges Bild Bills Lebensplan veränderte. Im Herbst 1968, in seinem Junior Year an der High School, schrieb er sich wie jedes Jahr für die Chemie-AG ein, als ihm die Ankündigung einer weiteren AG ins Auge fiel: *Spelunking* – Höhlenforschung. Er hatte keine Ahnung, was er darunter verstehen sollte, doch es klang gut, und so überredete er seine Mutter, ihn am nächsten Abend noch einmal in die Schule zu fahren. Dort erklärte sein Trigonometrielehrer, Ron Bergman, dass die vor kurzem durchgeführte Besteigung den Anlass für die AG darstelle. Wenn es schon Schüler an der North Allgheny High School gäbe, die Höhlen erforschen wollten, was im Alleingang eine ganz schön gefährliche Sache sei, dann wolle er wenigstens dafür Sorge tragen, dass sie die entsprechende Unterweisung erhielten. Er hatte zwei örtliche Höhlengänger eingeladen, die eine Diaschau präsentierten, und Bill sah zum ersten Mal ein Bild, auf dem ein Höhlengänger sich in den dunklen Schacht der Hellhole Cave in West Virginia abseilte. Der Mann hing geschmeidig an einem einzigen klammen Seilstrang, der im Sonnenlicht golden glitzerte. Leuchtgrüner Farn und kleine Moosbüschel klebten an den oberen Streben der geriffelten Kalksteinwände. Darunter nichts als tiefstes Schwarz. Bill war gebannt und schloss sich dem Höhlenverein an. Für den Rest seines Lebens bestimmten zwei konkurrierende Träume seine Ambitionen – das unterste Ende der Welt zu finden und John Glenn hinaus ins All zu folgen. Die notwendigen körperlichen Voraussetzungen brachte er jedenfalls mit, denn von seinem Vater hatte er die athletische Sportlerstatur geerbt.

Ohne die Kirkwood Cowboys, die Sauerstoffflaschen hätten transportieren können, suchte Bill nach einem neuen Weg in die Grotte. Er wollte die Stelle finden, wo der unterirdische Fluss aus dem Huautla-Plateau austrat. Nach etlichen Spähexpeditionen fand er die Austrittstelle am Fuße einer tiefen Schlucht namens Peña Colorada Canyon. Dann, im Frühjahr 1984, führte er zusammen mit Bob Jeffreys eine Expedition durch, mit der er von unten her in die Grotte von San Agustín dringen wollte.

Mit Bergen voll Gepäck, darunter 72 neuartigen Scuba-Sauerstoffflaschen, gelangten sie an den Rand der Schlucht. Sie heuerten 200 Mann samt 60 Packeseln aus dem nahen Dorf San Miguel Huautepec an, die ihnen halfen, das ganze Gepäck die steilen roten Klippen hinunter zum Basislager am Flussbett zu tragen. An Stelle seiner alten Kumpels aus Austin stand Bill nun ein hervorragendes Tauchteam zur Seite. Ihre Gesamttauchzeiten lagen zwar unter den durchschnittlichen Zeiten seiner ehemaligen Kumpanen, doch ver-

Expedition 1984: Rob Parker durchschwimmt mit acht Fiberglas-Scuba-Tanks eine unter Wasser liegende Höhlenstrecke in der Peña Colorada.

fügten sie über größere Taucherfahrung in gefährlichen Gebieten. Zu dem internationalen Team gehörten die herausragenden mexikanischen Taucher Angel Soto Porrua und Sergio Zambrano, das britische Tauchwunder Rob Parker, ein junger texanischer Arzt und Höhlenforscher namens Noel Sloan sowie Dr. John Zumrick. Das Team errichtete zwei Untergrundlager – zum ersten Mal unterhalb überfluteter Höhlengänge – und stieß durch sieben aufeinander folgende Grotten zur San-Agustín-Höhle vor, scheiterte letzten Endes aber am gleichen logistischen Hindernis wie Bill und seine Mannschaft 1981: Nachdem sie so viel Zeit und Gerätschaft aufgewendet hatten, um bis an die Grenze der Forschung zu gelangen, waren ihre Materialvorräte so gut wie erschöpft.

Und so tauchte Bill eines schönen Nachmittags gegen Ende der Expedition am Höhleneingang auf und schleppte sich unter der stechenden Sonne mit fünf leeren Sauerstofftanks in das Basislager am Flussufer. Er legte die schwere Last ab und stolperte in das Zelt, wo ein heilloses Durcheinander herrschte und Noel Sloan und John

Zumrick fix und fertig am Tisch saßen. Die untergehende Sonne tauchte das Zelt in einen roten Schein, und Noel war gerade dabei, eine Limette zu vierteln.

»Genau das ist das Problem«, sagte Noel und schwenkte einen Arm in Richtung des Gerätestapels vor dem Zelt, »genau das.« Er leckte am Salz, das er sich auf das Handgelenk gestreut hatte, biss in einen Limettenschnitz und nahm einen kräftigen Schluck Tequila. Dann fuhr er fort: »Die Tauchgänge sind gar nicht mal so schlimm. Die Schlepperei bringt uns aber noch um.«

Bill setzte sich neben ihn und stimmte ihm zu: »Unsere Logistik ist wie eine große Pyramide. Wir brechen mit 72 Sauerstoffflaschen und elf Mann auf. Doch dann, an Grotte Nummer sieben, sind wir nur noch zu zweit mit vier Flaschen. Und damit können wir nur noch in einem, vielleicht auch zwei Tauchgängen versuchen, einen Weg durch den Dunstschleier zu finden. Das Gleiche hat uns auch schon in San Agustín den Rest gegeben.« Er stibitzte eine Limette und spülte sie mit einem Schluck aus der Flasche hinunter. »Wenn wir mehr Gas in die verdammten Flaschen pressen könnten, wären wir längst schon auf der anderen Seite.« Verdrießlich schwenkte er die Flasche und sah zu, wie der goldene Saft im roten Licht kreiste. »Wenn wir nur ...« –

»... die physikalischen Gesetze ändern könnten?«, fragte Noel, schnappte sich die Flasche und bereitete sich ein weiteres Häppchen vor.

»Nun ja«, warf John Zumrick ein, »du liegst gar nicht mal so weit daneben mit dem Ändern der physikalischen Gesetze.«

»Welche Gesetze schlägst du denn vor zu ändern?«, fragte Bill und verschlang noch einen sauren Schnitz.

»Nun, es gibt andere Methoden, unter Wasser zu überleben«, begann John.

Bill sah auf und blinzelte im Licht der untergehenden Sonne. »Okay, John, ich höre.«

John wusste, wie man sich Aufmerksamkeit verschaffte. Er war, genau wie Noel, praktischer Arzt, darüber hinaus aber auch Sanitätsoffizier der Taucheinheit der Marine in Panama City in Florida und im Kapitänsrang. Im Unterschied zu seinen Zivilgenossen Bill und Noel kannte er daher alle möglichen Apparate und Geräte. Er beugte sich vor und fragte im Flüsterton: »Habt ihr schon mal von einem geschlossenen Atmungssystem gehört?«

Während die Dunkelheit sich langsam über das Tal senkte, erklärte John, dass es möglich sei, nur eine Flasche mitzuführen, aus der man sich dann immer und immer wieder bedienen könne, anstatt Dutzende von Sauerstoffflaschen in die Höhle zu schleifen. Bis dahin waren sie mit Scuba-Flaschen (Self-Contained Underwater Breathing Apparatus; autarkes Atemgerät für Unterwasser) getaucht. Das System – entwickelt von einem französischen Marineoffizier in den 1930er-Jahren und von Emile Gagnon und Jacques-Yves Cousteau 1942 mit der Einführung der selbstregulierenden Aqualung perfektioniert – war so gut wie narrensicher: Der Taucher inhaliert Luft aus einer Pressluftflasche und atmet in das Wasser aus. Das Problem bei den Scuba-Tanks ist, so erklärte John, dass sie ungeheuer ineffizient sind: Da die menschliche Lunge nur ungefähr fünf Prozent des verfügbaren Sauerstoffs in jedem Atemzug verwerten kann, verschwendet ein Scuba-Taucher den Löwenanteil seiner kostbaren Sauerstofffracht. Wie jeder aus Cousteaus Dokumentarfilmen im Fernsehen weiß, hüllt die verschwendete Luft den Taucher in einen schäumenden Luftblasenstrudel ein. Würde ein zweiter Taucher all diese Luftblasen in einer Plastiktüte einfangen, könnte er seinen Kopf hineinstecken und die Luft des Scuba-Tauchers einatmen – für ein paar Minuten wenigstens. Anschließend hätten seine Lungen den Großteil des Sauerstoffs in Kohlendioxyd umgewandelt, und er würde bewusstlos werden. Doch befände sich in der Tüte eine Apparatur, die das Kohlendioxid aus der Luft nähme und den winzigen Bruchteil an verwertetem Sauerstoff ersetzen würde, dann könnte man aus ein und derselben Tüte unbegrenzt inhalieren.

»Ein geschlossener Stoffwechselkreis«, schloss John. »Und so sieht die zweite Methode aus, um unter Wasser zu überleben«, fuhr er seelenruhig fort, taxierte seine erschöpfte, aber begeisterte Zuhörerschaft und setzte dann obendrauf: »Solche Apparaturen gibt es bereits.«

Sie heißen Rebreather (Kreislauftauchgeräte) und sind so groß wie ein Rucksack. Die NASA benutzt sie auf Weltraumspaziergängen, und die US Navy SEALs, die Kampftaucher, verwenden sie, um heimlich in und aus feindlichen Häfen zu gleiten. Kreislauftauchgeräte haben zwar nicht die unkomplizierte Technik der Scuba-Flaschen, da ihr Umfang aber viel begrenzter ist, versprachen sie eine technologische Lösung für das logistische Problem, an dem Bill bei beiden Versuchen, in die San-Agustín-Grotte vorzudringen, gescheitert war.

Noch am Tag seiner Rückkehr von der Expedition begann Bill damit, sich eingehend mit Kreislauftauchgeräten zu befassen. In den folgenden zehn Jahren seines Lebens widmete er sich der Entwicklung und Konstruktion von Kreislauftauchgeräten, die später als die verlässlichsten gelten sollten, die je gebaut wurden. Die Jahre, die er mit Entwicklung und Bau der neuen Unterwasseratemgeräte verbrachte, hatten ihren Preis. Bis Ende 1993 musste er seine Rückkehr nach Huautla Dutzende Male aufschieben. Allein und hoch verschuldet, hatte er alle Hände voll zu tun, um seine verschiedenen Berufe als Erfinder, Politiker, Handelsvertreter, Kostenprüfer und Höhlenguru, als der er in der exzentrischen Gruppe von Unterwasserforschern galt, unter einen Hut zu bringen. Doch dann, gegen Ende 1994, begann er die Tage zu zählen, bis er endlich wieder in das dunkle Herz der Huautla zurückkehren würde.

Eins

14. Februar 1994

Barbara am Ende beobachtete, wie die Strahlen der frühmorgendlichen Sonne durch das kahle Baumgeäst fielen und ein Muster auf die Schlafzimmerwände sprenkelten. Vor knapp zwei Wochen hatte sie in North Carolina ihr Studium abgeschlossen und war nach Maryland zu ihrem Freund Bill Stone gezogen. Dabei war sie weder an die eiskalten Winter dort gewöhnt noch an Bills spartanisch eingerichtetes Heim in der Provinz. Ein kalter Windstoß ließ das hohe Eckhaus erzittern und die Erkerfenster ächzen. Sie zog sich die Decke bis unters Kinn und sah zu, wie die Schatten auf der Wand tanzten.

Am dicksten Ast schwang ein kleiner Flaschenzug. Die Umrisse waren gut erkennbar, auch die des neuen Nylon-Kletterseils, das vom Baum hinunter auf den Boden baumelte. Die letzte Zeit hatte sie fast den ganzen Tag damit zugebracht, an dem Kletterseil zu hängen und die neue rot-rosafarbene »Petzl«-Ausrüstung sowie ihr Klettergerät für die bevorstehende Expedition anzupassen. Der Flaschenzug schwang hin und her und quietschte, was sie daran erinnerte, dass sie das Seil noch einpacken musste. Davon abgesehen gab es noch jede Menge zu packen, doch wenn alles glatt ging, könnten sie und Bill – und die anderen fünf Teamkollegen, die sich in Bills Haus aufs Ohr gelegt hatten – am späten Nachmittag schon unterwegs sein.

Barbara drehte sich zu Bill und sah ihm beim Schlafen zu. Kennen gelernt hatten sie sich 1992 in einem Lager in West Virginia, das unter Höhlengängern recht bekannt ist. Sie stand gerade am

Kleintransporter eines Freundes und verlud ihre Ausrüstung zur Rettung eines Höhlengängers, der in der nahe gelegenen Portal-Höhle verunglückt war, als sie hinter sich die Stimme eines Kollegen hörte, der sich ebenfalls bereitmachte und seine Mannschaft zusammentrommelte. »Gehst du auch?«, fragte er, ohne seine Skepsis zu verbergen. Es war Bill Stone. Wer er war, wusste sie wie alle im Camp. Seine Expeditionen und Entwicklungsprojekte für Tauchgeräte hatten ihn in Fachkreisen zur Legende gemacht. Die ganze Zeit über hatte sie es vermieden, sich ihm vorzustellen, und nun stand er plötzlich da und stellte ihre Fähigkeiten als Höhlengängerin in Frage. Sie war nicht die Schnellste oder die Stärkste, das wusste sie, aber fachkundig allemal. »Nun, ich habe meine Höhenausrüstung dabei«, stammelte sie und ärgerte sich über sich selbst, da sie sich bald bei jedem Wort verhaspelte. Als sich der Pulk Autos mit den Rettungsteams in Richtung Höhleneingang in Bewegung setzte, blieb sie die ganze Fahrt über stumm. Doch wie das Schicksal so spielt, erreichten sie und Bill als Erste den Verletzten. Sie legten ihm eine Rettungsschlinge an, seilten sich mit ihm langsam zu den anderen ab und halfen ihm aus der Höhle. Am späten Vormittag des folgenden Tages, während die anderen einen Kaffee trinken gingen, saßen sie und Bill in ihren Schlafsäcken und plauderten. Er fragte sie regelrecht Löcher in den Bauch: »Was studierst du?« (Doktor in Geologie.) »Wie kommst du zur Uni?« (Fahrrad.) »Wie häufig trainierst du?« (Zweimal pro Woche acht Kilometer joggen.) Sie fühlte sich durch sein Schnellfeuer-Verhör fast beleidigt, von seiner Zähigkeit aber auch angezogen. Bevor er abreiste, steckte er seine Visitenkarte in ihren Kulturbeutel. Sie hatte das Verhör bestanden.

Nun lag er schlafend neben ihr. Von seiner Frau und seinen drei Söhnen lebte er getrennt, war aber noch nicht geschieden. Seit anderthalb Jahren hatten sie eine Fernbeziehung und fuhren abwechselnd die lange Strecke von Chapel Hill nach Gaithersburg. In diesem Jahr feierten sie ihren ersten Valentinstag zusammen, allerdings nicht ganz so wie in den Werbeszenen im Fernsehen. Zeitlich waren sie mit der Expedition bereits einen Monat in Verzug. Und nach den Verzögerungen zeigte Bill erste Anzeichen von Stress: In den vergangenen Tagen hatte er hektisch dies und das angefangen, nichts aber wirklich zu Ende geführt.

Leise stand sie auf und tappte ins Badezimmer, knipste das Licht an und suchte ihr Bild im Spiegel. Langsam stieg in ihrer noch von Schlaf getrübten Erinnerung das Bild eines anderen Spiegels auf. Als jüngstes von drei Kindern interessierte sich Barbara schon früh für Höhlen. Sie war ungefähr 13, als sie in der örtlichen Bibliothek alles gelesen hatte, was irgendwie davon handelte, und ihre Mutter mit ihr zum Maquoketa Caves State Park in Iowa fuhr. Gleich hinter dem Eingang zur Dancehall-Höhle drängelte sie sich zu einer kleinen Öffnung in der Höhlenwand, die sich tief hinein in das Gestein schlängelte. Sie robbte vorwärts, bis der Kriechtunnel zu eng wurde, und als sie wieder herauskam, war sie über und über mit Schlamm bedeckt, strahlte aber vor Begeisterung. Ihre Mutter machte ein Foto von ihr. Auf dem Nachhauseweg, als sie in einem Kentucky-Fried-Chicken-Restaurant rasteten, suchte Barbara die Toilette auf, um den Schlamm abzuwaschen, erblickte ihr Spiegelbild und fühlte sich hin und her gerissen. Einerseits wäre sie fast im Boden versunken, so schmutzig war sie, andererseits war sie als angehende Höhlenforscherin stolz auf ihren ersten echten Höhlenausflug und hätte den Schlamm als Ehrenabzeichen am liebsten weiterhin zur Schau getragen.

Und nun war sie hier, stand vor Bills Spiegel, musterte sich und lächelte. Größer und dünner war sie heute und nicht mehr 13, sondern 34 Jahre alt – und sie würde alsbald unterwegs zu einer viel gefährlicheren Höhle sein. Die innere Spannung, die sie angesichts der bevorstehenden Expedition verspürte, war genau die gleiche wie damals.

Sie ging zurück ins Schlafzimmer. Waren sie erst einmal aufgestanden und nach unten gegangen, würde es vorbei sein mit der trauten Zweisamkeit. Sie machte so viel Krach wie möglich in der

Hoffnung, Bill wach zu bekommen. Er hob den Kopf und linste sie mit einem Auge an.

»Alles Gute zum Valentinstag, Guillermo«, sagte sie. Guillermo war die spanische Form seines Namens, den sie sich als Kosenamen für ihn ausgedacht hatte; manchmal nannte sie ihn auch einfach nur »G«. Für die Mexikaner war er Guillermo Piedra – William Stone.

Bill stützte sich mit einem Arm auf und seufzte. Er mochte diesen Festtag nicht, sah darin nur eine organisierte Verschwörung geschäftstüchtiger Grußkartenverkäufer. Aber er mochte Barbara, und so spielte er mit um der Beziehung willen. Sie kramte unter dem Bett und grub Geschenke hervor, die sie dort versteckt hatte: eine Dose Macadamianüsse, ein Glas Marmelade und eine Karte. Guillermo zauberte eines der Poloshirts hervor, die er für die ganze Mannschaft eigens für die Expedition hatte bedrucken lassen. Keine Karte. Eine kleine Weile kuschelten sie sich aneinander in dem beglückenden Gefühl hoffnungsfroher Erwartung, das sie beide teilten.

Das offene Treppenhaus führte hinunter in eine Diele mit hoher Decke, wo Ian Rolland inmitten sorgfältig sortierter Ventile, Schläuche, Stecker und anderer Teile für die Kreislauftauchgeräte saß. Ian, ein kleiner, durchtrainierter Mann mit braunem Wuschelkopf, hatte sich noch vor Morgengrauen an die Arbeit gemacht. »Morgen, Leute!«, rief er dem Paar fröhlich zu.

In Bills Wohnzimmer suchte man vergebens nach dem sonst üblichen Mobiliar eines Hauses in der amerikanischen Provinz: keine Couchgarnitur, kein Fernseher – stattdessen behelfsmäßige Arbeitsbänke und -tische und drum herum Regale, voll gestopft mit lauter Höhlenausrüstung. Ian saß auf einem Barhocker am größten Arbeitstisch. Als Veteran der britischen Höhlentauchertruppe, der British Cave Diving Group, war er auf dieser Expedition einer der erfahrensten Höhlengänger. Als er Bill 1985 auf einer Forschungstauchexpedition in die englische Wookey Hole kennen lernte, hatte er bereits die meisten Tiefenhöhlen Europas durchforscht.

Lachend versuchte Bill seine Anerkennung für die Leistung des jungen Mannes auszudrücken, indem er den steifen britischen Akzent aus Kolonialzeiten nachahmte, was allerdings ziemlich daneben ging: »Einen guten Tag Ihnen, Mr. Rolland«, sagte er, »eine Tasse Tee mit uns gefällig?«

Ian sprang vom Barhocker und gesellte sich zu ihnen in die Küche. Der 29-Jährige war Luftwaffeningenieur bei der Royal Air Force und eigentlich auf Urlaub, als er Mitte Januar hier eintraf in der Erwartung, das Team würde binnen weniger Tage nach Mexiko aufbrechen. Er vermisste seine Frau Erica, seine beiden Mädchen und seinen »kleinen Racker«. Zeitweilig getrennt von ihnen zu leben, um auf Forschungsreisen zu gehen, machte ihm nichts aus, doch fand er es nervtötend, nun schon einen ganzen Monat lang in der amerikanischen Provinz zu hocken und Ausrüstungsteile zu sortieren. Und so hatte er die Organisation der Expedition in die Hand genommen. Jeden Morgen fragte er Bill nach dem Stand der Dinge und brachte dann mit viel Humor und Takt, was für Leute in seinem Alter nicht selbstverständlich ist, die anderen Teamkollegen dazu, die Arbeiten, die ihm am wichtigsten erschienen, in Angriff zu nehmen.

»Was meinst du, Bill«, begann Ian, »sollten wir die neuen Sauerstofftanks noch einmal auf Druckluft überprüfen, bevor wir sie verladen?«

Während Ian einen wahren Schwall offener Fragen über Bill und Barbara ergoss, kramten die beiden zwischen den Stapeln gefriergetrockneter Lebensmittel, die dicht an dicht auf den Arbeitsplatten in der Küche standen, nach Frühstücksgeschirr. Die drei ließen sich ihr Frühstück schmecken, saßen bei Cornflakes und Müsli, als Noel Sloan hereinspazierte. Barfuß tappte er über den schmutzigen Linoleumboden auf die Kaffeekanne zu.

Er häufte acht Teelöffel Zucker in die kleine Tasse und streute Kaffeepulver obenauf. Das verschlug Ian die Sprache, er unterbrach seine Fragerei. Barbara unterdrückte ein Lachen. Noel beachtete sie nicht, schlürfte genüsslich die erste Tasse hinunter und machte sich eine zweite.

Bill hatte Noels morgendlicher Routine schon des Öfteren zugesehen. Die beiden waren wie Brüder, die man bei der Geburt getrennt hatte. Nachdem sie als Kinder jeweils mit ihren Chemiebaukästen experimentiert hatten, besuchten sie die Höhlenforscher-AG und später ein College in Texas, um nahe der mexikanischen Höhlengebiete zu sein. Bei ihrer ersten Begegnung 1983 vor einem Tauchergeschäft in Florida wurden sie Freunde. Bill saß auf dem Rasen vor dem Geschäft und montierte ein neues Modell einer Scuba-Pressluftflasche. Noel, mit Cowboyhut und verspiegelter Sonnenbrille, sprang aus einem blank polierten Mazda RX-7, spazierte auf Bill zu, musterte ihn kurz und platzte heraus: »Hey, Mann, cool. Wie viel Druck kannst du in die Dinger denn hineinpumpen?« Bills Blick wanderte an dem großen Fremden hoch, dann wieder hinunter auf den leuchtgelben Fiberglastank, der zwischen seinen langen Beinen klemmte. »Na ja«, sagte er, »ich schätze, dass sie bei 17 000 PSI platzen.« Noel lachte und streckte ihm die Hand entgegen. Seit jenem ersten Handschlag hatten sie mehrere Höhlenexpeditionen zusammen unternommen.

Noel durchwühlte den Schrank auf der Suche nach einer Müslischüssel, schüttete etwas Müsli hinein, schaufelte einen Stapel Pappschachteln zur Seite und gesellte sich zu den anderen an den Tisch. Ian fuhr mit seiner Fragerei fort, doch Noel hörte nicht zu. Auch er war frustriert, weil sie noch immer in Gaithersburg festsaßen; doch im Gegensatz zu Ian überraschte ihn das nicht. So hatten alle Expeditionen von Bill angefangen, und eines dieser ausgedehnten Camps hatte, wie Noel wusste, Bills Ehe das Genick gebrochen. Noel musterte Barbara, während er sein Müsli verdrückte. Er freute sich für Bill, dass er eine Freundin gefunden hatte, und noch dazu eine Höhlenforscherin. Zudem war er froh, eine Frau im Team zu haben, denn auf Expeditionen ging es doch etwas ziviler zu, wenn Frauen dabei waren. Allerdings hatte Barbaras Gegenwart die eingespielte Gruppendynamik verändert. Mehr oder weniger hatte sie ihn als Bills Vertrauten ersetzt, so wie Ian ihn als Bills Stellvertreter ersetzt hatte. Und soweit er sich erinnern konnte, war dies die erste Expedition, bei der er nicht richtig wusste, welche Rolle man ihm zugedacht hatte. Er stellte die Müslischale hin und lächelte. Was würde er wohl zu tun haben? Er fand das Geheimnis seiner ungeklärten Zukunft recht spannend.

Ian machte eine mündliche Inventur der Ausrüstungsgegenstände, die überall im Haus sowie in der Garage gestapelt waren – 106 Sauerstoffflaschen, neun Kreislauftauchgeräte, Kompressoren, Campingausrüstung, zwei Tonnen Lebensmittelvorräte und einen scheinbar unbegrenzten Fundus an Kleidung, alles Spenden von Sportausrüstern. Doch wie sollte das Ganze in die für die Expedition angeheuerten zwei Toyota-Pickups und den Kleintransporter passen?

»Wir haben Berge von Fleece-Kleidung«, bemerkte Ian. »Vielleicht können wir beim ›Patagonia‹-Stapel ein wenig abzwacken.«

Nach etwa einer halben Stunde, in der er jeden Posten verteidigte, dessen Notwendigkeit Ian in Zweifel zog, war Bill fast bereit, Ian hier und da nachzugeben. Doch da reckte Noel den Hals, legte den Kopf schräg, sah Ian mit seinen großen blauen Glubschaugen an, die aussahen, als würden sie jeden Moment aus den Augenhöhlen springen, und bemerkte zum Thema Fleece-Kleidung: »Also, welche Art Unterwäsche gedenkst du unter deinem Trockenanzug zu tragen? Ich meine, das Wasser in San Agustín ist ziemlich kalt, Mann.«

Er fixierte Ian mit eisernem Blick und wartete auf eine Antwort. Für einen kurzen Moment zog er einen Mundwinkel hoch in Richtung Ohr. Mit dem schräg geneigten Kopf, den zuckenden Kinnbacken, den Glubschaugen und dem vorzeitig zurückgehenden Haaransatz sah er aus wie eine große Eidechse. Zum Kaputtlachen. Barbaras amüsierter Blick wanderte von der liebenswerten Eidechse über den frustrierten Inquisitor zum unglücklichen Campleiter. Und sie dachte bei sich: *Ob wir heute überhaupt noch loskommen?*

Mit einem versöhnlichen Lächeln wollte Ian Noel eben eine Antwort geben, als Kenny Broad hereinkam.

»Ich ziehe die rosa Spitzenunterwäsche an, die du mir geschenkt hast, Noel«, sagte Kenny, »du weißt schon, die ohne Zwickel.«

Schallendes Gelächter.

Abgesehen davon, dass Kenny ein zwanghaftes Großmaul war, war er der erfahrenste Taucher im Team; er hatte mehr Zeit unter Wasser verbracht als alle andern zusammen. Er war von eher schmächtiger Gestalt, hatte eine sonnengegerbte Haut und einen zottigen rötlichen Bart. Aufgewachsen war er in Miami Beach, wo er schon als kleiner Junge tauchte. Als Taucher hatte er in allen möglichen Jobs gearbeitet – beispielsweise als Stunt-Taucher in Abenteuershows –, bevor er nach New York City zog und an der Columbia University seinen Doktor in Anthropologie machte. Hinter der großmäuligen Fassade steckte ein bemerkenswert disziplinierter 28-Jähriger: Er hatte ein Kapitänspatent, war Fachmann für medizinische Notfalltechnik und Druckkammerexperte.

Kennys Possen halfen, die fachkulturellen Unterschiede zwischen Tauchern und Höhlenforschern im Team zu überbrücken. Bill, Barbara, Ian und Noel waren Höhlenforscher, die, nach ein paar Anlaufschwierigkeiten in der einen oder anderen Grotte, das Höhlentauchen als Mittel zum Zweck erlernt hatten, um in Tiefenhöhlen vorzudringen. Kenny war Meerestaucher, der vor 1993 nicht in Trockenhöhlen gearbeitet hatte, und auch danach stieg er zunächst nur in tief gelegene Grotten wie etwa diejenige am Fuß der Sótano de San Agustín. Höhlengänger, die auch tauchen konnten, waren selten, und Taucher, die auch Höhlen erforschen konnten, noch seltener. Aufgrund seiner langjährigen Bemühungen, einen Weg durch die San-Agustín-Grotte zu finden, hatte Bill Freunde in beiden Gruppen gefunden und ein Team interdisziplinärer Forscher zusammenstellen können. Doch so interdisziplinär das Team auch ausgebildet war, wenn es drauf ankam, zeigte jeder Loyalität gegenüber seinem angestammten Spezialgebiet. Und ging es hart auf hart, warfen die Höhlenforscher den Tauchern Faulheit und mangelndes Pflichtbewusstsein vor, während die Taucher den Höhlenforschern vorhielten, undiszipliniert zu sein.

Wie Ian wunderte sich auch Kenny, dass es mit den Vorbereitungen so langsam voranging. Er war gewohnt, für gut organisierte Forschungs- oder Filmexpeditionen zu arbeiten, nicht für freiwillige Aktionen wie Bills gemeinnütziges U.S. Deep Caving Team. Insofern dachte Kenny, das Chaos in Gaithersburg sei bei Expeditionen, die nur von ein paar Groschen lebten, unvermeidlich, und passte seine Erwartungen den Umständen an. Da man von einer derart unorganisierten Expedition kaum erwarten konnte, dass sie das Wohlbefinden sämtlicher Teammitglieder im Auge behielt, hatte er beschlossen, sich innerhalb seiner selbst gesteckten Abgrenzung zu bewegen.

Noch immer erfüllte Gelächter die Küche, als Jim Brown hereinspazierte. Infolge einer Kinderkrankheit war sein Hörvermögen ernstlich eingeschränkt. Er hantierte an seinem Hörgerät herum, aber zu spät – er hatte den Witz verpasst und fühlte sich ausgeschlossen.

Seine Behinderung gereichte Jim unter Wasser jedoch zum Vorteil, denn dort konnte er leichter ausmachen, woher ein Geräusch kam. Als einer der besten Höhlentaucher des Landes hatte er 1988 bei einer Leichenbergung in Arch Spring bei Johnstown in Pennsylvania Bills Bekanntschaft gemacht. Vier Tage lang sondierten sie die Grotte, in der die Sichtweite bei nahezu null lag, bis sie schließlich das Opfer fanden – grausame Mahnung an eine brutale Wahrheit: Beim Höhlentauchen gibt es keine *Rettung*, nur Bergung – Leichenbergung. Als erfahrener Taucher mit kühlem Kopf zeigte Jim sofort Interesse an Bills Rebreather-Projekt und war kurze Zeit später der erste Gerätetesttaucher. Bis die Expedition begann, hatte er über 200 Tauchstunden mit dem Gerät hinter sich; mehr als doppelt so viel wie die andern. Insgeheim war Jim für Bill das Ass im Ärmel: Wenn jemand den Weg durch die San-Agustín-Grotte finden konnte, so dachte er, dann Jim.

Doch wie ein Fisch ohne Wasser fühlte sich Jim im Kreise der Teamkollegen nicht recht wohl. Eines Abends plante die Gruppe, im National Institute of Standards and Technologies, wo Bill arbeitete, das Konditionstraining zu absolvieren und mit schweren Rucksäcken die große Treppe dort auf und ab zu joggen. Jim hörte eine Tür ins Schloss fallen, horchte auf und sah gerade noch, wie die anderen davonfuhren. Die aber hatten nicht bemerkt, dass er mitkommen wollte. Er nahm es persönlich, und nach diesem Vorfall wuchs sein Gefühl, der Außenseiter im Team zu sein.

Kenny und Noel redeten noch immer über Unterwäsche, als sich Steve Porter zur Frühstücksrunde gesellte. Auch Steve hatte es im Team nicht immer leicht gehabt, wenn auch aus anderen Gründen. Wie Kenny und Jim war Steve in erster Linie Taucher. Jahrelang arbeitete er als Wracktaucher in den tiefen, eisigen Wassern des Oberen Sees, bevor er einer der aktivsten Höhlentaucher des Mittleren Westens wurde. Während die anderen über Bills weit verzweigtes Kontaktnetz ins Team kamen, war Steve ein Außenseiter, der sich erst beweisen musste. Er hatte von Bills Expeditionen gelesen und per Brief angefragt, ob er in das Team aufgenommen werden könne. Bill antwortete ihm, aufgrund seiner ungenügenden Trockenhöhlenerfahrung könne er kein festes Teammitglied werden, sei aber als Reservemitglied willkommen. Daraufhin trainierte Steve zwei Jahre lang hart. Bill war beeindruckt und nahm Steve nach einer Probeexpedition 1993 als vollwertiges Mitglied auf.

Die chaotischen Vorbereitungswochen in Maryland waren für Steve vergnüglich und schrecklich zugleich. Jedes Mal, wenn der Paketdienst mit einer weiteren Lieferung exotischer Ausrüstungsgegenstände ankam, fühlte er sich wie ein kleines Kind an Weihnachten; doch er sah mit Schrecken, wie planlos es auf einer solchen Sparversion von Expedition zuging. Zu Bill hatte er nicht das enge Verhältnis wie Noel und Barbara, und er verfügte auch nicht über jahrelange Expeditionserfahrung wie Kenny und Ian; er brauchte ein Team, das ihm den Rücken stärkte, und das wusste er. Insbesondere störte ihn Barbaras Anwesenheit. Er sah zwar, dass sie hart zupacken konnte, mehr Gepäck schleppte, als ihr zugeteilt war, ihn verletzte aber, dass er so hart arbeiten musste, um sich für das Team zu beweisen, und Barbara aufgenommen wurde, ohne die gleichen Hürden genommen zu haben.

Noch ein Tag verging – dann konnten die sieben aufbrechen. Geplant war, in Florida und Texas weitere Teammitglieder abzuholen, um dann in Kolonne gen Süden nach Mexiko zu fahren. Endlich, am Nachmittag des 16. Februar, nachdem der ganze Morgen mit mühseligem Verladen und Verstauen verstrichen war, rollten die überladenen Kleintransporter in Richtung Süden. Noel, Steve, Ian, Kenny und Jim fuhren geradewegs nach Florida, um die Rebreather einsatzbereit zu machen. Bill und Barbara nahmen den Umweg über Georgia, wo sie einen Transporter mieten wollten, um neue PMI-Kletterseile von insgesamt zwei Kilometer Länge aufzuladen. In Ginnie Springs, einem Taucherressort mit Campingplatz nahe Gainesville, wollten sie wieder zum Rest der Truppe stoßen.

Die warmen, blauen Grotten in Ginnie Springs mit Namen wie Devil's Eye oder Devil's Ear sind nur einige von etlichen Tausend Einstiegen in das größte Unterwasserfluss-System der Vereinigten Staaten. Das System heißt Floridan Aquifer, ein Süßwasserlabyrinth, das sich von Orlando bis hinunter zum schmalen Fortsatz des Bundesstaats erstreckt. Die Wasserlabyrinthe in Florida sind ein El Dorado für Höhlentaucher und gehören zu den am besten betauchbaren weltweit. Bill war in den vergangenen zehn Jahren immer wieder in das Floridan-Aquifer-System zurückgekehrt, um dort sein Atemgerät weiterzuentwickeln. Dieses hatte er erfunden und gebaut, nachdem er feststellen musste, dass kein Gerät, weder der NASA-Notfallrucksack noch die SEAL-Tauchgeräte, robust genug waren, um einen Tauchgang in eine tiefe Höhle zu überstehen. Anschließend hat er zwei Jahre lang an der Entwicklung verschiedener Teilgeräte gearbeitet: eines Sauerstoffbeutels, einer Gas verarbeitenden Miniaturanlage, um das Kohlendioxid abzubauen, an vier wasserfesten Computern sowie an einem Fiberglasgehäuse mit genügend Stauraum. Bis Ende 1987 hatte er einen funktionstüchtigen Prototypen gebaut, den er FRED nannte – Failsafe Rebreather for Exploration Diving (Rebreather mit Ausfallsicherung für Forschungstauchen). FRED hatte die Größe eines Küchentisches – »wie wenn man einen Volkswagen auf dem Buckel hat«, sagte ein Testtaucher, als er sich das übergroße Gerät aufsetzte. Das Neuartige an FRED war, dass bei richtiger Einstellung keine Luftblasen entwichen, was die Tauchpartner der Testtaucher nervös machte. Sie waren an das Blubbern und Zischen der offenen Tauchsysteme gewohnt und daher nie ganz sicher, ob FRED noch richtig funktionierte – und der Testtaucher womöglich bewusstlos geworden war.

Dann, nach dreijähriger Entwicklungsphase, verluden Bill und Noel den Prototypen in eine Handkarre – denn mit 205 Pfund war FRED viel zu schwer, um auf dem Rücken getragen zu werden – und zogen ihn hinunter an das Dock in Wakulla Springs, ebenfalls ein Tauchressort in Florida. Bill tauchte hinunter auf ein kleines, sandiges Riff, etwa zehn Meter unter der Oberfläche, und da seine Mission einzig darin bestand, herauszufinden, ob FRED ihn einen ganzen Tag lang unter Wasser auch wirklich versorgen konnte, setzte er sich auf den weichen, sandigen Grund und las ein Buch. Das aufgequollene Taschenbuch erinnerte ihn an die Doc-Savage-Geschichten, die er in seiner Jugend verschlungen hatte. Der Held dieser Romanreihe, ein Arzt namens Clark Savage, reist mit seinem Gefolge der »besten fünf Universalgenies, die es je gab« um die Welt, besteht Abenteuer und kämpft gegen Verbrecher, die sich nicht selten in Höhlen versteckt halten. Wie einer der getreuen Doc-Savage-Gefährten kam Noel am Abend mit einem riesigen Sortiment an Scuba-Sauerstoffflaschen zu ihm hinabgetaucht. Er setzte sich neben Bill und hob ein weißes Plastikschild hoch, auf das er mit Bleistift geschrieben hatte: »Passe bis zum Morgengrauen auf dich auf, du Stromer!« Und tatsächlich, als Bill gegen vier Uhr früh lang-

Am 3. und 4. Dezember 1987 testet Bill Stone den sperrigen Rebreather-Prototyp Cis-Lunar in Wakulla Springs.

sam wegdämmerte, war Noel sofort zur Stelle, um ihn wachzurütteln. Erst am nächsten Nachmittag, am 4. Dezember 1987, tauchte Bill aus der Tiefe wieder auf. Als er nach 24 Stunden wieder an die Oberfläche kam, hatte er alle früheren Rekorde in Sachen geschlossene Tauchsysteme gesprengt. Eine kleine Schar Reporter und Taucher empfing ihn mit begeistertem Applaus.

Er hatte geschafft, was John Zumrick damals in Peña Colorada erläutert hatte: Er hatte die physikalischen Kräfte bezwungen. Den Gang der Zeit allerdings konnte er nicht aufhalten. Während er seinen Rebreather nahe der Wasseroberfläche weitertestete, durchforschten seine Teamkollegen 33 Kilometer der Wakulla Springs, und seine alten Höhlenkumpel kehrten nach Huautla zurück. Jim

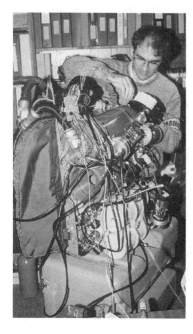

Computerdesigner Nigel Jones hilft Bill, die Größe des Mk-II auf die Hälfte zu reduzieren.

Smith gelang ein Tauchgang auf zehn Meter Tiefe und damit die Verbindung von San Agustín mit Nita Nanta, was das Huautla-System auf eine Tiefe von 1353 Meter erschloss.

Bill kam es vor, als erlebte er eine Zeitlupenversion seines Tauchgangs von 1979: Während er alles tat für einen neuerlichen Vorstoß in die San-Agustín-Grotte, gingen seine Mittel zur Neige. Die für 1988 und 1989 einkalkulierten Gelder verschlang der Bau des ersten Prototyps des Rebreather. Der Cis-Lunar Mk-II war mit zwei geschlossenen Systemen ausgestattet und wog nur halb so viel wie FRED – ein Redundanzsystem, in dem Bill einen doppelten Sicherheitsfaktor sah: Falls das erste System ausfällt, kann der Taucher problemlos auf das zweite umschalten; falls beide ausfallen, hat der Taucher zudem die Möglichkeit, aus den austauschbaren Komponenten ein funktionstüchtiges System zusammenzubauen – in der

Theorie jedenfalls. Diese erwies sich als falsch, als im November 1989 der Testtaucher Brad Pecel nach nur 20 Minuten unter Wasser bewusstlos wurde. Bill schwamm neben ihm, schob ihm ein Ersatz-Scuba-Atemgerät in den Mund und zog ihn an die Oberfläche. Während der Verunglückte langsam wieder zu sich kam, entdeckte Bill, dass Brad seine Anzeigetafel versehentlich in das von ihm nicht benutzte System gestöpselt hatte. Da die Anzeige nun fälschlicherweise angab, dass er nicht ausreichend Sauerstoff bekam, hatte Pecel die Sauerstoffzufuhr überdosiert – ein Fehler, der nur in einem Redundanzsystem passieren konnte. Brad erholte sich zwar, verließ aber das Team. Dieser Vorfall erschütterte das Vertrauen in das Gerät Mk-II, und die Rückkehr nach San Agustín wurde aufgeschoben.

Die folgenden zwei Jahre verbrachte Bill zumeist am Reißbrett. Indes hatte man eine neue mexikanische Höhle namens Cheve (gleich gegenüber der Peña Colorada im Huautla-System) bis auf eine Tiefe von 1386 Metern erschlossen, eine Marke, mit der das Huautla-System von Platz eins auf der Liste der tiefsten amerikanischen Höhle verdrängt wurde.

Dann, im Frühjahr 1992, ging das Mk-III-Tauchgerät in die Testphase. Es war leichter als sein Vorgänger und hatte ein größeres Einsatzspektrum. Bill fuhr mit dem Team nach New York, um in einer Art Trockenübung mehrere Wochen in einer Druckkammer zu verbringen. Anschließend kehrten sie nach Florida zurück, um weitere Tauchübungen zu absolvieren – alles ohne Zwischenfall. Mitte April ging Bill daran, die Rückkehr nach Huautla für das folgende Jahr zu planen. Doch dann, am letzten Tag des Trainingscamps in Florida, wollte Teamkollege Rolf Adams aus Australien partout noch ein paar Unterwasserausflüge machen, bevor er wieder nach Hause flog. Er lieh sich eine Scuba-Ausrüstung und stieg in eine nahe gelegene Quelle namens *Hole in the Wall*, wo ihn im dichten Schlammnebel Panik erfasste und er ertrank. Obgleich Rolfs tragischer Tod nicht in Zusammenhang mit dem von Bill entwickelten Rebreather stand, wurde das Vertrauen des Teams in das Gerät er-

Ian Rolland, Rob Parker und Noel Sloan (von links nach rechts) bereiten sich auf einen Testtauchgang mit dem Cis-Lunar-Lk-II in einer Druckkammer im North American Hyberbaric Center auf City Island, New York, vor.

neut erschüttert und die Expedition einmal mehr aufgeschoben. Zudem geriet Bill durch Rolfs Tod in die Schusslinie der Kritik. Seine Kritiker, die über die Tatsache hinweggingen, dass Adams auf einem Tauchgang ums Leben kam, den er zu seinem Privatvergnügen und mit herkömmlicher Ausrüstung unternahm, prangerten Bill öffentlich an, für die Entwicklung seines Rebreather-Modells das Leben seiner Teamkollegen aufs Spiel zu setzen.

Kurz nachdem Bill von Rolfs Beerdigung in Australien zurückgekehrt war, reichte seine Frau Pat – seine College-Liebe, die er 1981 geheiratet hatte – die Scheidung ein. Sie warf ihm vor, sein eigenes Leben und das der jungen Familie seiner fixen Idee von dem »verdammten Loch« in Südmexiko zu opfern.

Zum ersten Mal seit Jahren lebte er nun allein und war, weil er sein ganzes Kapital in die Entwicklung verschiedener Rebreather gesteckt hatte, bis über die Ohren verschuldet. Dennoch schaffte er es irgendwie, etliche Tauchgeräte vom Typ Cis-Lunar Mk-IV zu bauen. Dieses Gerät, dessen Entwicklung auf den Erfahrungswerten des Teams aus der zweimonatigen Trainingseinheit 1993 basierte, war konstruktionstechnisch weit ausgereifter. Nach zehnjähriger Entwicklungszeit war der Rebreather fertig für den Einsatz in der Grotte.

Doch die Taucher, die einst das Herz des Teams ausmachten, waren alle nicht mehr da. Rolf Adams war tot, und Jim Smith, der Huautla-Veteran, hatte das Tauchen an den Nagel gehängt, nachdem er bei dem Versuch, Rolf zu retten, beinahe selbst ertrunken war. Brad Pecel verließ das Team nach einem Unfall. Und Rob Parker, der junge Brite, der auf der Peña-Colorada-Expedition 1984 der große Star war und die Entwicklung des »Rebreather« über all die Jahre begleitet hatte, blieb am Ende doch skeptisch und verlegte sich lieber aufs Bergsteigen.

Das Team, das nun in Ginnie Springs versammelt war, verfügte zwar über geradezu musterhafte Tauchfähigkeiten, war aber im Tiefhöhlentauchen nicht so erfahren, wie Bill sich das gewünscht hätte.

In Ginnie Springs saß die Gaithersburg-Truppe dicht gedrängt um einen Campingtisch, als Bills Klapperkiste von Toyota mit quietschenden Bremsen heranfuhr. Ian und Jim nahmen gerade einen Rebreather auseinander, und die Einzelteile lagen quer über den ganzen Tisch verstreut. Steve hatte bei seinem letzten Tauchgang das ungute Gefühl gehabt, dass irgendetwas nicht stimmte, und war nach nur fünf Minuten wieder aufgetaucht. Auch beim zweiten Versuch war er nach fünf Minuten wieder an der Oberfläche, puterrot und schwer keuchend. Er hatte eindeutig zu viel Kohlendioxid inhaliert. Die andern halfen ihm aus dem Wasser, überzeugten sich, dass er in Ordnung war, und nahmen das Gerät auseinander. Wer immer dieses Tauchgerät zusammengebaut hatte, hatte den lebensnotwendigen Kanister mit Lithiumhydroxid vergessen – einer chemischen Substanz, die das ausgeatmete Kohlendioxod absorbiert. Wie wenn man mit dem Kopf in einer Plastiktüte steckt, hatte Steve unter Wasser nichts außer seiner eigenen ausgeatmeten Luft inhaliert.

Probleme wie dieses sollten das Team in Ginnie Springs noch die ganze restliche Woche verfolgen. Bill war erleichtert, dass sich jedes Problem letztlich als Bedienungsfehler und nicht als Fehler im System herausstellte. Nichtsdestotrotz fertigte er eine detaillierte Kontrollliste an (so wie sie auch Piloten vor jedem Abflug gebrauchen), die ein jeder vor jedem Tauchgang durchzugehen hatte. Doch die Serie kleinerer Pannen zermürbte die Teammitglieder mehr und mehr. Das Mk-IV sei viel zu komplex, murrten sie und befürchteten, dass Probleme, die in Ginnie Springs vielleicht noch glimpflich verliefen, in den dunklen Tiefen von Huautla schnell zum tödlichen Verhängnis werden könnten.

Bis zum Samstag jener Woche hatten sie es geschafft, fünf der neun Geräte zusammenzubauen, sie jeweils auf einem Tauchgang zu testen und wieder fachgemäß zu verstauen. Bill hatte das Gefühl, sie seien nun langsam über dem Berg und bald startklar. Im letzten Licht der nachmittäglichen Sonne schickten Bill, Barbara und Jim sich an, alle Geräte in den Kleintransporter umzuladen.

Steve beobachtete das Treiben vom anderen Ende des Campingplatzes aus. »Was macht er denn da?«, fragte er Noel. »Wir haben an diesem Zeug nicht einmal zehn Stunden gearbeitet. Geschweige denn das Betriebssystem abgeklopft.«

»Hm, na ja.« Noel suchte nach einer Antwort. Er war der gleichen Überzeugung, sah aber auch, dass das Team mittlerweile fix und fertig war, und glaubte, es käme dem Gruppenklima zugute, wenn es endlich losgehen würde. Daher sagte er zu Steve: »Bill hat eben so seine eigene Methode, die Dinge zu schaukeln.«

In Stiefeln und Kletterausrüstung kamen Kenny und Ian vorbeigeschlendert. Sie hatten Seile an eine Eiche montiert, und Ian hatte Kenny den ganzen Nachmittag lang in die Feinheiten einer europäischen Steigtechnik namens »Frog« eingewiesen. Die beiden waren inzwischen dicke Freunde. Kenny warf einen kurzen Blick auf Noel – das Eidechsengesicht faszinierte ihn noch immer –, dann auf Bill, der zusammen mit Jim und Barbara die leuchtrosa und zitronengrünen Sauerstofftanks in den Transporter verlud, und schüttelte nur wortlos den Kopf.

Steve wollte wissen, was Ian von dieser Aktion hielt, denn immerhin war er die treibende Kraft gewesen, endlich aus Gaithersburg abzureisen. Auch Ian meinte, es sei noch zu früh, um aufzubrechen. »Es ist unsinnig«, sagte er, »die Ausrüstung den ganzen Weg hinunter in die Höhle zu schleifen, wenn uns nicht ganz wohl dabei ist.« Er sah zu Boden und scharrte mit seinen abgetragenen, grünen Wellington-Stiefeln im sandigen Boden. »Und noch unsinniger ist es, das Zeug bis hinunter zur Grotte zu schleifen, um am Ende festzustellen, dass es nicht funktioniert.« Das Ganze kam ihm so absurd vor, dass er es schon fast wieder komisch fand. »Schlichtweg unsinnig, Alter«, meinte er zu Steve und grinste übers ganze Gesicht.

Ians Bemerkung hielt Steve fälschlicherweise für eine Aufforderung zu handeln, und so steuerte er auf Bill zu und teilte ihm mit, dass das Team noch mehr Zeit brauche, um sich mit den Tauchgeräten vertraut zu machen.

Das hörte Bill nicht gern. Er wusste zwar, dass die Taucher hinter seinem Rücken meckerten, dachte aber, Noel und die Höhlenforscher seien seiner Meinung, und fühlte sich verraten, da er auf jede Schwachstelle im System, welche dieselben Taucher am Vorgängermodell kritisiert hatten, prompt reagiert und sie durch technische Verbesserungen ausgemerzt hatte. Obendrein hatten die Änderungen im Bereich Software und Hardware sowie die maßgeschneiderten Nachbesserungen schon nahezu 100 000 Dollar verschlungen. Seine einzige Hoffnung, das dadurch entstandene finanzielle Loch zu stopfen, bestand darin, dass ein Filmproduzent sich die Lizenzrechte für die Dokumentation der Expedition sichern wollte. Nun hatte Bill am frühen Nachmittag erfahren – was der Rest der Truppe allerdings noch nicht wusste –, dass der Film-Deal geplatzt war –

eine Hiobsbotschaft, die Bill ebenfalls nicht gern hörte. Die ein ums andere Mal aufgeschobene Expedition hinkte nun schon einen Monat hinter dem ursprünglichen Zeitplan her, und die zu ihrer Durchführung unentbehrliche Trockenzeit – nach der ein Arbeiten in der Höhle viel zu gefährlich sein würde – schwand so schnell dahin wie die Abendsonne. Falls sie nicht bald in Huautla wären, so fürchtete Bill, hätte sich auch diese Expedition erledigt.

Langsam stellte er den Tank ab, den er gerade trug, sah Steve an und stieß einen schweren Seufzer aus. Es war nicht das erste Mal, dass Steve als Sprecher des Teams zu ihm gekommen war. Die rührselige Tour, auf die der Mann aus Minnesota die Lage der Dinge zu präsentieren vermochte, brachte Bill jedes Mal auf die Palme, was Steve nicht ahnen konnte, da er Bill nicht so gut kannte; ihm war einzig an einem besseren Verständnis untereinander gelegen. Da Bill befürchtete, Steves Ausscheiden aus dem Team könnte womöglich eine Kettenreaktion unter den übrigen Tauchern auslösen, sagte er kein Wort, nahm den abgestellten Tank wieder in die Hand und fuhr mit seiner Arbeit fort. Dreimal schwirrte er geschäftig und wortlos an Steve vorbei.

Steve rührte sich nicht von der Stelle, blieb stocksteif stehen, die Arme vor der Brust gekreuzt.

Als Bill zum vierten Mal an ihm vorbeimarschierte, brummte er: »Lass uns heute Abend alle zusammen auf die Party gehen und uns amüsieren, und morgen früh reden wir in Ruhe darüber. Okay?«

Das stellte Steve zwar nicht zufrieden, doch er beschloss, nicht weiter auf der Sache herumzureiten. Er hatte Bill begreiflich machen wollen, dass es nicht nur ihm so ging, dass alle andern sich ebenfalls gehetzt fühlten. Und er wollte, dass Bill ihn respektierte. Wortlos nahm er einen Tank und half Bill, den Transporter zu beladen. Bill lächelte ihm zu.

Fertig. Der Wagen war beladen, und Bill setzte sich ins Fahrerhaus, um die Eintragungen im Expeditionstagebuch auf den neuesten Stand zu bringen:

Zum Schluss möchte ich anmerken, dass ich mich hier unten ein wenig einsam fühle. Barbara ist eine echte Stütze, hilfreicher, als ich erwartet hätte ... sie bewahrt mich davor, dass ich mich verausgabe, und spornt mich mit ihrem ungebrochenen Optimismus immer wieder an. Tagtäglich denke ich an meine drei Jungs. In meiner Brieftasche trage ich ein Foto von ihnen bei mir. Ich sehe es an und denke, eines Tages werden sie mich auf eine dieser Expeditionen begleiten.

Die Party fand bei Woody Jasper statt, ein kleines Stück nördlich von High Springs. Woody und die meisten Gäste auf der Grillparty waren so genannte Moles.

Die Moles, wie sich die guten Jungs im besten Mannesalter gern selbst bezeichneten, waren eine Interessengemeinschaft von Höhlentauchern, die sich zumeist der Erforschung des Floridan Aquifer widmeten. Sie waren darauf spezialisiert, sich durch jede noch so kleine, mit Wasser gefüllte Felskluft zu pressen, wenn diese die eine Quelle mit der anderen verband. Nicht selten mussten sie dabei auch die Scuba-Geräte abnehmen und sie vor sich herschieben, wenn sie durch sarggroße Schlufe robbten. Da ihre Sauerstofftanks nur einen begrenzten Luftvorrat fassten, bedeutete es den sicheren Tod, falls sie sich im Labyrinth der Schlufe verirrten oder an einer ausgezackten Steinwand verhakten. Was die Moles so einmalig machte, war die Tatsache, dass sie schon seit zwei Jahrzehnten zusammen tauchten – und überlebt hatten. Auf die Frage, wie sie immer wieder den Kopf aus der Schlinge zogen, zitierte Woody gern den Entfesselungskünstler Harry Houdini: »Ein Schlupfloch gibt's immer irgendwo.«

Woody nahm Bill und Barbara an der Tür in Empfang und führte sie in einen Hinterhof, wo die Moles in bierseliger Runde zusammensaßen. Tom Morris winkte Bill zu, während er gleichzeitig Wes Skiles lauschte, einem Mann von mittlerer Statur, mit grauem Wuschelkopf und buschigen Augenbrauen. Tom hatte mit dem Tauchen angefangen, als er 13 war. Heute arbeitete er freiberuflich als Biologe, wo er sich auf bizarre, kleine Kreaturen spezialisierte, die imstande sind, tief unten in feuchten Höhlen zu überleben. Die Smithsonian Institution benannte einen blinden Panzerkrebs nach ihm – *Procambarus morrisi*, ein winziges, kleines Getier.

Wes, ein Mann mit dem für Florida typischen tiefen, rollenden Akzent, war die Größe unter den Moles und einer der besten Taucher weltweit. Seit Jahren bildete er Höhlentaucher aus; auch Kenny Broad und Steve Porter gehörten einst zu seinen Schülern. Wes hatte sich zudem als Unterwasserfotograf einen Namen gemacht und von der Zeitschrift »National Geographic« den Auftrag erhalten, die Expedition fotografisch zu dokumentieren. Er und Tom planten, etwa einen Monat später dazuzustoßen.

Bills Blick fiel auf einen Riesenberg von rohem Geflügelfleisch, und sogleich bot er sich als Grillmeister an. Woody reichte ihm eine Gabel und ein Bier. Barbara mischte sich unter die Gäste und suchte das Gespräch mit anderen Tauchern.

Da traf Sheck Exley ein. Sheck gehörte zu den Ersten überhaupt, die das Floridan Aquifer erkundet hatten, und zählte zu den Pionieren auf dem Gebiet der Sicherheitstechnik im modernen Höhlentauchen. Wes und Bill hatte er ebenso unterrichtet wie sämtliche Höhlentaucher der Spitzenklasse. Von ihm hatten sie gelernt, wie man in Unterwasserhöhlen überlebt. Der 44-Jährige hielt strenge Diät, weshalb sein muskulöser Körper kaum Fett ansetzte. Zudem beherrschte er verschiedene Meditationstechniken, mit denen er Herzschlag und Atemfrequenz zu drosseln vermochte. Aufgrund seiner enormen Körperbeherrschung war er imstande, mit einer einzigen Sauerstoffflasche mehr Zeit unter Wasser zu verweilen als jeder andere Taucher. Er bewahrte in großen Tiefen auch dann einen klaren Kopf, wenn andere Taucher infolge der erhöhten Stickstoffkonzentration im Blut längst ganz wirr waren. Mit nur 1,65 Meter Körpergröße war er der Michael Jordan und der Tiger Woods der Höhlentaucher in Personalunion.

Wie die Moles vergötterte Bill Sheck. Und er verdankte Sheck sein Leben. Damals, 1980, als Bill für seinen zweiten Vorstoß in die San-Agustín-Höhle trainierte, führte ihn Sheck 70 Meter tief in die Eagle's-Nest-Grotte, in das »Adlernest« – ein Tauchgang, der doppelt so tief ging, wie sich die meisten Scuba-Taucher je wagen würden. Alles schien glatt zu laufen, bis Sheck das Signal zur Beendigung des Tauchgangs gab. Bill schickte sich an, seine Tarierweste aufzublasen. Nichts passierte. Er merkte, dass er die Hände nicht mehr bewegen konnte. Hypnotisiert vom überschüssigen Stickstoff in seinem Kopf, starrte er einfach nur ins Leere, während sein Sauerstoffvorrat langsam davonblubberte. Durch den Schlamm im Wasser und den Stickstoff in seinem Kopf erlag er der Sinnestäuschung, dass er in einem dunklen Tunnel festsaß. Doch dann streckte sich ihm eine Hand entgegen. Es war Sheck. Er zog Bill hoch zur 58-Meter-Marke, wo sich sein Betäubungszustand allmählich legte. Ein paar Minuten später war er wieder bei sich, doch Bill vergaß nie, was er Shecks rettender Hand verdankte.

Dass er Sheck auf der Party treffen würde, damit hatte Bill nicht gerechnet. Kaum hatte er ihn erblickt, spürte er, wie sich die eigene Anspannung löste. Wenn überhaupt einer verstand, was er gerade durchmachte, dann Sheck – das sagte ihm sein Gefühl.

»Ahh, Pierre«, rief Bill übertrieben laut mit übertrieben französischem Akzent, »der größte Höhlentauch-äär der Welt!« Mit solchen Pierre-Witzen hatte Bill ihn schon immer gefrotzelt. Französische Höhlentaucher hielten nahezu alle Höhlenrekorde, bis auf das ungefähre Dutzend, das Sheck für sich verbuchte, wozu auch der bis dahin längste (10450 Fuß/3182 Meter) sowie der tiefste (868 Fuß/265 Meter) Einzelrekord im Höhlentauchen gehörten. Die Pointe der Pierre-Witze lag in der verdrehten Logik, dass Sheck als weltbester Taucher eigentlich Franzose hätte sein müssen.

Sheck brach in dröhnendes Gelächter aus. Mit seiner Lebensgefährtin Mary Ellen Eckhoff lief er auf Bill zu. »Mensch, Bill, sieht so aus, als hättest du ein richtig gutes Team beisammen!« Sheck sprach mit dem für Südstaatler unverkennbaren Akzent, langsam und gedehnt. »Na, wirst du sie dieses Mal packen?«

Bill nahm einen Schluck Bier und überlegte kurz, während Sheck Barbecue-Sauce über sein gegrilltes Hähnchen träufelte. Hätte ihm sonst wer die gleiche Frage gestellt, hätte er einfach nur geantwortet: »Aber klar doch.« Sheck aber kannte Bill seit ewigen Zeiten, kannte die frühen Anfänge seiner Idee, die San-Agustín-Grotte zu durchstoßen, und hatte ihn für zahlreiche frühere Versuche trainiert. »Wenn sie weniger als einen Kilometer lang ist, dann glaube ich, dass wir es packen«, erwiderte Bill. »Wenn sie viel länger ist, müssen wir auf die Dual-Rebreather ausweichen, und dann ahne ich schon, was passieren wird. Bei allem, was über zwei Kilometer hinausgeht, habe ich ein ungutes Gefühl.« Er nahm noch einen Schluck Bier. »Aber Mensch, wir werden das schon vorher schaffen.«

Sheck nickte.

Bill spießte ein Stück Geflügel auf die Gabel und zeigte damit quer über den Hof auf sein Team. »Jim Brown, du weißt, was er alles kann. Und Ian…« – der junge Brite hatte seine anfängliche Scheu vor den Moles verloren und unterhielt sich angeregt mit ihnen über ihre speziellen Techniken – »…der schafft alles.«

Sheck nickte erneut.

»Wie ich höre, bist du mit Jim wieder zu dem Loch unterwegs, in dem ihr momentan arbeitet?«

Wieder nickte Sheck. Er war kein Mann vieler Worte. Bill hingegen war ein gesprächiger Typ, wenn ihn ein Thema wirklich interessierte. Dass sie in diesem Punkt derart verschieden waren, amüsierte beide.

»Wie heißt der Ort noch gleich?«, sagte Bill.

Sheck lachte. Die Höhle, nach der Bill fragte, war in Mexiko von einem texanischen Taucher namens Jim Bowden entdeckt worden. Und dieser hatte sie Sheck gezeigt. Doch Sheck und Jim waren sich einig, das scheinbar abgrundtiefe Schlundloch so lange geheim zu halten, bis sie dessen Tiefen selbst ergründet hatten.

»Nun, Bill, du weißt, ich habe Jim versprochen, dichtzuhalten«, sagte Sheck. »Ich würde es dir wirklich gern erzählen. Ehrlich. Aber Jim hat mein Wort, also kann ich nicht.«

Beide lachten. Bill wusste, dass Sheck nicht zu erweichen war, und Sheck wusste, dass Bill das wusste. Jims und Shecks auf bescheidenen Mitteln basierende Expedition war das krasse Gegenteil zu Bills kostpieliger Huautla-Unternehmung, für die öffentlich die Werbetrommel gerührt wurde, um Fördergelder zu gewinnen. Zweifelsohne jedoch zählten die eine wie die andere Expedition nach Mexiko zu den beachtlichsten in jenem Jahr.

»Was steuerst du denn so an?«, fragte Bill.

»O, eine schöne runde Zahl wäre nicht schlecht.«

Bill lächelte. »1000 Fuß (304,5 Meter)?«

»Ist drin«, antwortete Sheck in Anspielung auf das geheime Loch. »Ich denke, wir können es schaffen.«

Bill nahm noch einen Schluck Bier. Er machte sich Sorgen um seinen Freund. Für Berufstaucher ist es alltäglich, auf 1000 Fuß Tiefe zu gehen, doch um das zu schaffen, verbringen sie einen ganzen Tag in der Druckkammer. Wollten sie einen solchen Tauchgang mit gewöhnlicher Scuba-Ausrüstung machen, müssten Sheck und Jim in Minutenschnelle auf diese Tiefe abtauchen. Durch die beschleunigte Druckbelastung würden sie in den so genannten Tiefenrausch verfallen, einen Zustand, den man als HPNS (High Pressure Nervous Syndrom) bezeichnet und der durch zu schnelle Kompression von Helium auftritt. Sheck hatte die typischen Symptome ein Jahr zuvor in Südafrika am eigenen Leib erfahren; er hatte unkontrollierte Muskelzuckungen und optische Halluzinationen, sah kleine Bilder vor sich wie mit dem Facettenauge einer Fliege.

»Mir wäre es lieber, ihr Jungs würdet euren Tauchgang zuvor in einer Druckkammer simulieren«, sagte Bill. »Was du mir von Bushmangat geschildert hast, versetzt mich jetzt noch in helle Panik.«

»Ich denke, wir haben es dieses Mal unter Kontrolle«, sagte Sheck. »Ich *muss* es einfach tun, du weißt schon. Das Alter. So fit bin ich heute auch nicht mehr. Meine Atmungskraft lässt allmählich nach. Und dieser Tauchgang ist gut geeignet, um sich danach zur Ruhe zu setzen.«

»Zur Ruhe setzen?«, fragte Bill.

Sheck zuckte mit den Schultern. Doch ehe Bill nachhaken konnte, wurden sie unterbrochen. Ian und die Moles vollführten ein Mordsspektakel.

»Nein, doch nicht so, mein Freund. Hangtauchen geht doch nicht so«, tönte Ian starrsinnig, »so macht man das!« Er demonstrierte Wes, wie die meisten britischen Höhlentaucher ihre Sauerstofftanks durch enge Schlufe führen. Wes schüttelte den großen Kopf mit der hohen Stirn. Woody, bei den Moles der Tüftler vom Dienst, versuchte zu erklären, dass der Hangtauchstil in Florida eben flexibler sei. Doch seine Worte gingen im Gepolter der Moles unter. Da drang Ians trällernder Akzent durch das Gegröle: »Hört mal, Freunde, ihr Yankees seid vielleicht auf dem Mond gelandet, aber wir Briten haben das Hangtauchen erfunden.«

Gegen ein Uhr nachts klang die Party langsam aus, nachdem Wes ein Video gezeigt hatte, eine Parodie auf Sicherheitsmaßnahmen beim Tauchen, die er ein paar Jahre zuvor gedreht hatte. Kenny Broad ist der Star dieses Kurzfilms. Er glänzt als übertrieben draufgängerischer Franzose, der es in einem Freitauchversuch mit nur einem Atemzug schaffen will, von der Quelle der Grotte Devil's Eye den langen Kriechgang entlang bis zu Devil's Ear zu tauchen. Der Versuch scheitert kläglich. In der Schlussszene dann schlüpft Woody in die Rolle eines Südstaatler-Sheriffs und sagt mit betont langsamem Akzent: »Eine echte Schande. Hätte aber schlimmer kommen können. Franzooose eben.«

Auf der Autobahn ging es zwei Tage lang weiter Richtung Texas, als Bills Wagen plötzlich stehen blieb. Der Sprit war alle. Die Benzinanzeige des Toyota funktionierte schon seit Jahren nicht mehr, weswegen Bill sich angewöhnt hatte, alle 150 Kilometer anzuhalten und zu tanken. Doch im allgemeinen Durcheinander hatte er nicht bedacht, dass der Wagen mit voll geladenem Hänger mehr Benzin verbrauchen würde. Und so blieben Bill und Barbara eines Abends auf einer Autobahnüberführung kurz vor New Orleans liegen. Der kleine blaue Transporter wackelte jedes Mal furchterregend, wenn dicke Trucks mit knapp 100 Sachen vorbeirauschten. Der ganze Stress, den Bill in den vergangenen Monaten in sich hineingefressen hatte, brach nun aus ihm heraus. Er rüttelte am Lenkrad und rief: »Die fahren uns noch über den Haufen!« Derart aufgelöst hatte ihn Barbara noch nie erlebt. Sie blieb am Auto und winkte dem herannahenden Verkehr mit einer Taschenlampe, während Bill in die Nacht hinauseilte, um Benzin zu besorgen.

Erst am frühen Morgen des nächsten Tages trudelten sie bei Bill Steele in San Antonio ein, wo im Wohnzimmer der Rest der Truppe in ihren Schlafsäcken auf dem Fußboden lag. Bill Steele war ein geselliger Typ, ein Bär von einem Mann. Er verfügte über langjährige Erfahrung als Expeditionsleiter und hatte in den 1970er-Jahren ebenfalls in der Kirkwood Road in Austin gelebt. Sein Appartement in San Antonio war keineswegs so verrottet wie die Bude damals in Austin, wo der Putz von der Wand platzte. Doch Bill und Barbara fühlten sich dorthin zurückversetzt. Pickups mit Vierradantrieb säumten die Straße vor dem Haus wie Packesel, die darauf warteten, beladen zu werden. Die Garage war bis auf den Hof hinaus voll gestopft mit Ausrüstungsgegenständen, so dass sich die Nachbarn schon beschwerten. Dabei wollte Bill gar nicht an der Expedition teilnehmen, denn er war beruflich mit seinen Boy Scouts ziemlich eingespannt, hatte aber wie Wes Skiles und Tom Morris vor, später hinzuzustoßen, und unterstützte die Expedition, so gut er konnte.

Auch Don Broussard war da und erwartete das Team. Mit seiner fahlblauen Ford-Rostlaube, die er liebevoll »Big Dog« nannte, war er bereits vor ein paar Tagen eingetrudelt. Zu den Tauchern der bevorstehenden Expedition zählte er nicht, doch schon seit 1968 war er, ein Kirkwood-Veteran, im Huautla-System als Höhlenforscher aktiv. Er war ein Mann von kleiner Gestalt, wog um die 60 Kilo, hatte einen hellblonden Wuschelkopf, dunkle Augen und einen dicken, blonden Bart. In Austin arbeitete er als Computerberater. Er sprach langsam und direkt, nahm den Kernpunkt einer Sache oft vorweg und stand im Ruf, sich auch unter größten Strapazen durchzubeißen. Zum Glück, denn sobald Don dabei war, war es immer irgendwie eine Schinderei. Zudem schien er stets zur falschen Zeit am falschen Ort zu sein – als er beispielsweise samt Teamkollegen in seinem Leichtflugzeug über der Sierra Guatemala abstürzte und sich mit der Machete einen Weg aus den Bergen schlagen musste. In Austin hatten ihm die Höhlenforscher den Spitznamen »Neun-Leben-Broussard« gegeben.

Don war Diabetiker seit seinem achten Lebensjahr. Ebenso Ian. Allerdings hatte Ian von seiner Krankheit erst vor einem Jahr erfahren, woraufhin die Royal Air Force seine Teilnahme an der Expedition zunächst ablehnte. Als Don erfuhr, dass auch Ian Diabetiker war, nahm er ihn sogleich unter seine Fittiche. Sie setzten sich aufs Sofa, breiteten auf dem Beistelltisch ihre Insulinkästen aus, und Don sprach mit Ian über den Umgang mit Insulin in Situationen, in denen eine regelmäßige Nahrungsaufnahme unmöglich ist. Er riet Ian, zwei Insulinkästchen mitzunehmen sowie stets einen ausreichenden Zuckervorrat dabeizuhaben. »Du musst gut darauf Acht geben«, sagte er leise. »Wenn du das Gefühl hast, du könntest gleich zusammenbrechen, dann warte nicht lange ab. Du musst sofort gegensteuern, okay?«

Der kurze Aufenthalt in San Antonio endete wie die Woche in Ginnie Springs mit einem Barbecue. Bill sah seinem Team beim Trampoline Dodge Ball zu und befand, dass Sheck Recht hatte. Eine gute Mannschaft, die da beisammen war. Ian und Kenny, Noel und Steve, Jim und Don, er und Barbara: Jeder brachte ganz besondere Fähigkeiten mit. Er musste schmunzeln, als er bemerkte, wie er sie mit Doc Savages Getreuen verglich. In Huautla würde noch der mexikanische Taucher Angel Soto Porrua zum Team stoßen, und dann und wann würde der ein und andere erfahrene Freiwillige aufkreuzen wie etwa Bill Steele, um für eine Woche mit anzupacken, Ausrüstungsgegenstände in die Höhle hinein- und wieder herauszutransportieren. Zum ersten Mal seit Jahren hatte er das leise Gefühl, dass doch alles zusammenpassen könnte.

Spät am Abend dann spazierte Bill Steele über den Hof und verkündete: »Es ist soweit, alle Mann mitkommen zu einer Höhle, wir sehen uns Steele Caverns an.« Keiner hatte eine Ahnung, wovon er sprach. Soweit das Team die Gegend hier kannte, gab es keine bedeutenden Höhlen in der Nähe, doch instinktiv griff jeder nach seinem Helm und schnappte sich eine Taschenlampe. Steele lachte: »Nein, Taschenlampen braucht ihr in Steele Caverns nicht.« Steeles Tochter Audrey, Sechstklässlerin, führte die neugierige Truppe über den Hof, durch ein kleines Tor hinaus und über einen Kanaldeckel hinein in einen großen Schacht. Riesengelächter brach aus, weil Steele elektrische Weihnachtskerzen im überwölbten Abzugskanal aufgehängt hatte. Einer hinter dem anderen, allen voran Audrey, krochen sie durch die mit Beton verkleidete Höhlung, die zum Ende hin immer enger wurde, was die Großen der Truppe wie Noel und Bill zwang, sich dünn und dünner zu machen, um hindurchzupassen. Steeles Frau Janet, eine schlanke Person, von Beruf Anthropologin und immer zu einem Scherz aufgelegt, wartete am anderen Ende. Als Bill sich mit Müh und Not durch das letzte Stück quetschte, sagte sie unüberhörbar laut zu ihrer Tochter: »Sieh mal, Liebes, der alte Mann da meint, er kommt bis ans untere Ende der Welt. Dabei kommt er kaum aus einem Abwasserkanal in Texas.«

Die mexikanischen Beamten am Zoll in Los Indios warfen einen Blick in die Transporter, die bis unters Dach voll gestopft waren mit Tauchausrüstung, und weigerten sich, das Team ohne eine Importgenehmigung nach Mexiko einreisen zu lassen. Bill redete eine halbe Stunde lang auf Spanisch auf die Beamten ein, erklärte ihnen das Vorhaben, zeigte ihnen Schreiben und Genehmigungen der Behörden in

Oaxaca und Mexico City, hielt ihnen Zeitungsartikel und Wissenschaftsblätter unter die Nase, kramte Broschüren und Mannschaftstrikots hervor. Doch das scherte die Männer vom Zoll herzlich wenig. Niedergeschlagen kam Bill schließlich aus dem kleinen Büro, schlich vorbei am Team, das sich vor dem Gebäude die Zeit vertrödelte. Fragend sah Barbara ihn an. »Wir sind erledigt«, flüsterte er ihr zu.

Wie Höhlentaucher, die sich in der Dunkelheit vorantasten, verbrachte die Fünferkolonne den Rest des Tages damit, einen Grenzübergang nach dem anderen abzuklappern, in der Hoffnung, irgendeinen zu finden, der die Wagenkolonne, die wie eine Handelskarawane aussah, durchließ. Als die Kolonne in Reynosa einrollte, herrschte bereits Siesta, und weit und breit war kein Dienst habender Zollbeamter in Sicht. Das Einreisebüro war lediglich mit einer Angestellten und deren Vorgesetzten besetzt, doch die beiden wussten auch nicht so recht, wie man mit den Gringos verfahren sollte. Nach kurzem Hin und Her kamen sie aus ihrem Büro und wiesen das Team an, den Laderaum des weißen Transporters zu öffnen. Die Klappe ging hoch, und sie kamen aus dem Staunen nicht mehr heraus. Wie viel die einzelnen Wundergeräte wert seien, wollten sie wissen – die Rebreather, die Scuba-Tanks, die Kompressoren und alles, was da sonst noch blitzblank glänzte.

Da fuhr Noel dazwischen: »*Cueveros*«, rief er. »Wir sind doch nur eine Horde Höhlenforscher! Und das sind alles persönliche Ausrüstungsgegenstände, *todo éste*!« Seine langen Arme fuchtelten wild herum, derweil er in seinem spanisch-englischen Kauderwelsch in einem fort auf sie einredete. »Für *buceo* in *cuevas*, unterirdisch, *comprende*?«, sagte er, wies auf die Sachen im Transporter, schlug sich dann auf die Brust und wiederholte: »Alles das da – *todo éste* – persönliches *equipmento*!«

Dass sich im Wagen genügend Inventar befand, um damit ein ganzes Tauchladenlager anzulegen, war für die Einreisebeamten unschwer zu erkennen. Auf Spanisch stellten sie eine Frage nach der anderen.

Bill, der Spanisch sprach, trat vor; doch Noel, der eindeutig kein Spanisch konnte, drängte ihn beiseite und platzte in einer Tour mit immer den gleichen verrückten Antworten dazwischen, egal, auf welche Fragen. Das war zum Brüllen komisch, und Bill musste sich wegdrehen, damit die Mexikaner nicht sahen, wie er sich vor Lachen kaum halten konnte. Dann hatte Noel es geschafft. Vielleicht wollte die Frau den lästigen *Gringo* einfach nur loswerden; jedenfalls marschierte sie hinüber zum Wagen, klebte eine *Turista*-Plakette an die Windschutzscheibe und sagte »*Pásale.*«

»Siehst du«, sagte Noel triumphierend, als sie alle zurück in die Autos kletterten, »so spricht man Spanisch. Und nun nichts wie weg hier.«

Der Konvoi kroch durch die ebene Küstenlandschaft im östlichen Mexiko und kam am Montag, dem 28. Februar, im schwülheißen Tehuacán an. Schräg gegenüber des belebten Hauptplatzes der kleinen Stadt lag das »Peñafiel«, ein lichtes, luftiges Lokal und seit jeher ein beliebter Treffpunkt unter Höhlenforschern. Dort machten alle erst einmal Rast. Während die anderen Tortilla und Rührei bestellten, begab sich Bill an den Tresen und kramte ein abgegriffenes Buch hervor, ein inoffizielles Gästebuch mit den Namen all derjenigen Höhlenforscher, die auf dem Weg nach Huautla hier durchkamen. Die Seiten gaben Zeugnis davon, wie Huautla zu einem Kathmandu der Höhlenforscher wurde.

Bill blätterte durch das Tagebuch, wo er auch auf seine eigenen Eintragungen stieß, die bis 1976 zurückreichten – hingekritzelte Erinnerungen an die verschiedensten Expeditionen. Noch während er und die andern beim Essen saßen, traf ein weiteres Höhlenforscherteam ein. Unter Leitung von Alan Warild, einem bekannten australischen Höhlenforscher, befanden sie sich auf dem Rückweg. Und ihre Abreise erinnerte Bill einmal mehr daran, dass der Februar – die Hauptperiode der Trockenzeit – bald zu Ende ging.

Zwei

Am nächsten Morgen gingen Bill und Barbara noch einmal ins Peñafiel, wo Angel Soto Porrua auf sie wartete. Angel gehörte zu den bekanntesten Hochgebirgskletterern Mexikos. Zusammen mit Noel war er einer der beiden Veteranen der Peña-Colorada-Expedition. In der ganzen zehnjährigen Entwicklungsphase der Rebreather hatte er Bill die Treue gehalten und wollte auch jetzt bei der Erforschung der Grotte mit von der Partie sein. Nach dem Frühstück kletterte Angel in seinen alten, weißen VW und folgte Bills zerbeultem Toyota durch die üppig grünen Täler von Tehuacán nach Süden. In Oaxaca schlängelten sie sich bergauf, vorbei an der alten Franziskanermission in Teotitlán del Camino, deren hohe Adobe-Mauern aus dem 17. Jahrhundert stammten, bis sie schließlich nach Osten in Richtung Huautla de Jiménez bogen.

Gleich hinter Teotitlán stieg die Straße steil an. Die fruchtbaren Täler gingen abrupt über in eine staubige Wüstenlandschaft mit Mesquitebüschen und Elefantenkakteen. Gnadenlos ging es bergauf. Die eben noch zweispurige Asphaltstraße war nunmehr ein schmaler Streifen, der sich bedrohlich unsicher in das zerfurchte Felsgestein am Rande der Hochebene kerbte. Oberhalb der steilen Gebirgswand türmten sich drohend lose Felsbrocken, weshalb mit gelegentlichem Steinschlag zu rechnen war. Nach unten hin nichts als weiter Himmel über der Wüste: kein Vorsprung, kein Gesims, nicht einmal der Hauch einer Begrenzung. Alle paar Meter bog die Straße in eine andere Richtung. Der Motor heulte auf, als Bill herunterschaltete, um die nächste Serpentine zu bewerkstelligen, und

1979 endet der erste Versuch, die San-Agustín-Grotte zu durchforschen, beinahe mit einer Katastrophe, als ein großer Truck auf der holprigen mexikanischen Straße in Bill Stones überladenen Pickup fährt. Hal Lloyd posiert vor dem umgestürzten Wagen; rechts von den Seilrollen ein kleiner Scuba-Tank.

bis das Motorgeheul verstummt war, hatten Himmel und Erde die Seiten vertauscht.

Rechts und links der Zickzackstraße standen an den Vorsprüngen, die einigermaßen Platz dafür boten, Wegkreuze und kleine, mit Fotos und Kerzen überladene Schreine. Manche Kreuze waren aus Schmiedeeisen, verschlungen zusammengeschweißt mit staubigen Plastikblumen am Metall, andere waren aus Holz gezimmert, weiß gestrichen mit Namen und Datum in Blockschrift darauf. Allesamt markierten sie Stellen, wo unglückselige Fahrer vom schmalen Fahrstreifen abgekommen und in die Tiefe gestürzt waren.

Auch Bill hätte auf einer früheren Expedition um ein Haar ein solches Kreuz bekommen – damals, 1979, als er unterwegs war, um zum ersten Mal in der Grotte zu tauchen. Ein auf der Gegenspur fahrender Laster scherte plötzlich aus und zwang Bill in seinem alten Ford Pickup auf die vorspringende Felskante. Der Pickup stürzte um, blieb auf dem Dach liegen und rutschte 80 Meter weit die Straße bergab, ehe er zum Stillstand kam. Das dauerte nur wenige Sekunden, die Bill allerdings wie Stunden vorkamen, da er in seinem Sicherheitsgurt hing, hilflos zusah, wie die metallene Karosse über den Asphalt schleifte, und sich fragte, wo die Funken sprühende Fahrt für ihn und seine Teamkollegen wohl enden würde. Auf jeden Fall hatte er keine Lust, so etwas hier, wo ein einziger Felsrutsch den Toyota über den Abhang befördern könnte, noch einmal zu erleben.

»Eigentlich findet man hier genügend Material, um ein Schutzgeländer zu bauen«, bemerkte Bill, der gelernte Bauingenieur, spitz und versuchte mit einem kleinen Witz seine Nerven zu beruhigen. »Wenn man bedenkt, was die Hinterbliebenen für Zement und gusseiserne Kreuze ausgegeben haben, da hätte die Regierung locker eine Sicherheitsbegrenzung anbringen können.«

Barbara streckte den Kopf aus dem Fenster. In der ersten halben Stunde sah sie unterhalb der Straße jede Menge verrosteter Fahrzeuge, die sich dort auf felsige Klippen verirrt hatten. Doch mittlerweile hatte sich die Straße in eine solche Höhe gewunden, dass die Wracks unten fast nicht mehr zu sehen waren. Sie zog den blonden Schopf zurück und spielte den Ball zurück: »Nun, wenn sich genügend viele Trucks übereinander stapeln, braucht man keine Sicherheitsbegrenzung mehr, meinst du nicht?«

Durch einen ähnlichen Stapelprozess, allerdings nicht mit Trucks, sondern mit Muscheln, hatte sich der Kalkstein im Inneren dieses Hochplateaus gebildet.

Das Meer, das die Region vor rund 144 Millionen Jahren noch bedeckte, war so warm und so niedrig, dass das Sonnenlicht stellenweise bis hinunter auf den Meeresboden flutete. Im Meer der Kreidezeit gediehen winzige Pflanzen und Tiere, und mikroskopisch kleine Organismen lieferten Nahrung für ganze Tier- und Pflanzenkolonien. Fremdartig aussehende Fische schwammen um einen stetig wachsenden muschelartigen Berg aus so genannten Rudisten, einer fossilen Familie der Muscheln. Mit jedem neuen Kalziumskelett wurde der Urzeithügel höher und höher – so wie heute der wachsende Stapel der Trucks am Fuße der Klippen.

Unzählige Muscheln starben, und über Jahrmillionen wuchs die Kolonie zu einem hohen Berg an, der in etwa einem Riff glich, wie wir es heute kennen, ähnlich dem Great Barrier Reef vor der Ostküste Australiens. All diese Muscheln und Skelette zerfielen in einen Bodensatz aus Kalziumkarbonat und rekristallisierten sich zu Kalkstein. Der urzeitliche Muschelberg wuchs so schnell, dass er nach und nach in den weichen Meeresboden einsank. Zum Glück für die Muscheln – und für die Höhlenforscher, die Jahre später kommen sollten – setzte er sich mit etwa der gleichen Geschwindigkeit ab, mit der er anstieg. Wäre er schneller gesunken, hätten die Sonnenstrahlen die Muscheln nicht mehr erreicht. Wäre er langsamer gesunken, wären sie gestorben, sobald der Berg über die Meeresoberfläche hinausgewachsen wäre. Doch in Huautla sank der Berg in genau der richtigen Geschwindigkeit. Bis sie schließlich ausgestorben waren, hatten die Rudisten und ihre Artverwandten aus der Kreidezeit einen riesigen, etwa 200 Kilometer langen Block aus weichem Felsgestein hinterlassen.

Vor rund 60 Millionen Jahren, im Känozoikum, vollzog sich die so genannte Laramide-Orogenese, ein geologischer Prozess, währenddessen sich eine mächtige Kalksteintafel aus dem Meer hob und die Farallon-Platte unter die Nordamerikanische Kontinentalplatte zwang. In jener Zeit begann die Gebirgsbildung der Rocky Mountains, an deren Südseite die alte Kalksteintafel der Kreidezeit unter der östlichen Hügelkette eines riesigen Plateaus begraben wurde, das sich über ein weites Gebiet erstreckte – das heutige Zentralmexiko. Drei kleine Gebirgszüge verbergen in ihrem Inneren die am tiefsten gelegenen Gebirgstafeln aus weichem Kalkstein. Zusammen gelten sie als der Himalaja der Höhlenabenteurer.

»Da, sieh mal«, sagte Bill. Und zeigte auf einen Gebirgszug in der Ferne, der sich ins Blickfeld schob, als sie um die nächste Serpentine bogen. »Die Sierra Zongolica. Drei tiefe Höhlensysteme, jedes mehr als 1000 Meter tief. Eine dieser unterirdischen Höhlen ist so groß, dass man noch in 300 Metern Tiefe das Tageslicht sieht.«

An der nächsten Kurve wollte er auf einen weiteren Gebirgszug deuten, nahm die Hand aber wieder zurück ans Steuer, um den Transporter mit einem Ruck um eine besonders enge Serpentine zu lenken. Sie näherten sich langsam dem Rand des Plateaus, und die Kurven folgten immer enger aufeinander. Beinahe rhythmisch bewegte Bill das Lenkrad: links, rechts, links, rechts.

»Und dort drüben«, nickte er, »die Sierra Juárez.« Gegen den dunstigen Himmel über Mexiko sahen die Berge aus wie Scherenschnitte aus Pappe, jeder Gipfel nach oben hin eine Nuance dunkelblauer als der darunter liegende. »Sistema Cheve. Das ist das Höhlensystem, das Huautla den Tiefenrekordtitel abgejagt hat.«

Bill lenkte den Wagen um die nächste Kurve und sagte: »33 Meter. Die haben uns in Huautla gefehlt. Nach der 1980er-Expedition galt das Huautla-System als drittstiefste Höhle der Welt. Seitdem ist sie auf der Liste um mehrere Stufen gefallen, blieb aber mit 1353 Metern die tiefste auf dieser Erdhälfte. Bis 1991. Da betauchte John Schweyen die Grotte am Grund der Cheve und brachte damit die Sierra Juárez auf eine Tiefe von 1386 Metern.« Bill zeigte mit der Hand wedelnd auf einen dunstverhangenen Gebirgszug in südlicher Richtung.

Barabara rechnete nach und fragte dann: »Kann die Cheve noch weiter erschlossen werden?«

»Na ja, Schweyen ist einer der besten Hangtaucher hier im Umkreis – ich habe in jenem Jahr für ihn die Tanks geschleppt –, und er konnte keinen Durchgang finden«, sagte Bill. »Nach 100 Metern lief die Grotte in mehrere Finger aus, etwa einen Meter breit. Die meisten verengten sich so sehr, dass man ihnen nicht mehr weiter folgen konnte. Somit gilt diese Grotte als erschlossen.«

Ein Grinsen huschte über sein Gesicht. »Und das ist der Unterschied. Als ich mich in San Agustín noch einmal umdrehte, blickte ich auf einen tiefblauen Schluf.«

Noch immer grinsend drehte er den Kopf zu Barbara: »Vielleicht bekommst du diesen Anblick ja selbst zu sehen.«

Sie lächelte und musste im nächsten Moment laut lachen. Sie hatte nicht annähernd die Erfahrung der anderen Taucher im Team und nicht vor, Teil der Vorhuttruppe zu sein. Sollte es den anderen Tauchern aber gelingen, einen Weg durch die Grotte zu markieren, dann würde sie ihnen folgen. Und aus der Erfahrung früherer Expeditionen wusste sie, dass mit viel harter Arbeit – und ein wenig Glück – jeder den Lohn für seine Mühen bekommen würde.

Im Stillen dachte sie: *Wenn sich die Gelegenheit bietet, dann sehe ich mir die Grotte selbst an; da hast du verdammt Recht.*

Und laut sagte sie zu Bill: »Augen auf die Straße, Guillermo.«

Am Rand des Plateaus angekommen, wurde die Wüstenlandschaft von Nadelwäldern abgelöst. Schnurgerade zog sich die Straße am Pass hin, wo sich sogar ein kleiner, aus Ziegelsteinen gemauerter Laden fand, in dem es Bier und Snacks zu kaufen gab. Gleich hinter dem Laden waren die Kiefern dick überwachsen von allerlei Pflanzenarten, und der Toyota tauchte in einen dichten Nebelschleier.

Plötzlich kippte er in ein Schlagloch. Barbara schlug mit dem Kopf gegen das Autodach und schrie verdutzt auf. Bill klammerte sich am Lenkrad fest, während sein rechter Fuß das Gaspedal suchte. Er fiel zurück in den Sitz und meinte spitz: »Willkommen in der Sierra Mazteca, Dr. am Ende.«

»Danke, G«, gab sie zurück, als er dem nächsten Schlagloch auswich. »Vielleicht könntest du ein bisschen vom Gas gehen.«

Zwar gab es nun keinen drohenden Steinschlag und keine schrecklich engen Kurven mehr, dafür aber jede Menge Schlaglöcher, die sich als Haupthindernisse auf dem Weg über das Huautla-Plateau erwiesen. Die Mazteca war ein dichter Regenwald, umgeben von ödem Tiefland, und wirkte wie eine nebelverhangene Insel mitten in der Weite des Himmels. Wolken, die sich über dem Golf von Mexiko bilden, treiben gemächlich westwärts, bis sie mit der Hochebene kollidieren, die sie gefangen nimmt und sie zwingt, ihre Wasserfracht über ihr zu entladen. Doch der Regen, der den alpinen Boden nährt, hat mit der Zeit auch die dünn asphaltierte Straße nach Huautla de Jiménez zerstört. Der feuchte Dunst tröpfelt schonungslos in die winzigen Risse im Asphalt und sickert durch die losen Kiesel ins Erdreich. Dort, wo der sandige Kies unter der Oberfläche erodiert ist, bilden sich erst kleine, dann große Lücken. Dann bricht die Asphaltkruste ein, und wenn ein Schlagloch entstanden ist, sammelt sich darin wie in einem Trichter Wasser und beschleunigt die Erosion.

Auch die großen Höhlen des Huautla-Plateaus haben sich durch Erosionsprozesse gebildet. Wäre der Regen über Jahrmillionen direkt auf das weiche Gestein gefallen, wäre der Kalkstein vor ewigen Zeiten erodiert und hätte abgrundtiefe Täler, aber kaum Höhlen ausgewaschen. Doch durch die Laramide-Orogenese legte sich eine harte, metamorphe Deckschicht über den uralten Muschelberg. Und diese Deckschicht schützte den Kalkstein gewissermaßen so wie der Asphalt den Kiesel. Durch Risse in der Schicht sickerte Regen und erodierte das weichere Gestein unterhalb. Auch die Deckschicht selbst erodierte an manchen Stellen und formte tiefe Schächte aus, die so genannten *sótanos* – spanisch für »Keller« –, welche den Regen hie und da wie durch einen Trichter in die Kalksteinschicht beförderten. Über die letzten rund 250 000 Jahre erodierten die kleinen Sickerstellen im Gestein unterhalb dieser Trichter zu einem gewaltigen Kalksteinlabyrinth mit vertikalen Schächten hoch wie Wolkenkratzer und horizontalen Sickerröhren, durch die leicht ein Zug passen könnte.

Bill fuhr nun langsamer. Der Nebel war mittlerweile so dick, dass er kaum über die Motorhaube hinaussehen konnte. Unbeirrt kurbelte er das Fenster auf der Fahrerseite hinunter und schlich weiter, folgte der weißen Mittellinie auf der Straße. Von hinten hörte er den mahlenden Motor von Angels VW. Je weiter die Straße vom Rand des Plateaus abfiel, desto besser wurde die Sicht, und Bill nahm den Gesprächsfaden über den mexikanischen Himalaja wieder auf.

»In der Sierra Mazteca gibt es 16 tiefe Höhlen«, sagte er. »Das heißt 16, von denen wir wissen. Drei davon über einen Kilometer tief, zwei weitere knapp vor der Minus-1000-Meter-Marke...« Bill pflegte jedem, der zufällig in Hörweite war, seine Kenntnisse über jedes x-beliebige Thema aufs Ohr zu drücken – ohne Punkt und Komma, wie die eher wortkargen Moles über ihn frotzelten. Derart voreingenommen, fanden sie Bills ausschweifende Reden zuweilen ziemlich herablassend. Barbara jedoch kannte ihn inzwischen gut genug, um zu wissen, dass er damit seine Begeisterung zeigte.

»Wie viele wurden miteinander verbunden?«, fragte sie.

»Die vier großen – Li Nita, La Grieta, Nita Nanta und die Sótano de San Agustín. Im Großen und Ganzen meint man die auch, wenn man vom Huautla-System spricht. Gegenwärtig beläuft sich seine Länge auf rund 52 Kilometer, doch würde es mich nicht wundern, wenn es auf 100 kommen würde, bis wir es durchtaucht haben. Unter der San-Agustín-Grotte gibt es noch jede Menge Sickerröhren, die nur darauf warten, dass wir sie erschließen.«

Barbara blickte gebannt aus dem Fenster. Sie hatten den Nebel hinter sich gelassen, und die landschaftliche Verwandlung war überwältigend – eine übergrüne Landschaft fruchtbarer Felder löste die öden Hänge an der steilwandigen Straße ab. Fein ordentlich standen Mais, Bohnen und Kürbis gepflanzt, Reihe um Reihe erstreckte sich über die steilen, baumlosen Hänge nach unten in die tiefen Dolinen – trichterförmige Vertiefungen der Erdoberfläche im Karst.

Winzige Dörfer aus kleinen Lehm- und Strohhäusern klebten an den schmalen Hügelkämmen. Und in der Ferne erhob sich hoch auf einem Kamm die Stadt Huautla de Jiménez. Gegen den blauen Himmel wirkte sie wie eine Festung.

Die Straße führte über eine Brücke, die Puente Fierro, und wand sich dann hinauf bis zur Stadt. Huautla de Jiménez ist keine Festung, wie auch Barbara erkannte, je näher sie kamen. Die Stadt wurde auf so steilem Gelände errichtet, dass selbst die niedrigsten Gebäude, die nur knapp ein Stockwerk hoch über den Straßenrand ragten, oft drei bis vier Stock hangabwärts reichten. Was aus der Ferne wie eine Festung aussah, waren lediglich bizarr hohe Grundmauern. Sie fuhren weiter, vorbei an der ersten Reklametafel in Teotitlán, vorbei an den ersten Strommasten. Zwischen die Masten waren dicke Seile gespannt, an denen leuchtend bunte Flaggen in den verschiedensten Formen, Farben und Mustern flatterten.

Der Dschungel aus Fahnen und Flaggen anlässlich eines großen lokalen Festes – la Fiesta del Señor de las Tres Caídas – wurde immer dichter, je weiter der Transporter bergan und hinein in die Stadt fuhr, vorbei an Busbahnhöfen, Bierständen, Tankstellen, Reifenläden, Schuhgeschäften und Wirtshäusern. Die Flut der Festvorbereitungen ergoss sich in alle Gassen. Eigentlich ist Huautla de Jiménez Heimatort von 30 000 Seelen, doch für das Fest waren einige mehr von den letzten 170 000 Nachfahren der Mazteken-Indianer aus dem Umland in ihre ethnische Hauptstadt geströmt. Die älteren Frauen trugen farbenprächtige Kleider, so genannte *huipiles*, die aus rosa und blauen Satinbändern zusammengenäht waren, und führten traditionelle Tänze auf mit geheimnisvollen Namen wie »Goldener Ring« oder »Orangenblüte«. Die Männer trugen weiße Hosen und staubige Sandalen und sprachen ein eigenartiges Gemisch aus Knack- und Pfeiflauten, in das sich gelegentlich ein paar Brocken Spanisch mischten. Ein paar Blocks weiter blieb der staubige Toyota im Verkehrschaos stecken.

Um den Stau zu umfahren, bog Bill in eine Seitenstraße. Angel fuhr hinterher. Die Seitenstraßen waren enge Fußwege, eingefasst von gelb-, rosa- und kalksteinfarben verputztem Mauerwerk mit massiv gemauerten doppeltürigen Durchgängen, die alle auf die mit Kopfstein gepflasterte Allee gingen. Barbara klappte die Außenspiegel ein, Bill drückte auf die Hupe, und irgendwie lavierten sie sich durch das Gedränge. Sie fanden sogar eine Stelle, wo beide Autos parken konnten, gingen zu Fuß in Richtung *zócalo* weiter, schlängelten sich durch den Wirrwarr von Tischen, Planen und Warenauslagen – Wurzeln, Gemüse, Gewürze, alle möglichen Sorten von Chilis, Kessel, in denen Hühner kochten, und Gestelle, an denen halbe Kuhleiber hingen. Barbaras entsetzter Blick fiel auf einen Metzger mit langem Messer, blutbespritzter Schürze und zahnlosem Lachen.

Bill führte sie in eine *tortillería,* wo ein paar Frauen heiße, frische Tortillas von einem Fließband zogen und sie auf einen blauweiß gekachelten Tresen stapelten. Die Frauen – alle kaum mehr als 1,40 Meter groß – kicherten, als die hochwüchsigen *gringos* den Laden betraten. »Guillermo Piedra«, flüsterte eine der Älteren. Die Jüngeren nickten und wiederholten Bills spanischen Namen. Dass der *gringo* da war, hatte sich flugs bis in das ordentlich aufgeräumte Büro am hinteren Ende des Geschäfts herumgesprochen, und alsbald tauchte ein wohlbeleibter Mann mit Brille auf. Zielstrebig schritt er über den kühlen Zementboden auf Bill zu und streckte ihm die starke, sonnengegerbte Hand entgegen.

»*Amigo Guillermo!*«, sagte er. »*Qué pasa?*«

»Ja, wir sind wieder da, mein Freund«, erwiderte Bill auf Spanisch. »Und dieses Mal werden wir es durch die Grotte schaffen.«

Renato García Dorantes lachte laut und hielt Bills Hand fest in der seinen. Die beiden hatten sich 1976 kennen gelernt, auf Bills erster Reise nach Huautla, und waren seither Freunde. Inzwischen war Renato ein renommierter Geschäftsmann und inoffizieller Kustos der maztekischen Kultur. Renato lachte, zum einen, weil er sich freute, seinen alten Freund wiederzusehen, zum anderen, weil er gar nicht mehr zählen konnte, wie oft er vor jeder früheren Expedition gehört hatte, es »dieses Mal« auch ganz bestimmt zu schaffen.

»Wir gehen eine Tür weiter zum Mittagessen«, sagte Bill wieder auf Spanisch. »Kommst du mit?« Das tat Renato und bugsierte seine Gäste aus der Seitentür der *tortillería*. Sie überquerten die enge Straße, kamen an einer Parkbank vorbei, auf der zwei bewaffnete Wachen in der nachmittäglichen Sonne faulenzten, und stiegen über die Terrakotta-Stufen hinauf zum »Bellas Rosas«. Der Inhaber führte sie über den sauberen weißen Kachelboden an einen Tisch neben dem Fenster und servierte heimischen Kaffee von kräftigem Aroma, fast ein wenig bitter.

Nachdem er Barbara und Angel miteinander bekannt gemacht hatte, wollte Bill von Renato wissen, wie man es am besten anstellt, um von der Stadtverwaltung die Genehmigung für die Expedition zu erhalten. »Wer ist *el presidente*?«, fragte er und meinte damit den Amtsträger, der eine Art Bürgermeisteramt innehatte. »Und wie gehe ich am besten auf ihn zu?«

»Ach, Guillermo«, antwortete Renato und strich sich über den dicken, schwarzen Schnurrbart. »Du musst wissen, es gibt inzwischen drei Bürgermeister in Huautla.«

»*Tres presidentes?*«, fragte Angel. Er fischte eine verkrumpelte Atlas-Zigarette aus seiner Hemdentasche, steckte sie an und nahm einen langen Zug.

Nach einer umstrittenen örtlichen Wahl stand es drei zu drei unentschieden, erklärte Renato, und der Ältestenrat der Stadt entschied daher, dass es allen drei politischen Parteien gestattet sein sollte, einen Bürgermeister zu stellen. Angel lachte. Eine solche Parteienvetternwirtschaft war ohne Beispiel im Mexiko der 1990er-Jahre, da die Revolutionäre Partei seit Jahrzehnten die Wahlen dominiert hatte.

»Überrascht?«, fragte Renato. Angel nickte. »Dann verstehst du die maztekische Art nicht.« Renato sah den Großstadtmexikaner an und wartete auf eine Reaktion.

»Weißt du, mein Freund, die Mazteken wurden nie erobert«, fuhr Renato fort. »Niemals. Von den Azteken nicht. Von den Mixteken nicht. Nicht von den spanischen Eroberern, nicht von den katholischen Missionaren und auch nicht von den mexikanischen Föderalisten. Und wir wurden auch nicht von den PRI erobert. Stattdessen lernten wir, uns anzupassen.«

Da Barbara der spanischen Unterhaltung nicht folgen konnte, studierte sie die Speisekarte, die sowohl Speisen aus der Region Oaxacan wie Maulwurfsoße anpries als auch Pizza amerikanischer Art.

Angel nickte. »Aha, verstehe«, sagte er. »Als ich heute Morgen über die *feria* gelaufen bin, fiel mir auf, dass ein paar Mazteken ganz ordentlich Spanisch sprechen, so wie du.«

»Ja, richtig«, antwortete Renato und freute sich sichtlich, den Schlüssel zu einer Unterhaltung über eines seiner Lieblingsthemen gefunden zu haben. »Wir gehören zu den mexikanischen Minderheiten, die am wenigsten Spanisch sprechen. Grob die Hälfte meines Volkes spricht überhaupt kein Spanisch, insbesondere die Älteren nicht. Spanisch ist eine Sprache, die meinen Volksangehörigen zum Vorteil der euren aufgenötigt wurde. Nichts gegen eure Sprache, mein Freund, sie ist schön. Doch enthält sie keine Wörter, mit denen mein Volk seinen Gedanken und Vorstellungen Ausdruck verleihen könnte.«

Angel beugte sich vor: »Kannst du mir ein Beispiel geben?«

»Aber sicher«, sagte Renato lächelnd. »Ihr seid hier, um eine Höhle zu durchforschen. Richtig?«

Angel nickte.

»Ihr nennt sie *cueva*, richtig?«

Angel schwenkte kurz mit der Zigarette.

»Auf Maztekisch nennen wir einen solchen Ort *gui-jao*«, sagte Renato. »Wörtlich heißt das ›unter dem Stein‹. *Gui-jao*. Unter dem Stein. Doch was wir damit sagen wollen, ist etwas anderes. *Gui-jao* ist nicht das Gleiche wie *cueva*.« Er hielt kurz inne und nahm einen Schluck schwarzen Kaffee.

»*Gui-jao* verkörpert etwas Lebendiges. *Gui-jao* ist ein Lebewesen. Wir Mazteken glauben, dass jeder Baum, jeder Stein, jeder Fluss – und in diesem Falle jede Höhle – ein Lebewesen ist. Sie alle sind miteinander verbunden, und wir Mazteken sind mit ihnen verbunden. Sie gehören uns nicht; wir gehören ihnen.«

Renato nahm noch einen Schluck.

»Wenn wir also *gui-jao* sagen, meinen wir Leben. Aber wenn wir *cueva* sagen, ist diese Bedeutung verloren. Der Gebrauch des Spanischen verändert die Dinge, nicht wahr? Kannst du mir einigermaßen folgen?«

»*Sí*«, sagte Angel. »Erzähle mir mehr von dieser lebenden Höhle.«

Renato strich sich erneut über den Schnurrbart. Im Gegensatz zu manch anderen seiner Landsleute sprach er gern über das komplexe Kulturerbe der Mazteken. Abgesehen davon, dass er Inhaber der *tortillería* und einer Speditionsgesellschaft war, half er mit beim Aufbau eines örtlichen Museums mit Namen »Casa de Cultura«. Jedoch gab es auch Themen, die er Außenseitern nur ungern erläuterte. Und Angel, obgleich Mexikaner, war der maztekischen Kultur gegenüber ebenso ein Außenseiter wie Bill und Barbara.

»Schwierig zu erklären«, antwortete Renato. »Man könnte sagen, dass die *cueva* der Eingang zur *gui-jao* ist. Wir Mazteken glauben, dass wir nach unserem Tod eine Reise in die Höhle machen. Also ist das Höhlenlabyrinth der Eingang zum Jenseits. Es ist uns heilig, denn alle unsere Vorfahren sind von dort hinübergegangen, und es ist lebendig, denn eines Tages werden auch wir von dort hinübergehen. Außerdem glauben wir, dass es Geister gibt, die diesen Ort bewachen. Wir nennen sie *Chi Con Gui-Jao*, ›Die, die wissen, was unterhalb des Gesteins liegt‹.«

Das Mittagessen wurde serviert – weiße Teller, randvoll mit Speisen der regionalen Küche Oaxacans. Bill nutzte die Unterbrechung, um die Unterhaltung zurück auf ein weniger metaphorisches Thema zu lenken: »Also, Renato, an welchen *presidente* soll ich mich zuerst wenden?«

Zwei der *presidentes* seien Lehrer, gebildete Männer, erklärte Renato. Da sei es gut, ihnen Respekt für ihre Bildung zu bezeugen und den Forschungsstand in der Region zu erläutern, dann würden sie die Expedition sicherlich genehmigen. Der dritte *presidente*, so warnte er, sei ein traditionsbewusster Mann und sehr verhaftet in alten Glaubensvorstellungen über die *Chi Con Gui-Jao*.

»Welche Glaubensvorstellungen genau?«, fragte Bill.

»Die, von denen wir eben gesprochen haben«, antwortete Renato. »Geister bewachen alle Orte, die für die Mazteken eine Bedeutung haben. Es gibt Geister, die in den Bergen wohnen, Geister, welche die Flüsse bewachen, und Geister, die in den Höhlen wohnen. Die Götter der Berge gelten als Heilige. Betet man zu ihnen und bringt ihnen Opfer dar, wird einem geholfen. Die Götter der Höhlen aber sind Unholde. Und einen Unhold zu schmähen ist ziemlich unklug, nicht wahr? Insofern hat der dritte *presidente* womöglich etwas dagegen, wenn ihr euch in der Höhle eines Unholds umtun wollt.«

Barbara flüsterte Bill ins Ohr: »Was hat er gesagt?« Ein paar Brocken Spanisch hatte sie verstanden, genug, um mitzubekommen, dass es nicht um den üblichen Papierkram ging.

Bill antwortete ihr auf Englisch: »Er sagt, wir brauchen die Genehmigung von drei Bürgermeistern und einem Gott.«

Nach dem Mittagessen ging Bill mit den dreien zurück zum Toyota. Er nahm die Abkürzung über den Markt und ging mit ihnen durch eine lange, dunkle, baumgesäumte Gasse, die zur Kirche hinführte. Beinahe wäre er gestolpert, als ihm ein *gringo* vor die Füße lief, in der Hand eine alte Samsonite-Aktentasche. Der gespenstisch wirkende Amerikaner trug ausgewaschene Jeans und eine abgewetzte Lederjacke. Zwischen den langen, fettigen Ponysträhnen guckten tief liegende Augen hervor, die Bill musterten. »*Hongos?*«, nuschelte er.

»Pilze?« Bill lachte. »Nein, wirklich nicht, Mann.«

1955 machte eine maztekische Heilerin namens María Sabina den Hobby-Ethnobotaniker R. Gordon Wasson mit halluzinogenen Pilzen vertraut. Zurück in New York, verfasste Wasson für das Ma-

San Agustín Zaragoza ist eine von Hunderten maztekischer Siedlungen, die weit verstreut auf dem Huautla-Plateau liegen, das sich 2300 Meter über der mexikanischen Küstenebene erhebt.

gazin »Life« eine Darstellung seiner »die Seele erschütternden« Reise. »Auf der Suche nach magischen Pilzen« überschrieb er seinen Bericht, der eine bis heute andauernde Welle von Hippies in Bewegung setzte, die auf der Suche nach dem Trip ihres Lebens nach Huautla strömen. Pilze, nicht Höhlen, sind der Gral, den die meisten Huautla-Touristen hier suchen.

Sie fuhren weiter, hinaus aus der überfüllten Stadt, die schmale Kiesstraße hinauf nach San Agustín. Er zeigte ihnen die Kurve, wo einst der Bus einer örtlichen Verkehrsgesellschaft, in dem Bill Steele und seine Frau saßen, über die Klippe rutschte. Die beiden wurden aus dem Fahrzeug geschleudert, als der offene *pasajero* den steilen Abhang hinunterschlug, doch ein eisernes Wegkreuz erinnerte daran, dass nicht alle Mitreisenden so viel Glück gehabt hatten.

In der Ferne erspähte Barbara einen Hang, der mit Kalksteinpfeilern übersät war, die wie kleine Tupfen aussahen. Die zahnartigen Monolithen zogen sich bis ins nächste Tal, die sonnengeschwärzten Oberflächen hoben sich scharf gegen die moosgrüne Vegetation ab.

»Karstlandschaft«, sagte sie geistesabwesend, den geologischen Fachausdruck für dieses Gebiet benutzend. Höhlenforscher verwenden diesen Ausdruck weniger wissenschaftlich, wenn sie sich auf ein Gesamtsystem von versickernden Wasserläufen an der Oberfläche und Unterwasserflüssen beziehen. Karst ist das deutsche Wort für »steiniger Grund«, wie man ihn erstmals im ehemaligen Jugoslawien entdeckt hat.

Bill steuerte den Wagen durch San Andrés Hidalgo, ein Dorf, bestehend aus einer Allee, wo die Häuser zu beiden Seiten der einzigen Kammstraße klebten. Am hinteren Ende des Dorfes zog er den Toyota ein wenig zur Seite und zeigte in das steile Tal im Osten.

»Das da, auf dem Kamm dort hinten, ist das Dorf San Agustín, und die *sótano* ist gleich da unten«, begann er. »Der Höhlenforscher William Russell hat sie gefunden.« Nachdem er am Geografischen Institut der University of Texas auf topografischen Landkarten Mexikos eine Reihe vielversprechender Grotten ausgemacht hatte, machte sich Russell im Sommer 1966 zusammen mit Tommy McGarriagle und John Kreidler aus Austin auf nach Huautla, wo sie ein paar Tage verbrachten (und wo ihnen auch *hongos* zum Kauf geboten wurden). Eines Tages fuhren sie in Russells kleinem, gelben Corvair bis ans Ende der Straße und liefen die *dolina* hinunter. »Nachdem sie den Eingang zur Sótano de San Agustín untersucht hatten, überquerten sie den Kamm dort hinten und fanden die Sótano del Río Iglesia. Und auf dem Weg zurück durchs Dorf zeigte man ihnen die Cueva San Agustín. Erstaunlich. An nur einem Nachmittag haben diese Burschen drei der tiefsten Höhlen der Welt entdeckt.«

Bill schaltete um in den Allradantrieb und setzte den Wagen zurück auf den Kiespfad, der hier als Straße galt. Zu seiner Linken verlief eine noch kleinere Straße. »Die Straße nach Grieta«, sagte er. »'68 und '69 waren mehrere Expeditionen hier im Tal. Doch da hatten sich die Beziehungen zu den Mazteken schon rapide verschlechtert.«

»Im Jahrzehnt nach Erscheinen von Wassons Bericht pilgerten alle möglichen Rockstars hier herauf nach El Fortín zu María Sabina: Bob Dylan, Pete Townshend, die Beatles. Wie man sich hier erzählt, haben John und Paul ›The Long and Winding Road‹ auf dem Weg hinauf nach Huautla geschrieben. Bis 1968 hatte sich die Gegenkultur der Glitterati weiterentwickelt, und eine Flut von Möchtegernhippies war eingetroffen. Ein kunterbunter Haufen, der schon bald den Ärger der Mazteken auf sich zog.«

»Gegen Ende der 1968er-Expedition«, so Bill weiter, »war Don Broussard oben in La Grieta, mit Meri Fish. Don wartete am oberen Ende des 60 Meter tiefen Einstiegs, während Meri noch an ihrem Seil hochstieg. Da tauchte ein Dutzend aufgebrachter Mazteken auf, die auf dem Nachhauseweg waren vom Markt in Huautla. Etliche waren betrunken. Es kam zum Tumult, und jemand schwenkte die Machete. Don konnte nicht einmal mehr zu Meri hinunterrufen und sie warnen, da hatte schon einer das Seil durchschnitten! Don kroch an den Rand des Schachts, kein Zweifel, sie war ermordet worden! Die Mazteken machten sich aus dem Staub, rannten den Weg hinunter nach Plan Carlota. Doch zu Dons größtem Erstaunen hielt sich Meri an einem kleinen Vorsprung festgeklammert. Irgendwie hatte sie es geschafft, ihren Sturz abzufangen. Und so stürmte ›Neun-Leben-Broussard‹ zurück zum Basislager, um ein Seil aufzutreiben und eine Rettungsmannschaft zu rekrutieren. Meri hat überlebt. Doch sie ist nie wieder hergekommen.«

Barbara sah den Bauern zu, wie sie ihre steilen Terrassenhänge mit der Hacke bearbeiteten und den Boden lockerten, um Mais und schwarze Bohnen anzupflanzen. In weiten, weißen Baumwollhosen, weißen Hemden und weißen Strohhüten schützten sie sich vor der grellen, hoch stehenden Sonne.

»Und das war erst der Anfang«, erzählte Bill. »Auch in der Stadt wurden Höhlenforscher bedroht. Mit Felsbrocken blockierte man die Eingänge der Höhlen, in denen sie arbeiteten. Und nachdem ein Team in Cerro Rabón in ein angemietetes Haus flüchtete, kamen ihm seine betrunkenen Verfolger nach und rissen die Lehmmauern nieder. Daraufhin forderte die Nixon-Regierung Mexiko auf, die Hippies aus Huautla und den anderen Drogengebieten zu vertreiben. Die Mexikaner machten natürlich keinen Unterschied zwischen Hippies und Höhlenforschern. An der Straße nach Huautla errichtete die Armee bewaffnete Kontrollpunkte und gab den Soldaten Befehl, keinen einzigen *gringo* passieren zu lassen.«

Bis Ende 1970 war Huautla nicht nur ein von Unheil kündender Ort, sondern auch eine verbotene Stadt.

Als Bill nach San Agustín einfuhr, wurde er still. Die schmale Kiesstraße klebt an einem steilen Hang, schlängelt sich mitten hinein in das winzige Dorf und endet am Dorfplatz, der auf drei Seiten von Gebäuden umgeben ist: dem Rathaus, der Schule mit den zwei Klassenzimmern und der weiß gekalkten katholischen Kirche. Die vierte Seite gab einen atemberaubenden Blick frei auf die *dolina* am Río Iglesia.

Auf der Straße trafen sie Ian. Er und Noel waren bereits am frühen Morgen eingetroffen. Noel war zu müde, um mit seinem ausgezeichneten spanischen Kauderwelsch eine Unterkunft aufzutreiben, und so gingen sie alle zusammen zu einem gemauerten Haus, das Jim Smith angemietet hatte. Smith war nicht da, und vor der schweren Holztür hing ein Zahlenschloss. Zuerst probierten sie es mit der »1353« – die Höhlentiefe –, dann gab Noel die Hausnummer von Smiths Heimatadresse in Georgia ein. Drin. Smith hatte offenbar geahnt, was Noel als Erstes tun würde, denn an einem Stuhl klebte ein Zettel für die Neuankömmlinge, doch bitte nicht den ganzen Essensvorrat zu »plündern«.

»Wo steckt denn Noel?«, fragte Barbara.

»Der ist schon beim Kochen; die Reste, die Smith übrig gelassen hat«, sagte Ian. »Hunger?«

Mit Renatos Hilfe verliefen die Verhandlungen in Huautla glatt. Bill und Angel trafen eine Übereinkunft mit den Dorfvorstehern in San

Das Dorf San Agustín Zaragoza

Ansicht von oben

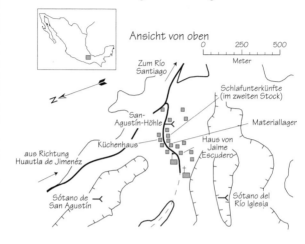

Seitenansicht

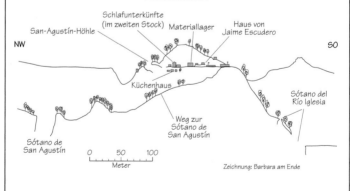

Zeichnung: Barbara am Ende

Agustín Zaragoza und mit einem Mann, der behauptete, das Land zu besitzen, auf dem die *sótano* gelegen war. Sobald die Genehmigungen erteilt waren, mietete Bill vier Häuser: zwei als Schlafstätten, beide auf der dem Hang zugewandten Seite der Straße, eine abschließbare Steinbaracke als Schuppen für die Ausrüstungsteile und ein kleines Lehmhaus auf der abschüssigen Seite der Straße, das als Küchengebäude diente.

Jim Brown und Don Broussard kamen mit den großen Transportern erst am Spätnachmittag an. Danach war das Team stundenlang mit Ausladen beschäftigt. Ein Großteil der Ausrüstung wurde in die Steinbaracke verfrachtet. Dort sollten die Rebreather montiert und transportgerecht verpackt werden.

Von den Stufen einer Baracke aus sahen zwei Mazteken dem Spektakel zu. Mit 64 Jahren war Bernardo Escudero einer der ältesten Männer im Dorf. Seine dunkle, ledrige Haut bildete einen scharfen Gegensatz zu seinem dicken, weißen Schnurrbart und seinen ausgebleichten weißen Hosen im Stil der *campesinos*. Virgilio, sein neunjähriger Enkel, trug ein T-Shirt mit der Aufschrift »Chicago Bulls« und war barfuß.

Bill erkannte Bernardo wieder, und die beiden nickten sich grüßend zu, als Bill mit zwei Sauerstofftanks an ihm vorbeimarschierte. Mit seinen großen, braunen Augen verfolgte der kleine Virgilio Bill und Noel, wie sie hin und her schritten und für seine Begriffe übermenschliche Lasten schulterten.

»Großvater, ist das Guillermo Piedra?«, fragte der Junge auf Maztekisch.

Bernardo nickte.

»Ist er ein *brujo*?«

»Ein *brujo*?« Bernardo klang überrascht. »Nein, nein«, sagte er und runzelte die Stirn. »Wer sagt denn, dass er ein Zauberer ist?«

»Die Jungs in der Schule«, antwortete Virgilio und rutschte ein Stück tiefer unter die bunte Decke, die Bernardo über sie beide gehängt hatte. »Die Jungs aus dem nächsten Tal.«

Bill kam wieder mit einer Ladung vorbei. Er vermutete, dass die beiden über ihn und das Team redeten.

»Guillermo Piedra ist kein *brujo*«, wiederholte Bernardo. »Er ist ein Mensch genau wie du und ich. Nur dass er größer ist, nicht wahr?«

Virgilio kicherte. »Ja. Und sieh dir mal die da an!« Er zeigte auf Barbara, deren Körpergröße ihn für eine Frau noch mehr erstaunte.

»Stimmt. Aber sieh mal die beiden da«, sagte Bernardo und zeigte auf Ian und Don, die beiden kleinsten der Gruppe. »Die könnten auch Mazteken sein.«

»Warum sagen die Leute, er sei ein Zauberer?«, wollte Virgilio wissen.

»Wer so etwas sagt, ist kein guter Katholik.«

»Warum?«, fragte der Junge.

Der alte Mann sah seinen Enkel an, der offenbar gerade die Wieso-Weshalb-Warum-Phase durchmachte. Er streichelte sein Haar und fragte ihn: »Kennst du die Geschichte vom Schwarzen Hund am Fluss?«

»Natürlich«, sagte Virgilio. »Der Schwarze Hund wohnt am Großen Fluss, der durch die *gui-jao* fließt. Dort am Fluss erwartet er dich. Warst du ein guter Junge, dann bringt er dich auf die andere Seite. Und von da aus kannst du deine Reise ins Jenseits fortsetzen.«

Bernardo lächelte. »Ja, richtig. Ein guter Geschichtenerzähler bist du. Glaubst du, dass die Geschichte wahr ist?«

»Nein, Großvater. Ich glaube, dass ich in den Himmel komme, wie es uns der Priester in der spanischen Kirche sagt.«

»Du hast Recht. Aber deine Freunde aus dem Tal gehen nicht mit uns in die Kirche, stimmt's?« Virgilio schüttelte den Kopf. »Also«, fuhr Bernardo fort, »glauben sie vielleicht noch immer an den Schwarzen Hund und die anderen alten Geschichten.«

Virgilio blickte nicht gerade zufrieden drein. »Hat Guillermo Piedra den Schwarzen Hund gesehen?«, fragte er.

»Ich glaube nicht«, sagte der alte Mann und lachte. »Er macht auf mich einen ganz gesunden Eindruck.«

»Warum geht er dann in die Höhle?«, fragte Virgilio weiter.

»Ich weiß nicht.«

»Sind dort Schätze?«, wollte der Junge wissen. »Reichtümer?«

Bernardo strich sich über den weißen Schnurrbart. »Ich denke nicht«, sagte er. »Als ich jünger war, habe ich das geglaubt. Doch diese Männer kommen seit vielen Jahren in unser Dorf. Sie kamen schon, als dein Vater Jaime noch ein kleiner Junge war wie du. Ich meine, wenn sie uns bestehlen wollten, hätten sie das längst getan.«

Kenny schnitt eine Grimasse, als er mit weiteren Sauerstofftanks an Virgilio vorbeimarschierte.

»Wofür sind die Flaschen?«, fragte der Junge.

»Keine Ahnung«, sagte Bernardo und seufzte.

»Warum haben die –«, Virgilio wollte gerade weiter fragen, da schob Bernardo ihn vom Schoß und stand auf.

Der alte Mann war müde. »Keine Fragen mehr«, sagte er. »Komm mit. Zeit, sich um die Ziegen zu kümmern.«

Drei

Ein paar Tage später hockte Barbara auf einem kleinen Felssims am Rande des Abgrunds. Sie vergewisserte sich wieder und wieder, dass das dicke Nylonseil korrekt durch die verstellbaren Aluminiumbremsbügel ihrer Seilhalterung gefädelt war. Erst als sie sich dessen absolut sicher war, machte sie einen ersten Schritt nach hinten, bis das Seil ihr ganzes Gewicht auffing. Der erste Schritt eines langen Abstiegs war für Barbara, die hart gearbeitet hatte, um ihre angeborene Höhenangst zu überwinden, immer der schlimmste.

Und hier gestaltete er sich dramatischer als alle zuvor, da es ihr erster Schritt in die Sótano de Agustín war. Der frischgrüne Erdfall war ein steilwandiger Einsturztrichter, der über die Größe eines Fußballfeldes jäh nach unten abfiel.

Die Haltebügel ihrer Seilhalterung fungierten als Seilbremsen, mit denen sie sich langsam durch das Dschungelgrün des ersten Absatzes, des Jungle Drop, abwärts hangelte, vorbei an üppigen Farnen und heimischen Begonien. Auf der anderen Seite des Canyon tröpfelte ein Wasserfall in die Tiefe, ein sonnenbeleuchteter, dünner Wasserstrahl – wie eine Kopie des Nylonseils, an dem sie hing. Bis sie das untere Ende des Trichters erreicht hatte, hatte sie sich mehr als 93 Meter tief vom Einstiegsrand in die Vertiefung abgeseilt. Unten angekommen, zog sie das Seil aus der Halterung und rief: »Seil aus!«

Das war das Zeichen für Kenny, das Seil, das Barbara soeben gelöst hatte, durch seine Seilhalterung zu ziehen. Die in den 1960er-Jahren von dem Höhlenkundler John Cole aus Alabama entwickelte

Barbara seilt sich ab. Die mit sechs Bremsbügeln versehene Seilhalterung ist mit einem Karabiner mit Verschlusssicherung an ihrem Sitzgurt befestigt. (Vergrößerte Ansicht der Seilhalterung rechts unten.)

Seilhalterung ist mit einem fußlangen u-förmigen Stahlrahmen versehen, an dem vier bis sechs verstellbare Haltebügel hintereinander waagerecht angeordnet sind. Das Seil verläuft durch das U, und zwar abwechselnd über und unter den horizontal angeordneten Haltebügeln. Indem man die Anzahl der Bremsbügel direkt am Seil anpasst, kann der Abstieg präziser kontrolliert werden als mit leichtgewichtigen Abseilbremsen, wie sie unter Bergkletterern und Bergsteigern üblich sind. Nach Kenny war Ian an der Reihe, Bill bildete das Schlusslicht.

Nachdem alle vier am Grund der Vertiefung angekommen waren, entfachten sie ihre auf dem Helm montierten Karbidlampen – auch Deckenbrenner genannt, in Anbetracht dessen, was die weißgrelle Acetylenflamme in geschlossenen Räumen sehr wahrscheinlich tun würde – und seilten sich über den zweiten Absatz hinunter in den Schlund der Höhle. Da so weit unten kein direktes Sonnenlicht mehr einfiel, gab es keine blühende Vegetation mehr; stattdessen nur eine glitschige Grünalgenschicht, die einen festen Tritt unmöglich machte. Slip'n'Slide, wie Noel es bezeichnete – eine einzige Schlitterpartie.

Am Ende der Schlitterpartie bog der Wasserlauf nach links und schlängelte sich in eine gewaltige Untergrundkammer, die größer war als zwei aneinander hängende Fußballfelder. Diese stadiongroße Halle, die 1966 den Namen Sala Grande erhalten hatte, wurde bis 1987 als Hauptgang in die Höhle angesehen. »In jenem Jahr hat Don sich die Rippen gequetscht«, erklärte Bill den anderen, als er sie von der nach Osten weisenden Route weg nach rechts führte, wo es bergan über einen schlammigen Steilhang ging. »Er litt höllische Schmerzen, war aber viel zu dickköpfig, als dass er sich von den andern hätte hinaustragen lassen. Und so brauchte er so ungefähr vier Stunden, um die beiden Stufenabsätze zu überwinden, wo oben Bill Steele und Mark Minton auf ihn warteten. Vor lauter Langeweile begannen die, hier oben herumzusuchen.«

Beim Aufsteigen drang der weiche, schlammige Boden in Bills

halbhohe Gummistiefel. Oben angekommen, musste er anhalten, um den Morast auszuschütten. Barbara und Kenny taten das Gleiche. Ian hingegen zeigte mit einem müden Lächeln auf seine hochgeschlossenen Wellington-Stiefel. Wie oft hatte Bill Ian zugeredet, das britische Schuhwerk gegen klettertauglicheres Sohlenleder auszuwechseln! Nun konnte er Ians stumme Anklage nur mit einem hämischen Grinsen beantworten.

»Wieder zurück auf der anderen Seite dieses Versturzes, stießen Minton und Steele auf ein ehemaliges Flussbett, das vor langer Zeit vom Sala Grande verdrängt worden war. Neun-Leben-Broussard mühte sich Zentimeter für Zentimeter den Jungle Drop hinauf, während die beiden eine neue Route freilegten, die Camp Eins und Camp Zwei gänzlich umging und den Weg in die Grotte um die Hälfte der Zeit verkürzte. Weil die Abkürzung völlig unverhofft und am 1. April 1987 entdeckt wurde, erhielt sie den Namen ›Aprilscherz-Abzweig‹.«

Bill stieg den vieren voran über einen Berg riesiger Gesteinsbrocken, so genannter Versturzblöcke – ein typisches Höhlengebilde, das durch Versturz entsteht, einen höhlenformenden Prozess, bei dem eine Schicht Sedimentgestein von der Höhlendecke bricht. Auf der anderen Seite ging es weiter bergab zu einer kleinen Kluft zwischen dreien der größten Steinblöcke. Bill nahm sein Gepäck ab, ließ es durch die Öffnung fallen und rutschte hinterher.

Kenny und Barbara folgten ihm nach, während Ian eine große, tief hängende Steinplatte über dem Hohlraum studierte. Die Platte von der Größe eines Sofas diente als Fangwand, die Hunderte Tonnen Gestein daran hinderte, in die Kluft herabzustürzen. Quer über die gesamte Breite verlief ein kleiner v-förmiger Riss. Sollte die sofagroße Platte zerspringen, würde sie jeden gnadenlos zermalmen, der sich im Schacht darunter aufhielt. Ian sah zu, dass er schnell unter der gesprungenen Platte hindurchkam, ohne sie anzustoßen.

Die Route verlief weiter abwärts in einen noch viel engeren Schluf, den so genannten Dust Devil. Der feine, lose Boden machte es leicht, sich hindurchzuzwängen; ein zugiger Wind pfiff durch den Kriechgang, löschte die Karbidlampen und warf Staub auf, den vieren mitten ins Gesicht. Laut heulte der Wind durch den Dust Devil, da die Luft innerhalb des Huautla-Höhlensystems den fortwährend veränderten Luftdruck oberhalb der Höhle auszugleichen suchte. An klaren Morgen, wenn eine Tiefdruckfront durchzieht, steigt die in der Höhle gestaute feuchte Luft auf und trifft auf kalte Luftmassen, die in der *dolina* hängen. Dort bildet der plötzliche Temperatursturz dichten Nebel, der die Doline füllt, wie wenn man Milch in eine Schale gießt – als ob die Höhle selbst eine ganze Wolke ausatmet. Dieser Effekt war auch von den Mazteken beobachtet worden; Morgennebel bedeutete für sie eine Warnung aus der *Chi Con Gui-Jao*.

Ian traf am Ende des sandigen Schlufs auf Bill, der an einem staubbedeckten Seil zerrte, das an einem noch staubigeren Bolzen gesichert war. Die kleine Abseilvorrichtung war vor sieben Jahren dort angebracht und belassen worden. Bills Seilhalterung ließ ein lautes »Krrrriiikk« vernehmen, als das pulvertrockene Seil ruckweise hindurchstieß und er sich über eine kleine Stufe abließ. Als er mit den Stiefeln auf Grund kam, zertrat er brüchige Platten aus Höhlenlehm, was klang, als trampele er über feines Porzellan. Noch immer in Sichtweite zum oberen Sims, musste er nicht einmal sonderlich die Stimme heben, um den anderen zuzurufen: »Seil aus.«

Über die ganze Route waren insgesamt 23 solch kleiner Abseilvorrichtungen angebracht, und die widrigen stufenartigen Steilabsätze bildeten die »Stairway to Hell«. Die trockenen, oberen Absätze waren bereits eingerichtet. Doch nach ungefähr einem Drittel der Stufen strömte ein kleiner Wasserlauf ein. Und obgleich dieser während des Frühjahrs nicht mehr Wasser führte, als aus einem gewöhnlichen Wasserhahn läuft, stieg der Wasserpegel während der Regenzeit in diesem Gang schnell um ein Hundertfaches an und verdarb die Seile. Um das zu vermeiden, hatte man die Seile hochgezogen, zusammengerollt und an eine Stelle verfrachtet, wo sie wahrscheinlich vor dem Hochwasser sicher wären. Die Gruppe verteilte sich und begann mühsam, jeden Steilabsatz neu einzurichten: Ian und Kenny montierten die schweren Bolzen für die Seile, während Bill und Barbara mit riesigen Rollen neuer Seile nachkamen.

Kaum hatte Ian mit dem Verbolzen angefangen, ging seinem Elektrobohrer der Saft aus, was ihn und Kenny allerdings nicht daran hinderte, weiterzumachen. Sie nahmen Hammer und Meißel und schlugen die Bolzen mit der bloßen Hand in die Kalksteinwand. Bill seilte sich mit neuen Batterien zu ihnen ab und vernahm die hell tönenden Hammerschläge, noch ehe er Ian und Kenny sehen konnte. Unten angekommen, schwang er sich zwischen die beiden, die gerade lauthals über einen Witz von Kenny lachten. Bill grinste, hielt ihnen die neuen Batterien unter die Nase und verkündete: »Kavallerie angekommen.«

Vor Feierabend hatten sie die Hälfte der »Stairway to Hell« eingerichtet. Und je tiefer sie kamen, desto mehr Seil würden sie benötigen. Bis alle 92 dieser Steilabsätze zwischen Oberfläche und Grotte eingerichtet waren, konnten Wochen vergehen, eine Aufgabe, für die sie mehr als drei Kilometer langes, starkes Nylonseil brauchen würden.

Die bittere Wahrheit bei Tagestouren in Tiefenhöhlen ist die, dass der schwierigste Teil immer erst am Ende des Tages kommt, nachdem alle schon hundemüde sind. Das Zurücksteigen über die »Stairway to Hell«, die Schlitterpartie über die glitschige Grünalgenschicht und den Jungle Drop war sehr viel härter als der Abstieg.

Ian stieg voran. Er zog sich am elf Millimeter dicken Nylonseil hinauf, benutzte ein Paar leichtgewichtige Steigklemmen und eine Schlinge. Steigklemmen – zuweilen auch Jumar genannt nach der bekanntesten Handelsmarke – funktionieren alle nach dem gleichen Prinzip: ein Klemmmechanismus aus verchromtem Stahlgriff um eine gezahnte Nockenscheibe, die auf vereisten und schlammigen Seilen zuverlässig griff. Die sprunggefederte, gezahnte Nockenscheibe war so positioniert, dass sie frei beweglich war, wenn man den Griff anhob, das Seil aber blockierte, sobald man den Griff nach unten zog. Ians obere Handsteigklemme war an einer herabhängenden Fußschlinge befestigt, während die untere Steigklemme – ein Modell ohne Griff, das auch »Croll« genannt wird – an seinem Klettersitzgurt befestigt war. Er schob die obere Handsteigklemme, so weit er mit dem Arm reichen konnte, am Seil hoch, stieg dann in die Fußschlinge und zog sich mit dem Körper nach, wobei die Steigklemme an seinem Hüftgurt sowie sein Klettersitzgurt ebenfalls nach oben glitten. Danach verlagerte Ian sein Gewicht von der Fußschlinge wieder in den Klettersitzgurt und begann das Spiel von neuem: die Handsteigklemme hochschieben, in die Fußschlinge nachsteigen, in den Klettersitzgurt absitzen – auf und ab. Eine Technik, die ihren Ursprung in Frankreich hat und unter Höhlenkletterern als »Frog«-Methode bezeichnet wird, als »Froschmethode«, da sich der Kletterer dabei in der Tat wie die gleichnamige Amphibie vorkommen muss. Die meisten der jüngeren Höhlenforscher der Expedition – sowie alle Taucher – bedienten sich der »Frog«-Methode, während Bill, Barbara und noch ein paar alte Hasen ihre Steigklemmen an traditionelle amerikanische Systeme befestigten.

Erst um zwei Uhr früh waren sie zurück am Gesims oberhalb des Jungle Drop angelangt. Alle waren völlig erschöpft. Die Tour vom Dorf hinunter zur Höhle, den halben Weg die »Stairway to Hell« hinab und wieder zurück hinauf zum Dorf war in etwa vergleichbar mit einer Klettertour Hand um Hand von der Spitze des Eiffelturms bis hinunter zum Boden und wieder zurück hinauf an die Spitze. Darüber hinaus machte die dünne Bergluft die kräftezehrende körperliche Arbeit des Aufstiegs am Seil umso schwerer. Kenny und Barbara waren an jenem ersten Tag so übermüdet, dass sie sich kaum mehr gegen den Wind stemmen konnten, der ihnen auf dem Weg zum Dorf entgegenblies. Die Steinstufen zur Baracke am Hang krochen sie auf allen vieren hinauf und fielen verdreckt, wie sie waren, sofort ins Bett.

Ian und Bill hingegen blieben noch auf und genossen den Mond-

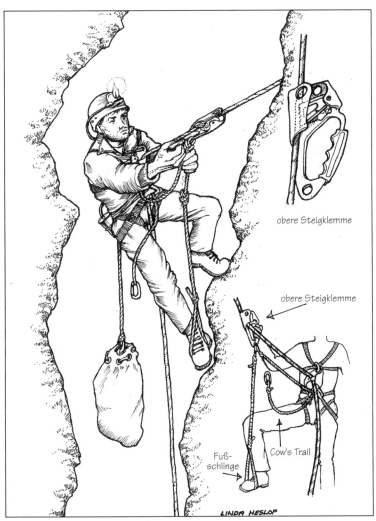

Ian klettert mittels der Frog-Methode (mit Hand- und Bruststeigklemme) aufwärts. Sein Sicherungsseil (Cow's Tail) hängt über dem rechten Oberschenkel, griffbereit zum Einklicken in den nächsten Sicherungshaken (Rebelay).

schein. Müde waren sie ebenfalls, doch auch aufgekratzt, da sie die erste Tour unter Tage geschafft hatten. Ihr Blick schweifte über die *dolina*. Es war kurz vor drei Uhr nachts. Die Lichter in den Häusern waren längst erloschen. Ian und Bill war klar, dass sie das komplette vorrätige Seil brauchen würden, bis sie die »Stairway to Hell« über die ganze Länge mit den nötigen Abseilhaken versehen hätten. Und ihnen war auch klar, dass vor einer neuerlichen Befahrung der Sótano de San Agustín einer von ihnen zur Depotgrube hinuntermusste, einem tiefen Schacht gleich außerhalb des Dorfes, wo sie die teuren Nylonseilrollen vor den Einheimischen versteckt hielten.

Ian sah Bill an, und Bill sah Ian an – und plötzlich wussten beide, dass sie den Drei-Stunden-Marsch trotz der Müdigkeit und trotz der späten Stunde angehen wollten.

»Alles klar, mein Freund?«, meinte Ian, lächelte und lachte dann laut.

»Okay«, antwortete Bill, fand offenbar Gefallen an der verrückten Idee. »Also los.«

Gut gelaunt zogen sie los, hinaus aus dem Dorf. Den heulenden Wind im Rücken, kraxelten sie die Talsenke hinunter, die Tenango Gap, und den felsigen Hang auf der anderen Seite wieder hinauf. Zirruswolken eilten am Himmel über sie hinweg, dazwischen blitzte in schnellen Intervallen das Mondlicht auf. Der Mond ließ Schatten über die ausgezackten Kalksteinobelisken tanzen, die verstreut quer über die karstige Kuppe standen. Bill und Ian arbeiteten sich mühsam bergan, stiegen durch das Labyrinth von Steinen, wie Kinder, die auf einem prähistorischen Friedhof spielen.

Als Ian am Einstieg zur geheimen Depotgrube ein Seil um das spitzkantige Karstgestein band, wanderte Bills Blick suchend über die Hügelkämme. Er wollte sichergehen, dass keiner der Bauern sie beobachtete. Und das aus gutem Grund: Die Mazteken haben zwar kaum Verwendung für Sauerstoff in Flaschen, für gutes Seil dagegen allemal. Irgendwann war ihm aufgefallen, dass jede Kuh, jede Ziege und jedes Schwein im Tal mit teurem, statischem Elf-Millimeter-Kletterseil angebunden war. Seine langjährigen Gastherren hätten das am sichersten angebundene Vieh in ganz Mexiko, witzelte er gern. Und deshalb, aus Gründen der Schadensbegrenzung also, folgte er Ian erst in die geheime Grube, nachdem er sich versichert hatte, dass sie nicht beobachtet wurden.

Sie schafften vier 100-Meter-Rollen Seil herbei, schnürten alles zu einem dicken Bündel, montierten ein Zugsystem und kehrten damit zurück an die Oberfläche. Mit vereinten Kräften zogen sie die Ladung hinauf. Doch kurz vor dem Einstieg in die 50 Meter tiefe Grube verhedderte sich das klobige Bündel an einem Vorsprung, weshalb sich Ian noch einmal abseilen musste, um es mit den Füßen loszustoßen, während Bill von oben zog.

»Verflucht«, knurrte Bill, bog und krümmte sich, um das schwere Bündel zu bewegen, »das Ding will einfach nicht.«

Aus dem Schacht hallte Ians verzerrte Stimme. »Betrachte es als Herausforderung. Wann kommt man schon mal in den Genuss, eine Seilrolle zu ziehen, die so schwer ist wie man selbst.« Ian, der RAF-Konstrukteur, bewegte den muskulösen Körper nach allen Seiten – geschafft. »Bremskeil los!«, rief er nach oben.

Bill zog das Bündel an, und als auch Ian oben ankam, zerrten sie es mit vereinten Kräften mit einem Ruck heraus. Die Ladung schoss über den Rand des Einstiegs, und die beiden Männer purzelten nach hinten.

»Da haben wir's«, sagte Ian, die Füße in der Luft. »Sieg der Krone!«

Bill lag auf dem Rücken und lachte. Bis er wieder aufrecht saß, war Ian schon dabei, die 100-Meter-Rollen auseinander zu dividieren. Eine bewundernswerte Tatkraft, die Ian da vorlegte, befand Bill und musste daran denken, dass er etwa im gleichen Alter war, als San Agustín ihn 1976 zum ersten Mal in Bann gezogen hatte. Er hoffte, dass Ians Liebe für diesen Ort eines Tages so groß sein würde wie die seine.

Sie montierten die Abseilvorrichtungen ab und traten den Rückweg ins Dorf an. Unter den zwei großen Seilrollen, die er sich übers Genick gehängt hatte, konnte Ian kaum sehen, wohin er trat. Bill hatte das Gefühl, als spräche er mit einer Seilrolle, als sie gegen den schneidenden Wind ankämpften. Bill war überragend groß, im Umgang mit anderen oft ungeschickt, machte gern aus jeder noch so einfachen Frage eine wissenschaftliche Diskussion. Ian hingegen war durchschnittlich groß, hinreißend unbeschwert und brachte die Dinge schnell auf den Punkt. Und zweifellos besetzte Ian die Rolle als Bills Stellvertreter. So mancher im Team hatte das Gespräch mit Bill zuweilen über Ian gesucht, der nun den kurzen Marsch zurück nach San Agustín nutzte, um ein paar Gedanken loszuwerden.

»Noel ist zur Zeit nicht besonders fit«, meinte Ian. »Er und Steve könnten etwas hinten nachhängen, bis sie auf der Höhe sind.«

»Ja, Noel kommt immer an mit einer Wampe über der Hose«, antwortete Bill. »Aber das gibt sich schnell, wenn er hier anfängt. Wir bekommen ja bald Verstärkung von den Teams aus Cheve und Cerro Rabón. Bis die wieder weg sind, hat er zu seiner alten Form zurückgefunden.«

Ian nickte, wobei sich die große Rolle über seinem Kopf verschob.

»Hast du den Sprung in der Felsplatte beim Aprilscherz-Abzweig gesehen?«, ließ er von irgendwo zwischen der Seilrolle vernehmen.

»Ah, die gesprungene Steinplatte. Die ist schon länger da«, antwortete Bill.

»Noel hat sich ganz schön davor gegruselt. Und mir war auch nicht sonderlich wohl.«

Bill erging sich daraufhin in einem mathematischen Kalkül von sich verschiebenden Kräften bei zusammengepresstem Gestein. Damit gab er auf seine Weise zu verstehen, dass er nicht glaubte, dass der Stein fallen würde, selbst wenn er auseinander risse.

»Hör mal«, unterbrach ihn die Stimme aus der Seilrolle, »warum einigen wir uns nicht einfach darauf, dass jeder sich von diesem blöden Stein fern hält?«

Doch Bill war in seinem Element, dachte weiter darüber nach, wie

In San Agustín Zaragoza hatte das Team mehrere Häuser gemietet, von denen eines als Küchenhaus diente; von links nach rechts: Barbara am Ende, Kenny Broad, Jim Brown, Steve Porter, Angel Soto Porrua, Ian Rolland, Noel Sloan, Bill Farr, Don Broussard.

man alle den Stein beeinflussenden Variablen berechnen könne, und es dauerte einen Moment, bis er Ians Kommentar erfasst hatte. Dann aber lautete sein Kommentar: »Okay.«

Es war fast sechs Uhr früh, als sie die Seilrollen im Geräteschuppen verstauten und sich zu ihrer Unterkunft aufmachten, wo sie über die schmalen Stufen hinaufstiegen und endlich in ihre Schlafsäcke krochen. Barbara wurde wach, als die beiden hereinkamen, und da sie nicht mehr einschlafen konnte, stand sie auf, ging hinunter zum Küchenhaus, kochte sich einen Tee, setzte sich vor das Haus und sah zu, wie *Chi Con Gui-Jao* bei Sonnenaufgang eine Wolke hinaus ins Tal stieß.

In den darauf folgenden zwei Wochen arbeitete sich das Team Tag für Tag ein Stück tiefer in die Höhle vor. Zuerst schleppten sie nur Seil und Material zum Einrichten der Höhle mit. Dann, als jeder Abschnitt so weit vorbereitet war, begannen sie mit der mühsamen Aufgabe, das über 1800 Pfund schwere Tauchgerät sowie das notwendige Material zur Errichtung einer Reihe unterirdischer Lager herbeizuschaffen. Langsam passten sich ihre Lungen den Steigtiefen an und ihre Muskeln der Kletterarbeit am Seil. Mit jeder Tour stießen sie ein Stück tiefer vor, und das Tagesgepäck wog jedes Mal ein bisschen mehr als am Tag zuvor.

Glücklicherweise trafen Dutzende freiwilliger Helfer ein, um die Ausrüstungsteile in die Grotte zu schaffen. Die Sótano de San Agustín gehört zwar zu den berühmtesten Höhlen der Welt, doch da sich die Hauptströmung der mexikanischen Höhlenforschung auf andere Systeme verlegt hat, war der Einstieg zur San Agustín seit sieben Jahren nicht mehr eingerichtet worden. Indem Bills Team mehr als drei Kilometer dickes Nylonseil in der Höhle verpflockte, entstand eine Art »Nylonautobahn«, auf der die Nachhut der freiwilligen Helfer die legendäre Höhle »durchreisen« konnte – allerdings hatten diese Fahrstuhlfahrten an den Grund des Grand Canyon ihren Preis: Jeder Höhlengänger sollte möglichst ein bis zwei Ladungen Seil mit hinunterbringen. Während der Wochen, in denen Bills Team damit beschäftigt war, Ausrüstungsteile in die Höhle zu schaffen, fanden sich fast drei Dutzend solcher freiwilliger Helfer ein, wovon sich die meisten auf dem Nachhauseweg von anderen Höhlentouren befanden, von der Cerro Rabón etwa oder dem Sistema Cheve. Ein Großteil war mit dem ein oder anderen Teammitglied befreundet, und ihre Anwesenheit über diese wenigen Wochen hob die Stimmung unter den Tauchern enorm.

Bill hängte eine kleine Waage an einen Balken am Küchenhaus, darunter eine handgeschriebene Notiz, dass jeder Höhlengänger mindestens 30 Pfund pro Tour mitnehmen sollte. Kaum aufgehängt, begann unter denjenigen, die als besonders männlich gelten wollten, ein kameradschaftlicher Wettstreit – wer konnte wohl am meisten transportieren? Ein Kalifornier namens Bill Farr hielt es damit besonders genau. Er war mit dem Team aus Texas gekommen, wollte aber nicht die ganze Expedition über bleiben. Nichtsdestotrotz ging er schon beim ausgiebigen morgendlichen Kaffeetrinken und Pfannkuchenessen den Neuankömmlingen damit auf die Nerven, dass er jeden piesackte, auch ja das gebotene Gewicht aufzuschultern. Ian hatte für diesen Wettstreit nur ein Stirnrunzeln übrig und beschwichtigte die Neuankömmlinge, nur so viel zu tragen, wie sie konnten. Als Ian eines Tages aber herausfand, dass Farr sich einer Ladung vorzeitig entledigt und sie nicht bis zum Sammelplatz gebracht hatte, sondern dass er das für ihn tun musste, nahm das Spiel ein Ende. Am folgenden Morgen, als Farr erneut mit dem Gezeter um das Gewicht des Tagesgepäcks anfing, platzte Ian der Kragen: »Was zum Teufel soll das, Mann?«, herrschte er ihn an. »Deinen eigenen lumpigen, kleinen Stapel haben wir gestern aufgegabelt und hinuntergeschleppt. Das war eigentlich deine Aufgabe.« Er stapfte durch das Küchenhaus, riss die Waage vom Balken und schleuderte sie gegen ein Regal, das voll gestopft war mit Konservendosen. »Schluss jetzt mit diesem Machogehabe. Bis sich noch einer verletzt«, warnte er.

Die Rebreather gehörten zu den wenigen Gepäckstücken, deren Gewicht sich nicht verringern ließ. Ein paar andere Gegenstände ließen sich gut auf einzelne Stapel verteilen, wodurch sich das Gesamtgewicht eines Stapels immerhin auf 43 sperrige Pfund verringern ließ, was am Seil allerdings eine ganz schöne Zuglast darstellte. Ein Freiwilliger, der Höhlenkundler Mike Frazier, der auf Besuch vor Ort war, bot sich an, eines der klobigen Geräte in die Höhle zu befördern. Mike war aus Colorado und weniger anfällig für den Höhenunterschied als die anderen. Auf dem Weg hinab über die Stairway to Hell schwang die sperrige Last unentwegt an der Halteleine hin und her und schlug gegen die harten Kalksteinwände, ohne dass er etwas hätte dagegen tun können. Am Fuß des ersten Absatzes traf er auf Ian, dem er sogleich seine Besorgnis mitteilte, dass er das lebenswichtige Gerät beschädigt haben könnte.

»Ich bin so vorsichtig, wie ich kann«, entschuldigte sich Mike,

»aber eins muss ich dir gestehen: Ich hau das Ding ganz schön in die Ecken.«

Dass dies nicht anders ging, war Ian klar. Er war ohnehin beeindruckt, dass ein Helfer sich bereit erklärt hatte, einen der Rebreather zu transportieren.

»Keine Sorge, mein Freund«, tröstete Ian ihn und grinste, »es ist Leihgut.«

Dieser Satz spornte Mike an. Immer wieder sagte er ihn sich vor, als er sich über den nächsten Steilabsatz abseilte – einen gähnenden 110 Meter tiefen Schacht. Und er dichtete einen Rebreather-Song, den er aus voller Kehle sang, als er unten auf dem Dach des nächsten Absatzes angekommen war: »Stone sagte, der Haken würde halten, ja, er würde das schon halten; wie konnte ich da das Versagen des Hakens ahnen und 110 Meter abwärts schlagen?«

Der Hundertzehner war der erste von sechs tiefen Höhlenschächten, die unterhalb der Stairway to Hell steil in die Tiefe fielen und als »Bowl Hole Series« bekannt waren. Einen so tiefen Schacht wie diesen hatte keiner der Taucher je zuvor gesehen. Über die weichen, bräunlichen Travertin-Wände dieses atemberaubenden Steilgefälles rann sanft ein kleiner Bach. Sich mitten hindurch abzuseilen mutete an, als stiege man in eine übergroße Röhre ab.

In so einer Röhre steigen die Folgen jedes noch so kleinen Fehlers mit zunehmender Tiefe exponentiell an. Ein Sturz von einem der 23 haushohen, stufigen Steilabsätze der Stairway of Hell zöge vielleicht nur Knochenbrüche und eine extrem schwierige Rettung nach sich, ein Sturz in einem solchen Schacht hingegen, zumal 110 Meter tief, hätte den sicheren Tod zur Folge. Um die Wahrscheinlichkeit einer solchen Katastrophe zu minimieren, verpflockten Bill und Ian die Abseilleine entlang der langen Schachtwände an so genannten Rebelays, an Sicherungshaken, die sie über die Strecke verteilten. Die Rebelays verminderten den Seilabrieb, wodurch mehrere Kletterer gleichzeitig am langen Seil ab- und aufsteigen konnten. Alles in allem gab es auf den 92 Steilabsätzen von der

Oberfläche bis zur Grotte an die 50 solcher Rebelays. Und bei der Schar von Helfern, die bereitwillig Berge von Material in die San Agustín trugen, glich der 110-Meter-Schacht schon bald einer menschlichen Muli-Karawane.

Unterhalb des ersten schreckensvollen 110-Meter-Schachts setzte sich die Bowl Hole Series mit einem gleichermaßen furchtbaren 60 Meter tiefen Schacht fort. Die Rebelays nötigten jeden Höhlengänger, beim Ab- und Aufstieg das Seil mal aus der Seilhalterung zu ziehen, mal wieder hindurchzuziehen. Die über die Absätze verteilten Abseilhaken boten dem erfahrenen Höhlengänger zwar zusätzliche Sicherheit, stellten aber auch ein gefährliches Hindernis dar –, insbesondere für Taucher wie Jim, Steve und Kenny, denen solche Abseil- und Klettertechniken im Dunkel des Schachts relativ neu waren.

Auch Angel Soto Porrua war die Methode neu. Angel hatte einige der höchsten Gipfel der Welt erklommen, beispielsweise hatte er 300-mal auf der Spitze des Popocatépetl in Mexiko gestanden. Er war ein Ausnahmesportler – mit 50 gewann er noch immer gegen die anderen im Armdrücken – und ein erstklassiger Höhlentaucher. Doch trotz seiner Erfahrungen als Hochgebirgskletterer und seiner körperlichen Hochform war Angel wie die anderen Taucher relativ ungeübt im Umgang mit Seilhalterungen, Rebelays und den technischen Finessen im Seilklettern unter Tage.

Am 14. März hatte Angel erfolgreich rund 15 Rebelays gemeistert und erreichte den 60-Meter-Schacht. Er seilte sich ein, ließ behutsam den Materialsack ab, bis er straff an seinem Klettersitzgurt hing, und hakte dann das Sicherungsseil aus, den so genannten Cow's Tail – ein steifes, fußlanges Seil mit einem Karabiner am Ende, das lehmüberkrustet so aussah wie sein Namensvetter, der Kuhschwanz. Behände seilte er sich über fast 15 Meter ab, näherte sich langsam dem ersten Rebelay und brachte sich in die richtige Position, um den Karabiner am Ende des Cow's Tail an dem kleinen metallenen Bohrhaken einhaken zu können, der an dem Bolzen in der Wand angebracht war. Mit seinem ganzen Körpergewicht, das zeitweilig nicht mehr am kurzen Cow's Tail hing, löste er die Seilhalterung vom oberen Seil, das zum Bolzen führte, hakte es am unteren Seil, das abwärts führte, wieder ein, hängte den Cow's Tail aus und machte sich zum Abklettern in den Schacht bereit.

Doch o Schreck – er hatte versäumt, den Materialsack mit abzulassen, und nun hing die Halteleine oben über dem Seil, das aus dem Schacht darüber kam. Bestürzt sah er hinauf. Er stieg hoch bis zur Seilschlinge, an welcher der Materialsack hing, der nun direkt vor seinen Augen baumelte und ein Gegengewicht zu seinem eigenen Körpergewicht bildete. Er versuchte, den Sack mit einem Arm hochzudrücken, doch es half nichts. Er klemmte fest. Mit einem Murren befestigte er die Steigklemmen am Seil und begann, sich hochzuarbeiten. Zurück am Rebelay, hakte er sein Sicherungsseil in den Bohrhaken und stieß den Materialsack frei, der daraufhin wie eine 40 Pfund schwere Wurst nach unten fiel und unter ihm baumelte.

»Okay«, murmelte er vor sich hin. »Nichts wie weiter.«

Er löste die Steigklemmen wieder und war gerade dabei, das Seil erneut durch die Seilhalterung zu fädeln, als ein paar Spritzer vom Wasserfall über ihm direkt auf seine Helmkarbidlampe tröpfelten. Das Wasser löschte die Flamme, er fasste nach oben und schlug kurz auf den piezoelektrischen Zünder. Nichts passierte. Noch einmal. Nichts. Die Zündspitze war zu nass, um sich zu entzünden. Noch einmal. Wieder nichts. Also schaltete er sein Reservelicht ein. Es gab einen matten, gelbbraunen Schein ab. Nach seiner letzten Tour hatte er vergessen, die Batterien zu wechseln. Er konnte kaum die Hand vor Augen sehen und schüttelte den Kopf. Barbara wartete auf ihn am Fuße des Steilabsatzes; hoffentlich hatte sie Ersatzbatterien dabei.

»Bist du okay?«, rief sie von unten herauf.

Angel verstand das als Aufforderung, schneller zu machen. Klar, er hatte sich langsam vorangewegt. Aber deshalb brauchte er sich noch lange nicht antreiben zu lassen – schon gar nicht von einer Frau! Das kränkte sein südamerikanisches Ehrgefühl. Da hatte er etliche der höchsten Gipfel der Welt erklommen, hatte die meisten der tiefsten Höhlen Mexikos durchtaucht, und nun kam jemand daher und wollte ihm wie einem Kind sagen, er solle sich schneller voranbewegen. Eine *gringa* noch dazu, obgleich er zugeben musste, dass sie mit dieser Art von Seilarbeit vertrauter war als er.

»Äh«, sagte er und kramte nach englischen Worten. »äh, bitte gib mir noch… ein paar Minuten. Der Rebelay. Macht Probleme.«

Bei seinem unbeholfenen Englisch wurde Barbara unsicher. Ob er vielleicht Hilfe brauchte? Sie sah zu Nancy Pistole, einer freiwilligen Helferin vom Cheve-Projekt, wollte wissen, was sie meinte. Doch Nancy zuckte nur mit den Schultern. Ein paar kleine Steine kamen von oben geflogen, und die beiden Frauen sprangen zur Seite. Angel steckte dort im Dunkeln, so viel war klar, doch keine der beiden wollte den Aufstieg wagen, bevor er nicht wirklich Hilfe benötigte.

Angels Notbeleuchtung war rasch verglommen. Im Dunkeln fädelte er das Seil durch die Halterung, hängte den Cow's Tail aus und stemmte sich zurück, bereit zum Abseilen.

Klick.

Das laut vernehmbare Schnappen von Aluminium auf Stahl ließ ihn aufmerken. Er erstarrte. »Shit!« Kann doch nicht sein…

Klick.

…kein Zweifel. Gar keiner. Inmitten des ganzen Durcheinanders – baumelnder Materialsack, Funken sprühende Karbidlampe, nicht funktionierende Notbeleuchtung – hatte er das Seil verkehrt herum durch die Halterung gefädelt. Und nun wurden die Aluminiumbremsbügel nicht mehr zusammengepresst, sondern er drückte den u-förmigen Stahlrahmen mit seinem Körpergewicht auseinander. Zwei der fünf Bügel waren bereits aufgeschnappt. Er hatte nicht viel Zeit.

Mit der linken Hand ergriff er die drei übrigen Bügel und presste sie fest in seiner Faust zusammen. An seinem Handgelenk schwollen die Adern. Mit der rechten Hand versuchte er, die anderen beiden Bügel zusammenzudrücken, um Bremsreibung zu erzeugen. Seine Hand begann zu zittern, da er an nur drei Bügeln sein ganzes Körpergewicht plus das Gewicht des 40 Pfund schweren Materialsacks halten musste. Ließ er los, würde er 30 Meter in die Tiefe stürzen und auf dem felsigen Grund, direkt vor den Füßen der beiden *gringas,* tödlich aufschlagen.

Klick.

Drei Bügel offen. So funktionierte es nicht. *Lass dir etwas anderes einfallen. Schnell.*

Angel strich mit der rechten Hand über die Seilhalterung und hielt sie so fest umklammert, wie er nur konnte. Dann streckte er den linken Arm nach oben und suchte nach der Seilschlinge, die vom oberen Schacht herunterhing. Er bekam sie zu fassen und wickelte sie aus Sicherheitsgründen ein paar Mal um sein Handgelenk.

Klick.

Der vierte Bügel war aufgeschnappt. Der fünfte und letzte Bügel erzeugte allein für sich keine Reibung, und die Seilhalterung war somit gelockert.

Angel hing in der Dunkelheit und schwang leise im offenen Schacht. Sein Leben hing nur noch an seinem linken Armgelenk, das ihm höllische Schmerzen bereitete. Für jeden anderen hätte derselbe Fehler fatale Folgen gehabt, denn jeder andere hätte mit einem letzten verzweifelten Griff nichts gegen den unerbittlichen Zug der Schwerkraft ausrichten können. Doch seine langjährige Sportlerkarriere und seine zahllosen Kraftakte im Armdrücken gaben Angel eine Chance.

»Bist du okay?«, schrie Barbara noch einmal hinauf. »Angel?«

»Ob ich okay bin?«, murmelte Angel vor sich hin. »Was haben diese Frauen bloß!«

Er konnte unmöglich sein eigenes Gewicht und das des Materialsacks an einem Arm heben. Und so griff er hastig mit der rechten Hand nach oben zur Schlinge und zog sich hoch, bis er den linken Arm über das Seil legen konnte. Mit der rechten Hand tastete er im Dunkeln an seinem Klettersitzgurt nach einer Steigklemme. Statt dieser bekam er den Cow's Tail zu fassen. Ideal war der zwar nicht, aber er würde ausreichen. Er hob sich im lichtlosen Schacht den Karabinerhaken vors Gesicht, steckte ihn in den Mund, um herauszufinden, auf welcher Seite der Schnapper war. Dann hakte er ihn in die gleiche Schlinge, an der er immer noch mit seinem linken Arm hing. Langsam und vorsichtig löste er seine Körperspannung und verlagerte sein Gewicht auf den Cow's Tail. Der hielt. Dann brachte Angel die Steigklemmen an und machte im Stockdunkeln erst einmal eine Verschnaufpause.

»Angel?« Barbara und Nancy brüllten abermals zu ihm hinauf. »Bist du okay?«

»*Sí*«, antwortete er endlich, nachdem er wieder Atem geschöpft hatte. »*No problema.*«

An den 60 Meter tiefen Schacht der Bowl Hole Series schlossen sich nach unten hin drei weitere stufige Absätze an: ein 27-Meter-Schacht, ein 12-Meter-Schacht und einer mit 77 Metern Tiefe, in den ein frei hängendes Seil hinunterreichte. Der 77 Meter tiefe steilwandige Fließsteinschacht fiel gleich neben einem Wasserfall nach unten. Die enge Röhre weitete sich über ein Drittel der Strecke zu einer riesigen, kuppelförmigen Halle aus, weshalb das Seil immer weiter von der Wand weg hing und es den Höhlengängern unmöglich wurde, sich mit den Füßen gegen die Wand zu stützen. Sie schwangen zwangsläufig in den Wasserfall. Der Wasserstrahl war zwar nicht stark, oft aber kräftig genug, die Flamme ihrer Karbidlampen zum Erlöschen zu bringen, woraufhin ihnen nichts anderes übrig blieb, als sich im dumpfen Schein ihrer Notlampen abzuseilen. Und zu allem Unglück war auf den Höhlenkarten verzeichnet, dass das Wasser aus einer kleinen Doline unterhalb des

Dorfes San Andrés kam, was bedeutete, das Wasser, das ihnen am Nacken hinunter in die PVC-Anzüge rann, war so gut wie sicher mit menschlichen Abfällen verseucht.

Diese Wassertortur im 77-Meter-Schacht war dem Großteil des Teams und der freiwilligen Helfer verhasst – mit einer Ausnahme. Bill genoss jede Tour durch das unendliche Dunkel der Halle. Sich im dumpfen Schein abzuseilen, weder den Grund noch die Decke oder Wände zu sehen, gab ihm das Gefühl, als gleite er durch das All – das dünne Nylonband war die Fahrspur auf der Autobahn.

Bill war fasziniert vom All. Nach Glenns Weltraumflug wurden er und die Apollo-Astronauten statt der Doc-Savage-Figuren die Helden seiner Jugend, und er malte sich aus, als Weltraumforscher in ihre Fußstapfen zu treten. Nachdem er seinen Doktor gemacht und einen Pilotenschein erworben hatte, bewarb er sich für das Astronautentrainingsprogramm der NASA. Nach einer ersten Ablehnung bewarb er sich über zehn Jahre lang immer wieder. Sogar seine Rebreather-Firma Cis-Lunar führte er in seinen Referenzen auf, um darauf hinzuweisen, dass das Gerät auch für den außerirdischen Markt konzipiert war.

Im Herbst 1989 hatte er seine NASA-Pläne schon beinahe aufgegeben, als der Anruf kam. Er saß an seinem Reißbrett und arbeitete an Entwürfen für die nächste Rebreather-Generation, da klingelte das Telefon, und jemand fragte, ob er zu einem Vorstellungsgespräch nach Houston kommen wolle.

Bill flog hin und verbrachte ein paar angenehme Tage mit allerlei Fitness- und psychologischen Tests. Die Tests unter simulierten Stressbedingungen fielen ihm im Vergleich zu realen Stresssituationen wie das wochenlange Biwakieren unter Tage in engen Nischen relativ leicht. Beim Vorstellungsgespräch wollte einer der anwesenden Astronauten von ihm wissen, ob es in seinem Leben irgendetwas gegeben habe, das er bedauere.

»Eigentlich nicht. Ich habe bislang ein recht privilegiertes Leben geführt«, begann Bill. »Ich hatte die Möglichkeit, überall in der Welt sowohl in der Wissenschaft zu arbeiten als auch praktische Forschung zu betreiben.«

Auf wiederholtes Nachfragen antwortete Bill schließlich, er bedaure, keine zwei Milliarden Dollar zur Verfügung zu haben.

»Was würden Sie denn mit zwei Milliarden machen?«, fragte der Astronaut.

»Eine Mondlandung mit einem privaten Forschungsteam«, antwortete Bill und führte aus, dass er sich nicht so sehr für einen Flug mit einer berühmten 747 ins All interessiere; vielmehr wolle er eine permanente Station auf dem Mond errichten. Indem er die Eingänge zu den in großen Tiefen liegenden Lavahöhlen verschlösse, so Bill weiter, könne er eine Behausung konstruieren mit höchst funktioneller Thermoschutzverkleidung und minimalen Kosten.

Der Astronaut schnitt ihm mit einem Augenzwinkern das Wort ab: »Unwahrscheinlich, dass die NASA während Ihrer Dienstzeit als Astronaut noch einmal auf den Mond fliegt.«

Hatte er richtig gehört? Wie konnte die NASA – die NASA! – so etwas sagen? Dann fiel der Groschen, und er begriff, wie die Dinge liefen.

Weitere Fragen folgten, und Bill antwortete. Doch die versammelten Astronauten hatten Bills Kandidatur längst schneller am Horizont entschwinden sehen als die *Challenger*. Auf ihren Gesichtern konnte er lesen, dass sie ihn nur noch aus Neugierde begutachteten, so wie Gaffer einen Unfall beäugen.

Und nun, knapp fünf Jahre später, im 77-Meter-Schacht, war die Erinnerung an ihre Gesichter so lebendig, als wäre es gestern gewesen. Damals war ihm schlagartig klar geworden, dass er für die NASA im Zeitalter der Shuttles nicht der Richtige war und er den Job nicht wollte. Und folgerichtig traf wenige Wochen später der Ablehnungsbescheid ein.

Bills Seilhalterung ließ ein leichtes Summen vernehmen, als er in den schwarzen Abgrund hinunterglitt. Er hatte dem 77 Meter tiefen Schlund den Namen »Weltraumschacht« gegeben, auch wenn andere Kollegen ihn weniger schmeichelhaft titulierten. Der Wasserfall wurde breiter, und im nächsten Moment spürte er, wie die Tropfen auf ihn herniederprasselten. Seine Karbidlampe verlosch, er schaltete die Elektrolampe ein und konnte die Steinbrocken unter sich erkennen. Als er näher kam, zog er das Seil hinauf, in die Seilhalterung hinein, drückte die Bremsbügel fest zusammen und drosselte so den Abstieg. Es quietschte, und er kam zum Halten, als der Materialsack auf die Steine traf.

Er hängte die Seilhalterung aus, ließ die Bügel zuschnappen und verstaute sie zusammen mit seinen Steigklemmen seitlich an seinen Klettersitzgurt. Hätte die NASA den Rebreather gebaut, sinnierte er, hätten sie das Projekt nach dem 24-stündigen Tauchgang in Walkulla Springs als Riesenerfolg gewertet. Doch er war der Meinung, der Rebreather hätte erst dann wirklich etwas vollbracht, wenn es irgendeinem Forscher mit Hilfe dieses Geräts gelungen wäre, in zuvor unerreichbares Gelände vorzustoßen. Und das wollte er: jungfräuliche Gebiete erforschen, seinen Fuß dorthin setzen, wo noch nie ein Mensch zuvor gewesen war. Deshalb war er hier. Wie alle anderen im Team auch. Auf ihrer Suche nach diesem schwer definierbaren Heiligen Gral brachten sie enorme persönliche Opfer – Abschied von der Familie für ein Drittel des Jahres, zwei Jahre lang hartes Training, Verschuldung bis über die Ohren und tagtägliche körperliche Strapazen. Und wozu das alles? Nur, um hier dabei zu sein. Und darum musste er alles tun, um jedem Teammitglied, das zum harten Kern gehörte, die Möglichkeit zu bieten, in die unbekannten Tiefen des Huautla-Plateaus hinabzugelangen.

Er war noch nicht weit in den großen Canyon abgestiegen – welcher den Namen »Tommy's Borehole« trug zu Ehren seines Entdeckers Tommy Shifflett –, da stieß er auf einen Stein, der so groß war wie ein kleines Haus. Der Stein hatte eine flache Oberseite, ein idealer Platz, um Materialvorräte zu lagern. 620 Meter unter der Erdoberfläche gelegen, wurde der praktische Lagerplatz einfach als

Depot 620 bezeichnet. Bill legte seine Ladung auf den Riesenberg Materialsäcke, der aus Flaschen mit gefriergetrockneten Lebensmitteln, Wetsuits, Sauerstoff-, Heliox- und Argontanks sowie Rebreathern bestand.

Wenig später traf Nancy ein, und hinterher kam Ian. Auch sie stellten ihr Gepäck im Depot ab. Bill nahm den Bestand des angewachsenen Stapels auf, und zum ersten Mal seit der Abreise in Maryland wurde ihm bewusst, dass es schließlich und endlich so weit war. Der logistische Krieg war langsam aber sicher gewonnen. Sie hatten genügend Leute und Vorräte in der Höhle, um endlich in die Grotte vorzustoßen.

»Hey«, fragte Bill freudestrahlend. »Jetzt haben wir das Zeug beisammen. Wollt ihr zwei etwas trinken? Etwas essen?«

»Aber ja«, sagte Nancy. »Das wäre schön.«

Und auch Ian war dafür.

Bill pfiff fröhlich vor sich hin, während er in dem Berg aus Plastiksäcken und Flaschen kramte. Binnen weniger Minuten hatte er einen Topf, etwas Wasser und einen Bunsenbrenner zur Hand. Er schäumte heiße Schokolade auf und servierte sie den beiden, die es sich gemütlich gemacht hatten, verbeugte sich mit einem höflichen Diener, als wäre er Kellner in einem Nobelrestaurant.

Als er seine Gäste im Lokal »Depot 620« bedient hatte, nahm auch er Platz und goss sich eine Tasse ein. »Ich denke, es klappt nun alles prima«, sagte er.

Nancy, die schon auf etlichen vorangegangenen Expeditionen mit Bill zusammengearbeitet hatte, freute sich über seinen plötzlichen Stimmungswandel. Den ganzen Morgen hatte sie zusammen mit Barbara die Höhle befahren und wusste, unter welcher Anspannung Bill auf der langen Tour gen Süden gestanden hatte und wie sehr sich Barbara um ihn sorgte. Doch hier nun – 620 Meter unter der Oberfläche – schien er völlig gelöst; hier, tiefer unten, als der Sears Tower in Chicago hoch ist, verhielt er sich ganz normal, herzlich geradezu, als ob er daheim in der guten Stube Tee und Gebäck ser-

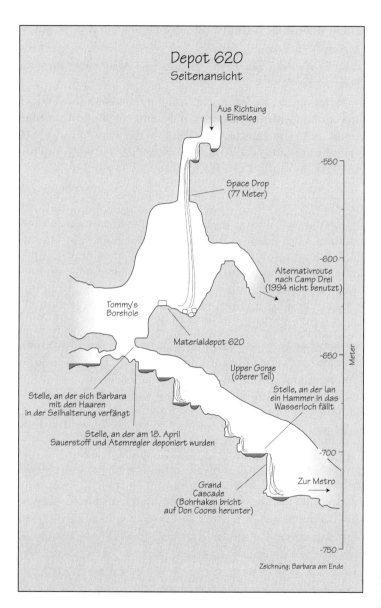

vierte. *Bill ist wieder ganz der Alte,* dachte sie bei sich: *Das ist der Wendepunkt. Und das ist gut so.*

»Was war denn dort oben am Fuß des Sechziger für ein Zirkus?«, fragte er.

Nancy wiegte den Kopf und sagte schließlich. »Beinahe hätten wir dort einen zweiten Yeager gehabt.«

»Wovon redest du?«

»Von Angel«, sagte sie, »am Rebelay hätte es ihn beinahe erwischt.«

Bill schauderte, als sie den Vorfall schilderte. Sofort kamen Befürchtungen in ihm auf, auch die anderen Taucher könnten nicht ausreichend trainiert sein für einen solch schonungslosen Kletterakt in einem Vertikalschacht: Zwar genoss Kenny sichtlich Ians Anleitung, und auch Steve schien mit jedem Pfund Fett, das Noel verlor, an Selbstvertrauen zu gewinnen, aber Jim Brown etwa arbeitete Tag für Tag ohne einen Kletterpartner und war inzwischen dazu übergegangen, sich nur noch oben zu beschäftigen – hatte die harte Seilarbeit seinen besten Rebreather-Taucher womöglich in Angst versetzt?

»Fast wie Yeager«, murmelte Bill. Chris Yeager, ein junger Höhlenkundler, starb 1991, nachdem er einen ähnlichen Fehler im Cheve-System gemacht hatte wie Angel. Wie Angel hatte auch Yeager keine Sicherheitssteigklemme am Seil unter dem Rebelay angebracht. Doch im Gegensatz zu Angel hatte er es versäumt, seinen Abseilkarabiner zu schließen. Und als er den Cow's Tail aushängte, sprang der Karabiner einfach von der Seilhalterung weg. Er hing noch am Seil, als Yeager zu Tode stürzte.

»Uuuhhh«, sagte Nancy, die als Ko-Führerin auf mehreren Cheve-Expeditionen dabei war. Sie und Bill hatten danach eine unvergessene, grauenvolle Woche mit der Bergung von Yeagers Leichnam verbracht.

»Und Cuber«, bemerkte Bill und erinnerte an einen polnischen Höhlenforscher, der sich 1980 während einer von Unglücken verfolgten europäischen Expedition in das Huautla-System die Wirbelsäule gebrochen hatte. Die Polen waren in jenem Jahr recht früh eingetroffen, hofften, die schwierige San-Agustín-Grieta-Verbindung zu erkunden, bevor das amerikanische Team anreiste. Nachdem sie sich auf den Weg hinunter in die Grotte gemacht – und angeblich eine Kupferplatte aufgestellt hatten, um den Amerikanern unter die Nase zu reiben, dass sie vor ihnen da waren –, mussten die Polen mit zwei schweren Unfällen fertig werden. Zuerst brach sich Jerzy Musiol beim Überqueren einer Schlucht ein Bein. Dann stürzte Josef Cuber einen 25 Meter tiefen Schacht hinunter. »Cuber wollte Musiol zu Hilfe kommen«, sagte Bill. »Das Seil riss. Die Polen verwenden ein billiges Seil, nur Mantel, kein Kern.« Teams aus der ganzen Sierra Mazteca ließen alles stehen und liegen, um in San Agustín bei der Rettung zu helfen. »Die Belgier waren zuerst da, und ihr Mannschaftsarzt rettete Cuber das Leben. Steele und ich und der Rest der Truppe kamen als Nächste. Es hat eine Woche gedauert, die Jungs aus der Höhle zu ziehen.«

Bills Blick wanderte abermals nach oben, und er fügte hinzu: »Cuber kann noch nicht wieder gehen. Er ist gelähmt.«

Eine ganze Weile saßen die drei stumm da. Schließlich fragte Bill Ian, ob er sich oben nicht etwas Zeit nehmen könne, um Angel gründlich in die Rebelay-Technik einzuweisen. Das wollte Ian gern tun. Im Stillen aber war Bill überzeugt, dass Angel sich nicht noch einmal unter die 110-Marke wagen würde, und er fragte sich, wie lange Jim wohl bis zum Depot brauchen würde. *Wir haben es nicht einmal bis zur Grotte geschafft*, sorgte er sich, *und schon verlieren wir Taucher.*

Vier

Das Tauchteam und die freiwilligen Helfer schleppten weiterhin Material ins Depot 620. Doch alles, was unterhalb dieser Marke lag, war mit einer Tagesexkursion nicht zu schaffen. Deswegen musste ein erstes Lager unter Tage angelegt werden, das Bill, Barbara und ein paar andere einzurichten begannen. Sie seilten sich über die ersten Steilabsätze ab, krochen durch den engen Dust Devil, stießen weiter über die Stairway to Hell zu den Bowl Hole Series hinunter und legten am Depot eine Pause ein, bevor es weiter abwärts zur Upper Gorge ging.

Die Upper Gorge ist eine fünf Meter breite Schlucht, ein tief in die harte Kalksteinwand eingeschnittenes Flusstal. Bäche aus den Höhlensystemen La Grieta, Nita Nanta und Agua de Carrizo fließen in dieser kilometerlangen Schlucht zusammen. Die Wasserfracht am Zusammenfluss ist enorm und erzeugt leicht Überflutungen. Ein einziges Gewitter an der Oberfläche kann die Upper Gorge tagelang in einen unpassierbaren, turbulenten Albtraum verwandeln. Selbst bei Niedrigwasserstand stürzt der Fluss über 20 gewaltige Wasserfälle in die Tiefe, wovon jeder einzelne in einem schäumenden Tauchbecken endet. Sich durch aufgewühlte, schaumige Wasser zu bewegen ist eher Kunst als Wissenschaft. Wer weiß, wie er sich anstellen muss, für den ist es der reinste Spielplatz. Wer das nicht weiß, für den ist es der gefährlichste Ort der Erde.

Barbara seilte sich am ersten Steilabsatz ein und begann den Abstieg zur Upper Gorge. Bill wartete derweil auf einem Steinblock oberhalb der Stufe und lutschte an einem Bonbon, das er in einer

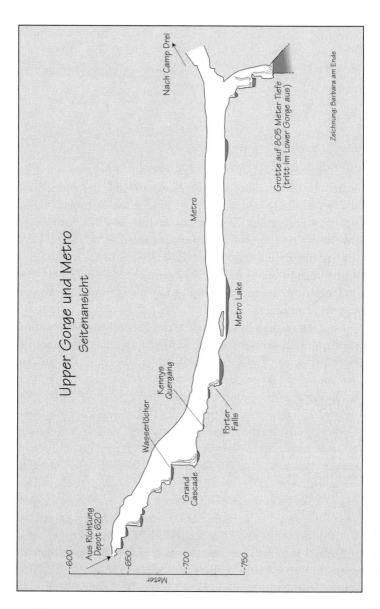

Lebensmittelflasche am Depot 620 gefunden hatte. Eine der wichtigsten Grundregeln auf Höhlenexkursionen besteht darin, immer einen Kletterpartner dabei zu haben. Verletzt sich einer, kann der andere zu Hilfe kommen. Wenn Bill mit Ian unterwegs war, konnte er sein persönliches Tempo vorlegen, mit Barbara oder den anderen jedoch musste er eine langsamere Gangart wählen. Wenn er mit Barbara auf Tour ging und er vorneweg stieg, neigte er dazu davonzupreschen, bis er irgendwann anhalten und auf sie warten musste. Irgendwann kam sie hinterher, erschöpft, nur um ihn erneut davoneilen zu sehen. Das ärgerte sie. Nach wochenlanger Schlepperei war er schließlich dahinter gekommen, dass er Barbara vorsteigen und das Tempo bestimmen lassen musste. Und um sich selbst zu bremsen, hatte er extra ein paar Pfund mehr in seinen Materialsack gesteckt.

Barbara hatte den ersten Steilabsatz hinter sich, und Bill schickte sich an, ihr nachzusteigen, während sie sich auf den Weg zur zweiten Steilstufe machte. Anstatt ihren Materialsack auszuhängen, aufzuschultern und wieder neu einzuhängen, zog sie ihn einfach an den Riemen hinüber zur nächsten Schachtdecke, als schleife sie einen störrischen Hund zum Gassi gehen. Nur selten haben Höhlenkundler derart schweres Gepäck dabei, wie es das Team in San Agustín tagtäglich mit sich führte, und die ausgebauchten Säcke verkomplizierten selbst die einfachsten Abseilmanöver. Während Barbara am nächsten Schacht an ihrer Seilhalterung arbeitete, schleifte der schlammverschmutzte Materialsack über die weiche, nasse Wand und verkeilte sich in einem engen Kalksteinspalt. Sie langte nach unten, versuchte ihn wieder frei zu bugsieren, konnte den 40 Pfund schweren Sack aus ihrer Position aber unmöglich mit einem Arm hochheben. Also griff sie mit beiden Händen nach dem Halteseil und zog.

Mit einem Ruck war er heraus, sackte nach unten und knallte am straffen Seil mit vollem Gewicht gegen ihren Klettersitzgurt. Durch die Stoßbelastung sprang die Seilhalterung mit einem Satz hoch, und

Steve und Noel unterhielten das Team gelegentlich mit Musikeinlagen, hier als »Bongo-Brüder«.

das Seil, welches sie extra mit einer zusätzlichen Schlinge um den uförmigen Bügel gebunden hatte, wickelte sich prompt auf. Ohne diese Bremsschlinge rutschte sie langsam am Seil nach unten. Sie beugte sich weit vor, um es zu fassen zu bekommen. Geschafft. Doch noch ehe sie in der Lage war, ihren Abstieg aufzuhalten, hatte sich ihr Haar zwischen Seilhalterung und Nylonseil verfangen. Das schlammige Seil glitt langsam durch ihre Hand, die sie hochgestreckt hielt, während die Seilhalterung immer stärker an ihrer Kopfhaut zerrte.

Einen Moment lang hing sie mucksmäuschenstill da und vergegenwärtigte sich ihre Lage: Ließ sie los, würde ein ziemlicher Lappen Kopfhaut von ihrem Schädel reißen. Seilhalterungen waren gefräßige Maschinen, die nicht selten zuschlugen, so dass die Nationale Höhlenrettung eigens für solche Fälle Notfallmaßnahmen entwickelt hatte. Möglichkeit eins, die beschönigend als »Selbstextraktion« bezeichnet wird, bestand darin, ein Messer zu nehmen und sich selbst zu befreien, indem man sich eigens das Haar abschnitt. Doch diese Möglichkeit verwarf sie, da sie nicht sehen konnte, an welcher Stelle sie hätte schneiden müssen. Obendrein schneidet sich ein Nylonseil unter Spannung wie Butter. Eine falsche Bewegung mit dem Messer, das Seil wäre durchtrennt und sie würde sechs Meter tief auf den felsigen Grund stürzen. Also zog sie Möglichkeit zwei in Betracht, die, obgleich ihr unangenehm, die bessere war: Hilfe von außen anfordern.

»Hilfe!«, schrie sie, darauf bedacht, den Tonfall zu mäßigen – laut genug zwar, um das tosende Wasser unter sich zu übertönen, damit Bill sie hören konnte, aber doch nicht so laut, dass er auf die Idee kam, sie sei in Panik.

Er hörte sie auf der Stelle, vergaß den ersten Schacht, schnallte sich den Materialsack ab, sprang auf das Dach des zweiten Schachtes, beugte sich über den Rand und rief hinunter: »Hallo? Bist du okay?«

»Nein!«

Er konnte nicht genau erkennen, was passiert war, merkte aber an ihrem Ton, dass sie Schmerzen litt.

»Gut. Halte deine Position. Ich seile mich hinunter.«

Seilhalterungen und andere Abseilvorrichtungen an einem beschwerten Seil zu befestigen ist jedoch nahezu unmöglich und würde gegen all die Reibungskraft ohnehin nichts ausrichten. Die einzige Möglichkeit, sich abzuseilen, bestand für Bill darin, zwei Handsteigklemmen anzubringen – die abgenutzten gelben Jumars beispielsweise –, mit den sprunggefederten Griffen abwechselnd mal Seil zu geben, mal Seil zu blockieren und so vorsichtig am Seil entlang nach unten zu gleiten.

Aufgrund seiner jahrelangen Erfahrung mit dieser Technik war er binnen Sekunden auf der Schachtdecke über ihr.

»Okay«, sagte er, als er sah, dass sie sich mit den Haaren in der Seilhalterung verfangen hatte. »Ich werde nach unten greifen und versuchen, meinen Cow's Tail an deinen Klettersitzgurt zu haken. Dabei könnten wir gegeneinander knallen, und das könnte wehtun.«

»Mach schon«, knirschte sie hervor, nach wie vor in derselben verdrehten Position hängend.

Er hakte den Karabiner am Ende seiner Cow's Tail-Sicherheitsleine in den d-förmigen Metallring vorn an ihrem Klettersitzgurt. Er passte die Steigklemmen an und ließ sich ganz sacht in seinen Klettersitzgurt ab, atmete tief durch und bereitete sich auf seine nächste Bewegung vor: sein Gewicht, ihr Gewicht samt dem des weiter unten hängenden prallen Materialsacks an einem Bein hochzuheben. Er schob einen Fuß, der in einem schlammigen Gummistiefel steckte, in die Fußschlinge, welche an der unteren Steigklemme befestigt war, brachte sich in die richtige Position und stieß mit einem lauten Kampfesschrei den Fuß in der Schlinge nach vorn, während er mit beiden Händen an dem Seil über sich zog.

Es funktionierte. Barbara und der Sack hingen nun frei an Bills Klettersitzgurt, ihre Seilhalterung hatte sich gelockert.

»Okay. Das war der schwierigste Teil«, keuchte er.

»Danke, G.«

»Komm, lass uns deine Seilhalterung wieder einrichten«, sagte er, »dieses Mal ohne Haare«, und half ihr, sie festzuzurren, wobei er bemerkte, dass sie eher betreten als mitgenommen dreinblickte. »Sieh mal«, tröstete er sie, »das ist saudumm gelaufen, so etwas kann passieren!«

Im Stillen fragte er sich aber, ob er Barbara und den Tauchern nicht doch zu viel abverlangte. Fehler wie dieser und Angels Selbstrettungsversuch passierten beinahe täglich. Und kleine Fehler werden schnell zu großen Fehlern, wenn man müde ist. Erst am Tag zuvor hatten Steve und Noel vorgeschlagen, dass alle eine kurze Pause machen sollten. Er aber hatte das Anliegen verworfen, war vielmehr dafür, mit der Pause zu warten, bis sie das erste Untertagecamp aufgeschlagen hatten. *Aber vielleicht hatten die beiden ja doch Recht.*

Er entließ Barbara und sah ihr noch nach, wie sie sich geschickt über das letzte Stück des Steilabsatzes abseilte. Er fürchtete, die Expedition würde allmählich gefährlich. Was er aber noch viel mehr fürchtete, war die nahende Regenzeit.

Der siebte Schacht der Upper Gorge war mit keinem anderen in der Höhle vergleichbar. Im Lauf ungezählter Jahrtausende hatte der Fluss gleich oberhalb des Wasserfalls tiefe Strudellöcher im Flussbett ausgewaschen. In etlichen dieser Löcher lagen Felsbrocken groß wie Bowlingkugeln. Die runden Steine rollten im strudelnden Wasser umher und formten die Löcher mit der Zeit sanduhrförmig aus. Irgendwann ist dann das Loch, das dem Steilhang am nächsten liegt, vollständig erodiert, und der Fluss ergießt sich in alle Richtungen. Das Ergebnis ist ein gewaltiger Wirbelstrom, durch den die geballte Kraft des unterirdischen Flusses hindurchschießt und sich in einem spektakulären acht Meter hohen Wasserbogen entlädt.

Bill gehörte 1976 zu jenem Expeditionsteam, das die »Horsetail Falls« erstmals entdeckte, die Furcht einflößenden Wasserfälle, die selbst unter Niedrigwasserbedingungen mit der Kraft von einem Dutzend Hydranten dahinrauschten. Damals war er einer der Langsamen der Truppe, hatte große Mühe, mit dem Höhlenass Jim Smith mitzuhalten, der an allen vorbeipreschte – um »vorauszuspähen« wie er selbst sagte – und fast alle Gänge der Upper Gorge als Erster entdeckte. Die Texaner hatten den Energiebolzen aus Georgia schließlich eingeholt, der lange vor ihnen oben an den Horsetail Falls stand und auf sie wartete. Ehrfurchtsvoll starrten sie in die Tiefe. 20 Meter unter ihnen krachte der Wasserschweif in ein gewaltiges Strudelbecken. Wer in diesen Sog geriet, würde gegen die Felswände schleudern und ertrinken. Ein guter Ort, um umzukehren, wie Bill damals befand, doch Jim hörte nicht. »Bei so einem kleinen Wasserfall willst du kneifen?«, brüllte er gegen das donnernde Wasser an. Bill zuckte mit keiner Wimper, doch sein aschfahles Gesicht sprach Bände. Jim wagte sich vor an den Rand und sah von dort aus noch einmal hinunter. Eigentlich hatte er vor, sie ein wenig zu frotzeln, indem er ihnen eine leichte Route für das Einrichten der Steilabsätze aufzeigte, doch angesichts der tosenden Wassermassen unter sich hatte selbst er ein wenig Muffensausen, was er sich aber nicht anmerken ließ. Kaum hatte er sich wieder umgedreht, stand ihm wie immer sein typisch verschmitztes Grinsen im bärtigen Gesicht. »Nun«, sagte er, »ist wohl ein bisschen *grander*, als ich gedacht habe.« Seither sind die Furcht einflößenden Horsetail Falls auch als Grand Cascade bekannt.

Und der riesige Schlund der Grand Cascade fordert von jedem Team, das hierher kommt, ein Opfer. Das Team von 1994 leistete seinen Tribut frühzeitig. Am 15. März, während der Großteil des Teams Materialsäcke zum Depot 620 schleppte, stieß eine Gruppe erfahrener Höhlengänger bereits weiter vor und fing an, die Höhle unterhalb der Cascade einzurichten. Zu den Höhlenveteranen damals gehörten: Don Coons, Patty Kambesis, Doug Strait, Shirley Sotona, Carol Vesely und der Ko-Führer des Cheve-Projekts, Matt Oliphant.

Don Coons stieg vor. Er seilte sich längsseits der Wasserfälle ab und ließ sich dann ausschwingen, um eine Route entlang der Westwand festzulegen. Acht Meter vom Rand der Wasserfälle entfernt erspähte er einen Bolzen und einen Bohrhaken an genau der Stelle, die auch er dafür ausgewählt hätte. Misstrauisch besah er den gealterten Stahl. Der rostfreie Bohrhaken war älteren Typs – möglicherweise stammte er noch aus der ersten Expedition 1976 – und musste ersetzt werden. Doch seine Gruppe hatte nur leichtes Gepäck dabei, nur eben so viel, dass ein Kurztrip zur überwältigenden Höhle unterhalb noch machbar war. Er hakte sich also ein und zog probehalber leicht am Bolzen nach. Schien in Ordnung. Von dort aus seilte er sich weitere zwölf Meter tiefer ab bis an den Rand des Strudelbeckens unter sich und schrie dann nach oben: »Seil aus!« Doch sein Ruf ging im ohrenbetäubenden Getöse der Grand Cascade unter, und keiner hörte ihn. Also kletterte er wieder hinauf, um die anderen wissen zu lassen, dass der Steilabsatz eingerichtet war. Oben machte er erst einmal Pause, während die übrigen, einer nach dem andern, behände nach unten stiegen.

Die Route, die er eingerichtet hatte, war ein Quergang, ein Tyrolean, wie es unter Kletterern heißt.

Patty Kambesis war als Vorletzte in der Reihe, stemmte die Füße gegen die Wand und lehnte sich zurück in ihren Klettersitzgurt, der an der Horizontalleine befestigt war. Hinter ihrem Rücken konnte sie den Wasserschweif brausen spüren. Nachdem alle wohlbehalten um den Wasserfall herum und unten angekommen waren, hängte sich Don eine schwere, nasse Seilrolle über die Schulter und folgte ihnen nach. Der alte Bolzen und der Bohrhaken hatten seinem Gewicht zwar auf der ersten Abseiltour standgehalten, doch das Mehrgewicht des nassen Seils und die dadurch zusätzliche Zugkraft, die an dem Bohrhaken lastete, waren zu viel des Guten. Der Haken bog sich immer weiter vor, als Don das enorme Gewicht zu balancieren suchte. So wie er das Seil durch die Seilhalterung fädelte, taten sich still und unbemerkt kleinste Haarrisse um den Haken auf. Als er hochschwang, um das Cow's Tail zu lösen, drang ein schrilles »Ting« an sein Ohr. Der Bohrhaken hatte sich entzweit.

Dons Cow's Tail fiel in Zeitlupe von der Wand weg, der glänzende, rostfreie Bohrhaken schlug lose hin und her wie ein Angelköder kurz vor dem Exitus. Sein Körper wurde mitgerissen, schlug einen Salto rückwärts, purzelte nach unten in die schwarze Leere, wo der Wasserschweif toste, während seine elektrische Helmlampe die weißen, dunstigen Wasserwirbel erleuchtete.

Dann zog sich das Seil, das zum Bolzen oberhalb der Wasserfälle führte, straff, der gewaltige, plötzliche Ruck hielt seinen Sturz auf und schwenkte ihn seitwärts direkt auf den gewaltigen Wasserfall zu. Dort knallte sein Körper auf ein Kalksteinköpfel, das von irgendwo hinter dem Wasserschweif vorragte.

Der Aufprall verursachte ihm höllische Schmerzen. Er hing kopfüber im dicken, windgepeitschten Sprühnebel der schäumenden Wasserfälle. Noch immer steckte er in seinem Klettersitzgurt und war erstaunlicherweise bei Bewusstsein. Allerdings war seine ganze rechte Körperhälfte taub, und er konnte seinen rechten Arm nicht bewegen. Ihm schwirrte der Kopf. Die klobige Seilrolle um sein Genick saugte das Wasser der reißenden Fluten auf und erhöhte damit die Belastung am einzig verbleibenden Bolzen.

Don schrie nach Hilfe, verstummte aber sogleich wieder. *Was soll das bringen?*, fragte er sich. *Es hört dich ja sowieso keiner. Da musst du schon allein rauskommen.*

Völlig erschöpft richtete er sich auf, befestigte mit seinem unversehrten Arm eine Steigklemme und schaffte es irgendwie, sich langsam zurück auf das Dach des Steilabsatzes hochzuziehen. Dort brach er zusammen, versuchte sich aber sogleich wieder zu fassen. Die Schmerzen waren schier unerträglich, und nun, da die Anstrengung von ihm abfiel, begann er zu zittern.

Er besah sich seine Verletzungen. Abgesehen von Brust und rechtem Arm war er einsatzfähig, und so fädelte er, einarmig wie er war, das Seil durch die Halterung, nahm einen neuen Anlauf und stieg hinunter in den Schacht.

Am Strudelbecken traf er auf Patty, die ihm über das letzte Stück zum Rest der Truppe half. Alles in allem hatte er mehrere gebrochene Rippen und eine üble Quetschung am Arm davongetragen. Die Gruppe schlug das Lager für die Nacht auf, und am nächsten Morgen startete Don einen Selbstrettungsmarathon von 21 Stunden. Aus eigener Kraft zog er sich über sämtliche Schachtröhren nach oben und erreichte erst am übernächsten Morgen zusammen mit Patty das Küchenhaus an der Oberfläche. Frühaufsteher Ian sah die beiden über das Maisfeld herannahen, wankend vor Erschöpfung. »War wohl schwieriger als gedacht?«, meinte er zögerlich. »Mmmh. Kann man wohl sagen«, gab Don zurück und lächelte schwach.

Bill und Barbara erreichten die Grand Cascade am nächsten Tag, und kurz darauf trafen auch Ian und Kenny ein. Bill sah sofort, dass sie die Wand sehr präzise einrichten mussten, um einen Sturz zu vermeiden.

»Na, fertig zum Einrichten, Alter?«, fragte Ian.

Bill lachte: »Kann nur noch besser werden.«

Barbara und Kenny machten sich noch einmal auf zum Depot,

um Materialnachschub zu holen. Unterdessen nahm Ian seinen Materialsack ab und hängte ihn an den Bolzen oberhalb des Wasserloches. Gerade als er vorsichtig ein paar Sachen aus dem Sack zog, schoss plötzlich in hohem Bogen sein Hammer heraus und verschwand in einem Wasserloch.

»Ach du heiliger Strohsack!«, rief Ian »ist denn das die Möglichkeit!«

Bill zuckte mit den Schultern. An einem Ort wie diesem irgendetwas aus seinem Sack zu ziehen ist allemal mit einem Risiko verbunden. »Schätze, das war's dann wohl«, sagte er.

»O, noch sind wir nicht tot, Alter«, erwiderte Ian. Er kramte erneut in seinem Sack, diesmal noch etwas vorsichtiger, und brachte eine Tauchermaske zum Vorschein.

»Machst du Witze?«, sagte Bill. »Du willst doch nicht wirklich da rein?«

Doch noch ehe Bill ihn davon abhalten konnte, hatte sich Ian die Maske übergestreift und kletterte hinunter zum winzigen Einstieg. »Knips mal deine Tauchlampe an«, brüllte er, »und leuchte hierher, damit ich sehen kann, wo ich wieder rauskomme.« Er holte tief Luft, und weg war er.

Bill war völlig verdutzt. *War Ian denn nicht klar, dass die untere Kammer auch die Quelle der Grand Cascade war? Wusste er nichts von den Bowlingkugeln?* Doch um sich aufzuregen war keine Zeit. Hastig nahm er die Helmlampe ab. Der Höhlenboden war löchrig wie ein Schweizer Käse, voller kleiner Höhlungen, die sich nach unten hin alle zu Kammern auszudehnen schienen. Lediglich durch eine davon passte ein menschlicher Körper einigermaßen hindurch, und diese wählte er, um den Lichtstrahl hinunterzurichten, in der Hoffnung, Ian würde den Wink verstehen.

Bill wurde langsam ungeduldig und fing an, die Sekunden zu zählen. Zehn – er blickte über die Schulter und wurde unruhig. Vielleicht war Ians kleiner Körper in hohem Bogen mit den Wasserfällen in die Tiefe gestürzt. 20 – er erinnerte sich, wie er damals 1979 eine Heidenangst gehabt hatte, auf einem ebensolchen Wasserstrahl aus der San-Agustín-Grotte hinausgeschleudert zu werden. 30 – langsam wurde er wirklich nervös und machte sich Vorwürfe, dass er Ian nicht zurückgehalten hatte.

Endlich – eine Faust tauchte aus dem sprudelnden Wasser, den Hammer fest umklammert, und keine Sekunde später kam Ians Kopf zum Vorschein. Er rang nach Luft, ließ sich dann bis zu den Schultern zurück ins Becken fallen und hielt sich mit ausgestreckter Hand am Rand.

»Wenn ich das je wieder machen muss«, sagte er und spuckte Wasser aus, »nehme ich einen Tank mit.«

Unterhalb der Grand Cascade verlief ein tiefer Höhlenbach. Entlang der Decke war eine Halteleine gespannt, an der eigentlich alle im Team ihren Materialsack einhängten und dann hindurchschwammen. Bis auf Kenny – er hatte eine alternative Methode entdeckt, was angesichts seiner Gabe, so ziemlich alles in einem anderen Licht zu sehen, nicht weiter verwunderlich war. Als Bill und Ian auf halber Strecke anlangten, sahen sie auf der anderen Seite Kennys Lampe aufleuchten. Er hatte das Seil aus der Seilhalterung gezogen, lediglich seinen Cow's Tail in die Führungsleine eingehakt und… war gesprungen.

Voller Entsetzen sah Bill ihn an der Leine entlangsausen, sah zu, wie er den Kopf nach unten nahm, um einem Felsüberhang auszuweichen, geräuschvoll direkt an ihnen vorbeischoss und über weite Teile des Siphons (unter Wasser liegende Höhlenstrecke, die durchtaucht werden muss; Anm. d. Übers.) leicht dahinglitt, bevor er schließlich mit einem lauten Platschen am anderen Ende landete.

»Gott, ich liebe diesen Ort«, sagte er mit einem schadenfrohen Grinsen.

Bill schüttelte lachend den Kopf. Nun, da er den Stunt gesehen hatte, war klar, dass Kenny im Vorhinein ermessen hatte, dass die

Leine gerade niedrig genug hing, um auf das Wasser und nicht auf die Felswand am anderen Ende aufzuschlagen. »Große Klasse«, rief Bill Ian zu, während sie beide einen Zahn zulegten, um ihn einzuholen. »Er ist der wachsamste Durchgeknallte, den ich kenne«, nickte Ian.

Nach ein paar Dutzend weiterer kleinerer Steilstufen und Quergänge lief die Upper Gorge in den Metro Lake aus. Eigentlich war es üblich, am Ende einfach in den See zu springen und eine Runde zu schwimmen. Doch auf der Expedition 1981 hatte Bill es sich anders überlegt, nachdem eine Ladung Karbid dort versunken war.

Die Ladung ließ, kaum zu glauben, Alan Warild fallen, der australische Höhlenkundler, den Bill und Barbara auf ihrem Weg hinauf nach Huautla in Teotitlán getroffen hatten. Alan galt in Fachkreisen als lebende Legende und war unter der Hand voll Expeditionsführer, die sich auf die exquisite Jagd nach dem untersten Ende der Welt begaben, einer, der als ernst zu nehmender Heißsporn angesehen wurde. Als er den Metro Lake durchquerte, trug er nicht viel mehr als seinen Nasstauchauchanzug und Klettersitzgurt, so wie auf den zahllosen Versorgungsgängen zuvor auch. Doch an jenem Tag musste er feststellen, dass die versiegelte Kalziumkarbidtrommel, die er in seinem Materialsack mit sich führte, schwerer war als die Auftriebskraft der Tarierweste seines Nasstauchanzugs. Die 20 Kilogramm schwere Trommel sank und zog Alan mit hinunter. Er ruderte, so fest er konnte, dagegen an. Doch binnen einer Minute war er fast völlig unter Wasser, tastete in der eisigen Dunkelheit nach dem Karabiner, an dem der Sack hing, streifte den Sack ab und ließ ihn in die schwarze Tiefe fallen.

Alan schoss an die Oberfläche, schwamm hindurch, um den anderen eilends davon zu berichten. Die Situation war ernst. Zum einen, weil das Karbid in ebendieser Versorgungstrommel neben der persönlichen Habe der Höhlengänger alles war, was langfristig in der Höhle verbleiben sollte. Wenn sie das Karbid also nicht wieder fanden, müsste das ganze Team am nächsten Tag zwangsläufig zurück an die Oberfläche. Zum zweiten ist Karbid eine Gesteinsart, die, sobald sie in Verbindung mit Wasser kommt, Acetylengas entwickelt. Genau diese Eigenschaft hat man sich für die Entwicklung von Karbidlampen zunutze gemacht: In einem Karbidentwickler, der aus zwei Kammern besteht, tropft das Wasser langsam aus der kleinen oberen Kammer auf die kieselgroßen Karbidklumpen in der Kammer darunter. Während das Wasser tröpfelt, steigt Acetylengas aus der Karbidkammer auf, woraufhin das ausströmende Gas über eine kleine keramische Düse verbrannt wird und gleißend helles Licht erzeugt. Sämtliche Karbidlampen – sowohl die traditionellen Grubenhelmlampen der Bergleute als auch die modernen Duo-Stirnlampen von Petzl oder anderen Ausstatterfirmen – haben eine Regulierschraube, durch welche die Wasserzufuhr auf das Karbid und somit die Gasmenge geregelt wird. Alans Materialsack allerdings hatte kein solches Regulierventil. Das hieß also, war das Wasser des Metro Lake erst einmal durch die Plastikschutzhülle in die Karbidtrommel eingedrungen, dann folgte alsbald eine mächtige, brennbare Acetylengaswolke.

Am Tag darauf kehrte Alan zum Metro Lake zurück mit einer Maske, einigen Bleigewichten und einer Tauchlampe. Das komplette Team kam mit. Das Spektakel wollte sich keiner entgehen lassen, und ohnehin mussten sie ja alle zurück an die Oberfläche, sollte Alan ohne die Trommel wieder auftauchen. Sie hockten sich auf ein unebenes, vorspringendes Gesims, das sich entlang der Ostwand zog, und warteten ab. Doch tatsächlich – in sechs Metern Tiefe fand Alan den gesuchten Sack und zog ihn an die Wasseroberfläche, was vom ganzen Team bejubelt wurde. Und just in dem Moment fasste Bill den Vorsatz, für das nächste Mal – falls es überhaupt ein nächstes Mal geben würde – ein langes Seil zu verspannen, und zwar quer zum Gesims, das sie gerade als Zuschauergalerie benutzten. Was er dann auch tat. So konnte sich das Team 1994 an einer 40 Meter langen Führungsleine an der Ostwand des Metro Lake entlanghangeln.

Gleich hinter dem See lag die Metro Junction, eine große Kreuzung, wo die Upper Gorge in einen mächtigen Unterwassertunnel einströmt, in den so genannten Metro, der so heißt, da sein zwölf Meter breites Gewölbedach an einen U-Bahn-Tunnel erinnert, der geradewegs zum Mittelpunkt der Erde führt. Der Siphon mit Namen Metro weist zudem bizarre Erosionsformen am Boden auf. Weil der Fluss ständig seinen Lauf ändert, haben sich knollige Kalksteinformationen, bizarren Totempfählen gleich, ausgeprägt. Glatt poliert und glänzend wie Laborexemplare aus »Akte X«, schienen die seltsamen Gebilde körperlich belebt, als ob irgendeine scheue Spezies von Höhlenkreaturen beschlossen hätte, an Ort und Stelle reglos zu verharren, anstatt sich mit den einfallenden menschlichen Kreaturen ins Benehmen zu setzen.

Weitere 300 Meter stromabwärts mündete der Metro in die große Halle im Herzen des Huautla-Plateaus. Der Sala Grande de la Sierra Mazteca, wie diese große Halle bezeichnet wird, erstreckt sich entlang der Südseite des Flusses. Und weiter oben, auf einem kleinen Damm aus weichem Flussstein, schlug Bills Expeditionsteam 1994 das erste Camp auf – Camp Drei.

Höhlenforscher, die in den Tiefenhöhlen Mexikos arbeiten, errichten seit den 1960er-Jahren unterirdische Lager. Ähnlich wie Bergsteiger Basislager aufschlagen, wenn sie so hohe Berge wie den Mount Everest besteigen, hatte man Untergrundcamps zunächst nach langen Erkundungstouren von mehr als rund 15 Stunden nach Einstieg an der Oberfläche errichtet. John Fish legte 1968 das erste Untergrundcamp in San Agustín an – Camp Eins; es war auf einer Tiefe von rund 250 Metern entlang der ursprünglichen Route errichtet worden. Camp Zwei wurde 1976 auf einer Tiefe von 530 Metern angelegt, und zwar ebenfalls entlang der alten Route. Und Camp Drei, bei minus 760 Metern, lag mindestens drei Tagestouren vom Dorf entfernt. Die Entdeckung des Aprilscherz-Abzweigs jedoch änderte alles. Indem das Expeditionsteam 1994 über die tiefen Schächte der Bowl Hole Series abstieg, umging es Camp Eins und

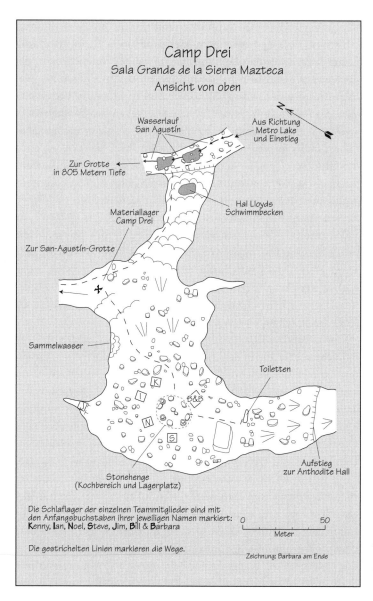

Zwei gänzlich. Und nachdem die langen Steilabsätze und nassen Steilgefälle vollständig eingerichtet waren, war das Team in der Lage, die ganze Strecke vom Dorf bis zum Camp Drei mit einem Gewaltmarsch an einem einzigen Tag hinter sich zu bringen.

Völlig erschöpft kam Bill dort an. Nachdem er den anderen über die glatten Flusssteinstufen hinauf zu einem alten, kreisförmigen Lagerplatz vorangestiegen war, begann er, seinen voll gestopften Materialsack auszupacken.

Zusätzlich zu seiner persönlichen Ausrüstung – Holofill-Schlafsack, Thermo-Sitzkissen, Mylar-Funktionskleidung, Capilene-Hosen, Pullover, Kapuzenmütze, Plastiklöffel, -schale und -tasse – schleppte er noch jede Menge schwerer Fotoausrüstung mit sich, darunter zwei Unterwasserkameras Nikonos V, ein Paar große Ikelite-Blitzaufsätze, Filme, Batterien und weiteres Zubehör. Alles in allem wog sein Gepäck gut 80 Pfund.

»Aauuu-uuu—uuuaaahh.«

Bills bizarre, lang gezogene Töne hallten durch die riesige Kammer. Übertroffen wurde das unheimliche Heulen plötzlich von einem orangefarben auflodernden Lichtschein, der gleich neben den kreisförmigen Lagerplatz fiel und eine winzige Schirmwolke aus Staub aufwarf.

»Stark!«, rief Bill, nachdem der Feuerschein verglommen war.

Wenig später spazierte eine Gruppe freiwilliger Helfer ins Camp. Sie waren schon ein paar Stunden zuvor eingetroffen und zwischenzeitlich hinauf zu einer mächtigen Halle gewandert, der Anthodite Hall – so benannt, da sie voller einmaliger Kristalle ist –, die gleich oberhalb von Camp Drei liegt. Als sie hörten, dass Bill, Barbara, Ian und Kenny angekommen waren, löschten sie ihre Karbidlampen und warteten in der Dunkelheit eine Weile ab, um die Neuankömmlinge mit einem Überraschungseffekt, einem gezielten Lichtstrahl in das Legre, in Staunen zu versetzen.

Die Höhlenausflügler gesellten sich zum Team, das gerade dabei war, alles Nötige für das Nachtlager auszupacken. Verglichen mit anderen Biwaks unter Tage, war Camp Drei das Ritz. Es lag auf einer kleinen Anhöhe unweit eines gut belüfteten Raumes, dessen räumliche Ausdehnung so gigantisch war, dass man die Decke auch mit einer Karbidlampe nicht sehen konnte – klaustrophobische Beklemmungen bekam man hier mit Sicherheit nicht. Im Camp Drei zu übernachten glich einer sternenlosen Frühlingsnacht unter freiem Himmel.

Das Kronjuwel von Camp Drei aber war ein Kreis aus wuchtigen Steinstühlen, die man während der Expedition 1981 aufgestellt hatte. Während Bill und Tommy Shifflet damals die San-Agustín-Grotte durchforschten, verbrachten Alan Warild und die anderen Expeditionsteilnehmer mehrere Tage damit, gewaltige Felsplatten aus einem Versturz zu sammeln und vier erstaunlich bequeme Kalksteinsitze zusammenzubauen. Um diese herum häuften sie drei hohe Steinhügel und stellten Karbidlampen darauf. Alan gab dem Steinkreis den Namen Stonehenge.

Kurze Zeit später trafen Noel und Steve in Stonehenge ein, und zum ersten Mal seit ihrer Ankunft in San Agustín war der Großteil des Tauchteams zur selben Zeit am selben Ort versammelt. Bill war in Hochstimmung. Er lief Steve entgegen, nahm zur Begrüßung Steves Kopf zwischen die Hände und untersuchte seine Augen.

»Wie ich sehe«, meinte er, »habt ihr keinen Anfall.«

»Anfall?«, fragte Steve und sah unverständig zu Noel. Noel verdrehte nur die Augen.

»Ja«, erklärte Bill und klopfte den Neuankömmlingen auf die Schulter. »Manche kommen hier unten an und kriegen Zuckungen oder klaustrophobische Zustände. Wollen nichts wie wieder raus. Man kann das immer an ihren Augen sehen. Die sind dann SO GROSS!«, rief er und unterstrich das Ganze, indem er seine Augen so weit aufriss, wie er konnte.

»Ihr seht gut aus«, sagte Bill zu Steve. »Willkommen im Camp Drei.«

Etwas später verabschiedete sich die letzte Gruppe Freiwilliger und machte sich auf den Rückweg hinauf über die »Nylonautobahn«. Die Hilfe besonders dieser Freiwilliger war Gold wert: Matt Oliphant und Nancy Pistole, die beiden Ko-führer der Cheve-Expedition, Karlin Meyers, Höhlenveteran der Cerro Rabón, und Mike Frazier, Komponist des Rebreather-Songs. Wie gern hätte Bill sie noch eine Weile länger dabei gehabt! Ian kritzelte hastig ein paar Zeilen für seine Frau und Kinder auf Postkarten, die er Mike mitgab. »Ich habe euch lieb, Kinder. Bald bin ich wieder zu Hause«, schrieb er.

Barbara setzte einen Wasserkessel auf, und das Tauchteam richtete sich in Stonehenge häuslich ein. Noel packte seinen Petzl-Deckenbrenner weg und installierte auf jedem der steinernen Türmchen eine kleine Deckellampe aus Messing. Die heimeligen Lampen waren beinahe schon Antiquitäten; die besten von ihnen – die legendären AutoLite – wurden seit 60 Jahren nicht mehr hergestellt. Die meisten Höhlenforscher haben längst auf französische Deckenbrenner oder neuere, vollelektrische Modelle umgestellt. Was die alten Lampen für Huautla ideal machte, war ihre Effizienz: Mit einer Hand voll Karbidgestein erzeugten sie drei Stunden lang Licht. Und da alles erst von der Oberfläche hinab in die Tiefe transportiert werden musste, kam es auf jedes Gramm an.

Das Festessen aus Tiefkühlkost – es gab Boeuf Stroganoff – war beinahe zu Ende, als Jim eintrudelte. Lautstark wurde er begrüßt, er aber sagte nichts. Während alle anderen eine Materialfuhre nach der anderen in die Höhle schleppten, hatte er sich zusammen mit Don Broussard einer eher technischen Herausforderung gestellt und ein Fiberoptikkabel in der Höhle verspannt. Mit zehn Kilogramm Fiberoptikkabel hatte das Team gehofft, eine Kommunikationsverbindung zwischen dem Dorf und Camp Drei aufbauen zu können. Jim und Don brachten eine ganze Woche damit zu, das dünne Kabel über die Maisfelder zu verlegen, über die *sótano* hinunterzuführen und weiter bis zur Stairway to Hell. Als sie eine Testverbindung starten wollten, mussten sie feststellen, dass ein Mazteke das Kabel mit der

Jim Brown, wichtigster Testtaucher der Rebreather, scheint bisweilen unter Wasser entspannter als auf dem Land.

Machete durchtrennt hatte. Sorgfältig fügten sie das Kabel wieder zusammen, nur um es am folgenden Tag erneut zerschnitten vorzufinden – repariert; zerschnitten, wieder repariert; wieder zerschnitten. Nach mehreren solcher Niederlagen steckten sie das Vorhaben auf und halfen den anderen beim Materialtransport. Zu dem Zeitpunkt hatten die anderen Taucher schon fast drei Wochen lang Säcke transportiert und waren geistig und körperlich an die Strapazen am Seil gewöhnt. Da konnte Jim nicht mithalten. Doppeltes Pech für ihn, denn das bekamen die andern in den falschen Hals und maulten, dass sie auch seinen Anteil schleppen mussten, während er »an der Oberfläche aus seinem Schlendrian nicht herauskam«. Jim war bitter enttäuscht – zum einen, weil die Verlegung des Kommunikationskabels nicht geklappt hatte, zum anderen, weil er sich unter den Tauchkollegen nicht akzeptiert fühlte. Sein ohnehin vorhandenes Gefühl, nicht dazuzugehören, schlug um in eine handfeste Depression. In jener Nacht mied er die Gruppe in Stonehenge und errichtete sein eigenes Nachtlager, weit weg von den anderen.

Während Kenny alle mit einer abstrusen Geschichte über ein

kürzlich zu Ende gebrachtes anthropologisches Feldforschungsprojekt unterhielt, sorgte sich Bill um Jim. Sein Ass unter den Tauchern litt, das war unübersehbar, doch Bill fiel nichts ein, wie er seine Stimmung aufhellen konnte. Nachdem er wochenlang die Hilfe und den Enthusiasmus der freiwilligen Helfer genossen hatte, wurde ihm nun abermals bewusst, wie spärlich sein Team im Grunde besetzt war. Bis zuletzt hatte er gehofft, dass Rob Parker – der herausragende britische Taucher der Peña-Colorada-Expedition, der eine entscheidende Rolle in der Konzeption des Rebreather spielte – sich von seinem blühenden Bergsteigergeschäft eine Auszeit gönnen und in letzter Minute auftauchen würde. Und er hatte darauf gezählt, dass Angel Soto Perrua sich noch einfinden würde; doch nach dem dramatischen Zwischenfall im 60-Meter-Schacht begab der sich bestimmt nicht in größere Tiefen. Und jetzt verfiel auch noch Jim in Trübsinn und Schwermut.

»Ich wünschte, wir hätten mehr verfügbare Arbeitskräfte«, ließ Bill etwas abrupt verlauten. »Auf wen man zählen kann, zeigt sich schnell. Seht euch doch um. Wir sind sechs, die wir hier sitzen – und an euch liegt es, ob diese Expedition klappt oder nicht.«

Obgleich die San-Agustín-Grotte in der Senkrechten nur 121 Meter tiefer lag, durchquerte die Route unterhalb von Camp Drei die zweifellos schwierigsten Kilometer des Systems. Ein paar Tage dauerte es noch, dann war alles Material vom Depot 620 hinunter zum Camp Drei gebracht. Und schließlich, am 19. März, machten sich Bill und Ian daran, die Route zur Grotte einzurichten. In Farmer-John-Taucherhosen über marineblauem Capilene-Fleece kletterten sie über das unterhalb von Camp Drei gelegene Flusssteingefälle, folgten dem Sala Grande de la Sierra Mazteca bis hinunter zu einem riesigen Wasserfall. Bill hielt an und sah am Wasserfall hoch; dort, im überwölbten Siphon hatte er 1980 Li Nita mit San Agustín verbunden. Bill und Ian schoben sich in den engen Kriechgang aus Versturzgestein am Ende der zwölf Meter hohen Li-Nita-Fälle. Hinter

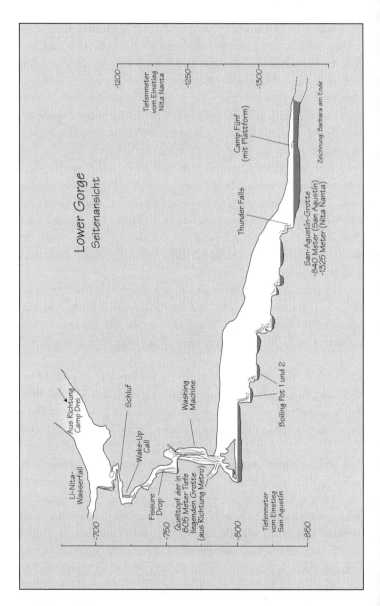

einem Steinbrocken, der so groß war wie ein Kleinlaster, kamen sie in eine finstere, einen Meter hohe Höhlung. Lange hatte man geglaubt, dass dieser seltsam geformte Schluf ein totes Ende hatte, bis Bill Steele 1977 hindurchkroch und die Route entdeckte, die heute zu der als Lower Gorge bekannten Schlucht führt.

Ian kroch durch den unterirdischen Gang voran und schob seinen Materialsack über den bräunlichen Boden vor sich her. Prompt verschwand der Sack in einer pechschwarzen Höhlung. »Verdammt noch mal«, fluchte er. Die Höhlung war nicht sonderlich tief. Auch die zahllosen anderen waren meist nicht einmal einen Meter tief. Doch solche Höhlungen waren überall, und mit regelmäßiger Wiederkehr fiel irgendwelches Zeug hinein. Bei einer Deckenhöhe von nur knapp einem Meter blieb aber kaum etwas anderes übrig, als sich irgendwie, egal wie, vorwärts zu schieben – wie über eine riesige Lochplatte.

Am anderen Ende des erodierten Flusssteinbodens traf Ian direkt auf einen Wasserwirbel, den die von oben kommenden Li-Nita-Fälle erzeugten. Ganz plötzlich brach er in den Schluf herein, schoss von links aus einem Loch. Es gab nur einen Weg vorwärts, und der ging mitten hindurch. Unsicher, ob sie auf der richtigen Route waren, blickte Ian über die Schulter nach hinten zu Bill.

»Der ›Wake-Up Call‹«, erwiderte Bill mit einem wissenden Kopfnicken. »Tommy Shifflett hat ihn 1981 so benannt. Komm weiter. Mir ist kalt.«

Ian kniff die Lippen zusammen, schloss die Augen und tauchte mit Geheule hindurch. Das rund 17 Grad kalte Wasser schlug ihm schneidend ins Gesicht, die Strömung drückte ihn zur Seite und löschte seine Karbidlampe aus. Als er durchgetaucht war, entfachte er seinen Deckenbrenner wieder und sah, wie Bill hinter ihm herkam, das Gesicht zu einer Grimasse verzogen. Er verkniff sich ein Lachen und drängte weiter.

Der Siphon, durch den sie sich zwängten, machte eine Biegung, und das Gestein ringsum veränderte sein Aussehen. Es war nun nicht mehr glatt poliert wie unter dem Wasserfall, sondern zerklüftet, noch nicht ausgeschliffen, und scharfkantig. Die scharfen Kanten zerkrallten sich in Helme, Klettergurte und Stiefel, als ob das Gestein sie zur Umkehr bewegen wollte. Ein Höhlenbach ergoss sich in einem weiten Bogen hinab in einen Schacht, verzischte in lichtlosen Tiefen. Sie waren am Fissure Drop – für diese nur 25 Meter tiefe, enge Steilstufe benötigte man drei Rebelays, nur um die Route vom schneidenden Wasser und zerkrallenden Gestein freizuhalten.

Ian durchwühlte sein Gepäck, als Bill ihn am Ende der Kluft einholte. Er kramte wie wild. »Ob du's glaubst oder nicht, das war der leichte Teil«, sagte Bill. »Bist du bereit für die Washing Machine, die ›Waschmaschine‹?«

»Ehrlich gesagt«, antwortete Ian, »muss ich umdrehen.«

Bill fiel aus allen Wolken. Ian war keiner, der mittendrin aufgab, selbst wenn es darum ging, ein so unwegsames Gebiet wie dieses einzurichten. Ein so richtig gerieftes und durchfurchtes Gebiet spornte ihn normalerweise zu Höchstleistungen an.

»Keine Ahnung, wie das passiert ist, aber ich habe meinen verdammten Schokoladenriegel vergessen«, erklärte Ian. »Ich muss nach oben. Und zwar gleich.«

Das klang zunächst absurd. Aber Bill hatte keineswegs vergessen, dass Ian Diabetiker war, und er erinnerte sich jetzt, wie eindringlich Don Broussard auf ihn eingeredet hatte, auch ja auf seinen Blutzuckerspiegel zu achten. Seit dem Frühstück hatte Ian nun ununterbrochen gearbeitet, und zwar die meiste Zeit unter Bedingungen, die leicht die Unterkühlung des Körpers zur Folge haben. Wenn er sich nicht bald Energie zuführte, könnte er eine Unterzuckerung erleiden. Und dafür war hier bestimmt der falsche Ort.

»Okay, Mann«, erwiderte Bill. »Bis später im Camp.«

Ian machte sich allein auf den Rückweg zum Camp Drei – nach so vielen Wochen tat sich das Team im Höhlengehen ohne Kletterpartner etwas leichter –, während Bill auf eigene Faust weiter in die Höhle vorstieß und mehrere Stunden mit dem Einrichten der berüchtigten »Waschmaschine« zubrachte. Wenige Tage zuvor hatte Matt Oliphant die Kammer bereits stellenweise eingerichtet, so dass er und Karlin Meyers hinunter in die Grotte steigen konnten. Bill verpflockte die Route, so gut er konnte. Er hatte den Grund eben erreicht, als Noel ankam.

»Hey, Kumpel«, begrüßte Noel ihn. »Hab einen Sack voll Stangen für dich.« Er beugte sich vor, sah in einen unterhalb gelegenen Höhlenfluss und fragte sich, ob das wohl die Stelle sei, an der sie die Aluminiumstangen zu einer Taucherplattform zusammenbauen wollten. »Ist das die Grotte?«

Bill runzelte die Stirn. »Nein, wir haben erst die Hälfte der Strecke.«

»Wie denn das?«, fragte Noel ungeduldig. »Du hast uns doch erzählt, es sei eine einstündige Tour.«

»Klar, wenn die Route erst einmal ordentlich eingerichtet und mit Seilen versehen ist, dann ja, dann ist es wahrscheinlich in einer Stunde zu schaffen«, erklärte Bill.

Nun runzelte Noel die Stirn. Dass Bill Zeiten und Entfernungen ständig über- und unterschätzte, davon konnte er ein Lied singen. Bills Schätzungen basierten nämlich immer nur auf seinem persönlichen Empfinden. Selbst Steve und Kenny, die wenig Höhlenerfahrung besaßen, waren mittlerweile dahinter gekommen, dass alles mehr Zeit und mehr Kraft erforderte als angekündigt, und ärgerten sich darüber, zumal Bill seit neuestem auch den Schwierigkeitsgrad eines jeden Höhlensegments unterschätzte. Da Bill die meiste Zeit mit Ian verbrachte, der genauso schnell war wie er, und mit Barbara, die sich ohnehin nie beklagte, befürchtete Noel, dass Bill keinen Schimmer hatte von dem Unmut, der sich allmählich unter den andern breit machte.

»Ich habe kein Karbid mitgenommen, weil ich dachte, das hier würde nur ein Spaziergang werden, verstehst du?«, meinte Noel.

Verflucht, dachte Bill. *Will denn heute gar keiner in der Höhle was tun?*

»Sorry«, sagte er schließlich. »Lass deine Sachen hier – wir gehen wieder hinauf.«

Seine versöhnlichen Worte wurden durch das Klirren von Aluminium unterbrochen.

Noch bevor sie die nächste Schachtdecke erreicht hatte – und obgleich sie nie zuvor da gewesen war –, wusste Barbara, wo sie sich befand. Das Donnern verriet es ihr. Sie war in dem ihr eigenen Tempo vorgerückt, langsamer zwar, aber sicher, und hatte schließlich den berühmtesten Schacht des Huautla-Systems erreicht: die Washing Machine.

Die enge Kluft, die sich am Fuße des Fissure Drop erstreckte, weitete sich, und der Boden lief abschüssig in eine etwa 25 Meter tiefe Schachthöhle aus. Die Wände zogen sich bauchig über die Steilstufe weg, was dem Schacht die Form einer riesigen, ausgebauchten Apothekerflasche gab. Selbst unter trockenen Bedingungen wäre das Klettern an solchen Wänden ein schwieriges Unterfangen. Die Apothekerflasche war aber nicht im Entferntesten als trocken zu bezeichnen.

Dort, wo der Li Nita abfloss, schossen die Wassermassen mit voller Kraft in einem hohen, donnernden Bogen hinaus in die schwarze Leere fast so wie die Grand Cascade. Eine ebenso gewaltige Wasserwalze floss gleich unterhalb ein, stürzte quer durch die ganze Flasche, prallte an der gegenüberliegenden Wand ab und versprengte sich hinunter in das tiefe Schwarz. Ungefähr in der Mitte der Flasche kollidierten die beiden tosenden Wasserströme, barsten in einer grandiosen Explosion, unter der die Wände erzitterten und die jeden Winkel der darunter gelegenen Kammer überflutete.

Auf Hände und Knie gestützt, spähte Barbara nach unten. Aufs Höchste erstaunt schüttelte sie den Kopf, ganz langsam – *Der macht wohl Witze.*

Bill hatte eine sportlich anspruchsvolle Seilroute ausgelegt. Das Seil führte von einem Abseilfixpunkt an der rechtsseitigen Wand aus, umging die erste Kreuzung der neuen Wassereinströmung, schwang unter dem Deckenüberhang durch, weg von der sturzbachartigen Kollisionsstelle, und führte über eine Reihe bedrohlich überhängender Rebelays Zentimeter um Zentimeter weiter hinab durch den alles durchnässenden Sprühregen. Dieses Teilstück war noch um einiges halsbrecherischer eingerichtet als die Route um die Grand Cascade. Barbara reckte sich noch ein Stück vor, um die Route abermals zu studieren.

Das Kunststück bei der Sache war, sich an die rechte Wand gedrückt zu halten, dann konnte man sich Schritt für Schritt seitwärts am schmalen Sims entlang bis zum ersten, zehn Meter entfernten Bolzen vorschieben. Üblicherweise hätte sie an so einer Stelle den Materialsack an ihren Klettersitzgurt gebunden. Doch die Washing Machine hätte den Sack so schnell mit Wasser gefüllt wie ein Hydrant eine Badewanne, und binnen Sekunden hätten zusätzliche 100 Pfund an ihrem Sitzgurt nach unten gezogen. Um sicher über das Sims zu balancieren, musste sie den Sack auf dem Rücken tragen.

Barbara zurrte die Zugbänder auf ihrem orangefarbenen Materialsack fest. Der Sack aus Urethan-beschichtetem Nylon war knapp einen Meter hoch, und die Aluminiumstangen darin, mit denen an der Grotte eine Plattform für Camp Fünf errichtet werden sollte, waren über 1,20 Meter lang. Mit jeder ihrer Bewegungen schoben sich die Stangen ein kleines Stück weiter heraus, als ob sie versuchten auszubüchsen. Sie stopfte sie wieder hinein und steckte ihre Arme unter den Schultergurten durch.

Dann holte sie tief Luft und hängte ihren Cow's Tail sowie eine Steigklemme in die quer laufende Leine ein. Jetzt konnte sie auf dem Sims Tritt fassen. Sie hielt sich an den Kanten fest, während sie sich mit den Zehen über das bräunliche Gestein vorwärts tastete. Der Wasserfall hatte den Flussstein ausgewaschen, und der Abrieb war gut.

Unterdessen sah sie suchend nach einem Halt am anderen Ende der Wand. Nichts. Vergeblich hielt sie Ausschau, während ihre Finger langsam über den glatten Stein nach unten glitten. Ewig konnte sie nicht hier hängen. Sie spürte die zunehmende Spannung in den Sehnen an ihrem Handgelenk, blickte zum Seil und stellte fest, dass dieses in einer geraden Linie zum Bolzen verlief, sie also schon weit genug um den Stein herum war. Folglich ließ sie die Steigklemme in Richtung Bolzen gleiten und stützte sich darauf. Das Seil straffte sich. Um das Gleichgewicht zu halten, führte sie das Seil mit der rechten Hand, spreizte die Beine, machte einen Schritt vor auf das Sims, beugte sich vor und zog ihren Körper zur Wand hin nach. Sie stieß einen Seufzer der Erleichterung aus und tastete sich auf Zehen weiter voran, ein Zeh nach dem anderen, die Brust immer fest gegen die Wand gepresst. Das Sims war nicht einmal so breit wie ihr Stiefel. Bloß nicht nach unten sehen! Sie spürte, wie der gewaltige Strudel sie am ganzen Körper erzittern ließ.

Das Queren zog sich quälend lange hin. Und als der Bolzen endlich in Reichweite war, hängte sie ihren Cow's Tail so schnell in den Bohrhaken ein, dass sie sich selbst darüber wunderte. Es verschaffte ihr zwar eine kleine Verschnaufpause, sie hing aber noch immer in der Luft. Und die ganze Plackerei, nur um jetzt auf der anderen Seite im Schacht angekommen zu sein.

Die ersten beiden Abseilvorrichtungen liefen wie geschmiert, und so hakte sie sich wenig später am letzten Bolzen der Schachtdecke ein. Sie fasste nach oben an ihre Helmlampe, stellte eines der elektrischen Lichter an – angesichts der bevorstehenden Sturzwellen würde die Karbidlampe auf gar keinen Fall brennen – und lehnte sich dann zurück, weg von der Seilhalterung, damit sie sich ja nicht wieder mit den Haaren darin verfing – dann nämlich würde sie zum Zerreißen gespannt im Sog hängen, hin und her geschlagen von den sich duellierenden Wasserfällen, während das eisige Wasser ihre Körperwärme aufsaugte.

»KKKrriiietsch.«

Sie versuchte, sich umzudrehen und zu sehen, was diesen sonderbaren Laut erzeugt hatte. Irgendetwas kratzte gegen die Decke und purzelte herunter, überschlug sich im Fallen hell und schimmernd, drehte sich um die eigene Achse, fiel immer tiefer in den Schacht, bis es vom Sog verschluckt wurde, verschwunden war wie ein flüchtiger Traum. Bevor sie sich einen Reim darauf machen konnte, hörte sie von tief unten ein lautes »KLING«. Durch das Donnern der Wasserfälle hindurch drang der Aufprall einer Stange an ihr Ohr – ein paar Mal – »KLING... KLING... KLING.«

Verdammt, dachte sie. Sie tastete nach hinten über ihren Kopf: eins, zwei, drei... eine Stange fehlte. Nicht gut. Es gab nämlich keine Ersatzstangen.

Okay, dachte sie, muss ich sie eben suchen gehen. Sie beugte sich zurück, hängte die Sicherheitssteigklemme aus und ließ das nasse Seil durch die Seilhalterung gleiten.

Das Abseilen durch den Verbindungsschacht dauerte nur wenige Sekunden. Doch die Wucht des Wassers war schauderhaft, kalt und hart. Barbara stieß sich am Boden ab und schwang sich von den gewaltig herabstürzenden Wassern weg, wenngleich es von überall her heftig auf sie herabregnete.

Sie sah sich gerade nach der verschollenen Stange um, als ein Lichtschein von unten heraufkam. Es war Noel. Bill und er hatten die Stange aufschlagen hören, und er wollte nun wissen, was es damit auf sich hatte.

»Hey! Bist du okay?«

»Ich habe eine Stange verloren«, jammerte sie.

Er grinste. »Meinst du die da?« Er deutete auf einen schimmernden grauen Gegenstand, der aus dem seichten Strudelbecken unter ihnen hevorragte.

Welch unglaubliches Glück sie doch hatte! Wäre die Stange nur einen oder zwei Meter tiefer gefallen, sie wäre über den nächsten Absatz in die Tiefe gesprungen und nie und nimmer mehr zu finden gewesen. Sie kletterte hinunter, nahm die Stange wie einen Siegespreis in Empfang und folgte Noel hinaus aus dem gewaltigen Sog.

Stonehenge sonnte sich an jenem Abend im warmen Schein des Karbidlichts. Steve lag ausgestreckt auf einer Liege aus Stein. Noel, Bill und Barbara besetzten die anderen drei Stühle. Ian saß auf einem umgedrehten Seilsack. Kenny wachte über die zwei kleinen Isobutankocher in der Mitte des Kreises und schenkte fröhlich Wasser zum gefriergetrockneten Essen aus.

Noel war ganz euphorisch: »Ich sag euch, das geht jetzt wie geölt.«

Bill stimmte ihm bei. »Ich habe gerade über die ersten Tauchgänge nachgedacht.«

Augenblicklich verstummte das Kratzen der Plastiklöffel.

Bill sah reihum. Noel. Steve. Ian. Kenny. Barbara. *Wer könnte die Grotte am ehesten möglichst schnell durchforschen?* Eigentlich wollte er schon vor einem Monat hier sein. Stattdessen waren sie sechs Wochen in Verzug geraten. Egal, nun waren sie endlich da, aber noch immer mussten sie eine Route durch die dunkle Grotte finden und es schaffen, wieder herauszukommen, bevor der Regen kam. Falls sie es nicht schafften, die Grotte innerhalb der knappen verbleibenden Zeit zu durchforschen, würde Bill sich wer weiß wie viele Jahre lang fragen, wieso er es nur verbummelt hatte, nachdem sie so weit gekommen waren. Dieser Albdruck hatte ihn in den vergangenen Wochen bis in seine Träume verfolgt: Darin wachte er eines Morgens auf und stellte fest, dass die Regenzeit einsetzte, sie aber noch nicht einmal mit dem Durchforschen der Grotte begonnen hatten. Mit jedem Tag, der verstrich, sah er die Realität einen Schritt näher an seinen Albtraum rücken. Er hatte mit niemandem darüber gesprochen. Und das würde er auch jetzt nicht tun.

»Wenn wir übermorgen beginnen, haben wir am Camp Fünf Platz für drei Taucher«, sagte er. Hinter seinen Worten steckte System. Genau wie 1984 nahm er sich von der ersten Tauchervorhut aus, denn er wollte den anderen mit einem kleinen Tauchgang durch unerforschtes Gebiet Lust auf mehr machen. »Ich finde, wir sollten besprechen, wer auf dem ersten Vorstoß mit von der Partie ist.«

Bis vor wenigen Wochen wäre Bills erste Wahl auf Jim gefallen. Doch Jim hatte mittlerweile eine Heidenangst davor, so sehr, dass er lustlos und misslaunig geworden war, und seine Teamkollegen reagierten allmählich entsprechend darauf. Einen ruhigen und klaren Kopf zu bewahren war beim Höhlentauchen überlebenswichtig. Jims angeschlagene Psyche würde dem Vorstoß mehr schaden, als seine technische Präzision und Taucherfahrung ihm helfen würden. *Er hat den berühmten Anfall*, dachte Bill, *genauso gut könnte er auf dem Mond sein.*

»Ich würde den Vorstoß in die Grotte wirklich gern wagen«, meinte Steve, während er aß, und hob den Blick.

»Das denke ich mir«, sagte Bill, denn er wusste nur zu gut, dass jeder Neuling förmlich auf einen ersten Tauchgang brannte.

Bill sah hinüber zu Noel, der seinen Blick auffing und eine Weile festhielt. Dann sah er wieder in die Runde. Natürlich wünschte er Noel auf diesem ersten Tauchgang dabei zu haben, wollte sich aber nicht den Anschein geben, als würde er jemanden vorziehen. Dabei war Noel der Einzige der 1984er-Expedition, der ihm bis hierher gefolgt war. »Was meinst du denn, Noel?«

»Zähl mich dazu«, sagte Noel mit seinem typischen, glubschäugigen Blick und dem breiten Grinsen. »Wird langsam Zeit, dass wir etwas entdecken. Ich will endlich tauchen!«

Also wären es schon zwei, dachte Bill. Doch jetzt wurde es schwierig. Kenny und Ian waren mittlerweile beinahe unzertrennlich. Und Kenny würde mit Sicherheit lieber mit seinem Mentor zusammenarbeiten. Ian hingegen war sein eigener Boss und, abgesehen von Bill, der Motivierteste im Team. Kenny war ein erstklassiger Höhlentaucher – im Tauchen mit offenen Kreislaufsystemen –, möglicherweise der Beste der hier versammelten Runde. Einen Besseren könnte man sich für hier unten nicht wünschen. *Ein Spaßvogel, der die anderen bei Laune hielt. Und bisweilen auch ein Feldwebel, der sie zum Weitermachen trieb.*

Da kam ihm Kenny zu Hilfe und nahm ihm die Entscheidung ab.

Er drehte sich zu Ian, fasste ihn an der Schulter und sagte: »O, Liebling, geh du doch. Ich bleibe derweil hier und passe auf die Kleinen auf.«

Als das Gelächter abflaute, schloss Ian sich an: »Gut, Freunde, das wäre es dann – äh, ich habe hier noch eine Liste, über die wir sprechen sollten, mit dem Material, das morgen mit nach unten soll...«, zog sein Logbuch hervor und ging die Inventarliste durch.

Am nächsten Morgen kehrten Bill und Ian zur Lower Gorge zurück und richteten die Route zur Grotte weiter ein. Die Lower Gorge, eine turbulente Wasserschlucht, wo die Strömung der beiden mächtigen Höhlenflüsse der Washing Machine sich mit dem Metro River zu einem Fluss vereinigt, lässt seinen höher gelegenen Vetter vergleichsweise harmlos erscheinen. Die tosenden Wassermassen sind derart laut, dass man schreien muss, um sie zu übertönen, selbst wenn man direkt nebeneinander steht.

Sie richteten die Route entlang des Höhlenflusses ein, arbeiteten sich um zwei Abschnitte herum, wo das Wasser besonders hoch aufschäumte, weshalb Bill sie »Boiling Pot One« und »Boiling Pot Two« benannte. *Hier die Nerven verlieren*, dachte er, *und du wirst über den Steilabsatz hinaus in einen hydraulischen Hexenkessel katapultiert. Du ertrinkst, bevor du dich wieder an die Oberfläche ziehen kannst.* Sich um die beiden Pots herumzuseilen war schwierig, aber machbar – genau wie zuvor an der Washing Machine.

Unterhalb der Boiling Pots verlief ein weiterer tiefer Höhlenfluss. Quer über diesem Canyon lagen zwei immense, von der Decke herabgestürzte Steinbrocken verkeilt. Wie zwei riesige Drachenzähne lagen sie da und versperrten den Weg. Die Steine zu überklettern kam nicht in Frage. Ian seilte sich zum Fuß der Zähne ab und spannte schwimmend ein Seil hinüber zur anderen Seite. Dort zog er das schlaffe Ende hoch und machte es los. »Probier's mal aus!«, schrie er aus voller Kehle hinüber zu Bill. Der hängte einen Karabiner direkt von seinem Sitzgurt ein und sauste – nach guter alter Kenny-Manier – an Ians frisch gespanntem Seil entlang. Er flog direkt zwischen den Drachenzähnen hindurch, wobei das Wasser nie über seine Farmer-John-Hose stieg. »Perfekt!«, murmelte er.

Ein kleines Stück weiter traf er auf Ian, der sich weit über einen tiefen Schacht voller weißer Gischt lehnte.

»Hör mal, Kumpel«, schrie Ian über den tosenden Wasserfall hinweg, »dachte, du hättest gesagt, die Grotte sei gleich um die Ecke?«

»Habe ich auch gedacht«, brüllte Bill zurück. »So kann einen das Gedächtnis nach 13 Jahren täuschen. Ist noch Seil übrig?«

Ian sah ihn ärgerlich an, nahm aber sein Gepäck ab und zog die letzte Rolle mit neuem Nylonseil heraus. Er hob sie hoch und zeigte dann hinter sich zur Schlucht. »Das da sind sie, stimmt's?«

»Ja, das sind die Thunder Falls«, schrie Bill heiser, »das müssen sie sein.« Sie waren ebenso Furcht erregend wie die beiden Boiling Pots, aber weitaus lauter. Demzufolge nahmen die beiden an, dass sie sich dem Ende des luftgefüllten Canyon näherten. »Die letzten. Bin ich ziemlich sicher.«

Über den Rand hing ein Stück Seil, das dem, wie sie es verwendeten, nicht im Mindesten glich. Es hatte zwar einen Mantel, aber keinen Kern, und das Ende war übel ausgefranst.

»Polnisch«, brüllte Bill. »Billiges polnisches Seil. Haben die bei der 1980er-Expedition zurückgelassen. Muss das sein, von dem Matt uns erzählt hat.« Vor wenigen Tagen hatten Matt Oliphant und Karlin Meyers einen schnellen Kurzstreckenlauf zur Grotte versucht. Bill hatte ihre Neugierde mit dem Gerücht angestachelt, die Polen hätten dort unten eine Kupferplatte aufgestellt, mit der sie die Grotte als ihr Eigentum beanspruchten. Das wäre doch ein angemessenes Souvenir, dachten sich die beiden jungen Kletterer und machten sich auf in die Tiefe. Bevor sie aber die Grotte erreichten, ging ihnen das Seil aus, und sie nahmen das ausrangierte polnische Seil als Ersatz. So schafften sie es bis zu den Thunder Falls. Doch just dort löste sich das Seil, und Matt stürzte in das Strudelbecken darunter. Er zog sich wieder heraus, und Karlin meinte nur: »Du Idiot, verletz dich jetzt bloß nicht!« Die beiden Freunde drangen bis zum Grottenkorridor vor und suchten fast eine Stunde lang nach der Gedenktafel, die nirgendwo zu finden war. Frustriert schlug Matt mit dem Brecheisen auf das Gestein ein. Karlin lachte: »Du hast doch nicht etwa wirklich geglaubt, dass hier unten so ein Ding steht?«

Bis Bill die Geschichte zu Ende erzählt hatte, hatte Ian einen neuen Bolzen oben am letzten Steilabsatz angebracht. Sie seilten sich in die Thunder Falls ein, entfernten ihr Steiggerät und wateten in das kalte, klare Wasser.

»Willkommen in der San-Agustín-Grotte, Mr. Rolland«, sagte Bill, als er den zwei Meter breiten Höhlenbach hinunterschwamm.

»Danke, Mr. Stone«, erwiderte Ian und grinste über alle vier Backen. »Es tut gut, endlich hier zu sein!«

Gemeinsam begannen sie damit, die Plattform für Camp Fünf zu errichten. Da es in der Grotte keinen Trockenboden gab, hatte Bill ein ultraleichtes Gestell entworfen und gebaut, bestehend aus Urethan-ummantelten Nylonplatten, die über ein Gitter aus hohlen Aluminiumröhren gespannt wurden. Ian und Bill bauten das erste Quadrat zusammen – das Tauchdeck – und durchschwammen damit den Siphon. Da sie keinen natürlichen Abseilfixpunkt ausmachen konnten, an dem sie es hätten verspannen können, setzten sie Bolzen in die weichen Kalksteinwände des Canyon. Ian arbeitete eifrig mit dem Schlagbohrer, als plötzlich irgendetwas nahe der Wasseroberfläche Bills Aufmerksamkeit auf sich zog.

»Mensch, ich werd verrückt«, sagte er.

»Was denn?«, fragte Ian.

»Sieh mal!« Bill zeigte auf einen verrosteten Acht-Millimeter-Bolzen samt Bohrhaken in der Wand.

»Habt ihr das '81 gesetzt?«, fragte Ian.

»Nein. Das ist es ja gerade.« Bill tastete nach dem Bohrhaken, einer gebogenen Metallplatte mit zwei Löchern darin. Der Bolzen passte durch einen, und der Verschluss oder Karabiner, an den man ein Seil befestigt, ging durch den anderen.

»Wir haben sie gefunden!« Er lachte.

»Was gefunden?«, hakte Ian nach, verärgert über die Ablenkung. Arbeit wartete nämlich noch genug.

»Die polnische Platte«, rief Bill, unverständlicherweise ganz stolz.

»Ist doch nur ein Bolzen!«

»Genau!«, erwiderte Bill. »Genau das. Eine Kupferplatte gab es nie. Das haben die Polen auch nicht gesagt. Sie haben dem belgischen Arzt erzählt, sie hätten dort unten eine *plaqueta* aufgestellt, um den tiefsten Punkt, den sie erreicht hatten, zu markieren. Und weißt du, was *plaqueta* auf Spanisch heißt?«

»Nein.« Ian wurde langsam wirklich ärgerlich. Die Bolzen würden sich nicht von allein setzen.

»Es heißt ›Bohrhaken‹«, verkündete Bill. »Plaqueta. Bohrhaken. Sie hätten einen Bolzen in der Grotte gesetzt – das haben die Polen erzählt. Es war eine Art Spontanaktion, aus lauter Stolz, es so weit geschafft zu haben; eine schöne Leistung, wenn man bedenkt, dass es weltweit nur zwei andere Teams gibt, die je hier unten waren. Aber wir Texaner haben das falsch verstanden. Kein Wunder, dass Matt die Platte nicht finden konnte! Er wusste ja nicht, wonach er suchen sollte!«

Ian zuckte nur mit den Schultern. Bill gefiel der dramatische internationale Wettstreit. Ian hingegen kümmerte das herzlich wenig. Er angelte einen Karabiner an einer Schlinge aus seinem Sitzgurt und ließ ihn in den alten polnischen Bohrhaken einschnappen. »Wonach *ich* suche, ist das hier, Kamerad.« Er lächelte. »Da haben wir heute schon einen Bolzen weniger zu bohren.«

Kurze Zeit standen zwei dünne orangefarbene Plattformquadrate an Ort und Stelle. Das Oberdeck war aus dreien solcher zusammengebundenen Elastizitätsmodulen konstruiert und dicht unter der sich verengenden Decke des Canyon verspannt, um im Falle einer Überflutung über eine sichere Zuflucht zu verfügen. Die untere Plattform lag nur Zentimeter oberhalb der Grotte selbst und diente als Tauchdeck. Verbunden waren die beiden Decks über eine Gitterleiter aus Nylongewebe. Einer Ameisenprozession gleich schaffte das Team den ganzen Tag lang Material aus Camp Drei herunter, arbeitete sich durch den Fissure Drop, die ›Waschmaschine‹, die Boiling Pots und die Thunder Falls. Bis zum Abendbrot hingen drei Hängematten auf dem Oberdeck, und ein komplett montierter Rebreather baumelte an einem Flaschenzug, der seitlich neben dem Tauchdeck angebracht war. In einer nahe gelegenen Nische hatte man die Küche aufgebaut und in einer Ecke der oberen Plattform einen kleinen Schober – dort war ein Stoß großer Mülltüten für Abfälle gestapelt, die später in einem Vinylsack verstaut und aus der Höhle wieder entfernt würden.

Zu vorgerückter Stunde wurde es Steve zunehmend kalt, und er hatte angefangen zu zittern. Während die anderen auf der ganzen Route durch die Lower Gorge Nasstauchanzüge getragen hatten, trug er unbeirrt einen Anzug für Trockenhöhlengänge: Capilene-Unterwäsche unter einer Art Trainingsanzug. Er war gerade dabei, seinen Schlafsack in die mittlere Hängematte zu legen und sich trockene Sachen anzuziehen, als Bill ihn darauf aufmerksam machte, dass sich auf dem Urethan-Deck Wasserlachen bildeten.

»Ich hätte noch Abflüsse in die Dinger installieren sollen«, rief Bill laut, um das unaufhörliche Donnern der Thunder Falls zu übertönen. »Pass gut auf, sonst sind deine trockenen Klamotten auch bald nass.«

»Ja, gut. Entweder das oder zurück nach Camp Drei, nicht wahr?«, gab Steve schnippisch zurück, denn er war es leid, ständig von Bill angegangen zu werden – tu dies, tu das nicht –, als ob er ein kleines Kind wäre.

Steves leicht zorniger Ton überraschte Bill. Er war drauf und dran, etwas zu sagen, dachte dann aber: *Ach, halt lieber die Klappe.* Denn er glaubte, dass Steve nur fror und müde war.

Ian bereitete indessen für die ganze Mannschaft heiße Schokolade zu, und es dauerte nicht lange, da lagen auch Steve und Noel eingerollt in ihren Schlafsäcken in den Hängematten und genossen die relative Wärme. Noel musterte den ausgefallenen Haushalt. Er sah hinüber zu Bill, der dabei war, seinen Materialsack für den Rückweg nach oben zu packen, und rief: »Mann, ohne Tauchausrüstung ist es nicht möglich, tiefer in diese Höhle zu kommen.«

»Richtig, Partner«, antwortete Bill. Dann gab er jedem die Hand – Ian, Steve und Noel – und schulterte zum letzten Mal an diesem Tag seinen Sack. »Ihr Jungs legt einen Gang ein und stoßt in unbekannte Gebiete vor, okay?«

Und damit watete er zurück zum Fuß der Thunder Falls und machte sich an den Aufstieg zurück zu Camp Drei. Ohne schweres Gepäck kam er schnell durch die Lower Gorge, die »Waschmaschine« und den Fissure Drop. Am Wake-Up Call verlangsamte er sein Tempo und kühlte sich in den turbulenten Wassern des Li Nita ab. Zurück am Metro legte er sein durchgeweichtes Gepäck, seinen Nasstauchanzug sowie sein Steiggerät ab und marschierte nur in Unterwäsche bekleidet hinauf zu Camp Drei, wo er auf Kenny traf, dem beim Anblick seines Aufzugs vor Verwunderung der Mund offen stehen blieb.

»Habe mein Verhältnis von Energie zu Gewicht optimiert«, witzelte Bill und zupfte an seinen Hosen. »Noch ein paar Gramm weniger, und ich laufe zur Spitzenleistung auf.«

Doch Kenny lachte nicht über den Witz, sondern starrte ihn nur an. Nun hatte es auch Kenny erwischt – die gleiche Ermattung, die auch Steves Motivation lähmte, spekulierte Bill. *Das geht vorbei*, dachte er. Er richtete sich in Stonehenge ein, nahm zwei Päckchen Tiefkühlkost und bereitete sich das Abendbrot. Barbara gesellte sich zu ihm und sah zu, wie er vor lauter Kohldampf erst das eine Essen und dann das andere hinunterschlang.

»Ist das nicht Ironie«, sagte sie. »Nach zehn Jahren Plackerei sitzt der Kern des Teams dort unten und du hier oben im Camp Drei: nass, hungrig und halbnackt.«

Fünf

Ian schlief in unmittelbarer Nähe des Wasserfalls. Die rote und gelbe Nylonverspannung seiner Hängematte blieb an seinem klammen Schlafsack kleben, weshalb sich dieser nicht mitdrehte, wenn er sich im Schlaf bewegte. Irgendwann wachte er vom unaufhörlichen Sprühwasser und stetigen Dröhnen auf, rutschte an den Rand der Hängematte, zog den Reißverschluss seines Schlafsacks auf und pinkelte direkt in das tosende Wasser. Dabei kippte die Hängematte leicht, und da seine Arme im molligen Schlafsack verfangen waren, hatte er Mühe, sein Gleichgewicht zu halten. Bei dem ohrenbetäubenden Getöse des Wasserfalls hätte wahrscheinlich kein Mensch gehört, wenn er drei Meter tief in die kalte Grotte gestürzt wäre, sinnierte er, als er zurück in seinen Schlafsack kroch.

Er zog den Reißverschluss wieder zu, räkelte sich in der Wärme des Schlafsacks und fragte sich, ob der Morgen schon angebrochen war und er eine Karbidlampe anzünden sollte. Er wühlte nach einem kleinen, flauschigen Knäuel, dem abgewetzten Teddybär, den seine Kinder ihm mitgegeben hatten, fand ihn an seinen Füßen, zog ihn hoch, drückte ihn an seinen unrasierten Bart und lächelte. Den Bären gaben ihm seine Kinder immer als Glücksbringer mit, damit er ihn beschützte und er wohlbehalten nach Schottland zurückkehrte. Auch auf der Tauchexpedition in Florida, als sie die Rebreather testeten, war der Bär dabei gewesen, und bevor Ian abtauchte, erteilte er Bill die strenge Anweisung: »Pass ja gut auf den Bären auf. Wenn er böse wird, wird es Zeit aufzutauchen.«

Und nun, in der Finsternis, hielt er den Bär fest an sich gedrückt.

Er dachte an seine Kinder und seine Highschool-Liebe Erica, mit der er seit zehn Jahren verheiratet war. Er war nicht gern so lange von zu Hause fort. Eine Weile schwelgte er noch in Sentimentalitäten, dann steckte er den Bär zurück in den Schlafsack und entfachte die Karbidlampe, die am Fußende seiner Hängematte an einem Karabiner hing.

Barfüßig trat er in die kalte Pfütze, die sich mittlerweile auf dem Nylondach gebildet hatte, duckte sich unter Steves Hängematte durch und tappte leise zur Küchennische. Er füllte Wasser in den Edelstahltopf, entzündete den Butankocher und rüttelte Noel wach.

»Zeit aufzustehen. Die Höhle wartet«, sagte Ian und musste beinahe schreien, um gehört zu werden.

Ian brummelte in seinen Bart, öffnete die Augen und blickte Ian starr an. »Ja, ja«, murmelte er, »bin ja schon dabei.«

Ian lächelte und wandte sich wieder dem Kocher zu. Dann stöberte er in dem Stapel Nalgene-Flaschen, die in der Kochnische lagerten. Sah ganz so aus, als wären fast alle Lebensmittelpäckchen mit der Aufschrift »Kartoffeln« versehen. Endlich – »Hafergrütze: Pfirsich und Sahnecreme« stand auf einem. Er schraubte den weißen Deckel ab, löffelte die Grütze vorsichtig in eine Plastiktasse und gab heißes Wasser dazu. Noel zündete seine Karbidlampe an, und Steve richtete sich wackelig in seiner Hängematte auf.

»Fertig für eine kleine Erkundungstour?«, begrüßte ihn Ian.

»Weiß nicht«, antwortete Steve. »Sieh du doch erst mal nach, wohin dieses Loch führt.«

»Na klar«, meinte Ian und wandte sich an Noel: »Und du? Kleine Schwimmrunde gefällig?«

Noel lag noch immer in der Hängematte und reichte Ian seine Tasse. »Jetzt etwas Heißes zu trinken, das wär's.«

Er schlürfte die morgendliche, heiße Mahlzeit hinunter und schlug dann Ian für einen ersten Tauchgang vor. Auch Steve war dafür. Zwar hatten die beiden in Ginnie Springs die Rebreather mehrere Male auseinander und wieder zusammengebaut, doch so rich-

Ian Rolland testet den Cis-Lunar Mk-IV(1993).

tig trauten Noel und Steve den Tauchgeräten noch immer nicht. Sie waren es eher gewohnt, mit einfachen, offensystemischen Pressluftgeräten zu tauchen, die weit weniger komplex waren und keine Bordcomputer hatten. Ian hingegen, der Kampfjets wartete, wenn er nicht gerade auf Höhlentour war, bereitete es keine Probleme, sein Leben einem hoch technisierten Gerät anzuvertrauen, das er erst tags zuvor eigenhändig zusammenmontiert hatte.

Den Bauch voller Hafergrütze, stopfte Ian seinen Schlafsack in einen Plastikmüllsack und verstaute das Bündel in Steves Hängematte. Anschließend setzte er sich im Schneidersitz in seine Hängematte und begann mit dem mühseligen Prozedere, sich tauchklar zu machen. Über seine dicke Fleece-Unterbekleidung kamen eine dicke Hose, Jacke, Kapuze und Füßlinge, allesamt aus warmem Faserpelzmaterial. Darüber kam der tiefschwarze Urethan-Trockentauchanzug, ein wasserfester Nasstauchanzug mit dichten Gummimanschetten um Hals und Handgelenke, damit das kalte Wasser nicht eindrang. Um die Hüfte schnallte er sich einen kleinen Beutel, voll gepackt mit kalorienreichen Müsliriegeln. Zum Schluss zog er seine

Stiefel an, seine Wellingtons, die er immer trug. Es waren Höhlenstiefel anstatt Taucherstiefel, da er davon ausging, dass er seine Füße am andern Ende der Grotte wieder auf trockenen Grund setzen würde.

Während Ian sich ankleidete, kletterte Noel auf der Seilleiter hinunter auf das kleine Tauchdeck, das gleich über der Wasseroberfläche verspannt war. Dort machte er den Rebreather einsatzbereit, überprüfte den wasserdichten Kanister mit Lithiumhydroxid, welches das ausgeatmete Kohlendioxid absorbiert, verlud es vorsichtig in das Gerät und klinkte die Schnappriegel ein. Des Weiteren installierte er zwei kleine, grüne Aluminiumtanks mit reinem Sauerstoff, überprüfte die Gas-Sensoren und die Computer, welche die Sauerstoffabgabe steuerten, und ließ das Fiberglasgehäuse zuschnappen. Außen an das Gehäuse montierte Noel zwei lange Tanks mit Helioxgemisch 86/14, einem Mischgas für das Tieftauchen, bestehend aus 86 Prozent Helium und 14 Prozent Sauerstoff. Es dient zur Verdünnung des reinen Sauerstoffs, der von den kleinen inliegenden Tanks zugeführt wird, womit das Risiko einer Stickstoffnarkose ausgeschaltet ist. Im Notfall könnte man aus diesen Tanks sogar direkt Luft ziehen, ähnlich wie bei offensystemischen Geräten.

Ian gesellte sich zu Noel auf die Tauchplattform, und sie gingen die Pre-Dive-Checkliste systematisch durch, um eventuelle Bedienungsfehler auszuschalten, wie beispielsweise den, der Steve in Florida zum Verhängnis wurde. Noel griff in das Fiberglasgehäuse, drehte einen der wasserdichten Schalter, und sofort leuchtete ein halbes Dutzend Lämpchen auf und blinkte.

»Okay«, sagte er, »Strom ist da, Checkliste soweit geprüft. Läuft der Sauerstoff auf Eins-Punkt-Null?«

»Korrekt«, antwortete Ian, »Partialdruckkontrolle für Sauerstoffanteil auf Sollwert Eins-Punkt-Null.«

»Diluent eingestellt? Onboard Helium?«

»Jawohl«, sagte Ian.

So ging es in einem fort, bis sie die drei Seiten lange Checkliste durchhatten. Nun zog sich Ian ein Paar Taucherflossen über die Wellingtons, streifte die Tauchermaske über, setzte den Taucherhelm auf und ließ sich ins eiskalte Wasser gleiten.

Noel reichte ihm noch einen großen Scuba-Zylinder – einen Hochdrucktank aus Fiberglas für Mischgas, wie er für die Peña-Colorada-Expedition 1984 entwickelt worden war – mit weiteren 105 Kubikfuß Reserveluft. Den Tank schnallte Ian sich an zwei rostfreie D-Ringe, die an seinem Gurtzeug befestigt waren, so dass er seitwärts über seinem Hintern hing. Im Falle eines Totalausfalls des Rebreather würde dieser große Zylinder als Bailout-Tank dienen, als alternatives Hauptversorgungssystem, und jedes technische Problem am Hauptsystem abfangen.

Noel reichte Ian zwei Plastikspulen, jede mit 120 Meter Nylonseil von drei Millimeter Dicke.

Die Tauchleine ist für einen Höhlentaucher das allerwichtigste Utensil. Indem er bei jeder Höhlenbefahrung eine Leine auslegt, kann er den Rückweg schnell wieder finden, falls er sich verirrt, seine Lampen versagen, er in einem Silt-Out (dichter Dunstschleier aus aufgewirbeltem Schlamm; Anm. d. Übers.) festsitzt, keine Sicht mehr hat, der Sauerstoff knapp wird oder dies alles auf einmal passiert. Alle drei bis vier Meter sind Knoten im Seil, damit die Entfernungen einigermaßen abschätzbar bleiben.

Zu guter Letzt reichte ihm Noel noch eine Spule – eine kleinere Rolle mit 30 Meter Seil von einem Millimeter Dicke, um im Notfall die Hauptleine neu verlegen zu können –, zwei Tauchermesser, einen Reservedekompressionscomputer sowie mehrere wasserfeste Schreibtafeln. Ian befestigte ein Utensil nach dem anderen an den Halterungen an seinem Gurtzeug. Dann ließ er sich eine Runde im Wasser treiben, damit Noel und Steve vom Deck aus noch einmal einen prüfenden Blick auf ihn werfen konnten. Er schwamm an den Rand, hielt sich mit einer Hand am Deck fest, mit der anderen nahm er kurz das Mundstück ab und brummte: »Alles klar.«

Noel hob den Daumen, grinste und sagte: »Dann geh mal schön auf Entdeckungsreise, Bruder.«

Ian zog das Ablassventil an seiner Tarierweste und sank langsam ins schwarze Wasser. Er drehte die Quartzhalogenlampe an, und sogleich fiel ein laserartiger Strahl weit in die Ferne, offenbarte die Wände des Unterwassertunnels. Dann drehte er die Verschlusskappe der ersten Spule ab, und das Nylonseil – das am anderen Ende an der Plattform hinter ihm befestigt war – spulte sich ab.

Nun, sagte er zu sich, *mal sehen, was da kommt.*

Langsam bahnte er sich seinen Weg hinein in den Tunnel, sank tiefer und tiefer. Mit angezogenen Knien machte er kleine Flossenschläge – wie eine Kaulquappe –, damit er mit den großen Taucherflossen keinen Schlamm vom Höhlenboden aufwirbelte.

Rund zwei Meter vom Grund gab er etwas mehr Luft in seine Tarierweste. Das Pumpventil ließ ein ermutigendes »Popp« vernehmen, als die Luft in die hufeisenförmige Auftriebsblase aus Urethan einströmte. Er griff über seine Brust auf die andere Seite und gab einen gleichen Luftstoß in seinen Trockentauchanzug. Als er den Auftrieb ausgeglichen hatte – weder schwerer noch leichter war als das ihn umgebende Wasser –, konzentrierte er sich wieder auf das Gelände.

Der lange Tunnel maß rund drei Meter in der Breite und vom ausgedehnteren Dach zum engeren Grund rund fünf Meter in der Höhe. Die Wände waren mit einer ockergelblichen Schlammschicht bedeckt, und die Sicht war ausgezeichnet: Die Quartzhalogenlampe erleuchtete alles im Umkreis von 20 Metern oder mehr.

Bevor Bill 1981 hier 285 Meter Seil verlegt hatte, war noch nie jemand an diesem Ort gewesen – und der Tunnel hatte nach wie vor die Form einer auf dem Kopf stehenden Birne. Offensystemische Tauchgeräte würden einen solchen Tauchgang auf 90 Minuten beschränken. Dieses Mal jedoch strömten dank des Rebreather keine Blasen ins Wasser ab, die von einem lauten »Schwuupp« beim Einatmen oder einem lang gezogenen »Pschschsch« beim Ausatmen

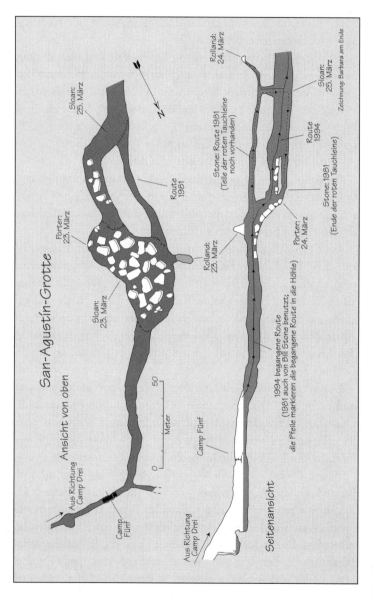

begleitet gewesen wären. Und diese Stille bedeutete Effizienz, denn kein einziges Sauerstoffatom wurde verschwendet. Das lauteste Geräusch, das Ian hörte, war das gleichmäßig wiederkehrende Raspeln der Seilspule beim Abdrehen des Seils.

Langsam paddelte er an der rechtsseitigen Wand entlang, immer weiter, und ließ seinen Blick forschend über die Decke gleiten. Er suchte nach einer Luftglocke – einer Abkürzung hinauf zum begehbaren Schluf –, welche Bill entgangen sein könnte, und erspähte vor sich eine henkelförmig ausgewaschene Höhlung – einen natürlichen Bogen, der sich in den Kalkstein gewaschen hatte. Er hielt an, um die Tauchleine zu fixieren.

Gleich in der Nähe war eine natürliche Nische, eine ideale Stelle, um die Bailout-Flasche zu deponieren. Gefüllt mit reinem Sauerstoff, würde sie dort als Dekompressionsstation zur Verfügung stehen – für den unwahrscheinlichen Fall, dass sowohl der Rebreather als auch das offensystemische Reservesystem ausfallen sollten – oder sie könnte auf dem Rückweg als letztmöglicher Sauerstoffvorrat aufgegriffen und wieder mitgenommen werden.

Er richtete das große Licht in die Dunkelheit und schwamm auf dem erleuchteten Pfad entlang. Der Schluf, der, seit er an der Tauchplattform eingetaucht war, langsam und stetig abfiel, wurde auf einer Tiefe von rund zehn Metern unter der Oberfläche der Grotte plötzlich eben. Ein Knoten nach dem anderen spulte sich von der Seilrolle, während sein Flossenschlag ihn ungefähr 20 Meter pro Minute weiter durch das kalte, klare Wasser trug. Der ganze Siphon war glatt und ausgeschliffen, wie poliertes Gestein. *Ja, ja, meine Liebe, durch dich wird in der Regenzeit ganz schön was durchgepumpt*, sagte er zur Höhle.

Urplötzlich stockte die Spule, und ein Ruck riss ihn abrupt zurück. Er blickte nach unten, erwartete eine blockierte Spule. Doch zu seiner Überraschung war die Spule leer. Die ersten 120 Seilmeter waren aufgebraucht. Er kam offenbar schnell voran.

Also nahm er die zweite Spule von der Gurthalterung. Das erste

Seil hatte an seinem Ende eine große Schlinge und ließ sich somit leicht fixieren. Das Seil der zweiten Spule fädelte er durch die Schlinge des ersten Seils und machte einen Lark's-Head-Knoten. Die leere Spule befestigte er wieder an seinem Gurtzeug. Das Seil spulte er nun weiter ab.

Ungefähr 140 Meter von der Tauchplattform stieß er auf einen senkrechten Schacht, der offenbar in eine große Versturzkammer hinunterführte. Über ihm befand sich ein weiterer Schluf, der sich rechts von ihm wölbte. *Schön, schön*, dachte er, *und welcher von euch bringt mich jetzt in unberührte Gefilde?* Und Optimist, der er war, entschied er sich für den oberen.

Der Schluf führte weiter und weiter hinauf, bis sein Lichtstrahl auf eine silbrige Oberfläche traf und reflektiert wurde. Ian ging der Spiegelung nach, gab mehr Luft in seine Tarierweste, was seinen Kopf höher aus dem Wasser hob, und brach in eine große Luftglocke ein. Die luftgefüllte Kammer war etwa zehn Meter lang und sechs Meter breit, und die Luft darin war warm, feucht und atembar. Doch er entdeckte keine weiteren Schlufe.

Vielleicht unterhalb?, überlegte er. Da keine natürlichen Felshaken in Sicht waren, nahm er ein Bleigewicht, um die Tauchleine zu verankern, haspelte sie ab und verspannte sie horizontal von einer Seite der Luftglocke zur anderen. Er hoffte, am anderen Ende einen weiterführenden Unterwassertunnel zu entdecken, womit die Luftglocke gleichsam einen Halsbogen im Fluss darstellen würde. Doch der Boden gab nach, und so stand er im nächsten Moment bis zu den Knien im Schlamm. *Nun, Mr. Rolland, das war wohl nichts. Zurück zur Kreuzung.*

Der Rückzug verlief nicht so reibungslos wie der Aufstieg. Während er in der Luftglocke umherwatete, warf er eine Menge Schlamm auf, und eine dichte, ockergelbe Schlammwolke wogte durch den Tunnel und zog in Richtung Hauptschacht. Bis er an der Haupttauchleine zu der Kreuzung gekommen war, betrug die Sichtweite gleich null. Dennoch fixierte er die Tauchleine und stieg in den

Schacht ab, wollte in Richtung der Versturzblöcke, die er zuvor gesichtet hatte. Doch im dichten Silt-out konnte er die Blöcke nirgendwo erkennen. Nachdem er zwölf Meter abgestiegen war und noch immer nichts sah, kehrte er um. Da er die Spule nicht einfach im Schacht hängen lassen wollte, holte er die Leine auf seinem Rückweg zur Kreuzung wieder ein, nahm die Spule ab und befestigte sie an der Wand oberhalb des Schachts für den nächsten Taucher.

»Siehst du das?« Noel deutete auf ein Lichtflackern tief unten im Tunnel. Ein paar Mal noch glomm es auf – wie Wetterleuchten im Sommer –, dann bündelte es sich zu einem durchgängigen Lichtstrahl, der die Grotte in einen beinahe unheimlichen blaugrünen Schein tauchte und Camp Fünf das Aussehen eines billigen Science-Fiction-Films verlieh. »Ian!«, schrie Noel wie am Spieß, war hellwach, sprang aus seiner Hängematte und hangelte sich die Leiter zur unteren Plattform hinunter.

Da stieß Ians Kopf durch die Wasseroberfläche. Er grinste und hielt sich an der Plattform fest, schnallte den Tauchhelm ab und nahm das Mundstück heraus, damit kein Wasser in den Rebreather drang.

»Und?«, fragte Steve.

Sie sahen Ians Lippenbewegungen, konnten aber nicht verstehen, was er sagte. Ian konnte sich nicht einmal selbst hören. Nach 51 Minuten in der Stille der Grotte erschien ihm Camp Fünf lauter als je zuvor. Er hob seine Stimme: »Bin zu einer Kreuzung getaucht, dann die rechtsseitige Wand entlang hinauf bis zu einer großen Luftglocke. Habe dort ein Gewicht platziert und bin in der Glocke umhergewatet. Da war kein weiterführender Weg.«

Noel reichte ihm die Hand, um ihm herauszuhelfen, und fragte mit seinem glubschäugigen Blick: »Warum kommst du so schnell wieder zurück?«

»Als ich die Tauchleine bis zur Kreuzung wieder eingeholt hatte, wollte ich in den Schaft hinuntersteigen, doch der Schlamm zog nach. Ich hab's probiert, aber er war ziemlich dick. Wenn er sich etwas gelegt hat, könnt ihr Jungs es ja noch mal versuchen. Nach unten hin wird der Schaft nämlich weiter.«

Steve und Noel halfen ihm aus der Ausrüstung, wobei sie entdeckten, dass der Urinbeutel im Trockenanzug leckte, und Ian mit Frotzeleien über den Gestank bedachten. Nachdem sie den Anzug, so gut es ging, ausgespült hatten, war Noel an der Reihe. Steve führte ihn durch die Pre-Dive-Checkliste und sah ihm schließlich nach, wie er in die kalte Grotte abtauchte.

Noel folgte Ians Leine, bis er die zweite Spule oberhalb des Schachts entdeckte. Er nahm sie herunter und stieg in die Versturzkammer ab, wo er in 20 Metern Tiefe auf einen Stapel Kalksteinplatten groß wie Esstische traf. Nach jahrzehntelanger Erfahrung als Höhlentaucher war ihm klar, dass es höchstwahrscheinlich irgendwo am Fuße des Steilhangs einen offenen Gang geben musste. Die Sichtweite betrug weniger als zwei Körperlängen, was an keiner Stelle ausreiche, um den Schacht von einem zum anderen Ende zu überschauen. Daher fixierte Noel die Tauchleine und schwamm an der Begrenzung des Raums entlang, von rechts nach links. Als Ians Seilrolle zu Ende war, fixierte Noel sie und folgte dem Seil zurück zu seinem Ausgangspunkt. Dort befestigte er eine neue Spule und schwamm an der linksseitigen Wand entlang, und zwar in der entgegengesetzten Richtung.

Während dieser zweiten Runde sichtete er etwas, das aussah wie ein Stück der markanten roten Leine, die Bill 1981 verlegt hatte und die durch den Versturzgang abwärts führte. *Das ist sie!* Als er sie sich näher besehen wollte, verfing er sich mit einer Taucherflosse in der Leine, die er gerade verlegte. Nun musste er anhalten, die Taucherflosse abnehmen und die Leine entzerren. Und während er sich damit abmühte, verlor er die Kontrolle über seinen Auftrieb – er war noch immer ungeübt im Austarieren des Auftriebs des Trockentauchanzugs gegen den Auftrieb in der im Rebreather eingebauten

Auftriebsblase – und wirbelte die knöcheltiefe Schlammschicht auf den Versturzblöcken auf. Der Schlamm stob in einer dichten Wolke davon, zog vor ihm her und nahm ihm die Sicht, so dass er nicht weiterschwimmen konnte.

Der Silt-Out hielt ihn gefangen. Er hielt sich in der Schwebe und bewegte sich äußerst behutsam, wobei er einem scheinbar simplen Plan folgte: Leine wieder einholen. Doch das dünne Nylonseil war wie ein Gummiband. Es dehnte sich nach allen Seiten und war eine schlechte Orientierungshilfe. Noel arbeitete sich sacht voran. Er wusste, dass die Leine sich über ein, zwei scharfe Kalksteinkanten spannte; zog er zu fest, würde sie reißen, und er hätte überhaupt keinen Anhaltspunkt für den Rückweg aus der Höhle mehr. Wie er wusste, kam es beispielsweise in Floridas Tiefenhöhlen aufgrund einer Kette solcher kleinen, unglücklichen Vorfälle wie diesem – Silt-Out, Leinenriss – alle paar Jahre zu einem tödlichen Unglück. Er sammelte seine Gedanken und konzentrierte sich, um ruhig zu werden, holte die Leine durch den trüben Dunstschleier vorsichtig wieder ein und war nur 47 Minuten nach seinem Abstieg wieder zurück im Camp Fünf.

Noel zitterte, als Steve und Ian ihm aus dem Wasser halfen. Im Gegensatz zu Ian trug er nur eine Fleece-Schicht unter dem jetzt feuchten Trockentauchanzug. Er kletterte auf die obere Plattform, musste irgendwie trocken werden. Doch tropfnass, wie er war, stand er mit den Füßen schnell in einer Wasserlache. Er probierte es anders, setzte sich in seine Hängematte, rubbelte seine inzwischen verschrumpelten Füße ab und steckte sie schließlich in den Schlafsack, wo es immer noch eine geschlagene Stunde dauerte, bis sie vollständig trocken waren. Ian bereitete Noel eine heiße Tasse Crystal Light – ein Limonadenmischung, die verrührt mit ein paar Teelöffeln Zucker zum Lieblingsgetränk des Teams avanciert war – und begab sich dann wieder auf die untere Plattform, um Steve zu helfen, sich tauchklar zu machen.

Da Ian und Noel im Haupttunnel für miserable Sichtverhältnisse gesorgt hatten, begann Steve zunächst mit der Erkundung eines Seitentunnels an der rechtsseitigen Wand, unweit der Stelle, wo Ian die Bailout-Flasche deponiert hatte. Doch nach etwa sieben Metern stieg der Boden steil an, und der Schluf wurde zur Decke hin derart eng, dass der sperrige Cis-Lunar-Mk-IV-Rebreather unmöglich durchpasste. Also folgte er der Hauptleine, die Noel bei seinem Tauchgang verlegt hatte, hinab zur Versturzkammer und passierte die Stelle, an der Noel umgekehrt war. Doch selbst nach 40 Minuten rollten noch immer dicke Schlammwolken von oben herab, die Ian aufgewühlt hatte. Da er glaubte, dass die Route geradewegs weiter über einen großen Versturzblock führte, ließ Steve die Spule am Versturzblock zurück, fixierte sie, indem er die Drehmutter fest anzog, und trat den Rückweg an. Nach 48 Minuten war er wieder zurück am Camp Fünf.

Nachdem Steve wieder trocken war, machten sich alle an eine Bestandsaufnahme der Ausrüstung. In drei Tauchgängen hatten sie drei Seilrollen aufgebraucht. Der Tankfüllstand zeigte bei einem der beiden winzigen Sauerstofftanks nur noch 490 PSI, der andere war voll. Alles in allem bewies der Mk-IV bereits seine Effizienz: Nach 146 Minuten unter Wasser war weniger als ein Zehntel der üblichen Menge eines Standard-Scuba-Tanks verbraucht. Mit offensystemischen Pressluftatmern hätten sie in der gleichen Zeit fünf oder mehr volle Tanks benötigt.

Zum Abendessen gab es reichlich gefriergetrocknete, pulverisierte Kost – Boeuf Stroganoff. Doch ob man das vom Geschmack her erkennen würde, wenn es nicht auf dem Etikett der Nalgene-Flasche stände, wagte Noel zu bezweifeln. Nach dem Essen hätten sich alle gern etwas ausgeruht, was jedoch unter dem ohrenbetäubenden Getöse im Camp Fünf nicht einfach war. Und als ob sie mit dem lauten Dröhnen und dem feinen Sprühregen nicht schon genug geschlagen gewesen wären, machte ihnen zusätzlich ein erbärmlicher Gestank zu schaffen, da sie wegen der undichten Stelle im Urinbeutel nur noch stinkende Fleece-Kleidung anzuziehen hatten. Dennoch taten sie ihr Bestes, um sich zu zerstreuen, und Ian zog »Pigs« hervor, ein Kartenspiel. Viermal hintereinander gewann er gegen seine Kameraden. Irgendwann fielen ihnen die Augen zu.

In jener Nacht schliefen alle schlecht. Wie gern hätte Ian am nächsten Morgen den ersten Tauchgang einem der zwei anderen überlassen. Doch keiner der beiden war erpicht darauf. Und so war es bereits Mittag, als Ian wieder in das eiskalte Wasser abtauchte.

Ian arbeitete sich vor bis zu der Stelle, an der Steve tags zuvor Feierabend gemacht hatte, nahm die dritte Spule zur Hand, tauchte über den Versturzblock hinweg, wie Steve es richtigerweise vorgeschlagen hatte, und weiter abwärts. Er stieß auf einen ungefähr fünf Meter breiten Gang, in dem noch immer ein dunstiger Schleier hing, der ihm die Sicht auf den Grund vernebelte. Er fixierte eine neue Spule, hielt sich entlang der Decke und entdeckte rund 25 Meter unterhalb der Grottenoberfläche einen riesigen Schacht. Auch ein Stück alter Tauchleine war zu sehen, die in einem 45-Grad-Winkel nach oben verlief. *Das muss Bills alte Leine sein!* Um nicht tiefer abzutauchen als nötig, folgte er der Leine entlang nach oben und stieß in eine weitere kleine Luftglocke, in die ein von Schlamm verstopfter Kriechgang führte. Doch abermals wirbelte er bei seiner Erkundung der Luftglocke Schlamm auf, welcher in die Kammer darunter rieselte, so dass er beim Abstieg erneut in einen Silt-Out geriet, die Leine befestigte und zum Camp Fünf zurückkehrte.

»Die Route führt scheinbar weiter«, erzählte er Noel bei seiner Rückkunft. »Geh einfach der alten Tauchleine nach.«

Steve half Ian aus der Ausrüstung und bereitete den Rebreather für Noel vor, als er aus dem Tunnel, der zu Camp Drei führte, plötzlich Lichter aufflackern sah. Kurz darauf hallte Kennys Lachen durch den Tunnel, und im nächsten Moment kam er auch schon heraufgeklettert, im Gepäck jede Menge Knabberzeug. Ein paar Minuten später trafen auch Bill und Barbara ein mit Sauerstoff, Lithium und unerklärlicherweise einer weiteren Ladung getrockneter Kartoffeln. Die drei hatten tags zuvor jede Menge Material vom Depot 620 zum Camp Drei geschleppt und waren nun gespannt zu hören, wie es mit dem Tauchen voranging.

Noel drückte sich in die Kochnische, damit alle auf der winzigen Plattform Platz fanden. Steve schnappte sich das frisch eingetroffene Studentenfutter und verzog sich damit in seine Hängematte. Derweil begeisterte Ian die Ankömmlinge mit einer kurzen Zusammenfassung der ersten vier Tauchgänge. Nach seiner Schätzung waren sie an die 250 Meter weit in die Grotte vorgestoßen, und er nahm an, dass der große Schacht, den er am Morgen entdeckt hatte, bis zum unteren Ende hin einen neuen Tiefenrekord für Huautla bedeuten würde. Barbara und Kenny gratulierten dem Tauchteam, deponierten ihr Gepäck und machten sich wieder auf den Rückweg zu Camp Drei.

Ian schlug vor, Bill solle zusammen mit Kenny in das unerforschte Gebiet jenseits der Grotte vorstoßen, sobald er, Noel und Steve die Grotte erkundet hätten.

»Nein, kommt nicht in Frage«, erwiderte Bill. »Ihr drei sollt so weit vorstoßen, wie ihr könnt. Ihr habt es verdient.«

Ian hielt an seinem Vorschlag fest, noch aus einem anderen Grund. Um die Expedition rechtzeitig zu beenden, so erklärte er Bill, müssten sie spätestens am 1. Mai mit dem Abbau der Einrichtungen beginnen. Und damit jeder einmal die Chance hätte, in unerforschtes Gebiet zu dringen, sollte man mit dem Rotieren im Team lieber früher als später beginnen.

Bill traute seinen Ohren nicht. Es war doch erst der 24. März. Sie hatten die Grotte noch nicht einmal durchforscht und sprachen bereits von Rückkehr. Da er nicht ahnen konnte, wie nervenaufreibend sich das Leben im Camp Fünf mittlerweile gestaltete, tat er Ians Vorschlag ab: »Selbst wenn wir erst am 14. Mai mit dem Abbau der Einrichtungen beginnen würden, hätten wir genügend Zeit, um bis zum 1. Juni wieder zurück in den Staaten zu sein.«

»Ich will dir ja nicht zu nahe treten, aber du verkennst die Realitäten«, stichelte Ian.

Bill kapierte nichts. *Was ist hier unten bloß passiert?*, fragte er sich. *Vor ein paar Tagen haben doch alle noch dieser Herausforderung entgegengefiebert.* Hilfe suchend sah er zu seinem alten Freund Noel. Doch der blieb in seiner Kochnische und mied Bills stählernen Blick.

»O Mann, du willst doch nicht etwa das gleiche Spiel mit mir abziehen wie letztes Jahr?«, fragte Bill in Anspielung auf Noels vorzeitiges Ausscheiden aus der vorbereitenden Expedition, weil er seine Arbeit in der Klinik wieder aufnehmen wollte. Bill sah den dreien an der Nase an, dass sie vor irgendetwas Angst hatten, begriff aber nicht wovor.

Noel sagte keinen Ton.

»Ich bleibe so lange, wie es sein muss«, rief Bill etwas lauter als unbedingt nötig, um den Wasserfall zu übertönen, und noch lauter fragte er: »Wollt ihr Jungs gewinnen oder nicht?«

Bill sah alle der Reihe nach an, und da er nicht wusste, was er noch sagen sollte, fügte er nur hinzu: »Falls das hier am 1. Mai noch immer läuft, dann bleibe ich.« Dann nahm er sein Gepäck ab und zählte in mürrischem Ton auf, was als Nächstes hertransportiert werden musste. Doch eigentlich wollte er nur Zeit schinden, warten, bis Noel sich für den nächsten Tauchgang rüstete, warten, bis irgendetwas passierte, das ihm halbwegs das Gefühl von Normalität gab.

Ian fing an, neue Tauchleine auf eine der Spulen zu wickeln, die sie tags zuvor aufgebraucht hatten.

Noel war sich darüber im Klaren, was es mit Bills Verhalten auf sich hatte. Besser als jeder andere wusste er, dass Bills Expeditionen nicht zuletzt deshalb so erfolgreich verliefen, weil er ein so immenses Durchhaltevermögen hatte, auch wenn alle anderen längst am Rande der Erschöpfung waren. Dennoch hatte Noel schon den ganzen Tag über ein ungutes Gefühl gehabt, was diesen Tauchgang anging. Zudem hatte ihn in der Nacht zuvor ein schlechter Traum geweckt. Und diese Unterhaltung eben hatte ihn auch nicht in bessere Stimmung versetzt.

»Irgendwie ist mir das Ganze unheimlich«, sagte er schließlich, ohne aus seiner Kochnische zu kommen.

Ian sah ihn an und wusste, dass er nicht scherzte. Sein Blick wanderte kurz zu Bill, dann weiter zu Noel. »Sieh mal, Kumpel, wenn dir nicht wohl dabei ist, kann auch Steve gehen. Oder ich tauche noch mal da runter«, meinte er.

Bill war tief enttäuscht. Da stand Noel genau dort, wo sie beide seit zehn Jahren mit allen Mitteln hatten hinkommen wollen – stand der Höhle unmittelbar gegenüber, *mano a mano* mit dem Ungeheuer –, und kniff. Bill war klar, dass seine Worte zu viel des Guten waren und die drei das unter sich ausmachen mussten. So wünschte er ihnen »Viel Glück« und brach auf zum Camp Drei.

Kaum war er weg, erklärte sich Steve bereit, den nächsten Tauchgang zu übernehmen. Während er sich startklar machte, redete Noel in einem fort auf ihn ein. »Bill kann mich mal«, sagte er, noch immer tief verletzt von Bills Bemerkung über »Gewinnen wollen oder nicht«. »Ich habe eine vertragliche Verpflichtung gegenüber der Ärzteinnung, und es kostet mich nicht nur Geld, sondern auch die Beförderung und den Verlust meines Aktionärsstatus, wenn ich nicht am 1. Juni leibhaftig in der Klinik erscheine und meine 36-Stunden-Schicht antrete.« Wieder und wieder entschuldigte er sich dafür, dass er sich vor diesem Tauchgang drückte. Dazwischen ließ er sich des Langen und des Breiten über seinen Unheil verkündenden Traum aus und erzählte in allen Einzelheiten die Geschichte seiner Vorahnungen.

Dabei hatte Steve selbst schon genug Muffensausen. Die Panikmache des Höhlenveterans ging ihm deshalb schneller auf die Nerven als das Getöse der Wasserfälle.

»Wenn du nicht tauchen willst«, raunzte er ihn an, »aus welchem Grund auch immer, dann habe ich damit kein Problem. Aber verschone mich mit deiner Miesmacherei, während ich mich auf das Tauchen vorbereite. Okay?«

Damit hatte er Noel für ein paar Minuten zum Schweigen gebracht – Steve hatte ja Recht. Eine ruhige, ausgeglichene geistige Verfassung war vor einem Tauchgang ebenso notwendig wie das Aufsetzen des Rebreathers. Noel entschuldigte sich ein letztes Mal und ging brav daran, die Ausrüstung klar zu machen.

Erst am Spätnachmittag tauchte Steve ab, folgte der Führungsleine durch den Tunnel und weiter den Schacht hinunter, über den Versturzblock hinweg und durch den bläulich-weißen Dunstschleier im engen Schacht bis zu der Biegung, die Ian ihm beschrieben hatte. Dort befestigte er eine neue Leine und spulte die dünne, weiße Schnur von der Rolle, während er den dunstigen Canyon durchschwamm auf der Suche nach der anderen Seite. Nach etwa sechs Metern tauchte die Wand am anderen Ende vor ihm auf, an der entlang er weiter durch den Dunst schwamm.

Kurz darauf stieß er auf einen Spalt in der Wand, von wo aus ein kleiner Tunnel hinabführte. Er hielt an, besah sich die enge Röhre, richtete den Schein seiner Handlampe forschend auf die Auszackungen und kam zu dem Schluss, dass sie zu eng sei, um sich mit dem Rebreather auf dem Buckel hindurchzuzwängen. Die Engstelle schien aber nicht lang zu sein – etwa eine Körperlänge. Er zwängte sich also in die Spalte hinein, wobei der Rebreather gegen den Kalkstein stieß. Jedes Geräusch wird unter Wasser verstärkt. Auch die Angst. In dem engen Schluf wurde jedes noch so leichte Stoßgeräusch von Fiberglas auf Stein zu einem lauten Krachen, und jede kleine Berührung schürte seine Angst: Was, wenn er stecken blieb und nicht mehr zurückkonnte? Er probierte, sich ein klein wenig zurückzubewegen, nur um zu sehen, ob das ging. Prompt blieb er stecken. Zurück konnte er nicht, also schob er sich vorwärts, tiefer hinein in den engen Schluf.

Dann hatte Steve die engste Stelle passiert. Als Durchgang für ein

Tauchteam mit entsprechend viel Tagesgepäck war dieser Schluf allerdings nicht geeignet. Er beschloss daher, den Spalt nicht weiter zu erforschen, und kehrte auf dem gleichen Weg zurück, den er gekommen war. Dabei nahm er die Tauchleine wieder auf, um nachfolgende Taucher nicht in die Irre zu leiten.

Das Herauskriechen aus dem Schluf erwies sich als schwieriger als das Hineinkriechen. Überall an den Felsnasen blieben die Schläuche hängen. Alle paar Meter musste er ein Stück zurückkriechen und neu abschätzen, wie am besten durchzukommen war. Er überlegte, ob er den Rebreather nicht abnehmen und ihn vor sich herschieben sollte. So könnte er weiter durch den Schlauch atmen, wenn er das Mundstück fest zwischen die Zähne klemmte. Es war ein klassisches Höhlentauchmanöver, in etwa das, was ihm Wes Skiles vor Jahren in Florida beigebracht hatte, oder das, was die Moles fast jedes Wochenende veranstalteten. Doch er hatte so etwas nie mit einem sperrigen Mk-IV-Gerät geübt. Keiner der Expeditionsteilnehmer hatte das. Während Steve sich durch den engen Schluf kämpfte, schlug seine Angst allmählich in hellen Zorn um – zuerst gegen Bill, dann gegen sich selbst. Er konnte sich wahrlich etwas Besseres vorstellen, als an einem Ort wie diesem herumzutauchen, noch dazu mit einer Ausrüstung, bei der ihm nicht richtig wohl war.

Da stieg die Angst wieder hoch. Und einen Moment lang wollte es ihm nicht gelingen, die dunklen Gedanken abzuschütteln, in denen er sich vorstellte, wie man seinen leblosen Körper hier fand, festgekeilt für alle Zeit. Er rief sich das Mantra der Moles in Erinnerung – »Ein Schlupfloch gibt's immer irgendwo« – und schaffte es schließlich, sich herauszuwinden, ganz langsam, eine Drehung nach der anderen.

Zurück in der Hauptkammer, verschnaufte er an der Tauchleine. Nach ein paar Minuten hatten sich sein Herzschlag und sein Atem beruhigt. Er glich die Anzeigen auf dem Onboard-Computer am Rebreather mit seinem persönlichen Tauchcomputer ab. Nach beiden blieb ihm noch viel Tauchzeit. Er drängte weiter – war ja nichts passiert.

Er folgte Ians Tauchleine zurück zu Bills alter roter Führungsleine und folgte ihr weitere 20 Meter in einen niedrigen Schluf mit sandigem Boden. Die kleinen Wellen im Sandboden deuteten auf die Fließrichtung des Wassers. Doch für heute reichte es ihm, seinen Adrenalinstoß hatte er gehabt. Er folgte Ians Leine zurück zum Versturzblock und machte sich auf den Weg hinauf durch den Schacht.

Als er begann, vom Grund des Schachts aufzusteigen, griff er nach dem Ablassventil an seiner Tarierweste. Die Handhabung des Ventils fand er genau wie Noel sehr schwierig, da es viel zu weit weg saß vom oberen Ende der Auftriebsblase, wo die Luft aufsteigen wollte. Und zu allem Unglück wollte es ihm auch nicht gelingen, Luft aus dem neuen Trockentauchanzug abzulassen. Folglich dehnte sich die Luft sowohl in der Auftriebsblase als auch im Trockentauchanzug aus, womit der Aufstieg beschleunigt wurde.

Er schaffte es nicht, das Problem zu lösen, und schoss den Schacht pfeilschnell hinauf. Solch unkontrollierte Aufstiege sind die Ursache vieler ernster Tauchunfälle, da sich die Luft im Körper des Tauchers ausdehnt. Würde man beispielsweise einen mit Luft gefüllten Ballon aus 20 Metern Tiefe aufsteigen lassen, würde er platzen, bevor er die Oberfläche erreicht hätte. Ebenso kann es dem Taucher ergehen: Bei einem zu schnellen Aufstieg können Blutgefäße oder Lunge platzen.

Immer wieder zog Steve ruckartig am Ablassventil, doch da er zudem auch keine Luft aus dem Trockenanzug und den Gegenlungen des Rebreather abließ, reichte es nicht. Er begann, sich an den schlammbedeckten Kalksteinwänden festzukrallen, hoffte verzweifelt, eine Felsleiste oder ein Felssims zu finden, wo er sich festhalten konnte, und sah die verspiegelte Oberfläche der Luftglocke rasant schnell näher kommen. Explosionsartig schoss er durch die Wasseroberfläche, hinein in die dunkle, kleine Luftglocke. Die Geschwindigkeit dieses viel zu schnellen Aufstiegs katapultierte seinen Kopf weit über die Wasseroberfläche hinaus, wie ein Torpedo, der die

Wellen durchbricht. Er strampelte kräftig, damit er wieder unter die Oberfläche kam, denn er musste, so schnell er konnte, Luft aus Tarierweste, Trockentauchanzug und den Gegenlungen des Rebreather ablassen, um sich nach unten zu drücken. Schwer keuchend und mit pochendem Herzen schaffte er es schließlich hinunter in den Tunnel Richtung Camp Fünf.

Über die ganze Strecke hielt er sich dicht am Boden des birnenförmigen Tunnels. Für den Rückweg nahm er sich viel Zeit; die zusätzliche Dekompressionszeit würde helfen, den unkontrollierten Aufstieg auszugleichen. Er bediente sich des manuellen Atemreglers, um die Sauerstoffkonzentration zu erhöhen. Die Zufuhr von reinem Sauerstoff ermöglichte ihm, einen Teil des Heliums aus seinem Blutkreislauf zu spülen. 84 Minuten nach seinem Abstieg tauchte er an der Plattform wieder auf.

Wenige Minuten, nachdem er aus dem Wasser gestiegen war, spürte er Muskelschmerzen in seinem linken Arm. *Vielleicht nur eine Zerrung von den Verrenkungen im engen Schluf? Oder doch ein Symptom der »bends«, der Dekompressionskrankheit?* Bei der Vorstellung, hier im Camp Fünf die *bends* zu bekommen, wurde ihm himmelangst: Eine schnelle Evakuierung war unmöglich. In jener Nacht lag er in seiner Hängematte und dachte an die seltsamen Blasen, die durch seinen Körper wanderten.

Am nächsten Morgen hatte Noel bessere Laune. Da er keinen Albtraum gehabt hatte, wirbelte er geschäftig auf der Plattform umher, vollzog seine morgendlichen Rituale und machte seine Ausrüstung startklar. Er war so ausgelassen, dass Ian nachfragte, ob mit ihm alles in Ordnung sei, was Noel ihm nachdrücklich versicherte. Kurz vor Mittag tauchte Noel ab.

Der Tauchgang durch die auf dem Kopf stehende Birne war ihm vertraut. Um die Batterie in seiner Handlampe nicht unnötig zu strapazieren, folgte Noel der Tauchleine und benutzte nur den kleineren Lichtstrahl seiner Helmlampe. Der Rebreather arbeitete einwandfrei, die Fleece-Funktionskleidung hielt ihn warm, und sein Auftrieb war auch in Ordnung.

Auf seinem weiteren Vorstoß in die Höhle notierte er auf einer weißen Plastiktafel Messdaten. Indem er die Knoten in der Tauchleine zählte, wusste er, wie weit sich jeder Tunnelabschnitt erstreckte. Der Kompass zeigte ihm an, in welche Richtung jeder Abschnitt verlief, und anhand des Tiefenmessers konnte er auch die Tiefe der einzelnen Verbindungspunkte verzeichnen. Für Höhlenforscher ist eine Höhle erst dann durchforscht, wenn sie vollständig vermessen ist.

Als Noel den Versturzschacht hinuntertauchte, schaltete er seine Hauptlampe an und suchte den Raum nach augenfälligen Details ab, die er alle auf seiner Notiztafel festhielt. Doch dann, am Fuße des Schachts, spürte er plötzlich Atemnot. Er lehnte sich gegen einen Versturzblock und überlegte, ob er den Tauchgang abbrechen solle. Die nächsten paar Atemzüge nahm er aus dem offensystemischen Pressluftatmer, wechselte dann aber wieder auf das geschlossene Kreislaufsystem des Rebreather. Alles schien in Ordnung, und er fuhr mit dem Sammeln der Messdaten fort.

Im dem langen, niedrigen Tunnel, den Steve entdeckt hatte, wurde Noels Hauptlampe plötzlich schwächer. *Komisch. Ist doch erst der zweite Tauchgang mit dieser Batterie.* Er knipste die Helmlampe an, die er auch beim Einstieg benutzt hatte. Auf jeder Höhlenbefahrung mindestens drei unabhängige Lichtquellen mitnehmen, lautet das oberste Gebot, und die hatte Noel dabei. Die Hauptlampe funktionierte nicht mehr, der kleine elektrische Lichtstrahl auf seinem Helm war beinahe verglommen, und so blieb ihm nur noch die kleine Reservetaschenlampe. Er hatte keine andere Wahl, er musste umkehren. Abermals hatte er das Gefühl, dass die Luft knapp wurde, wechselte schnell auf den offensystemischen Pressluftatmer, setzte seinen Weg zurück zum Schacht fort, stieg die »Birne« hinauf und kam am Camp Fünf an.

Zurück auf der Tauchplattform beschrieb er den anderen seine Atemprobleme und schlug vor, den Mischgasbehälter mit dem Lithiumhydroxid zu überprüfen. Doch Ian, der so schnell wie möglich den nächsten Tauchgang hinter sich bringen wollte, hielt dagegen, dass es keinesfalls am Lithium liegen könne. Schließlich hätte die Füllmenge in Florida für acht Stunden Tauchzeit ausgereicht, und die Taucheinheiten hier vor Ort lägen unter sechs Stunden. Also überprüfte niemand den Behälter. Allerdings nahm Ian auf seinen Tauchgang einen Satz neuer Batterien für die Hauptlampe mit. Er tauchte ab und war schnell am 20 Meter langen Versturzschacht. Doch kaum war er am Fuß des Schachts angelangt, bekam er Kopfschmerzen, und als er das Ende der von Noel verlegten Tauchleine erreicht hatte, wurde die Atemluft knapp. Für einen kurzen Moment schaltete er um auf den Pressluftatmer, um die Luft im Atembeutel des Rebreather zu reinigen, doch kaum atmete er wieder aus dem geschlossenen Kreislaufgerät, fing das Problem von neuem an. Noel hatte also Recht gehabt: Das Lithiumhydroxidgemisch war erschöpft. Er brach ab, stieg langsam auf, und als er an der unteren Plattform auftauchte, erwarteten ihn bereits Steve und Noel.

»Kein schöner Arbeitstag«, klagte Ian. »Noel hatte Recht. Das Lithium ist alle.«

Das Kohlendioxid in seinem Blutkreislauf bereitete ihm noch immer Kopfschmerzen. Kaum hatten Noel und Steve ihm aus dem Wasser geholfen, maulten die drei sich gegenseitig an.

»Dieser verfluchte Trockentauchanzug ist vier Nummern zu groß für mich«, beschwerte sich Ian. »Ständig muss ich mit dem Gas herumhantieren, um meinen Auftrieb zu halten.«

»Ja«, fiel Steve ein, »aber ein locker sitzender Trockentauchanzug ist kein Problem, verglichen mit einer Tarierweste, die keine Luft ablässt!« Einvernehmliches Stöhnen. So ging es eine Weile hin und her, bis Noel die Frage aufwarf, die auch den anderen durch den Kopf ging.

»Meint ihr nicht auch, dass es langsam Zeit wird für eine Pause an der Oberfläche? Lassen wir doch Kenny, Bill und Jim mal ran.«

Sogleich hellte sich die Stimmung auf.

»Gegen ein paar Tage an der Oberfläche hätte ich nichts einzuwenden«, meinte Steve. »Weg von dem verdammten Wasserfall. Weg von den überquellenden Beuteln, die wir die ganze Zeit als Klo verwenden.«

»Gut, Leute«, fügte Ian an. »Marschieren wir in Huautla ein und fallen über alles Essbare her, das uns vor die Augen kommt! Was meint ihr, wie viele Restaurants hat diese quirlige, kleine Stadt wohl?«

Sie verstauten den Rebreather, machten ein Inventar der benötigten Ausrüstung und verließen gegen halb sieben Uhr abends Camp Fünf. Ian nahm die leeren Mischgastanks, Steve trug die Packungen mit den Altbatterien, und Noel schulterte die Sauerstofftanks.

Bill und Barbara waren gerade mit dem Abendessen fertig, als das erste Tauchteam in Stonehenge eintrudelte. Bill hatte den ganzen Tag lang versucht, einen hydroelektrischen Generator am zwölf Meter hohen Li-Nita-Wasserfall gleich unterhalb von Camp Drei anzubringen. Das kleine Wasserkraftwerk war als Alternative zu den schweren Ersatzbatterien für die Haupttauchlampen gedacht. Das Wiederaufladesystem konnte die Spannungsschwankungen, die vom ungleichmäßigen Fluss des Wassers erzeugt wurden, aber nicht ausgleichen und kam andauernd zum Erliegen. Stundenlang hatte Bill daran herumgetüftelt und war ziemlich niedergeschlagen, als Ian, Steve und Noel eintrafen.

Ian hatte noch eine Hiobsbotschaft für ihn: Nach drei weiteren Tauchgängen war es ihnen nicht gelungen, auch nur einen zusätzlichen Meter Tauchleine zu verlegen. Sie waren müde, hungrig und immer noch wütend über die Diskussion zwischen ihnen und Bill zwei Tage zuvor. Sie brauchten dringend eine Pause vom Wasserfall. Und sie wollten ein paar Tage an der Oberfläche ausspannen.

»Wir brechen morgen an die Oberfläche auf«, sagte Steve in einem Ton, der keinen Widerspruch duldete.

Bill fühlte sich angegriffen und ließ sich in seinem großen, steinernen Stuhl vornüberfallen. Kein Wort kam ihm über die Lippen, als Steve ihm Einzelheiten von den kritischen Tauchgängen erzählte, und auch nicht, als Noel ihm die Daten seines Vermessungstauchgangs reichte. Seine Haltung aber verriet, was er dachte: *Ihr wollt mir doch nicht etwa weismachen, dass ihr mit dem leistungsstärksten Gerät der Welt noch immer nicht weiter gekommen seid, als ich mit meinem offensystemischen Pressluftatmer vor 13 Jahren?*

Seine Reaktion verstimmte das Tauchteam. Schweigend zogen die drei ab, um ihre Ausrüstung auszupacken und Fleece-Kleidung anzuziehen, die nicht nach Urin stank. Nachdem sie fort waren, setzte sich Barbara zu Bill. »Reg dich nicht so sehr darüber auf«, sagte sie. »Wir haben noch genügend Zeit.«

Bill fuhr sich durch die Haare und nahm Noels Messdaten in die Hand. Eine halbe Stunde später hatte er mit Hilfe von Noels Zahlen einen Plan angefertigt und alles hinzugefügt, woran er sich noch von seinem Tauchgang 1981 erinnern konnte. Die Daten zeigten, was schief gelaufen war. Indem sie seiner alten Tauchleine gefolgt waren, hatten sie die weiterführende Route verpasst, da sie bei schlechter Sicht einen falschen Abzweig genommen hatten. Um dieses Missgeschick auszubügeln, gab es nur eins: noch einmal hinunter und das Ding schnellstens durchforschen. Er blieb noch kurz sitzen, dann erhob er sich, um Kenny zu suchen.

Kenny war der unschönen Szenerie wohlweislich fern geblieben. Er hatte die Körpersprache des Tauchteams richtig gedeutet und wusste, dass Bill ohnehin miese Laune hatte. Bill fand ihn in seiner Hängematte liegend.

»Hey, Mann«, sagte Bill und gab sich alle Mühe, lässig zu klingen. »Bist du bereit für einen Tauchgang morgen?«

Kenny erwiderte die Frage mit einem durchdringenden Blick, der sagen sollte: »Was, mit dir?« Während der letzten Tage, die er mit der Schlepperei von Unmengen Material zugebracht hatte, war ihm

Bills unermüdlicher Eifer immer unerträglicher geworden. Sicher, er wollte tauchen, fühlte sich aber psychisch nicht in der Verfassung, mehrere Tage mit Bill allein in der Grotte unter dem ohrenbetäubenden Donnern des Wasserfalls zu verbringen. »Ich gehe, wenn Ian geht«, sagte er. »Ich tauche nicht ohne seine Unterstützung dort hinunter.«

Bill nickte. Er wusste, wie eng befreundet die beiden inzwischen waren. »In Ordnung, verstehe ich.«

Als Bill weg war, ging Noel zu Kenny, um zu erfahren, was vor sich ging. »Ich ... ich respektiere Bill«, stammelte Kenny. »Aber ich kann im Moment nicht gut mit ihm. Nicht so ganz allein. Und nicht, wenn ich versuche, mich auf einen bevorstehenden Tauchgang zu konzentrieren.«

Die Feindseligkeit, die Noel da heraushörte, überraschte ihn, denn normalerweise war Kenny eine der Frohnaturen im Camp. »Wie meinst du das?«, fragte er.

»Er hat keine Führungsqualitäten«, brach es aus Kenny heraus. »Alles regt ihn nur auf. Sogar Dinge, die auf jeder großen Expedition schief laufen. Er ärgert sich beispielsweise darüber, dass seine hoch technisierte Wasserturbine unter den Bedingungen hier schlappmacht; oder sein ewiges Los-los, Mach-mach, wo wir auch hingehen. Ich weiß ja, dass die Expedition wichtig für ihn ist, aber ich hab es einfach satt.«

Noel nickte. Das kam ihm bekannt vor. Bills Stärke lag darin, trotz aller Hindernisse zielorientiert weiterzumachen. Doch das war gleichzeitig auch seine Schwäche. Ähnliche Unstimmigkeiten hatten auch während der Peña-Colorada-Expedition zu kleinen Auseinandersetzungen geführt. »Hast du Bill das gesagt?«, fragte Noel. »Eben gerade?«

»Nein, verdammt«, erwiderte Kenny. »Ich habe ihm nur erklärt, dass ich nicht ohne Ian tauche. Ich meine, ihr, du und Steve, seid doch auch zusammen aufgebrochen, oder nicht? Auf Jim können wir jedenfalls nicht zählen. Und Barbara ist eine blutige Anfängerin.«

Noel nickte noch einmal. Dass seine Teamkollegen sich bei ihm ihre Wut über Bill von der Seele redeten, da sie sich nicht trauten, ihm das selber zu sagen, war er gewohnt. Er und Bill hatten schon eine Menge zusammen durchgestanden und tiefes Vertrauen zueinander, auch wenn sie nicht der gleichen Meinung waren. Auf früheren Expeditionen fand Noel immer genügend Zeit, um Bill zu erzählen, was hinter seinem Rücken vor sich ging. Doch in diesem Jahr hatte er dazu keine Gelegenheit. Ian hielt die Fäden der Expedition in der Hand und Barbara Bills Gemütslage. Noel hatte zwar Verständnis für das, was Kenny ihm sagte, wusste aber nicht recht, was damit anfangen.

Während Noel und Kenny zusammen sprachen, ging Bill zur Nische, in der Jim Brown sein Privatlager aufgeschlagen hatte – aus purer Rücksichtnahme, wie er den Kollegen erzählt hatte, um sie mit seinem lauten Schnarchen zu verschonen; in Wirklichkeit aber brodelten nach wie vor Furcht und Zorn in ihm. Bei der Rückkehr des ersten Tauchteams hatte er erst wenige Nächte im Camp Drei verbracht und jede Gelegenheit genutzt, an die Oberfläche zu gehen, wo er die Tauchausrüstung wartete und sich um alle möglichen technischen Arbeiten kümmerte. Er konnte sich nicht entschließen, die Expedition endgültig zu verlassen, doch in die Grotte tauchen wollte er auch nicht. Sein kleines Privatlager in der Felsnische war zu so einer Art Zwischenreich für ihn geworden, und er schien Bills Besuch erwartet zu haben.

»Hey, Mann«, sagte Bill, nachdem er sicher war, dass Jim ihn in der dunklen Nische auch sah. »Bist du bereit, die Grotte zu erkunden?«

»Nun, ja, also, würde ich ja gern«, log Jim. »Aber mein Ohr macht die ganze Zeit Probleme. Ich glaube nicht, dass ich tauchen kann.«

»Okay«, sagte Bill. »Wie wär's dann mit einem Aufstieg an die Oberfläche, um Materialnachschub zu holen? Du kannst mit Steve gleich am Morgen losziehen.«

»Ja, okay, aber meine Beine schmerzen noch, weißt du? Ich denke, ich warte besser noch einen Tag.«

»Verstehe«, sagte Bill. Erst in dem Moment begriff Bill, was den anderen längst klar war: Jim hatte die Expedition verlassen, ohne fortgegangen zu sein.

Bill wünschte ihm baldige Besserung und ging zurück nach Stonehenge, wo die anderen beisammen saßen und Steve sich bei Noel gerade ähnlich beschwerte wie zuvor Kenny: »... das hier war als zehntägiges Camp geplant. Danach hat er uns eine Pause versprochen. Und nun treibt er uns weiter an. Immer nur Los-Los-Los, niemals ein Dankeschön. Immer nur ...« Seine Stimme verklang, als Bill sich der Runde näherte.

Hilfe suchend sah Steve zu Noel, wandte sich dann Bill zu und meinte klipp und klar: »Ich bin morgen weg. Komme, was wolle. Ich brauche eine Pause.«

»In Ordnung«, sagte Bill, womit Steve gar nicht gerechnet hatte. »Ich möchte dir nur eine Liste mitgeben mit Sachen, die wir von oben brauchen, machst du das?«

»Selbstverständlich«, stammelte Steve verdattert.

Nach Steves Erklärung fühlte sich Noel hin und her gerissen. Auch er wollte ein paar Tage an der Oberfläche ausspannen, ein Bad im Río Iglesia nehmen, nach Huautla wandern und nach Hause telefonieren. Aber er wollte auch ungern eine der Aktionen unter Tage verpassen. Er spürte, dass sie ganz dicht dran waren, und schätzte, dass sie nur noch wenige Tauchgänge brauchten, um durchzustoßen.

Bill überließ es Noel. Er solle tun, was immer er zu tun gedenke. Und dieses kleine Bisschen an Respekt war alles, was Noel brauchte, um sich wieder besser zu fühlen. Er ging zurück zu seinem Schlafplatz und schrieb in der friedlichen Stille vor dem Einschlafen in sein Tagebuch: *Hier unten bin ich ebenso glücklich wie an der Oberfläche. Ich kenne Bill, weiß, wie er ist in solchen Situationen... ich überschlafe das Ganze, und morgen werden wir sehen, was wird.*

Bill fühlte sich vor dem Einschlafen weniger friedlich.

»Alle drei wollen eine Pause«, flüsterte er Barbara zu. »Ich schätze, die brauchen sie, bei all dem Lärm und so weiter. Doch das zweite Tauchteam ist völlig auseinander gefallen. Kenny will nicht ohne Ian tauchen, und Jim will überhaupt nicht tauchen.«

Bill sank in seinen Schlafsack. Barbara kraulte ihm den Rücken, und er schlief ein. Sie zog den Reißverschluss an ihrem Schlafsack zu und lag wach in der Dunkelheit. Dass die anderen nicht recht vorwärts kamen, tat ihr Leid für sie. Aber vielleicht bekam sie nach all den Ausfällen im Tauchteam nun doch noch ihre Chance auf einen Tauchgang.

Sechs

Am nächsten Morgen legte Ian ein gewaltiges Tempo an den Tag. Er wirbelte umher, lief von seinem Schlafplatz zu den Steinstühlen, hier herum und dort herum, kletterte den Hang hinab zur Metro, machte plötzlich kehrt und eilte durch das Camp zum Felsklosett, kam zurück und sprintete erneut durch Stonehenge. In der Hand hielt er seinen Materialsack, in den er diesen und jenen Ausrüstungsgegenstand steckte, wenngleich auf auffällig ineffiziente Weise.

Kenny begleitete ihn auf seiner zweiten Tour hinunter zur Metro. Er brannte darauf, endlich zu tauchen, wollte aber, dass Ian mitkam. Ian hingegen wollte einerseits hinauf an die Oberfläche, andererseits aber Kenny nicht hängen lassen. Kenny tat alles, um ihn zu überreden, und so erklärte sich Ian schließlich bereit, mit ins Camp Fünf zu kommen, wenn auch widerwillig.

Die beiden saßen in Stonehenge beim Frühstück, als Noel sich mit seiner morgendlichen Tasse Sirup zu ihnen gesellte, das hieß, er schüttete sich haufenweise Kaffee in seinen Zuckersaft. Noel hatte nicht übel Lust, sich mit den beiden zusammen wieder zur Grotte zu begeben, denn, so glaubte er, Ians pragmatischer Sinn und Kennys Witzeleien würden ihn bestimmt aus seinem Stimmungstief reißen. Wenige Minuten später hatte er es sich wiederum anders überlegt und versuchte Ian unter vier Augen zum Verlassen der Höhle zu bewegen. Die dunkle Vorahnung, die ihn an der Grotte überkommen hatte, ließ ihn nicht los, und sein Gefühl sagte ihm, dass sich alles erst dann zum Guten wenden würde, wenn sie ein paar Tage Pause einlegten. Und das teilte er auch Ian mit.

Taucher Kenny Broad probiert Kokosnussmilch.

»Nun ja, aber irgendjemand muss das Ding hier am Laufen halten. Und wenn kein anderer dazu bereit ist, dann werde verdammt noch mal ich es tun«, bemerkte Ian bissig.

»Zwei Tage Pause an der Oberfläche können nicht schaden«, flehte Noel. »Ein bisschen Sonne. Etwas Ordentliches zu essen. Und dann kommen wir zurück und bringen die Arbeit frisch und munter zu Ende.«

Ian schüttelte den Kopf. »Ich gehe hinunter«, sagte er und zog die Gurte seines Materialsacks fest. »Und ich will nicht mehr darüber reden.« Noel nickte. Er bewunderte Ians Tatendrang, und zwar so sehr, dass er es sich abermals anders überlegte und wieder daran dachte, die beiden trotz allem in die Grotte zu begleiten. Doch als sie kurz darauf abmarschierten, blieb er zurück.

Kenny und Ian, mit 27 und 29 Jahren die Jüngsten der Expedition, waren enge Freunde geworden. Beide waren Perfektionisten und besaßen den nötigen Sarkasmus, um sich zur Wehr zu setzen. Und nach elf kräftezehrenden Tagen in der Höhle gehörte die stündliche Dosis sarkastischer Spitzen einfach dazu, um sich über den Tag zu retten. Sie amüsierten sich prächtig und erreichten schließlich Camp Fünf.

Während Ian dabei war, den Rebreather neu mit Sauerstoff und Lithiumhydroxid zu füllen, machte Kenny sich für seinen ersten Tauchgang bereit. Ian erzählte ihm von den Auftriebsproblemen, die das erste Tauchteam mit dem Trockentauchanzug gehabt hatte, da dieser ein Konstantvolumenanzug ist, das heißt, das Volumen des Anzugs wird durch Einblasen von Luft beim Tauchen unabhängig von der Tiefe konstant gehalten. Er schlug deshalb vor, stattdessen einen einfacheren – wenn auch weniger warmen – Nasstauchanzug zu tragen.

»Nein, ich betauche das Ding nackt«, meinte Kenny. »Wird schon nicht so kalt dort unten sein, oder? Wir hartgesottenen Florida-Höhlentaucher gehen gar nicht erst ins Wasser, wenn es nicht, na, sagen wir so um die 25 Grad warm ist.«

»Kein Problem, Mann, die tauchtechnischen Voraussetzungen dafür haben wir ja«, antwortete Ian und warf mit einem breiten Grinsen den Nasstauchanzug in die Luft. Er hatte inzwischen nicht nur Kennys süffisanten Zynismus übernommen, sondern auch angefangen, es ihm mit gleicher Münze heimzuzahlen.

Beide teilten nicht nur den Sinn für Humor, sie konnten auch gegenseitig Gedanken lesen. Das komplexe Prozedere der Pre-Dive-Checks, die Vorbereitung der gesamten Tauch- und Sicherheitsausrüstung vor jedem Tauchgang, verfeinerten sie zu einem eingespielten Ritual, bei dem Ian Kenny wortlos Tauchermasken, Tauchleinen und andere Dinge reichte, just in dem Moment, wenn Kenny daran dachte. Und just wenn Kenny brummeln wollte: »Ah,… Mist… ich muss meinen Beutel finden«, hielt Ian ihn schon parat.

Kenny tauchte in die Grotte ab und folgte der Tauchleine 228 Meter weit, bis er auf die verzweigte Versturzkammer stieß, die Noel und Ian auf ihrem letzten Tauchgang verwirrt hatte. Hier zahlte sich die jahrelange Höhlenerfahrung durch enge Kriechgänge mit den Moles aus. Er hielt sich tief unten – so wie Bill es ihm nach der

Durchsicht von Noels Messdaten geraten hatte –, durchtauchte langsam das Unterwasserlabyrinth, leuchtete mit seiner Handlampe in etliche mögliche Gänge hinein, bis ihn sein Instinkt durch eine schmale Öffnung führte, hinein in einen großen Schluf. Nachdem er die Engstelle passiert hatte, berührte er den samtweichen, schlammigen Boden mit den Spitzen seiner Taucherflossen, ganz sacht, mit so wenig Druck wie möglich, um nur ein klitzekleines Wölkchen an Bodensediment aufzurühren und zu beobachten, in welche Richtung die Mini-Schlammsäule davontrieb. Eine leichte Strömung trug den feinen Schlamm aus dem Schluf, den er für sein weiteres Fortkommen ausgewählt hatte, und bestätigte seinen Verdacht. Sogleich verlegte er eine Leine entlang der viel versprechenden Route.

Doch bis er die Tauchleine abgespult hatte, fing er plötzlich an zu zittern. Der Nasstauchanzug machte zwar weit weniger Probleme als der Trockentauchanzug, doch da er kaum warm hielt – und auch nicht trocken –, bot er auch weit weniger Schutz gegen das eiskalte Wasser. Kenny fixierte die Tauchleine und machte sich auf den Rückweg nach Camp Fünf, wo Ian bereits mit einem heißen Tee auf ihn wartete.

Die beiden Freunde genossen ihr Abendessen aus gefriergetrockneter Kost, unterhielten sich. Kenny erzählte Ian von seinen Forschungsarbeiten für seine Doktorarbeit, die sich unter anderem mit der Verbreitung von Crack und Kokain auf Jamaika befasste. Und Ian wusste allerlei Anekdoten zu berichten vom Bergrettungsteam der RAF sowie jede Menge Amüsantes aus dem Kindermund seiner drei Sprösslinge.

Bevor sie sich schlafen legten, hatte Kenny eine glorreiche Idee, um sich gegen das gnadenlose Donnern des nahen Wasserfalles zu schützen. Er wickelte seine Kapuzenmütze aus Polyester-Fleece zu einem dicken Wollkringel zusammen, der aussah wie ein Donut, und zog sie sich über beide Ohren. Ian tat es ihm nach, und die Kenny-Broad-Kopfrolle gehörte fortan zum festen Bestandteil des Lagerlebens in Camp Fünf.

Mitten in der Nacht stand Kenny auf, ging pinkeln und tappte über die nasse Plattform zurück zu seinem Schlafplatz. Im Stockdunkeln ließ er sich in seine Hängematte sinken, vertat sich aber um ein paar Zentimeter, rutschte über den Rand der Hängematte nach hinten weg und schlug mit dem Kopf hart gegen die Kalksteinwand. Schmerzgekrümmt rutschte er von der Plattform und drohte, hinunter in die Grotte zu fallen. Im letzten Moment gelang es ihm irgendwie, eines der Spannseile zu fassen zu bekommen, welche die Plattform über dem Canyon sicherten. Er hielt sich an einer Hand und schrie aus Leibeskräften. Doch durch das Dröhnen des Wasserfalls und die schalldämpfende Kopfrolle merkte Ian nichts von seinem Geschrei.

Kenny fühlte sich, als hätte ihm jemand mit dem Baseball-Schläger eins über die Rübe gezogen. Er spürte, wie ihm langsam schwindlig wurde, und fürchtete, dass er sich nicht mehr lange halten könnte. Er setzte sein ganzes Gewicht ein, um ins Schwingen zu kommen, schaffte es, mit der anderen Hand noch ein Seil zu greifen, und schwang sich hinauf an den Rand der Plattform. Dort lag er zehn Minuten oder länger, wand sich noch immer vor Schmerz und kroch dann langsam zurück in sein Bett.

Beim Frühstück am nächsten Morgen erzählte Kenny von der nächtlichen Epsiode, die ihn in Angst und Schrecken versetzt hatte, und Ian gestand, dass ihm gleich in der ersten Nacht fast dasselbe passiert wäre.

Nachdem Ian und Kenny zum Camp Fünf aufgebrochen waren, litt Noel noch eine Stunde lang vor sich hin, denn eigentlich wollte er die Aktion um keinen Preis verpassen. Nach all den Jahren, die er in Huautla investiert hatte, war ihm der Gedanke unerträglich, jemand anders könnte die Grotte durchforschen, während er sich an der Oberfläche aufhielt. Doch Steve – der nie zuvor so lange in einer Höhle gewesen war – drängte darauf, an die Oberfläche zurückzukehren. Angesichts der Tatsache, dass Steve im Hangtauchen relativ unerfahren war, kam es nicht in Frage, ihn ohne Tauchpartner ziehen zu lassen. Also unterdrückte Noel seine innere Stimme, die ihn zurück in die Grotte rief, und begleitete seinen Freund Steve aus der Höhle.

Sie brauchten fast den ganzen Tag, um sich über die Upper Gorge bergauf zu arbeiten, hangelten sich dann über die sechs langen Steilabsätze der Bowl Hole Series, kletterten über die 23 Steilstufen der Stairway, erklommen im Schneckentempo den Jungle Drop und stiegen schließlich über zwei steile Maisfelder hinauf zum Dorf. Längst war es dunkel, als sie dort ankamen, doch ihr Weg führte sie geradewegs zum Küchenhaus, wo sie sich heißhungrig über die größten Dosen mit Obst und Nüssen hermachten. Nachdem sie alles verdrückt hatten, was nicht gefriergetrocknet war, schlenderten sie quietschvergnügt über die enge Gasse und fielen hundemüde ins Bett.

Am nächsten Morgen beim Frühstück gesellten sich drei britische Höhlenforscher zu ihnen, Mark Madden, Paul Whybro und Rick Stanton. Sie waren gekommen, um beim Materialtransport zu helfen und sich die Höhle anzusehen. Noel gab Bills Anweisungen an sie weiter, instruierte sie, welches Material in die Höhle zu transportieren sei, darunter auch Bills Tauchermasken, die sich noch immer an der Oberfläche befanden.

Nachdem die drei Briten aufgebrochen waren, fuhren Noel und Steve über die Kammstraße nach Huautla, um sich noch einmal den Bauch voll zu schlagen. Auf der beschaulichen Fahrt breitete der Höhlengott einen dicken Frühnebelteppich über das kleine grüne Tal, und Steve fragte Noel, was ihn denn vor drei Tagen partout davon abgehalten hatte, die Grotte zu betauchen.

»Nun...«, antwortete Noel, »es mag seltsam klingen, aber ich habe zuweilen Vorahnungen. Und an jenem Morgen dachte ich, dass jemand umkommen würde.«

Und er erzählte weiter. »Meine erste richtige Vorahnung hatte ich 1992. Es war der letzte Tag der Rebreather-Übungstauchgänge in Florida. Ich saß vor meinem Zelt, und Rolf Adams fragte mich, ob er sich meine Tauchausrüstung ausleihen könne. Und da hatte ich diese spontane Reaktion!« Noel neigte sich zu Steve. »Spontan – verstehst du? So wie wenn ich jetzt zu dir sagen würde, ›Gibst du mir 1000 Dollar? Mein Leben hängt davon ab!‹ Dann würdest auch du spontan reagieren, nicht wahr? Vielleicht Ja sagen. Oder Nein. Egal was. Jedenfalls hast du einen spontanen Gedanken, eine spontane Reaktion im Kopf. Verstehst du?«

Steve wollte etwas sagen, aber Noel ließ sich nicht unterbrechen.

»Und meine spontane Reaktion war: Ich werde meine Ausrüstung nicht einem Toten leihen.«

Noel richtete seinen Blick wieder geradeaus auf die Straße und nahm den Fuß vom Gas, als er eine Herde zottiger Ziegen überholte. Als sie am Ziegenhirten vorbeifuhren, erkannten sie Bernardo, den alten Mann aus dem Dorf. Freudig winkten sie ihm zu, und Bernardo erwiderte den Gruß, hob langsam und steif seine kleine Hand. Die freundliche Geste von einem Mann, der die weiße Arbeitskluft der *campesino* trug, schien ihnen wie ein Segen.

»Ich werde meine Ausrüstung nicht einem Toten leihen«, wiederholte Noel, als sie an Bernardo und den Ziegen vorbeigefahren waren. »Die Atemregler hätte ich nie mehr benutzt, wenn er damit ertrunken wäre. Das war mein spontaner Gedanke.«

»Hast du Rolf das gesagt?«

»Nein. Ich habe eine faule Ausrede gebraucht, ich hätte meine Ausrüstung schon vorbereitet für einen Tauchgang, den ich am Nachmittag machen wollte«, antwortete Noel. »Rolf hat das akzeptiert. Er hat sich die Taucherausrüstung von jemand anderem geliehen, und binnen fünf Minuten waren er und Jim Smith unten am Boot.«

Abermals nahm Noel den Fuß vom Gas, als sie durch das staubige Dorf San Andrés Hidalgo mit seinen engen Ladenzeilen fuhren.

»Als ich hörte, wie sie den Außenbordmotor anwarfen, wurde mir plötzlich klar, dass ich sie warnen musste«, sagte Noel. »Ich begriff plötzlich, dass ich eine Vorahnung hatte, sprang auf und rannte hinunter zum Fluss. Aber ich habe sie nicht mehr erwischt. Sie waren schon zu weit weg. Also ließ ich den Dingen ihren Lauf.«

Noel hielt inne, studierte Steves Gesichtsaudruck, um herauszufinden, ob sein neuer Freund ihm das alles auch abkaufte.

»Ein paar Stunden später hörte ich das Boot flussaufwärts zurückkommen. Ich ging zu Bill und sagte ›Rolf ist tot‹. Bill sah mich entgeistert an. Aber ich wusste, dass Rolf tot war. Und er war tot. Er hatte sich in einem Silt-Out verirrt, geriet in Panik und hätte beinahe auch Jim mit in den Tod gerissen.«

Der Wagen ächzte, als sie um die letzte Kurve vor Huautla bogen und hangaufwärts hinein in das Dorf fuhren. Noel brach die Geschichte ab.

»Wie auch immer, darum habe ich den Tauchgang sausen lassen. Ich hatte ein ungutes Gefühl, nicht so wie bei Rolf, nichts Bestimmtes, eher ein unterschwelliges Gefühl, dass etwas passieren würde. Seltsam eben.«

Sie fuhren auf einer der engen Talstraßen aus Huautla hinaus und parkten in der Nähe eines gigantischen Wasserfalls. Nach einer kleinen Schwimmrunde legten sie sich auf den warmen Steinen unterhalb des Wasserfalls in die Sonne. Auf dem Rückweg hielten sie zu einem verspäteten Mittagessen an einem kleinen Restaurant auf der Klippe mit Blick über den Fluss.

Sie hatten gerade bestellt, als ein mexikanischer Hippie hereinkam. Geradewegs ging er auf die beiden *gringos* zu, fragte, ob er ihnen die Zukunft voraussagen dürfe, und kramte ein Blatt Tarot-Karten aus seinem Seesack.

Noel mischte die Karten gut durch. Dann legte der Hippie die Karten in Form einer Pyramide aus. Mit seinen dreckigen, welken Händen drehte er die abgegriffenen, teils löchrigen Tarot-Karten um und ließ sie auf den einfachen Holztisch knallen. Die Sonne durchflutete das staubige, kleine Wirtshaus und tauchte den Raum in einen warmen, orangeroten Schein. Jede Karte stellte einen Aspekt aus Noels Leben dar, so der Weissager: eine Karte für ihn selbst, eine für seine Familie, und schließlich eine für das Schicksal seiner Freunde ...

Es war die Karte »Tod«.

Ian war eigentlich nur zur Grotte zurückgekehrt, um Kenny bei seinen Tauchgängen zu unterstützen. Doch der neue Schluf, den Kenny entdeckt hatte, zog ihn in Bann, und er willigte ein, am nächsten Morgen auf Tauchgang zu gehen. Beim Frühstück scherzten und lachten sie, denn seit dem Tag vor etlichen Wochen, da Bill den Satz »Kavallerie angekommen« von sich gegeben hatte, titulierten die beiden Bill und seine Entourage spitzzüngig als die »Kavallerie« und imitierten bisweilen das Hornsignal. Die Gefriertrockenkost hatte Ian zugesetzt, er litt an leichtem Durchfall und musste etliche Male das »Tütenklo« aufsuchen, bevor er sich endlich tauchfertig machen konnte – noch mal das Hornsignal imitieren, noch mal lachen.

Doch irgendwann war es so weit, und Witz und Gelächter wichen der Routine, mit der die beiden auf der unteren Plattform den Pre-Dive-Check durchgingen. Sobald Ian im Wasser war, gab Kenny scherzhaft das Kommando: »Chocks away!« – in Anspielung auf die sprichwörtliche Wendung, die zwischen RAF-Mechanikern und Kampfpiloten im Zweiten Weltkrieg üblich war.

»Zum Tee und zur Medaillenverleihung rechtzeitig zurück«, kam Ians Antwort. Dann steckte er das Mundstück ein und tauchte in die Grotte ab.

Ian nahm eine zweite Bailout-Flasche mit ins Wasser und lagerte sie nahe am Einstieg zum neuen Schluf, den Kenny tags zuvor entdeckt hatte. Dann folgte er Kennys Leine bis zum Ende, befestigte eine neue Rolle und verlegte weitere 120 Meter Führungsleine.

Der Schluf zog sich weiter hin, ein wahrer Canyon, rund sieben Meter breit. Die Wände hoben sich scharf ab, waren hart und ausgezackt. Der Fluss strömte langsam durch den ovalförmigen, langen Gang, der Boden war bedeckt mit grobkörnigem Sand und Kiesel.

Bis die Rolle abgespult war, fror Ian ziemlich. Er kehrte um, zurück zum Camp Fünf.

Nach einer heißen Mahlzeit packte Ian den Rebreather um, während Kenny sich starklar machte. Sein Kopf schmerzte noch immer vom Schlag in der vergangenen Nacht, und die Schwellung war so groß, dass er das Plastikband weglassen musste, damit er den Taucherhelm aufsetzen konnte.

Unten angekommen, band er eine neue Seilrolle an das Ende der von Ian verlegten Tauchleine und folgte der rechten Wand, die Nase an der Decke. Nach nicht einmal 40 Metern sah er über sich eine große quecksilberartige Oberfläche. Bei diesem Anblick lief ihm ein Schauer über den ohnehin schon zitternden Rücken.

Er paddelte so weit vorwärts, wie er konnte, und ließ sich dann mit den Knien in den schlammigen Sand sinken. Auf ein Knie gestützt, hob er Kopf und Schultern aus dem Wasser, und nachdem er seine Füllgasmenge überprüft und den Rebreather abgestellt hatte, nahm er das Mundstück ab und atmete die warme, feuchte Luft über sich. Sie schmeckte gut.

»Wwhhuuuuu!«, rief er, und das Echo seiner Stimme hallte noch immer durch den Gang, als er seine Handlampe anknipste.

Der Lichtschein reichte kaum bis an das Ende der gewölbeförmigen Kammer. Die Halle war an die 100 Meter lang und zwölf Meter breit und hatte eine hohe Gewölbedecke. Den Boden bedeckte schwarzes Wasser, das träge in alle Richtungen sickerte – wie Öl. Jenseits des ominösen schwarzen Tümpels lagen zwei ringförmige Sandinseln wie stille Eilande in einem verschwiegenen See.

Kenny hatte zwar schon zahlreiche unter Wasser liegende Höhlenstrecken durchtaucht, war aber noch nie an einem derart exotischen, abgeschiedenen Ort aufgetaucht. Deutlich erkannte er den Kalkstein, der ihm anzeigte, dass die Kammer eine Begrenzung hatte; doch das Echo rollte und hallte unaufhörlich durch den weiten Raum, immer weiter – seine Ohren versuchten ihm weiszumachen, dass der schwarze Weiher sich grenzenlos in alle Richtungen hin erstreckte. Von ehrfürchtiger Scheu ergriffen, blieb er eine Weile auf den Knien. Er war sich bewusst, dass niemand – keine Menschenseele – hier je zuvor gewesen war. Erneut überkam ihn ein Schaudern, und er murmelte nur ein Wort: »Gewaltig.«

Den Rebreather wollte er nicht abnehmen, konnte sich aber mit dem schweren Gerät auf dem Rücken auch nicht richtig auf den Beinen halten. Also nahm er Maske und Taucherflossen ab und kroch auf allen vieren über die erste Sandbank. Im groben Sand zeichneten sich kleine, wellige Fließfacetten ab. Er watete durch das seichte Wasser zwischen den Inseln, kroch über die zweite Sandbank und watete durch das Wasser, das dahinter floss.

Von dort aus gab es einen weiterführenden Unterwasserweg, soviel war gewiss, einen weiteren Siphon auf der anderen Seite der riesigen Luftglocke, ähnlich dem, durch den er gekommen war. Weniger gewiss war, ob eine trockene Route wieder hinausführte. Seinem Unterwasserinstinkt traute er zwar, doch er fand, dass Ian den besseren sechsten Sinn hatte, wenn es um das Aufspüren von Trockenhöhlen ging. Mittlerweile sorgte er sich auch um die Leistungskraft der Batterien im Rebreather und beschloss, umzukehren und das Weitere Ian zu überlassen.

Auf dem Rückweg konnte es Kenny kaum erwarten, Ian von seiner Entdeckung zu berichten. Die Grotte hatten sie gemeinsam durchstoßen, und nun brannte er darauf, auch diese Neuigkeit mit ihm zu teilen. Nichtsdestotrotz konnte er sich einen kleinen Scherz nicht verkneifen. Er schaltetet alle Lichter aus, als er sich Camp Fünf näherte, hangelte sich das letzte Stück im Dunkeln an der Tauchleine vorwärts und erreichte die untere Plattform, ohne dass Ian ihn bemerkte. Er nahm das Mundstück ab und stieß einen lauten Heulton aus.

»Yeeaahhh!«, brüllte er aus Leibeskräften.

Eilends kam Ian von der oberen Plattform heruntergekraxelt. Kenny erzählte ihm von der riesigen Luftglocke. Sie fielen sich in die Arme und vollführten einen Freudentanz.

»Das ist es, Partner«, rief Ian.

Nach einer weiteren heißen Mahlzeit packte Kenny den Rebreather wieder um, während diesmal Ian sich tauchklar machte. Er musste ein paar Mal in den Taucheranzug steigen, raus und wieder rein, weil ihn sein Durchfall immer wieder auf das zunehmend ekelhaftere Tütenklo zwang.

Ian plante, in die Luftglocke zu stoßen und, falls möglich, das Tauchgerät abzunehmen, um die Kammer zu Fuß zu erforschen. Falls nicht, würde er den Siphon erkunden, den Kenny auf der anderen Seite der Luftglocke gesichtet hatte. Der voraussichtliche Aufenthalt in der Luftglocke könnte die üblichen Tauchzeiten von 60 bis 90 Minuten überschreiten, weshalb er Kenny einbläute, er solle sich deshalb keine Sorgen machen. »Ruf also nicht gleich nach der Kavallerie, es sei denn, ich bin sechs Stunden weg«, sagte er.

»Mach ich, Partner«, erwiderte Kenny. »Chocks away!«

»Bin rechtzeitig zum Tee und zur Medaillenverleihung zurück«, antwortete Ian und tauchte ab.

Kenny machte sich zunächst ans Aufräumen der Campküche, und als er nach einer halben Stunde damit fertig war, feuerte er den Butankocher an und bereitete einen Tee zu. Der Tee wurde kalt. Er feuerte den Kocher erneut an und wärmte den Tee noch einmal auf. Nach einer weiteren halben Stunde das gleiche Spiel. Wie eine besorgte Mutter, die unruhig darauf wartet, dass ihr Sohn nach Hause kommt, wärmte er in den nächsten vier Stunden Ians Tee mindestens achtmal auf. Und mit jedem Aufwärmen wurde ihm mulmiger zumute.

Um zehn Uhr abends – exakt sechs Stunden nach Ians Abtauchen – füllte er Ians Karbidlampe auf, stellte sie an die untere Plattform, nahm das gelb eingebundene Notizbuch heraus und schrieb ihm eine kleine Nachricht: »Ian: zehn Uhr abends. Bin die Kavallerie holen! Kenny.«

Bill wurde wach vom vertrauten Klirren der Steigklemmen und Karabiner, das ihm sagte, dass jemand mit Steiggerät über den Flusssteinhang zum Camp Drei heraufstieg. Es war beinahe Mitternacht.

»Wo ist Bill?«, rief Kenny laut, als er in das Lager stapfte. »Ist Bill da?«

»Hier«, rief Bill. Auch Barbara fuhr hoch. Beide glaubten, Kennys schnelle Rückkehr bedeutete, dass sie die Grotte durchstoßen hätten. »Gute Nachrichten?«

»Nicht so recht«, sagte Kenny und hockte sich neben Bills Schlafsack. Er legte die Hand über die Nase, strich sich damit langsam durch den zottigen Bart, zog ihn lang und berichtete, dass sie bis in die Luftglocke vorgestoßen waren, dass Ian nach ihm dorthin getaucht und seit sechs Stunden nicht wieder zurückgekehrt war. Kenny wollte umgehend eine Suchaktion starten.

Mittlerweile hatte sich auch der Rest der Truppe um ihn geschart – Jim Brown und Don Broussard sowie die drei britischen Besucher Mark Madden, Rick Stanton und Paul Whybro. Sie waren am frühen Abend in Camp Drei eingetroffen und hatten bis spät in die Nacht mit Ian-Rolland-Geschichten – womit sonst? – ihren Einstand beim amerikanischen Team gegeben.

Jim erkundigte sich nach dem Tauchgerät. Nach wie vor hatte er Sorge, dass die Probeläufe zu hastig durchgeführt worden waren und die Teams sich mit den komplexen Geräten nicht richtig hatten vertraut machen können. Doch Kenny verwarf diese Möglichkeit – ein tauchtechnisches Problem war Ian ganz bestimmt nicht zum Verhängnis geworden. Zum einen, weil der Rebreather über zehn anstrengende Tauchgänge lang einwandfrei funktioniert hatte. »Und abgesehen davon«, so erläuterte er, »hat Ian eine Bailout-Flasche mitgenommen. Eine weitere ist nach 80 Metern in der Grotte deponiert und noch eine nach 120 Metern. Mehr als genug Mischgas also, um es zurückzuschaffen. Selbst ein katastrophaler Geräteausfall wäre damit aufzufangen.«

Vielleicht, so überlegten sie, hatte sich Ian in einem Trockengang hinter der Grotte verletzt oder zeitlich verkalkuliert, und sein Licht hatte nicht so lange ausgereicht. Aber das hielt keiner für sehr wahrscheinlich, vor allem nicht die Briten. Ian hatte sich als überaus erfahrener und umsichtiger Höhlengänger bewährt. Und dass er von Panik ergriffen würde, hielten alle für noch viel unwahrscheinlicher.

Blieb die Frage, ob ihm womöglich seine Diabetes-Erkrankung zum Verhängnis geworden war. Kenny machte sich Sorgen, dass Ian hinter der Grotte eine Unterzuckerung bekommen haben könnte, zumal er am Morgen von Durchfall geplagt worden war. Und er fragte, ob Ian vielleicht vor lauter Forscherdrang vergessen hatte, seine zwei Energieriegel zu verzehren, die er in seiner Hüfttasche immer mit sich führte. Auch Don Broussard räumte ein, dass eine Unterzuckerung durchaus in Betracht kam, falls Ian nicht genug gegessen hatte oder nicht in der Lage war, genug von dem zu verwerten, was er gegessen hatte. Doch da er Ian über ein solches Risiko aufgeklärt hatte, war er sich eigentlich sicher, dass Ian bei entsprechenden Warnsignalen – wie etwa leichten Kopfschmerzen – rechtzeitig reagiert und geduldig gewartet hätte, bis jemand ihm Energienachschub bringen würde.

Kenny drängte auf eine sofortige Suchaktion. Doch die Truppe war müde, denn sie hatte einen langen Tag gehabt, hatte jede Menge Ausrüstung vom Depot 620 heruntergeschleppt, und die meisten hatten nicht einmal zwei Stunden geschlafen. Sie wogen die verschiedenen Möglichkeiten gegeneinander ab und kamen aufgrund von Dons Ansicht zu dem Schluss, dass Ian sehr gut noch einige Stunden durchhalten könne, falls er in einem Trockengang am Leben war. Zudem, so die einhellige Meinung, könnten sie nach ein paar Stunden Schlaf eine viel effektivere – und sicherere – Rettungsaktion unternehmen. Und schließlich setzte Bill der Diskussion mit bestimmten Worten ein Ende: »Ich will bei einer solchen Aktion keinen Rettungstaucher verlieren.«

Kenny stand auf und starrte Bill an, der noch immer auf seinem Schlafsack saß. Erst in diesem Moment fiel Bill auf, dass dem Spaßvogel Kenny während der ganzen halben Stunde, die er nun schon im Camp Drei weilte, kein Scherzwort über die Lippen gekommen war. Nie zuvor hatte Bill ihn so aufgebracht erlebt.

»Ich habe kein gutes Gefühl, wenn wir Ian dort unten warten lassen«, sagte Kenny noch einmal. »Wir sollten uns gleich auf die Socken machen.«

»In ein paar Stunden«, versprach Bill.

Kenny war außer sich. Don versuchte, ihm gut zuzureden, doch das half nichts. Obwohl er mittlerweile seit dem Morgen des vorangegangenen Tages auf den Beinen war, fand Kenny keinen Schlaf. Außer sich vor Wut, lag er wach und ging im Kopf schon einmal durch, welche Geräte sie für die Rettung benötigen würden.

Auch Bill lag wach. Er hatte der Gruppe versichert, dass Ian dort unten am Leben war und wohlauf. In Wahrheit war er sich da gar nicht so sicher. Was Kenny ihm über Ians Durchfall erzählt hatte, ging ihm nicht aus dem Kopf. Nachdem Ian 1993 von seinem Diabetes erfahren hatte, hatte er mit aller Macht jeden davon zu überzeugen versucht, dass er die Expedition trotzdem fortführen könnte – seine Familie, die Royal Air Force und Bill. Nicht zuletzt aus Respekt vor einem solchen Tatendrang wollte Bill ihm nicht im Weg stehen. Doch wie er nun hellwach in der Dunkelheit lag, fragte er sich, ob er nicht besser anders hätte entscheiden sollen.

Um fünf Uhr morgens machten sich Bill, Jim Brown, Mark Madden und Paul Whybro auf den Weg hinab in die Grotte. Bill stieg voran. Gegen sieben erreichten sie Camp Fünf, wo sie in den folgenden drei Stunden einen zweiten Rebreather montierten. Als er jedes einzelne Systemteil eingestellt und überprüft hatte, übergab Bill das Gerät an Jim zu einer kompletten und unabhängigen Zweitüberprüfung.

Kenny und Rick Stanton kamen ungefähr zur gleichen Zeit im Camp an. Rick war noch früher aus Camp Drei aufgebrochen, um einen Alleingang hinauf zum Depot 620 zu machen, wo er Noels leere Medizintasche neu bestückte. Auf Dons Anraten hin hatten sie einen Koffer für Ian zusammengestellt, der Karbid, eine Rettungsdecke, Energieriegel und eine Packung mit Glukosespritzen enthielt.

In der Enge von Camp Fünf herrschte Gedränge, sechs kräftige Männer, die alle geschäftig hin und her liefen. Kenny hatte Mühe, ein geeignetes Plätzchen zu finden, an dem er sich zum Tauchgang fertig machen konnte, und verzog sich schließlich unter die Hängematten auf dem oberen Deck. Als er bereit war, kletterte er auf die untere Plattform, wo Bill und Jim ihm beim Angurten des Tauchgeräts halfen.

Kurz bevor Kenny abtauchte, übertönte Jim mit einem lauten Ruf das Dröhnen des Wasserfalls: »Mach dich darauf gefasst, dass du einen Toten finden wirst.«

Schreckensbleich starrte Kenny ihn an. Bill war wütend über so viel Taktlosigkeit, vor allem, da Kenny gerade versuchte, sich mental auf den Tauchgang vorzubereiten. Bill wies Jim an, auf die obere Plattform zurückzugehen und dort mit den Briten zusammen zu warten. Jim zog von dannen.

Bill hockte sich auf die untere Plattform, blickte Kenny an, der schon fast ganz im kalten Wasser untergetaucht war, beugte sich zu ihm und sagte ihm ins Ohr: »Bist du sicher, dass du das tun willst?«

Kenny nickte, wenn auch nicht gerade überzeugend, und tauchte ab. Nach einem zehnminütigen Probeatmen zur Kontrolle des neu gefüllten Mischgasbehälters sowie einem Dichtigkeitstest unter Wasser richtete er seine Handlampe auf Bill, der ihm noch immer von der Tauchplattform aus zusah, schwenkte sie langsam im Kreis – das Tauchsignal für »alles klar« – und verschwand.

Kenny schwamm durch die Grotte, verschwendete wenig Zeit damit, unter Wasser zu suchen. Ihm stand nicht der Sinn danach, einen Toten zu entdecken; trotz Jims realistischer Warnung hegte er noch immer die Hoffnung auf eine Rettung. 20 Minuten später durchstieß er die silbrige Oberfläche der Luftglocke und watete hinein. Er spuckte das Mundstück aus, zog sich auf die Knie und schrie laut: »Ian!«

Reglos wartete er ab, hörte aber nichts außer dem unendlichen Echo seiner eigenen Stimme. Er stellte die Sauerstoffzufuhr ab,

Die erste Zeit verbringt das Team mit dem Einrichten einer »Nylon-Autobahn« aus Seil bis zur Grotte. Noel Sloan seilt sich über den Jungle Drop ab (umseitig). Barbara am Ende und Bill Stone (links) beim Abstieg über den steilen 110-Meter-Schacht im Herzen des »Aprilscherz-Abzweigs«. Das Gepäck ist zur besseren Balance unter ihnen festgebunden. Als ein Teammitglied ums Leben kommt, nimmt das ganze Dorf Anteil und geleitet den Trauerzug vom Höhleneinstieg bis zur katholischen Kirche (rechts), wo Jaime Escudero eine Andacht hält (oben).

Mitte April verwüstet ein frühes tropisches Unwetter die Felder und überflutet die unterirdischen Flussläufe in 800 Metern Tiefe. Steve Porter, Noel Sloan, Kenny Broad (oben) und ein Fototeam werden vier Tage eingeschlossen. Das Hochwasser verhindert alle Ausstiegsversuche, auch die von Noel (links) und Kenny (unten). Das Fototeam harrt in Camp Drei aus. »Stonehenge«, die kreisförmig angelegte Kochstelle von Camp Drei (rechts).

Camp Fünf (links) besteht aus vier kleinen, aneinander hängenden Plattformen direkt über der San-Agustín-Grotte; die Taucher schlafen in Hängematten, die zwischen den engen, harten Kalksteinwänden des Canyon verspannt sind. Barbara am Ende (rechts) stößt langsam durch die Grotte, folgt einer dünnen, weißen Tauchleine durch das bläulich dunstige Wasser. Camp Sechs ist ein spartanisch ausgestattetes Biwak; Barbara und Bill (unten) benutzen ihre Nasstauchanzüge als Schlafunterlagen und leben eine Woche lang von gefriergetrocknetem Nahrungspulver. Von hier aus erforschen die beiden neue Unterwassertunnel von insgesamt fast drei Kilometer Länge und entdeckt die atemberaubenden Rio Falls (umseitig).

nahm Helm, Maske und Kapuze ab und schrie noch einmal: »Ian! Hörst du mich, Kumpel?«

Kenny kniete ruhig im Sand, horchte mit gespitzten Ohren in die Stille hinein, lauschte angestrengt nach jedwedem Laut, hoffte auf eine noch so entfernte Antwort, auf ein schwaches Kratzen. Aber nichts.

Er schaltete seine leistungsstarke Handlampe an und suchte nach einem Hinweis, in welche Richtung Ian gegangen sein könnte. Der war schnell gefunden. Fußspuren führten geradewegs über die Sandbank.

Doch er ging ihnen nicht direkt nach – denn dazu hätte er entweder den Rebreather abnehmen oder durch Sand laufen müssen mitsamt dem schweren Tauchgerät und der Notfallausrüstung –, sondern er watete im seichten Wasser an der Sandbank entlang. Auf diese Weise folgte er den Fußspuren über die erste Sandbank und weiter durch seichtes Wasser über die zweite Sandbank.

Die zweite Sandbank fiel am Ende sanft in das kristallklare Wasser ab. Von der Oberfläche aus sah er etwas auf dem Grund liegen. Er zog sich die Maske über und schwamm ungefähr 15 Meter weit knapp unter der Oberfläche entlang.

Dann tauchte er geradewegs ab, hinunter zu seinem Freund. Wider alle Wahrscheinlichkeit klammerte er sich an die Hoffnung, dass sein Freund noch am Leben war. Doch kaum hatte er Ian an der steifen Schulter berührt, wusste er – er war tot.

Leise ließ er sich im stillen Wasser treiben, erstaunt darüber, wie seelenruhig Ian aussah. Viele Ertrinkungsopfer schlagen um sich und reißen sich die Maske herunter, wenn sie nach Luft ringen. Doch im Sand um Ians toten Körper wies nichts auf einen solchen Todeskampf. Er sah friedlich aus, als wenn er einfach eingeschlafen wäre.

Und wie seelenruhig *er* selbst in diesem Moment war, erstaunte ihn ebenfalls. Der Sturm der schrecklichen Angst, der sich in seinem Inneren zusammengebraut hatte, seit den nunmehr über 20 Stunden, da Ian Camp Fünf verlassen hatte, entlud sich in Emotionen.

»Dort«, so schrieb Kenny später, »in der Stille eines von Menschen unberührten Ortes, ohne ein Zeichen von Kampf oder Schmerz, lag Ian, hielt noch immer die Seilrolle in Händen, ruhte friedlich an der Grenze zum Jenseits.«

Kenny ließ sich niedersinken, um Ian näher zu betrachten. Ian lag auf der rechten Seite mit Blick auf den unerschlossenen Gang. Bis auf einen waren alle Sauerstofftanks noch voll. Das Gerät gab noch immer Sauerstoff ab. Auch die Lampe brannte noch, und Kenny sah, wie sich die Leuchtanzeigen in Ians Maske spiegelten. Alle Geräte waren dort, wo sie hingehörten, außer dem Mundstück. Er fischte nach der Computeranzeige und fand, was ihn am meisten interessierte: die Sensordaten für den Sauerstoffanteil im Einatemgas. Sie zeigten ein einwandfreies Mischverhältnis.

Was war passiert? Da er keine Schreibtafel dabei hatte, um alle Zeichen und Spuren zu notieren, die zur Lösung des Rätsels beitragen könnten, beschloss Kenny, Ians Leiche nicht zu stören. Stattdessen folgte er Ians Tauchleine und sah sich nach Hinweisen um. Die Leine verlief entlang der Ostwand im Flachwasser, führte in den unerschlossenen Gang dahinter, machte einen Knick und ging wieder an die Stelle zurück, an der Ian im offenen Wasser ruhte.

Warum bist du umgekehrt?, fragte er. *Du hast doch gewusst, dass das hier nur eine Luftglocke ist. Du hast doch eine Leine an der Wand entlanggelegt, hast systematisch nach einer Route geforscht, die tiefer in die Höhle hineinführt. Und dann hast du sie gefunden. Warum also bist du umgekehrt?*

Schwebend trieb er im Wasser über Ians totem Körper. *Du hast gewusst, dass etwas nicht stimmte*, sagte Kenny schließlich und starrte hinunter auf seinen stummen Freund. *Etwas Ernstes. Etwas, dass du trotz deiner Taucherfahrung nicht hast unter Wasser lösen können. Aber was?*

Das Gefühl der Ruhe, das ihn überkommen hatte, sagte ihm, dass Ians Schicksal besiegelt war. Und sogleich war sie wieder da, die Angst vor dem Gerät, die Angst, dass, was immer Ian zugestoßen war, auch ihm zustoßen könnte. Er entschied umzukehren, bevor er die Nerven verlor, watete zurück über die Sandbank, legte das Tauchgerät wieder an und machte sich auf den Rückweg zum Camp Fünf.

Es kostete Kenny alle Kraft, sich auf das Tauchen zu konzentrieren und nicht ständig an Ian zu denken. Er hielt sich mit diversen Tauchaufgaben beschäftigt, überprüfte beide Bailout-Flaschen und kontrollierte die Atemregler. Er verzurrte die Tauchleine an einigen Stellen neu und legte auf der letzten Steigung vor Camp Fünf zur Sicherheit zwei kurze Dekompressionstopps ein. Erst als er ruhig im dunklen Siphon dahintrieb, ohne dass ihn anderweitige Tauchaufgaben ablenkten, schweiften seine Gedanken wieder ab.

Er erinnerte sich an das Interview, das Wes Skiles in Ginnie Springs geführt hatte, kurz bevor das Team nach Florida abreiste. Wes machte von allen Teilnehmern Videoaufnahmen, um sie später für den Dokumentarfilm zu verwenden, der am Ende dann doch nicht zustande kam. Wes fragte Kenny, ob er darüber nachgedacht hätte, dass er auf dieser Expedition sterben könnte.

»Nun, Autobahnen sind immer gefährlich«, hatte Kenny mit ausdruckslosem Gesicht geantwortet, »und dort hinunter ist es ein langer Weg.«

»Das ist ein Klischee, Kenny«, murrte Wes, stellte die Kamera ab und redete eine halbe Stunde lang zunehmend entnervt auf seinen witzelnden Freund ein, ihm doch ernsthafte Antworten auf seine Fragen zu geben.

Kenny nickte schließlich und sagte: »Mit Bill unterwegs zu sein ist extrem gefährlich.«

Und nun, da er still in der Grotte vor sich hinschwamm, fragte er sich, ob er der Frage nicht mehr Bedeutung hätte beimessen sollen. Ian war das Universalgenie im Team. Er war der beste Seilgänger, und er gehörte zu den besten Tauchern. Wenn Ian hier draußen sterben konnte, dann, so dachte Kenny, jeder andere auch.

Auch das Interview mit Ian wurde aufgezeichnet.

»Also«, begann der Dokumentarfilmer Jeffrey Haupt die Befragung, »das bringt mich zu der nahe liegenden Frage, ob dir bewusst ist, dass du auf dieser Tour sterben kannst?«

Ian wusste, worauf Jeffrey hinauswollte, noch ehe dieser seine Frage formuliert hatte. Es stand ihm im Gesicht. Als Jeffrey das Wort *sterben* aussprach, verdrehte Ian die Augen, atmete tief durch, setzte zu einer Entgegnung an, hielt inne und überlegte noch einmal kurz. Er stockte, atmete tief durch und antwortete schließlich: »Jeder hat, denke ich, die Möglichkeit des Todes bedacht, entweder des eigenen oder den eines anderen.« Er schluckte und sah wieder nach oben. »Über dieses Thema haben Bill und ich uns ausgiebig unterhalten, als ich zum ersten Mal bei ihm zu Hause war.«

Dann richtete er den Blick seiner blauen Augen auf Jeffrey. »Beim Hochgebirgsklettern im Himalaja, was wahrscheinlich die gefährlichste Sportart der Welt ist, stirbt, so weit ich weiß, einer von zehn auf Expeditionen über 8000 Meter. Die Statistiken für die Höhlenforschung oder das Höhlentauchen sind nicht annähernd so übel. Aber die Gefahr ist natürlich immer präsent.

Bill und ich haben über Folgendes gesprochen: Erstens... was wird im Falle eines Falles aus der Expedition? Wir waren uns beide einig, wenn... einem von uns etwas passiert, dann soll die Expedition weitergehen, denn an die glauben wir alle.

Zweitens, falls einer stirbt, was passiert dann mit seinem Leichnam? Und da waren wir uns wieder einig, dass die Leiche geborgen werden soll, falls sie sich risikolos bergen lässt. Falls es für die anderen aber eine Gefahr darstellt, dann nicht, da es keinen Grund gibt, irgendjemanden einem Risiko auszusetzen.«

Ian unterbrach sich kurz, um über die trockenen Lippen zu lecken. »Das ist absolut unnötig, nur um eine Leiche herauszuholen.«

Bei dieser Bemerkung klang seine Stimme seltsam monoton, und er blickte Jeffrey direkt ins Gesicht.

Der schwenkte zur nächsten Frage: »Erzähl mir davon, wie du es persönlich vor dir rechtfertigst, dein Leben zu riskieren.«

Ian war verärgert, was man an seinem Gesichtsausdruck merkte, und stieß mit einem langen Luftstoß seine Antwort und gleichzeitig seinen Unmut aus.

»Meine persönliche Rechtfertigung, mein Leben zu riskieren, klingt vielleicht dramatisch«, entgegnete er. »Ich erachte das, was ich da tue, gar nicht mal für sonderlich gefährlich, denn ich überlege jedes Mal vorher, welches Risiko ich eingehen will oder nicht, und ich habe ausgerechnet … ich meine, ein Risiko gibt es bei allem, was man tut im Leben, ohne Ausnahme – so auch in der Welt des Höhlentauchens. Doch solange man ein paar Grundregeln einhält, verringert man die Wahrscheinlichkeit eines Unglücks.«

Paul sah als Erster das Lichtflackern unter Wasser. Aufgeregt machte er die anderen, die hellwach um eine einsame Karbidlampe im Camp Fünf hockten, darauf aufmerksam. Das Flackern wurde zu einem unheimlich anmutenden, blaugrünen Lichtschein, der durch die Grotte flimmerte.

Bill sah auf seine Armbanduhr. Kenny war erst vor 90 Minuten aufgebrochen. Abzüglich mindestens einer halben Stunde für den Hinweg und noch einmal so viel für den Rückweg, hieß das, dass Kenny nicht einmal eine halbe Stunde lang nach Ian gesucht hatte. »Das bedeutet nichts Gutes«, sagte er wahllos in die Runde.

Kenny schwamm hinauf zum unteren Deck und reichte Jim nach und nach die einzelnen Ausrüstungsteile. Bill konnte nicht hören, was sie redeten, da der Wasserfall zu laut donnerte. Das Einzige, was er unmissverständlich von Kennys Lippen ablas, waren zwei Worte: »Ian« und »ertrunken«.

Das Herz drehte sich ihm im Leib herum. »Nicht Ian«, schrie er auf. »Nicht Ian.« Den ganzen Tag hatte er versucht, sich darauf vorzubereiten, doch nun packte ihn heftiger Schwindel. Sein Kopf drehte sich. *Wie konnte das nur so schief laufen? Und jetzt, was fangen wir jetzt bloß an?*

Er schnappte nach Luft, half Kenny auf die untere Plattform und kauerte sich neben ihn. Er legte seine Hand auf Kennys Schulter, und Kenny hielt sie fest, ganz fest. So verharrten sie eine Weile, ohne ein Wort zu sagen.

Nachdem Kenny sich aus seiner Ausrüstung geschält und die erschütternden Einzelheiten berichtet hatte, machten sich die Briten auf nach Camp Drei. Bill, Kenny und Jim blieben die Nacht in Camp Fünf. Emotional erschöpft, kletterten sie schon früh in ihre Hängematten. Jim schlief ein, Kenny und Bill redeten noch stundenlang. Beide waren wie betäubt. Sie schwelgten in Erinnerungen und dachten an den tiefen Schmerz, der seiner Frau Erica und den drei Kindern bevorstand. Und sie wägten die Aufgabe ab, die vor ihnen lag: den Toten zu bergen und ihn aus der Höhle zu bringen. Was Ian anging, so hätte es ihm ganz und gar nichts ausgemacht, dort unten seine letzte Ruhestätte zu finden, doch Bill wusste aus leidiger Erfahrung, dass die mexikanischen Behörden auf einer Leichenbergung bestehen würden.

Ihm war klar, dass Kenny, der noch immer unter Schock stand, das nicht tun konnte. Da sich Noel und Steve noch an der Oberfläche befanden, fiel die Aufgabe Bill zu, Bill ganz allein. Niemand konnte ihm nachkommen, sollte er in Schwierigkeiten geraten. Bei dem Gedanken, was nun alles getan werden musste, wurde ihm angst und bange.

Bevor sie das Licht löschten, gaben Kenny und Bill einander die Hand und schworen sich, die Grotte lebend zu verlassen.

Für Bill war es die zweite schlaflose Nacht hintereinander; er ertrank förmlich in den Wogen seiner Gefühle. Wie immer bebten die Höhlenwände unter dem Donner der Wasserfälle. *Camp Fünf*, dachte er, könnte genauso gut auch *Camp Furcht* heißen. Hin und her schaukelte er in seiner Hängematte, eingehüllt vom donnernden Dunkel. Und ganz für sich betrauerte er noch einen Todesfall: *Nach zehn Jahren der Vorbereitung ist die Expedition endgültig vorbei. Gescheitert. Was mache ich jetzt mit meinem Leben?* Eine Stunde lang sinnierte er darüber. Dann fielen ihm die Augen zu.

Als er erwachte, kam es ihm vor, als hätte er nur wenige Minuten geschlafen, dabei waren es mehrere Stunden. Unter dem Dröhnen des Wasserfalls, das in seinem Kopf nachhallte, konnte er unmöglich wieder einschlafen. Er feuerte eine Karbidlampe an und begann, sich auf die grausame Aufgabe vorzubereiten, die vor ihm lag. Kenny, der in der Hängematte neben ihm schlief, war sofort wach.

»Bist du bereit?«, fragte er.

»Ja«, sagte Bill, obwohl er sich da gar nicht so sicher war. »Gehen wir's an.«

Jim wachte eine halbe Stunde später auf, weil Kenny ihm mit der Lampe direkt ins Gesicht leuchtete. »Aufstehen!«, rief er.

Nach dem Frühstück führte Kenny Bill durch die leidige Pre-Dive-Prozedur, welche er und Ian bis zur Perfektion vervollkommnet hatten. Er bestückte Bills Taucherhelm mit neuen Leuchten und legte einen Satz wasserfester Schreibtafeln mit leeren Feldern bereit, in die Bill sämtliche wichtigen Daten eintragen sollte. Und er packte ihm alle sonstigen Dinge von Bedeutung zusammen: Gurte, um Ian herauszuziehen, zusätzliche Karabiner, um ihn anzuheben, und Ersatzgurte, um seine Arme und Beine festzuschnallen, für den Fall, dass die Leichenstarre schon eingesetzt hatte.

»Benutze so viel von Ians Gerät wie möglich«, riet Kenny. »Spare die eigene Luft auf, falls du abbrechen musst.«

Bis zu dem Moment, da Bill in die Grotte glitt, hatte er vergessen, wie kalt das Wasser war. Ein Kälteschauer schoss ihm durch den Körper, als er in das 17 Grad kalte Wasser eintauchte. Im Laufe seiner langen Abwesenheit hatte er sich ganz allmählich und wohlweislich ein dickes Fell zugelegt gegen diesen Ort und seine allgegenwärtige Gefahr. Und nun, da das kalte, klare Wasser gegen seinen Nasstauchanzug wogte, wurden alle Empfindungen wieder hochgespült – auch eine Art Furcht.

Nach dem Pre-Dive-Check inklusive eines fünfminütigen Probeatmens zur Kontrolle des Geräts war er startklar. Kenny packte ihn noch einmal fest an der Schulter und gab ihm mit erstickter Stimme die altgewohnte Losung mit auf den Weg: »Rechtzeitig zum Tee und zur Medaillenverleihung wieder da sein, in Ordnung?«

Bill nickte mit ernstem Blick und tauchte zum ersten Mal seit 13 Jahren wieder ab in die San-Agustín-Grotte.

Nach wochenlanger Arbeit am Seil fühlte sich das Gerät klobig und hinderlich an, beinahe Furcht einflößend. Doch nach fünf Minuten unter Wasser kehrten die alten Gewohnheiten wieder, und er entspannte sich. Im blauweißen, kalzittrüben Wasser konnte er ungefähr eine Körperlänge weit sehen. Vorbei an der dicken, roten Führungsleine, die er 1981 verlegt hatte, ging es weiter, hinein in das neu entdeckte Gebiet. Er war tief beeindruckt von der langen Route, die Kenny und Ian eingerichtet hatten. Eine halbe Stunde später stieg der sandige Boden sanft an, und kurz darauf sah er die quecksilbrige Spiegelung, die Wasseroberfläche der Luftglocke.

Er kniete im Sand, nahm das Mundstück ab und atmete tief durch. Es war ein eigenartiges Gefühl, wieder hier zu sein. Dabei hätte es ein großartiges Gefühl sein müssen. Aber unter diesen Umständen war nicht im Entferntesten daran zu denken.

Bill kroch an der rechten Seite der Luftglocke entlang, wo Kennys Beschreibung nach das Wasser etwas tiefer war, und ließ sich noch etwa 15 Meter über die Oberfläche treiben. Dann entdeckte er Ian und war genau wie Kenny erstaunt, wie friedlich Ian aussah.

In den folgenden zwei Stunden notierte Bill sämtliche Einzelheiten, machte Notizen zu Ians Lage und zum Zustand seiner Ausrüstung, verzeichnete alles mit einem weichen Stift auf eine Reihe weißer Plastiktafeln. Alle Versorgungsflaschen waren noch voll – die erste, die zweite sowie die Bailout-Flasche –, bis auf die Haupt-Diluentflasche, die sogar jetzt noch, als Bill eintraf, ab und zu ein paar winzige Luftblasen durch Ians Mundstück abgab. Das Atemgas war Ian eindeutig nicht ausgegangen. Die Anzeigen für den Sauerstoffpartialdruck bewegten sich im normalen Bereich. Er hatte also keine Hypoxie erlitten.

Als er die Begutachtung vollständig erstellt hatte, zog er Ian zur nahe gelegenen Sandbank. Kenny hatte damit gerechnet, dass das ganze Unterfangen zwei Touren erforderlich machen würde: eine zur Begutachtung der Lage, eine zweite für den eigentlichen Leichentransport. Bill aber wollte die Sache so schnell wie möglich hinter sich bringen. An der Sandbank nahm er Ian Bleigurte, Taucherflossen, die leere Heliox-Flasche und die Wellington-Stiefel ab. Anschließend zog er ihn um die beiden Sandbänke herum und in den Gang hinein, der zurück zu Camp Fünf führte. Ians Gewicht und das der zwei noch vollen Rebreather überstieg beinahe Bills Kräfte. Seine Pumpe pochte wie wild, und er schwitzte heftig.

Als er Ian zurück im tieferen Wasser hatte, brachte er die kleinen Bleigewichte, die er mitgenommen hatte, an Ians Gurtzeug und an seinen Füßen an, bis der Auftrieb annähernd neutral war. Mit drei Gurtbändern und zwei Karabinern sicherte er Ian für den Rücktransport durch Sump One, wie er das Gebiet mittlerweile bezeichnete.

Danach überprüfte er die Einstellungen am eigenen Rebreather und positionierte Ian, mit dem Gesicht nach oben, unterhalb seiner Brust im Wasser. Um sowohl seinen als auch Ians Auftrieb kontrollieren zu können, ließ er Luft aus seiner Tarierweste ab und ließ in Ians Weste mal Luft ein, mal aus.

Der Rückweg durch die Grotte erschien ihm unendlich lang – mit einem Auge behielt Bill die Tauchleine im Blick, mit dem anderen den Auftrieb.

Auf halbem Wege gab er aufgrund von Ians Gewicht zu viel Gas zu, womit er die Aufstieggeschwindigkeit falsch tariert hatte. Sie stiegen rapide auf – blickten einander direkt an, von Angesicht zu Angesicht, hielten einander in tödlicher Umarmung –, bis die Grottendecke sie abrupt stoppte. Als der Fiberglasbehälter des Rebreathers auf das Felsgestein knallte, gab es einen lauten, heftigen Schlag, den das robuste Gerät allerdings überlebte, wie auch einen weiteren Aufprall wenige Augenblicke später.

Ian durch die Grotte zu ziehen war reinste Knochenarbeit, so dass Bill auf einem der Steine in der großen Versturzkammer eine erste Verschnaufpause einlegte und eine weitere am ersten Schacht. Insgesamt brauchte er für den Rückweg 40 Minuten. Als er Camp Fünf erreichte, schob er Ian unter das Tauchdeck und machte ihn an einem Kletterseil fest. Dann schrie er hinauf zu Kenny.

Sofort eilte Kenny herunter.

»Hast du die Daten?«, rief er ihm entgegen.

»Mehr als das«, antwortete Bill und zeigte auf Ian, der nahe der Oberfläche im Wasser trieb.

Kenny half Bill aus der Ausrüstung und gab ihm eine Tasse heiße Limonade. Während sie sich eine kleine Ruhepause gönnten, kamen Rick und Paul mit der Nachricht zurück, dass Barbara, Don Broussard und Mark Madden an die Oberfläche zurückgekehrt waren, um das britische Konsulat und die mexikanischen Behörden zu unterrichten.

Die fünf verzeichneten sämtliche Ausrüstungsgegenstände, die Ian bei sich gehabt hatte, und überprüften jedes System im Rebreather bis ins allerkleinste Detail. Trotz der fast zwei Tage unter Wasser war der CO_2-Absorber trocken und das System in Betrieb. Eines allerdings war merkwürdig: Ein Schalter zum Abdrehen des Sauerstoffflusses fehlte.

»Was bedeutet das?«, fragte Rick.

»Das bedeutet«, antwortete Bill langsam, »dass Ian den automatischen Atemgaszustrom absichtlich abgeschaltet hat. Das war eine Angewohnheit von ihm. Er zog das Ventil raus, sobald er an die Oberfläche stieß, um jedes Gramm des kostbaren Sauerstoffs zu sparen. Aber aus irgendeinem Grund hat er es nicht wieder eingeschaltet.«

»Heißt das, der Sauerstoff ging ihm aus?«, fragte Paul.

»Nein«, erklärte Kenny, »die Sauerstoffzufuhr war in Ordnung, als ich bei ihm ankam. Ich hätte gut sein Mundstück nehmen und daraus atmen können.«

Die Diskussion um die Einzelheiten zog sich dahin, bis Paul irgendwann zu dem Schluss kam: »Wir werden wohl nie erfahren, was dort unten geschah.«

»Ach, nicht unbedingt«, sagte Bill. »Einer der Onboard-Computer zeichnet alle Systemparameter auf – ähnlich wie die Blackbox bei einem Flugzeug. Aber den müssen wir in den Staaten auswerten lassen.«

»Warum tun wir das nicht gleich?«, fragte Rick.

»Mal langsam, erst müssen wir überlegen, wie wir Ian aus der Höhle transportieren. Wir haben nämlich keine Bahre«, sagte Bill.

»Kein Problem, so etwas machen wir tagtäglich«, antwortete Rick. »Wir sind doch Feuerwehrleute!«

Sie machten Ian transportfertig, derweil Bill und Kenny Ians persönliche Sachen zusammensuchten, darunter auch den feucht gewordenen Teddybär. Dann begaben sie sich an den Aufstieg durch die Lower Gorge — Jim trug Ians persönliche Sachen, die anderen Ian.

Über die meisten Steilabsätze stiegen Rick und Paul voran und richteten ein Flaschenzugsystem ein, während Bill und Kenny unterhalb blieben, um Ian nachzuschieben. Besonders schwierig wurde es durch die Washing Machine und den Fissure Drop. Die Kriechgänge waren am schlimmsten, da sie beim Transport keine Hebelkraft anwenden konnten. Alles, was sie tun konnten, war, Ian Meter für Meter vorwärts zu schieben – ein grausames Unterfangen.

Um Mitternacht erreichten sie schließlich den Sala Grande de la Sierra Mazteca, wo sie auf Noel und Steve trafen, die zurückgeeilt waren, nachdem sie an der Oberfläche von der Katastrophe erfahren hatten. Völlig erschöpft legten sich Bill und Kenny schlafen.

Nach ein paar Tagen Auszeit an der Oberfläche gut erholt, war Noel am nächsten Morgen als Erster auf den Beinen. Aus Sorge, dass das Puffen des großen Petzl-Deckenbrenners die andern wecken könnte, schlich er im gedämpften Schein einer kleinen Taschenlampe auf

Zehenspitzen umher. Jim hingegen war weniger rücksichtsvoll, und bis um zehn Uhr hatte er alle aufgestört.

»Hast du hier schon jemals irgendwas getan außer essen, schlafen und stören?«, fuhr Noel ihn an.

»Habe mir das Knie verdreht«, versuchte sich Jim herauszureden.

Noel ließ ihn stehen. »Der hat doch immer über irgendeinen Mist zu jammern«, brummte er vor sich hin, während er den Ofen anfeuerte und das Frühstück zubereitete.

Abgesehen davon, dass Noel im Team der Mannschaftsarzt war, arbeitete er als Dozent und Chefarzt der National Cave Rescue Commission, der Nationalen Höhlenrettungskommission. Über die Jahre hatte er bereits bei einem halben Dutzend Bergungsaktionen mitgeholfen und bei gut doppelt so vielen erfolgreichen Rettungsaktionen. Doch fiel ihm auf, dass sie eine Bergung durchführten, wie es sie über eine so lange Strecke nie zuvor gegeben hatte. Kenny taxierte Noel mit kaltem Blick; er hatte im Moment für solche Betrachtungen keinen Sinn. Noel wechselte das Thema. Die grausame Aufgabe, eine Leiche aus einer Höhle zu holen, bedeutete geistige Schwerstarbeit – das hatten ihm seine Erfahrungen bei der Rettungskommission gelehrt. Für die Männer in dieser Runde würde es ein erlösender Prozess sein, Gedenkfeier und Totenwache in einem.

Nach dem späten Frühstück stiegen Noel und Steve hinunter zum Tauchdepot und betteten Ian um. Sie wickelten ihn in eine blaue Plastikplane und banden ihn auf die Rettungsbahre, die Noel tags zuvor organisiert hatte. Die Plane tilgte den Geruch etwas, und Noel befestigte lange Handschlaufen an den Seiten der Bahre.

Zwei dieser Handschlaufen machte Bill an seinem Gurtzeug fest und zog die Bahre wie einen Schlitten durch die Metro hinter sich her. Dann schwammen Kenny und Noel damit über den See, und danach zogen alle acht – Bill, Noel, Steve und Kenny sowie Mark, Rick, Alex und Paul von der britischen Mannschaft – die Bahre an den Seilen hinauf zur Upper Gorge.

Als sie den Space Drop erreicht hatten, demontierten Bill und

Noel die vorhandenen Einrichtungen, um Seilrollen für ein Flaschenzugsystem zu installieren, an dem die Männer der Reihe nach von oben aus zogen. Auf den letzten Metern war Noel an der Reihe. Noch bevor die Bahre oben ankam, stieg ihm ein beißender Geruch in die Nase. Mit dem ihm eigenen Galgenhumor verkündete er: »Ich kann es riechen, gleich haben wir's geschafft.«

Seine erschöpften Kollegen schüttelten nur den Kopf. Gegen elf Uhr abends waren sie mit der Trage an der Querung am oberen Ende des Steilabsatzes angelangt. Nacheinander seilten sie sich über den Space Drop ab und, mit ihren Kräften am Ende, fielen sie im Camp Drei ins Bett.

Am nächsten Morgen spürte Bill alle Knochen im Leib. Arme und Beine waren steif von der Anstrengung. Sämtliche Muskeln schmerzten. Allein an der linken Hand hatte er sieben Blasen. Eigentlich hatte er eine große Kiste mit Arbeitshandschuhen mitgenommen, doch sie war unterwegs verschollen. Und nun litten sie alle Schmerzen. Er drehte sich um, spürte den Muskelschmerz nur noch mehr. *Ich kann mich nicht erinnern, je solche Schmerzen gehabt zu haben. Vielleicht liegt es daran, dass ich 41 bin.* Er drehte sich auf den Rücken, hob die Beine an, die in seinem Mumienschlafsack steckten, und zog die Füße direkt über sich. Mit den Füßen hielt er eine Flasche, die er nun auf seinen Bauch fallen ließ. Das Schmerzmittel Ibuprofen. Die Flasche hatte er extra für Morgen wie diesen an seinem Fußende deponiert. Er schraubte den Sicherheitsdeckel ab und würgte gleich drei der rötlichen Kapseln hinunter. Als er die Flasche wieder in die unteren Gefilde seines Schlafsackes versenken wollte, erschien Kenny.

»Aha, Vitamin I«, meinte Kenny, verzog aber keine Miene. »Das Frühstück eines Champions.«

Hinter dieser Bemerkung steckte zwar nicht viel Überschwang, doch sie war die erste Witzelei, die Bill seit Ians Tod von Kenny hörte. Eilends kroch er aus seinem Schlafsack und lief ihm in die Küchenecke hinterher.

»Ich bin kaputt, Mann«, vertraute ihm Kenny an, als er den Ofen angefeuert hatte. »Ich habe keine Nacht mehr durchgeschlafen, seit ... seit das passiert ist. Du ... du hast jede Menge Leute hier unten, die mit anpacken. Die Briten sind richtig starke Höhlenkundler. Und ich ... Wenn es in Ordnung ist, klinke ich mich für heute aus, gehe an die Oberfläche.«

»Tu das«, sagte Bill und schenkte ihm eine Tasse heiße Limonade ein. »Du hast dein Soll mehr als erfüllt.«

Er wusste, welch enge Freundschaft Kenny und Ian verband, und er sah, dass Kenny körperlich und seelisch völlig erschöpft war. »Soll dich jemand nach oben begleiten?«

Bill saß auf einem der Steinstühle, doch Kenny wollte sich nicht zu ihm setzen.

»Nein, danke. Ich will lieber allein sein«, lehnte er höflich ab und schickte sich an, seine Ausrüstung zusammenzupacken und Camp Drei zu verlassen, noch bevor die anderen aufgestanden waren.

Nach dem Frühstück arbeitete sich der Rest der Truppe mühsam zurück durch die Upper Gorge, stieg hinauf über den Space Drop und transportierte Ian weiter in Richtung Oberfläche. In jedem der senkrecht abfallenden Steilabsätze der Bowl Hole Series musste das Team die vorhandenen Seile und die Rebelays aus der Verankerung lösen, um eine Reihe behelfsmäßig getakelter Flaschenzugsysteme anzubringen. Der mächtige 110-Meter-Schacht stellte mit Abstand die größte Herausforderung dar. Rick wollte ihn so einrichten, Noel eher so und Paul wieder anders. Und jeder beharrte darauf, dass sein Vorschlag der beste sei. Die Stimmung wurde immer gereizter, bis Bill dazwischen fuhr.

»Ich bin mir sicher, dass Ian gern seinen Senf dazu gegeben hätte«, ließ er verlauten.

Ein paar Sekunden lang herrschte Stille, dann lachten alle.

»O ja, er konnte eine ziemliche Nervensäge sein, wenn es ums Einrichten ging«, platzte Noel heraus. »Jedes Mal, wenn er hier durchkam, zog er die Schlaufen an den Rebelays nach. Er hat sie so eng gezogen, dass ich kaum mehr einen Fuß hineinbekam. So etwa«, sagte Noel, zog ein Bein hoch und umgriff es mit dem Arm, um zu veranschaulichen, was er meinte.

»Ach, Ian war das?«, fragte Bill. »Ich dachte, das wärst du und Steve.«

Um drei Uhr morgens hatten sie endlich die Stairway to Hell erreicht. Einstimmig beschlossen sie, obschon völlig erledigt, die Nacht an der Oberfläche zu verbringen. Bevor sie ihren Weg fortsetzten, warf Noel einen letzten Blick hinunter zur Bahre.

Dann sagte er: »Wir haben einen Flaschenhals vor uns. Einige von uns werden hier unten lange in der Warteschleife bleiben müssen, während die anderen hinausklettern.«

»Nicht, wenn du als Erster am Seil bist«, schoss Alex grinsend zurück. Die anderen blickten sich um, dann erst fiel der Groschen. »Achtung, fertig… eins, zwei drei….« – und bevor er noch Los rufen konnte, stürmte die ganze Bande im Pulk den Gang hinauf. Ein Geklapper und ein Gerempel, bis Alex als Erster am Seil hochsprang und eine Steigklemme zu fassen bekam. Er stieg drei Meter hoch, hielt dann kurz an, sah sich nach Noel um und fragte: »Wartest du etwa auf mich, Kumpel?«

Und in einer Linie hintereinander, im Gänsemarsch sozusagen, arbeitete sich die Seilschaft weiter nach oben.

Sieben

Es nieselte leicht, als Bill sich über den Jungle Drop bergauf schleppte. Kühles Wasser tropfte von Kletterpflanzen, die in den Erdfall hinabhingen, und linderte seine Muskelschmerzen, als er sich aus der Felsspalte zog. Nach 16 Tagen unter der Erde überwältigten die endlosen Geräusche des Dschungels und die moschusartigen Gerüche der Vegetation seine Sinne. Jetzt nur noch über das erdverschmutzte Felssims, die schlammverkrusteten Steigklemmen verstauen, durch den steinigen Einstiegsgang kriechen und dann hinaus ins Freie. Der Mais und die schwarzen Bohnen waren mittlerweile ausgetrieben. Er setzte sich auf einen ausgezackten Steinbrocken, wartete auf Noel und fühlte sich hin und her gerissen: Das Leben hier oben war viel angenehmer als dort unten, aber auch weitaus komplizierter.

Der staubige Pfad hinauf zum Dorf war aufgeweicht. Bills mit Gummi besohlte Bata-Stiefel griffen nicht, er rutschte ein paar Mal aus und fiel hin. So müsse sich wohl eine Drecksau fühlen, scherzte er mit Noel, als er sich zum x-ten Male hochrappelte. Als sie das Küchenhaus erreichten, sahen beide aus wie die Drecksäue.

Barbara hörte sie kommen und lief ihnen entgegen. Sie kochte eine Art Eintopf, ein buntes Allerlei aus Fertiggerichten, das sie über eine Riesenportion Spaghetti gab. Sie versuchte, sich nichts anmerken zu lassen, zuckte aber zusammen, als Noel zwei große Schalen davon vertilgte. Während sie aßen, überschüttete Barbara sie mit Neuigkeiten, die sich in der Zwischenzeit an der Oberfläche ereignet hatten. Die mexikanischen Behörden waren vom Tod Ians unterrichtet, ebenso die britische Botschaft. Bills langjähriger Freund Sergio Zambrano war momentan unterwegs aus Mexiko City, um bei den bürokratischen Formalitäten vor Ort zu helfen. Auch ein britisches Team hatte sich von einer Expedition in Cuetzalan aus auf den Weg gemacht, um bei der Evakuierung behilflich zu sein. Rob Parker hatte die Nachricht Ians Frau Erica überbracht und alles Notwendige in die Wege geleitet, um mit dem Leichnam nach Schottland zurückzukehren.

»Da ist noch etwas, das du wissen musst, G«, sagte Barbara. »Rob Parker ist hier. Und er ist sehr aufgebracht. Er glaubt, dass Ians Tod durch das Tauchgerät verursacht worden ist.«

Bill sah von seinem Teller hoch und starrte sie an.

»Ich weiß, ich weiß«, sagte sie. »Ich sage dir ja nur, was Rob meint. Nämlich, dass das Tauchgerät schuld an Ians Tod ist. Das glaubt er. Und davon hat er mittlerweile fast die ganze restliche Mannschaft im Camp überzeugt.«

Bill würgte noch einen Löffel hinunter, wollte nachhaken.

Doch Barbara redete weiter, bevor er den Mund öffnen konnte: »Bill Farr, auf jeden Fall. Vielleicht auch noch Steve, schwer zu sagen.«

Das traf Bill hart. Er ließ die Ellbogen auf die Tischplatte fallen, steckte den Kopf zwischen die Hände und sagte keinen Ton. Seit nun schon fast einer Woche hatte er keine Nacht durchgeschlafen, unter seinen Augen hingen tiefe Säcke, und er hatte überall blaue Flecken. Und dann vor allem die emotionale Niederlage. Barbara drückte ihn an sich.

Wenige Minuten später erschien Wes Skiles im Küchenhaus. Zusammen mit zwei Kollegen von den Moles, Tom Morris und Paul Smith, war er am frühen Abend im Camp angekommen. Zu dritt hatten sie sich in Toms kleinen Jeep gezwängt und waren von Florida aus durchgefahren; mit schweren Lidern kamen sie in San Agustín Zaragoza an, wo sie mit der Nachricht von Ians Tod begrüßt wurden. Wes stand in der Tür zum Küchenhaus und meinte, als er Bill sah: »Du bist ja völlig fertig, Partner. Ab ins Bett mit dir.« Doch da rumpelte ein Laster durch das ruhige Dorf – die Briten aus Cuetzalan. Rob hatte sie alarmiert, dass Hilfe bei einer Bergungsaktion benötigt würde. Fünf von ihnen – Dick Ballantine, Pete Hall, John Palmer, John Thorpe und Pete Ward – waren gerade von einer 30-stündigen Höhlentour zurückgekehrt, packten aber sofort ihre Sachen und nahmen den ersten Bus nach Puebla. Als sie in Huautla ankamen, hatten sie eine Tagesreise hinter sich. Ein paar steckten noch in ihren Sportanzügen. Gegen Mitternacht saß die komplette Verstärkungsmannschaft dicht gedrängt an den Wänden im kleinen Küchenhaus. Der Reihe nach stellten sie sich vor, und die meisten fügten persönliche Worte über ihre Freundschaft mit Ian an. Niedergedrückt saß Bill am Kopfende des Tisches, gab einen Überblick über die Geschehnisse, und die Gruppe teilte die anstehenden Aufgaben unter sich auf. Die Neuankömmlinge hörten mit starren Gesichtern und verschränkten Armen zu, in Trauer.

Unterdessen erschien Lázaro, der Mann aus dem Dorf, der ihnen das Küchenhaus vermietet hatte und der eine Schnapsbrennerei betrieb. An geheim gehaltenen Brennereien belud er seine Esel mit je zwei 25-Liter-Fässern seines *aquardiente* und belieferte Kunden in der ganzen Region mit dem klaren Zuckerrohrschnaps. In eben jener Nacht hatte er offenbar reichlich von seinen Vorräten gekostet, denn er stolperte über die Schwelle, bass erstaunt, sein Haus voller *gringos* zu finden, als hätte er vergessen, dass seine Frau das Haus an die Höhlenforscher vermietet hatte. Wie viele Mazteken seiner Generation sprach auch Lázaro nur ein paar Brocken Spanisch – und kein Wort Englisch –, doch er gesellte sich zu der Runde, stellte sich neben das Cheve-Team und die Briten aus Cuetzalan, verschränkte wie sie die Arme und nickte immer, wenn sie nickten. Als es im Raum still wurde, trat er vor und hielt eine Rede auf Maztekisch, die niemand verstand. Als er fertig war, nickten alle höflich und nahmen ihr Gespräch wieder auf.

Bill und Noel legten sich erst spät schlafen. Am nächsten Morgen stand die Truppe aus Cuetzalan früh auf, um mit den Bergungsarbeiten zu beginnen. Joe Ivy und Harry Burgess, zwei stämmige Texaner von der Cheve-Expedition, begleiteten sie, ebenso der gerade aus Cerro Rabón zurückgekehrte Karlin Meyers. Kurz nachdem sie weg waren, kam Barbara ins Küchenhaus, wo sie auf Bill Farr traf, den Höhlenforscher aus Kalifornien. Er erging sich vor allen Anwesenden in Spekulationen über Ians Rebreather, darüber, wie es möglicherweise zum Versagen des Geräts gekommen war. Sein fachkundiges Gehabe, obgleich er die Expedition weniger unterstützt hatte als manch einer der anwesenden Cheve-Höhlenforscher, ärgerte sie maßlos, und dass er ganz fraglos Ians Tod einem Versagen des Tauchgeräts zuschrieb, versetzte sie in Wut.

»Wovon zum Teufel redest du da?«, fiel sie ihm ins Wort. »Es gibt keinerlei Beweise dafür, dass das Gerät Ians Tod verursacht hat. *Keinerlei* Beweise.«

»Mag sein, aber seit Florida haben wir immer wieder Probleme damit gehabt«, gab Bill Farr zurück. »Und Noel hat mir selbst erzählt, dass er auf seinem letzten Tauchgang beinahe eine Hypoxie erlitten hätte.«

»Wer ist *wir*, kemo sabe? Ich kann mich nicht erinnern, dein ach so sympathisches Gesicht in Ginnie Springs gesehen zu haben. Die Geräte liefen einwandfrei. Aber das weißt du nicht, du warst ja nicht dabei, oder? Und was Noel angeht, ihm ist der Sauerstoff nicht ausgegangen. Er hatte Hyperkarbie, weil er vergessen hatte, den verdammten Lithiumhydroxid-Kanister auszutauschen, weil Noel – ach, Noel eben. Ein Bedienerfehler war das, nicht ein Problem am Gerät«, erklärte sie. »Und Noel hat den Tauchgang ohne Zwischenfall zu Ende gebracht, oder etwa nicht? Und zwar, weil er nur auf das Offboard-Bailout-System umschalten musste. Und wenn das irgendwie ausgefallen wäre – was es nicht tat –, hätte er sich immer noch eine der Bailout-Flaschen schnappen können, die in der Grotte deponiert sind. Mehr als genug Bailouts. Und Ian hat alles über die Bailouts gewusst. Aber du, du hast keine Ahnung davon, nicht wahr? Du bist ja nicht getaucht, oder täusche ich mich?«

Bill Farr war perplex. So hatte er Barbara noch nie erlebt. Sie sah selbst ein wenig überrascht aus.

»Tatsache ist, wir wissen nicht, was passiert ist«, fuhr sie fort. »Wir werden die Daten prüfen, die Bill und Kenny gesammelt haben, und unser Verhalten und Vorgehen entsprechend anpassen, falls nötig, so dass jeder Tauchgang, jeder, sicher ist.«

»Es gibt keine weiteren Tauchgänge mehr«, unterbrach Bill Farr sie. »Die Expedition ist vorbei.«

»Das weißt du doch nicht«, war Barbaras Kommentar. »Diese Entscheidung hast du nicht zu treffen. Morgen oder übermorgen haben wir eine Teamversammlung. Und das Team – das heißt, die Leute, die hier mitarbeiten –, das Team wird entscheiden, ob die Expedition fortgeführt werden soll oder nicht.«

Bill Farr schüttelte abfällig den Kopf. »Nachdem Chris Yeager gestorben ist«, beharrte er, »haben sie die Cheve-Expedition eingestellt. Und auch diese Expedition hier muss unbedingt gestoppt werden.«

Barbara taxierte ihn mit eisigem Blick, hatte aber keine Lust mehr, sich weiter mit ihm zu streiten, und ging in die Unterkunftsbaracke, wo Bill und Noel noch immer schliefen. Auf Zehenspitzen schlich sie durch das Zimmer, holte ihr Notizbuch, schlich wieder hinaus, suchte sich ein ruhiges Plätzchen in der Sonne und schrieb. Kurz darauf kam Mark Madden vorbei, zeigte mit dem Daumen in Richtung Küchenhaus, wo Bill Farr noch immer Reden schwang, und bemerkte: »Ganz schön widerlich, der Kerl.« Barbara stimmte ihm zu.

Eine Weile später kam Rob, um ihr zu sagen, dass er nach Huautla müsse, um sich mit den Ortsvorstehern zu beratschlagen. Er solle den Behörden auf gar keinen Fall sagen, dass die Expedition vorbei sei, gab sie ihm mit auf den Weg.

»Könnte aber so kommen«, antwortete er.

Sie merkte ihm an, dass er darauf hinauswollte. »Über das Schicksal der Expedition haben weder Bill Farr noch du oder ich zu entscheiden«, sagte sie. »Das ist Sache des gesamten Teams.«

Dann traf Sergio Zambrano aus Mexiko ein, der Höhlenforscher und -taucher, der schon bei der Planung der Expedition mitgeholfen hatte. Dank Sergios Übersetzung erfuhr Rob, dass die mexikanischen Beamten bei der Bergung von Ians Leichnam einen Polizeiinspektor dabei haben wollten.

Barbara begleitete die beiden nach Huautla. Wegen Karfreitag, eines Feiertags, der den Höhlenforschern völlig entgangen war, waren Post und Bank geschlossen. Sie kaufte Gemüse auf dem Markt, während Rob auf Sergio einredete, die Beamten davon zu überzeugen, dass die Expedition eingestellt werden müsse. Auf dem Rückweg nach San Agustín fuhren sie langsam an einer bis ins Detail ausgearbeiteten Laieninszenierung des »Letzten Abendmahl« vorbei, mit kunstvoll kostümierten Jüngern und einem maztekischen Jesus. Niemandem war mehr nach reden zumute.

Die Polizeiinspektoren erschienen am Samstagmorgen und beobachteten das Geschehen von oben aus, während das Team Ians Leiche über den Jungle Drop hochzog. Oben angekommen, erwartete sie eine beeindruckende Szenerie. Ein Dutzend Männer und an die 100 Frauen aus dem Dorf, jede mit einer weißen Calla-Lilie in der Hand, standen im Halbkreis um den felsigen Höhleneingang. Über die schroffen Kalksteine, die den Gang zur Schlucht hinunter säumten, hatten sie Kopalharz gestreut und angezündet. Die schwelenden Feuer erfüllten die Luft mit einem moschusartigen Kräuterduft.

Die Männer vom Bergungstrupp setzten Ian im weichen, schwarzen Boden am Rande des Maisfeldes ab. Sie kniffen erst ungläubig die Augen zusammen, dann waren sie von der feierlichen Begrüßungsandacht zutiefst bewegt. Nach einer Weile nickte ein Mazteke Bill ehrerbietig zu, legte seine Blume neben eines der schwelenden Feuer, trat vor an die Bahre und griff nach einem der Tragegriffe. Da kamen auch die übrigen Männer herbei – Höhlenforscher wie Mazteken –, fassten an den Tragegriffen mit an, und der Zug setzte sich in Bewegung, hinauf zum Dorf. Nach wenigen Schritten entdeckten die Höhlenforscher, dass die Dorfbewohner mit Hacken und Macheten eine kunstvoll gearbeitete Treppe in den steilen Hügel gehauen hatten. Die erdenen Stufen führten den ganzen Weg vom Höhleneingang bis hinauf zum Dorf, den glimmende Räucherstäbchen säumten.

Noel war beschämt angesichts der harten Arbeit, die die Leute investiert hatten, um die kilometerlange Treppe zu bauen, und überwältigt von dem großen Gemeinschaftsgefühl. *Diese Menschen, die so wenig zu geben haben, haben so viel gegeben,* dachte er. *Die meisten kenne ich nur vom Sehen. Und ein paar waren erklärte Gegner unserer Beschäftigung mit ihren Höhlen. Doch nun behandeln sie uns wie Familienmitglieder. Ob wir für sie ebenso viel tun würden?* Seine Gedanken wurden jäh unterbrochen, als die drei maztekischen Träger plötzlich losließen. Das so abrupt umverteilte Gewicht riss hart an seiner Schulter. Er sah sich um, um nachzusehen, was los war.

Ein Mazteke hatte am Wegesrand eine Schlange gesichtet, den Tragegriff losgelassen, seine Machete gezogen, mit aller Kraft zugestoßen und die Schlange in zwei Hälften zerteilt. Fünf andere sprangen herbei, um sich an der Exekution zu beteiligen, und schlugen mit ihren Klingen auf die wehrlose Kreatur ein, als wäre sie ein verlängerter Arm des Höhlengottes *Chi Con Gui-Jao* persönlich, der sich durch den lockeren Oberboden streckte. Sie zerhackten die Schlange immer weiter, gerade so, als wollten sie *Chi Con Gui-Jao* wieder zurück in die Unterwelt stoßen. Als nichts mehr zum Zerhacken übrig war, griff einer nach einem schwelenden Bündel und schwenkte es feierlich über das blutige Fleckchen Erde. Die anderen steckten ihre Machete zurück ins Halfter und kehrten zur Bahre zurück.

Als sie das obere Maisfeld durchquerten und in das Dorf einmarschierten, sah Bill, dass sich eine große Menschenmenge in den Straßen versammelt hatte. Die meisten hatten ihr bestes Gewand angelegt. Und alle warteten sie auf Ians Ankunft. Die Dorfbewohner waren nicht nur zum Höhleneingang gekommen, um beim Tragen zu helfen; vielmehr erwiesen sie Ian in einer maztekisch-katholischen Trauerprozession mit allem Drum und Dran die letzte Ehre. Und als der Zug nach rechts in die Hauptstraße bog, merkte Bill, dass der Zug nicht zum Geräteschuppen unterwegs war, wo er Ian vor der langen Reise nach Oaxaca City eigentlich aufbahren wollte, sondern zur weiß gekalkten Kirche in der Mitte des Dorfes.

Die Träger schritten über den Dorfplatz und durch die handgeschnitzte Tür hinein in die Kirche. Sie legten ihn auf den kühlen, türkisblauen Kachelboden im Mittelgang, in die Mitte des kreuzförmigen Altarraums. Die Menschen stellten Räucherschalen daneben, kleine Rauchfahnen stiegen auf und zogen sich kringelförmig um die dunkelroten Säulen, die das himmelblaue, kuppelförmige Dach der Kirche stützten. Alle übrigen Teammitglieder und Dorfbewohner drängten sich dahinter. Sie füllten die kleinen Holzbänke sowie die Seitengänge und standen auch im hinteren Bereich dicht an dicht. Einige hatten keinen Platz mehr gefunden, lehnten sich draußen gegen die Kirchenmauern und lauschten durch die Fenster.

Das Dorf hatte keinen Priester, und so führte Jaime Escudero – Sohn von Bernardo und Vater von Virgilio – die versammelte Gemeinde durch eine kurze Andacht. Er las aus einem großen Buch, spendete Segnungen und besprenkelte die schlammverschmutzte Bahre mit Weihwasser. Die Mazteken betrachten sich als Katholiken; jedes Mal, wenn der Priester das Dorf besuchte, brachten sie ihm eine ganze Kinderschar, um sie taufen zu lassen, und standen Schlange, um die Heilige Kommunion zu empfangen. Sie waren ein pragmatisches Volk, hatten die Azteken, die Mixteken und die spanischen Invasoren überlebt, indem sie die vermeintlichen Eroberer erduldeten und Teile der neuen Kultur übernahmen. Die alten Erdengötter wie El Rabón gingen seit langer Zeit einher mit dem römischen Pantheon der Heiligen und Jungfrauen, welche die Mazteken nicht als historische Figuren, sondern als unabhängige Gottheiten verstanden. Im 20. Jahrhundert hatten die Mazteken mehr und mehr Gefallen gefunden am katholischen, mit weniger Göttern ausgestatteten Modell – vor allem, weil, abgesehen von Satans rühmlicher Ausnahme, die Götter der Missionare weit wohlwollender waren als die launenhaften Erdengötter.

Die Mazteken waren offiziell zwar katholisch, behielten in der Praxis aber ihre alten Riten und Zeremonien bei, wie etwa das alljährliche, öffentliche Opferfest zu Ehren des Berggottes El Rabón. Viele suchen auch heute noch örtliche Heiler auf, so genannte *curanderos*, die psychedelische Pilze als Diagnosemittel einsetzen und heilige Pflanzen als Heilmittel verabreichen. Und am Tag vor Ostern war der Anblick des toten Ian auf dem blauen Kachelboden den Dorfbewohnern Beweis genug für die Rache des Höhlengottes *Chi Con Gui-Jao*. Schließlich hatten sie den Briten zu Lebzeiten gekannt, ihn als gutherzigen, von seinen Freunden geachteten Mann erlebt. Und wenn *Chi Con Gui-Jao* sich einen Mann wie Señor Rolland nehmen konnte, dann, so glaubten sie, konnte er jeden nehmen.

Jaime schloss die kleine Andacht mit Fürbitten auf Maztekisch. Tiefe, kehlige Gesänge erklangen – fast wie Gregorianische Gesänge –, so durchdringend, dass sie noch im Dorf zu hören waren und Barbara weckten, die mit einer Magen-Darm-Grippe im Bett geblieben war. Die Höhlenforscher, die die Gebete nicht verstehen konnten, blieben mit ihren Gedanken allein.

Steve stand ganz hinten im Altarraum, starr vor Angst und Furcht, und die bittere Erkenntnis der Wahrheit nagte an ihm: Ians Tod spottete seiner Vorstellung vom Reiz des Abenteuers.

Kenny saß drei Reihen vor dem Altar, den Kopf zwischen den Händen. Er war wütend auf Ian, wenngleich er nicht wusste, warum – vielleicht, weil Ian nicht vorsichtig genug gewesen war? Vielleicht, weil er nicht genug auf seinen Blutzuckerspiegel geachtet hatte? Oder vielleicht, weil Ian ihn verlassen hatte? Oder war er wütend auf sich selbst? Weil er Ian überredet hatte, mit ihm zurück ins Camp Fünf zu kommen, weil er seinen Freund zurück in die Grotte gelockt hatte, die ihn am Ende das Leben kostete.

Neben Kenny saß Rob. Er kannte Ian seit Jahren und war ebenfalls wütend. Und zwar auf Bill. In seinen Augen hatte Bill Ians Leben aufs Spiel gesetzt, um ein rein privates Forschungsprojekt zur Fortentwicklung seiner High-Tech-Firma durchzuführen. Und er war wütend auf sich selbst, weil er vor Jahren in Wookey Hole Ian mit Bill bekannt gemacht hatte.

In der Reihe vor ihnen saß Noel, am Gang, direkt neben Ian. Noel fühlte sich durch den Geist der Dorfbewohner beschämt, und die Kraft ihres Glaubens erzeugte in ihm das Gefühl, dass er seine eigene geistige Kraft irgendwann, irgendwo verloren hatte. Auch er war wütend auf sich, weil er seinen Vorahnungen nicht eindringlich genug Ausdruck verliehen hatte. Dabei hatte er sich nach seinen Vorahnungen in Bezug auf Rolf hoch und heilig vorgenommen, etwas zu unternehmen, falls ihn wieder eine solche Ahnung überkommen sollte.

Neben Noel saß Bill, so voller Selbstzweifel wie nie zuvor in seinem Leben. Hatte der Rebreather vielleicht einen Fehler, den er nicht imstande war zu erkennen? Oder war das Gerät einfach zu komplex und überforderte den Nutzer? Hätte er Ian wegen seines Diabetes von der Expedition ausnehmen sollen? Warum Ian? Und wie sollte er den Gedanken aushalten, möglicherweise noch mehr Freunde zu verlieren?

Nach der Andacht folgte die Menge Ians Leichnam aus der Kirche durch das Dorfzentrum. Die Bahre wurde in den Geräteschuppen gebracht, wo Jim Brown einen Werktisch aus Sperrholz frei geräumt hatte. Bill dankte den Dorfbewohnern für ihre Unterstützung und ihr Mitgefühl und bat, nun ungestört sein zu dürfen. Da nur wenige sein Spanisch verstanden, übersetzte Jaime ins Maztekische. Die Dorfbewohner legten ihre Blumen und Räucherstäbchen auf einem behelfsmäßigen Altar draußen vor dem Gebäude ab und gingen nach Hause.

Bill ging hinein, wo bereits zwei Polizeibeamte auf ihn warteten, die Sergio bedeuteten, dass eine Autopsie vorgenommen werden müsse, da niemand beim Tod zugegen gewesen war und ihn bezeugen konnte. Sie hatten ein kleines Kästchen Angelzubehör dabei, in dem sich ein X-Acto-Messer befand, sowie ein Reagenzröhrchen, ein paar Spritzen, etliche Wattetupfer und ein Paar Gummihandschuhe. Sie reichten Noel das Plastikkästchen, da er der Mannschaftsarzt war, und forderten ihn auf, anzufangen.

Noels blaue Augen wurden noch größer als sonst. »Äh..., sie wollen... was?«, fragte er.

»Sie meinen es ernst«, erklärte Sergio und deutete auf ein Stück Papier, das der Polizeiinspektor in Händen hielt. »Er sagt, er müsse die Autopsie bezeugen, danach musst du das Papier unterschreiben.«

Noel schnappte nach Luft. »Ian...«, flehte er, »er ist nun schon eine Woche tot, Mann, hermetisch abgedichtet in seinem Nasstauchanzug. Vermodert in seinem eigenen Saft. Selbst wenn wir einen Forensiker hier hätten – und einen richtigen Operationssaal –, bezweifle ich, dass wir viel erfahren würden über seine Sauerstoff- oder Blutzuckerwerte zum Todeszeitpunkt. Und unter diesen Umständen...«.

Sergio verhandelte Noels Anliegen mit dem Polizeiinspektor. Von Haus aus Werbefachmann, schmückte er Noels Einspruch noch aus, schmeichelte dem Beamten für sein Verständnis und appellierte an sein Mitgefühl, indem er vorbrachte, dass Ians Lebensversicherung ohne eine korrekt durchgeführte Autopsie nicht zahlen würde und Ians Frau und Kinder dann hungern müssten. Schließlich stimmte der Polizeibeamte zu, die Leiche nur kurz zu inspizieren und die Autopsie seinen Vorgesetzten in Oaxaca zu überlassen. Noel stieß einen Seufzer der Erleichterung aus, als Sergio ihm den Handel erklärte.

Er nahm eine Chirurgenschere zur Hand, durchschnitt die erste Lage der Plane, dann die zweite, dann den Nasstauchanzug, dann zwei Schichten Funktionsunterwäsche aus Polyprohylenfaser. Körperflüssigkeit rann am Tisch hinunter und ergoss sich auf den Fußboden, woraufhin der Polizeioffizier abrupt zurückwich. Ein grauenhaft stechender Gestank erfüllte den Raum, was Bill dazu bewog, die Tür und die Holzläden vor den offenen Fenstern aufzustoßen. Jeder würgte und hielt sich die Nase zu, außer Noel, der dem Inspektor geduldig jede Körperseite zeigte, Ian wieder zudeckte und ihn dann sacht in einen einfachen Holzsarg legte.

Der Gestank drang durch die Holzdecke des Geräteschuppens in den darüber gelegenen Schlafraum. Dort war Rob beim Zusammenpacken. Seit der Andacht in der Kirche war er wütender als vorher. Er grollte vor sich hin, während er seine Ausrüstung in einen großen Materialsack warf, um San Agustín ein für allemal zu verlassen.

»Das Verfluchte ist nur, das Ian selbst gesagt hat, irgendjemand würde mit dieser Maschine mal draufgehen«, schimpfte er.

»Warum?«, fragte Joe Ivy, einer der Cheve-Crew, der mitgeholfen hatte, Ian aus der Höhle zu tragen.

»Weil sie so verdammt komplex ist«, sagte Rob. »Man ist mit so vielen Aufgaben auf einmal schlichtweg überfordert. Das Ding ist so kompliziert, dass dein IQ zweigeteilt wird, sobald du unter Wasser gehst und es anschmeißt.« Rob wirbelte herum und brüllte Joe fast an. »Weißt du, wer das gesagt hat? Ian! ›Dein IQ wird zweigeteilt‹. Genau das hat er gesagt!«

Der Gestank trieb sie aus dem Schlafraum. Draußen wurde Ians Sarg zum Transport nach Oaxaca in einen Krankenwagen geladen. Nebel zog auf, und es begann zu regnen. Sergio und die Beamten saßen bereits im Fahrzeug. Rob warf seine Ausrüstung hinein und ging, ohne irgendwem auf Wiedersehen gesagt zu haben.

Bill stand im Regen und sah dem Krankenwagen nach, der über den nassen Weg davonholperte. Erst als er völlig außer Sicht war, ging er zurück in den Geräteschuppen und schloss die Tür hinter sich. Alles, was vom fauligen Taucheranzug übrig war, räumte er fort und wusch den Werktisch ab. Der Gestank hing noch immer schwer in der Luft, aber das war ihm gleichgültig. Denn hier war, wie er glaubte, der einzige Platz im Dorf, an dem er ungestört sein konnte. Doch da lag er falsch.

Wenig später knarrte die Tür, und Wes Skiles kam mit ein paar Flaschen Bier herein. Wes hatte schon 30 Leichen aus Unterwasserhöhlen geborgen. Er war Sheck Exleys Lehrling gewesen, damals, als Sheck der Leichenbergung überdrüssig wurde und den undankbaren Job seinem jüngeren Landsmann übergab. Er war erst seit 24 Stunden in San Agustín, doch hatte er in dieser kurzen Zeit seinem alten Freund Noel mit Rat und Tat beigestanden. Sie kannten einander von der National Cave Rescue Commission, wo sie zusammengearbeitet hatten. Auch Kenny, den ehemaligen Studenten und Mitglied der Moles, kannten sie von daher. Wes konnte sich also sehr gut vorstellen, wie Bill zumute war. Für ihn war es selbstverständlich, das zu tun, von dem er glaubte, Bill hätte es auch für ihn getan, wäre es andersherum gewesen.

Bill nahm dankbar einen Schluck Bier und stellte die Flasche auf den Arbeitstisch, auf dem noch vor einer Stunde Ian gelegen hatte. Er hatte einen der Rebreather auseinander genommen und untersuchte ihn unter dem trüben Schein einer nackten Glühbirne, die von der dunklen Decke hing. Wes stapelte ein paar Plastikkisten aufeinander, setzte sich darauf und sah zu.

Minuten vergingen. Schließlich sagte Bill: »Ich verstehe es nicht. Ich verstehe nicht, warum es passiert ist. Ich ... ich ... verstehe nicht, wie es passiert ist oder warum es passiert ist. Und ich sehe nicht, was ich hätte dagegen tun können.« Wes blickte hoch, sah den Schmerz in Bills Gesicht.

Bill stammelte weiter, der Gestank hing noch immer im Raum. Wes hörte ihm eine Weile zu, bevor er versuchte, seinen gramgebeugten Freund wieder aufzurichten.

»Du gehst nicht einfach so – ja du versuchst es gar nicht erst – in das tiefste Höhlensystem der westlichen Hemisphäre, tauchst mit modernstem und erprobtem Tauchgerät auf den Grund, ohne zu wissen, dass dies mit einem tödlichen Risiko verbunden ist«, sagte er. »Und keine Menschenseele auf dieser Erde würde zu dir sagen ›Nein, Bill, mach dir keine Sorgen, es wird ganz sicher niemandem etwas passieren.‹ Keiner denkt so. Nun ist etwas passiert, kommt das denn wirklich so überraschend?«

Er hielt inne, nahm einen Schluck Bier, und Bill wandte sich wieder dem Rebreather zu.

»Nein, kommt es nicht«, fuhr Wes fort. »Überraschend ist es nicht, dass etwas schief geht. Und auch nicht, dass, wenn in einer Situation wie dieser etwas schief geht, ein Mensch stirbt. Das eigentlich Überraschende ist, zumindest für mich, dass nicht viel mehr schief geht.«

Bill hob eine bedruckte Schaltkarte hoch, die er aus dem Tauchgerät genommen hatte. Einen Moment lang starrte er darauf, sah dann zu Wes. »Aber ich weiß noch immer nicht, was schief gelaufen ist. Wie kann ich den Nächsten da runterlassen, wenn ich nicht weiß, was Ian passiert ist?«

»Es war Ians freie Entscheidung, ein solches Risiko einzugehen«, antwortete Wes. »Und er hat das Risiko voll und ganz in Kauf genommen, sowohl was seinen Gesundheitszustand betrifft, als auch was das Tauchen mit dem Rebreather anbelangt.«

Bill legte die Schaltkarte hin, die den Computerhauptspeicher enthielt. »Ich weiß nicht«, murmelte Bill. »Ich weiß einfach nicht.«

»Du musst ...«, begann Wes, und sein typisch gedehnter Südstaatlerdialekt rutschte ins Kehlige, als er nach Worten suchte, »du musst weitermachen.« Er hielt inne, überlegte kurz, ob er weiterreden sollte. »Du weißt ja, wir haben Ian dazu interviewt. Falls etwas schief gehen sollte, so sagte er damals, dann wolle er auf gar keinen Fall, dass die Expedition wegen seines Todes beendet würde. Und damit war es ihm ernst.«

»Wirklich?«

»Ja.«

Bill nahm noch einen Schluck Bier, lächelte ansatzweise und fragte Wes: »Die Kassette hast du nicht zufällig dabei, oder?« Wes lachte schallend und schüttelte den Kopf. »Denn selbst wenn ich dir das abnehme, heißt das noch lange nicht, dass die anderen dir ebenfalls glauben werden.«

Wes lächelte zurück. »Nun, wir werden sehen.«

Doch Wes war den weiten Weg von Huautla nicht nur gekommen, um einen alten Freund aufzubauen. Er war auch im Auftrag von »National Geographic« unterwegs und sollte ein paar Dutzend Fotos vom Innern der Höhle liefern, und zwar ebenso hervorragende wie die legendären Aufnahmen des Naturfotografen Nick Nichols von der Lechugilla-Höhle. Ein sehr einträglicher Auftrag, aus dem allerdings nichts würde, falls die Expedition zu Ende war, bevor er damit anfangen konnte. Wenn Fotos von ihrer Arbeit in einem Magazin wie »National Geographic« erschienen, würde die Expedition mit Sicherheit davon profitieren, rief er Bill ins Bewusstsein. Sein Vorschlag war daher, die Teammitglieder gemeinsam zu fragen, ob sie sich verfügbar halten würden, bis er die Bilder gemacht hatte. »Und jede Wette«, schloss er, »wenn sie wieder zurück in der Höhle sind und Spaß daran haben, wollen sie auch weitermachen.«

Bill sah Wes an, schmunzelte und prostete ihm zu.

Am nächsten Morgen stand Steve früh auf und machte für die ganze Mannschaft Frühstück. Bill leistete ihm Gesellschaft und servierte allen an dem langen Sperrholztisch Toast und Schinken. Zum ersten Mal in dieser Woche hob sich ein wenig die Stimmung. Und seit der Abreise aus den Staaten war es eines der wenigen Male, wo alle aus dem Team gemeinsam beim Essen saßen. Nachdem sie mehrmals Nachschlag verlangt hatten, stellte Bill sich aufrecht hin und stieß mit dem Kopf gegen die Sparren am niedrigen Blechdach.

»Es geht um den Tiefpunkt des Projekts«, begann er. »Klar, wir haben höllische Strapazen hinter uns. Wir alle – und ich für meine Person wahrscheinlich mehr als jeder andere – haben diese Sache einst begonnen mit grandiosen Vorstellungen davon, was alles machbar sein würde. Und wir haben einen ziemlichen Tiefschlag hinnehmen müssen und erlebt, wie schwierig der Job ist und welch große Risiken er birgt.

Das, was vorher passiert ist, war meiner Meinung nach so etwas wie ein Warnschuss. Wie die Sache mit den Leuten von der Cheve-Expedition, die ein paar altersschwache Einrichtungen benutzt haben, die dort schon seit 15 Jahren angebracht waren. Ein Bohrhaken sprang entzwei, ein Kletterer fiel hinunter und brach sich eine Rippe. Dann die Sache mit den Rebelays und der Zwischenfall mit Angel. Beim dritten Mal hat es Barbara erwischt; sie verheddterte sich mit den Haaren in ihrem Gurtzeug«, schluckte Bill. »Und nun zum Schluss die Sache mit Ian.«

Er fasste zusammen, wie er Ians Leiche aufgefunden hatte, gab sich alle Mühe, die Protokolle rückhaltlos zu präsentieren. »Das Gerät arbeitete einwandfrei«, betonte er. »Wir haben es einer umfassenden Diagnose unterzogen. Es war alles in Ordnung.« Er schloss die Möglichkeit nicht aus, dass Ian eine Fehleinschätzung unterlaufen war – oder dass er infolge seines Diabetes bewusstlos geworden war. Und er erklärte, dass, genau wie die Blackbox in einem Flugzeug, der Computerhauptspeicher des Rebreather alle Einzelheiten über den Gerätebetrieb enthielt, welche ausgewertet würden, sobald sie zurück in den Staaten seien.

»Die Geschichte der Forschung ist voll von gescheiterten Expeditionen«, fuhr er fort. »Selbst die alten Seefahrer, die vor 300 oder 400 Jahren erfolgreich waren, haben im Verlauf ihrer Reise nicht selten 30 Prozent der Mannschaft verloren. Viele von uns haben eine Menge daran gesetzt, damit sie an diesem Unternehmen teilhaben können – und zwar nicht, um am Ende bloß irgendwo auf einer Tiefenhöhlenliste aufgeführt zu werden, sondern um der Menschheit neue Impulse zu geben. Das hier ist die Frontier 1994. Auf der ganzen Welt gibt es keinen entlegeneren Ort. Wenn es um entlegene Orte geht, dann gehört dieser hier dazu. Und das hat ein jeder von euch gespürt. Jeder, der in der Grotte war, hat das gespürt. Und dieses Gefühl sagt euch für allezeit, dass ihr dort wart.«

Seine Augen sahen von einem zum anderen, suchten Blickkontakt mit jedem Einzelnen, bevor er weitersprach.

»Was wir nun entscheiden müssen, ist Folgendes: Können wir als Team zusammenbleiben?« Noch einmal stockte er. »Ich kenne jeden von euch persönlich. Ich könnte von jedem hier am Tisch ein paar Anekdoten erzählen. Für mich seid ihr wie meine Familie. Und wir haben soeben eine Familientragödie durchlebt. Die Frage ist also: Wollen wir es noch einmal angehen und in den nächsten zwei Monaten einen Hasen aus dem Hut zaubern? Oder brechen wir auseinander? Ich für meinen Teil bin für das Erste.«

Bill schloss seine Rede mit dem Vorschlag, das Team solle erst einmal Pause machen. »Nehmt euch die Zeit, die ihr braucht. Reist ab, wenn ihr wollt. Tut, was immer ihr für nötig haltet, um auszuspannen, euch von der Arbeit zu erholen, die wir hier im letzten Monat tagtäglich verrichtet haben, und zur Ruhe zu kommen.« Dann gab er das Wort an Wes.

Zwischen Wes gedehntem Südstaatlerakzent und Bills gleichmäßigem Tonfall lag zwar ein himmelweiter Unterschied, was die Sprachmelodie anging, ihre Worte jedoch standen im Einklang miteinander.

»Ihr habt eine Spitzenleistung vollbracht. Selbst wenn das Ganze jetzt tragisch verlaufen ist – es ist eine Heldentat«, begann Wes. »Ob ihr weiterhin in die Höhle geht oder nicht, wird sich zeigen, ihr sollt aber wissen, dass ihr, hier und jetzt, eine der größten Forschungsleistungen aller Zeiten vollbracht habt – eine Mission, und eine erfolgreiche dazu. Ihr habt die Rebreather in immer größeren Tiefen eingesetzt und bewiesen, dass sie zweckmäßig sind.«

»Meiner Meinung nach«, fuhr er fort, »und ich glaube, da sind wir uns alle einig, ist Forschung ohne Dokumentation wie eine Erstbefahrung ohne Vermessung: für die Katz. Und es fehlt noch die Art von Dokumentation, mit der dieses Projekt über Jahre hinaus Bedeutung erlangen wird – die fotografische. Wenn ihr an die Sponsoren denkt – und wenn ihr Ian etwas zurückgeben wollt –, dann ist die Fotodokumentation von zentraler Bedeutung. Und wenn ich diese Dokumentation machen soll, dann brauche ich eure Unterstützung als Team. Ich brauche Leute, die mir bei der Produktion der Fotos zur Seite stehen, und ich brauche Leute, die ich auf das Foto bringen kann. Wenn wir als Team zusammenbleiben, werdet ihr dafür belohnt, alle von euch.«

Er trat einen Schritt zurück.

»Wer will dazu etwas sagen?«, fragte Bill.

Noel meldete sich als Erster zu Wort. »In zwei großen Punkten bin ich mit Wes einig. Zum einen haben wir ohne Dokumentation nichts in der Hand, was unsere Leistung unter Beweis stellt. Zum zweiten weiß ich aus eigener leidiger Erfahrung, wie schwer es ist, Sponsorengelder aufzutreiben, und finde, dass wir in dieser Beziehung sensibel sein sollten. Der Mangel an verfügbaren Kräften war nämlich bis jetzt ein entmutigender Faktor. Ich bin dafür, dass wir die Ausrüstung, die wir dort unten benutzt haben, weiter zur Durchforschung der Höhle verwenden. Darüber hinaus finde ich, noch mehr Material in die Höhle zu schleppen wird ein saures Stück Arbeit werden... Doch darüber können wir später entscheiden.«

Als Nächstes meldete sich Steve. »Ich stimme dem zu, was bisher gesagt worden ist. Ich glaube, wir sollten die Dokumentation machen. Aber ich für meinen Teil will die Expedition nicht fortsetzen. Vielleicht irgendwann, gut möglich, aber ich kann es nicht jetzt entscheiden. Ich möchte erst mal eine Pause einlegen.«

Kenny war weniger entschlossen. »Ich für meinen Teil, nun... ich persönlich kann mir vorstellen, bei den Einzelfotografien mitzutun... aber nicht, den Sponsoren Geld und ich weiß nicht was sonst aus der Tasche zu ziehen.«

Sein lockerer Ton ging in der Trauerstimmung unter, und Kenny fuhr fort. »Für mich ist wichtig, nicht einfach auszusteigen. Obwohl mich manchmal das Gefühl überkommt, ich will nichts wie weg. Seit Ians... seit Ian etwas zugestoßen ist... ich meine, wir waren... ich hatte zuweilen das Gefühl, dass es zu zweit schon hart genug ist.

Dabei haben wir alles daran gesetzt, aber es war hart. Und nun haben wir einen fähigen...«

»...einen der fähigsten Teammitglieder verloren«, schnitt ihm Noel das Wort ab und beendete den Satz.

»Ja«, sagte Kenny und nickte, »... ein Teammitglied. Und im Moment bin ich gewillt, das zu tun, was das Team meiner Meinung nach tun muss: die Fotos und die Dokumentation.« Er blickte auf und sah Bill an. »Ich bin unschlüssig, was das weitere Durchforschen der Grotte angeht.«

Noel schnitt ihm erneut das Wort ab. »Ich glaube nicht, dass wir diese Entscheidung jetzt treffen müssen.«

»Weiß ich«, sagte Kenny. »Aber ich sage euch... und das sagt mir mein Kopf, dass wir nach den Fotos... ach, ich bin mir einfach nicht sicher...«

Er fühlte sich außerstande, seine Gefühle in Worte zu fassen, und schloss mit dem, was Rob ihm aufgetragen hatte zu sagen. »Noch etwas... Rob Parker bat mich zu sagen... Aus Achtung vor Ian, so sein Gefühl, sollte die Expedition ein Ende haben. Das soll nicht heißen, dass ich... zwangsläufig der gleichen Meinung bin.«

Wie Bill merkte, war offensichtlich nur Rob für einen Stopp der Expedition, die anderen suchten noch nach einem Weg, wie sie trotz der Katastrophe weitermachen konnten. Und Bill wurde klar, dass es *seine* Aufgabe war, ihnen diesen Weg aufzuzeigen.

Barbara sprach als Letzte, äußerte ihre Zustimmung zur Fotodokumentation und ging dann auf das zentrale Problem ein. »Wir sollen eine Pause machen, das halte ich für eine gute Idee. Nun hat Rob gesagt, dass wir aus Achtung vor Ian die Expedition beenden sollen. Das ergibt einfach keinen Sinn. Es hat nichts mit der Achtung vor Ian zu tun. Ians Ziel war es, die Grotte bis zur Huautla Resurgence zu durchforschen. Und ich glaube, an diesem Ziel sollten wir festhalten. Kann sein, dass wir es nicht erreichen, aber ich glaube nicht, dass Aufhören die Antwort ist. Ich glaube, Weitermachen wäre in Ians Sinne.«

Damit hatte sie Bill eine Vorlage geliefert, die dieser sogleich aufnahm.

»Ich stimme Barbara zu. Ian wäre entsetzt, wenn wir jetzt aufhörten. Mit jeder Faser seines Herzens hat er sich für die Expedition eingesetzt. Er war Forscher mit Leib und Seele. Ian hatte den absoluten Forschergeist. Aufgeben in Ians Namen? Er wäre schockiert.«

Das Team einigte sich darauf, eine Woche zu pausieren, Wes dann für ein bis zwei Wochen beim Fotografieren zu unterstützen und danach wieder zusammenzukommen. Gegen Mittag war die Versammlung zu Ende. Auf dem Weg über den sonnigen Hang hinauf zu seinem Toyota ging Bill in Gedanken die übrig gebliebenen Taucher durch: Steve traute dem Tauchgerät nicht, Kenny war tief bekümmert, Jim hatte sich mental ausgeklinkt. Blieben er und Noel, die als Einzige über Erfahrung in der Erforschung von Unterwasserhöhlen verfügten, sowie Barbara, die tauchen wollte, sobald eine Tauchleine verlegt war. Und dann noch Wes, der Kopf der Moles. Wes und Tom Morris waren vielleicht die einzigen Taucher auf der Welt, die dort ansetzen konnten, wo Ian und Kenny aufgehört hatten.

Bill beobachtete die Moles, wie sie zusammen die staubige Straße hinuntergingen. Falls er sie überreden konnte, die Expedition wieder aufzunehmen, wenn sie mit den Fotos fertig waren, dann hätte er wieder ein Tauchteam beisammen. Doch Bill wollte Wes nicht überrumpeln, denn der konnte auch ein richtiger Sturkopf sein. Zudem, so glaubte er, musste er Wes gar nicht groß überreden; das würde die Grotte selbst erledigen. Besser wäre es, Tom zu ködern und ihn auf Wes anzusetzen. Und als ihm am gleichen Nachmittag, als er nach Huautla fahren wollte, Tom über den Weg lief, begann er mit viel Feingefühl, ihn rumzukriegen.

»Es ist genau wie in Florida«, sagte er. »Du flutschst regelrecht durch. Ich war in 20 Minuten durch das Ding durch. Und es war gar nicht mal so tief. Zweieinhalb Meter maximal.«

»Du hast von Sand gesprochen?«, erkundigte sich Tom.

»Ja, du tauchst auf und bist an einem riesigen Sandberg.«

»Also am Anfang Fels und am Ende ein großer Sandberg?«

»Ja, stromabwärts der Grotte«, bestätigte Bill. »Aber es ist kein Sand mit Dreckklumpen. Schön sauber gewaschener feiner Kiesel. Demzufolge kann fließendes Wasser nicht weit sein.«

Tom stimmte zu. »Steht zu erwarten. Wenn wir in Florida auf Sanddünen stoßen, treffen wir für gewöhnlich auf eine große Luftglocke oben über dem Dünenkamm. Klingt viel versprechend.«

Tom ging weiter, und Bill warf seinen Toyota an. Er sah zu Barbara auf dem Beifahrersitz und sagte: »Jetzt müssen wir darauf achten, dass die Jungs nicht noch das Hemdflattern kriegen zwischen hier und der Grotte.« Dann fuhren sie los nach Huautla, um Telefonate zu erledigen.

Die meisten im Team feierten ihren ersten freien Tag mit einer Party unten am Río Iglesia. San Agustín, das auf einem Hügelkamm liegt, ist von mehreren Flüssen umgeben, jeder fließt in eine andere Richtung. Vom nahe gelegenen Dorf San Andrés aus fließt das Wasser in südöstliche Richtung, bevor es sich in die Sótano des San Agustín ergießt. Hinter San Andrés strömt das Wasser nach Westen. Und südlich von San Agustín fließt der Río Iglesia nach Nordosten, biegt in das fruchtbare kleine Tal und stürzt dann hinab in die Sótano del Río Iglesia, eine 535 Meter tiefe Höhle, die zum ersten Mal 1967 durchforscht wurde. Irgendwo tief im Untergrund vereinigt sich dieses quirlige Wasserspiel dann zum so genannten Main Stream, wie Expeditionsführer John Fish den großen Unterwasserfluss 1968 benannte. Doch bis dahin hatte noch niemand die Tiefe der Höhle ausgelotet.

Im trockenen Frühjahr ist der Río Iglesia nur ein kleiner Bach. Riesige Felsblöcke bilden stromaufwärts einen natürlichen Damm, formen ein natürliches Wasserbecken, das gerade so tief ist, dass man darin stehen kann. Die Teammitglieder wanderten über die steilen Hänge ins Tal hinab zum Wasserbecken, badeten, sonnten sich auf den Felsen und den kleinen Grashügeln am Flussufer.

Nach den Strapazen der vergangenen Monate waren sie körperlich alle zwar super in Form, doch ihre Haut war weiß wie Kreide. Sie genossen das Sonnenbad und hatten schnell einen Sonnenbrand. Noel schmierte sich dick mit Sonnenmilch ein und gab die Flasche reihum. Irgendwer hatte einen Rekorder und Kassetten dabei, und sie spielten mexikanische Songs. Tom Morris gab billige Zigaretten in die Runde, wenngleich er selbst lieber darauf kaute, als sie zu rauchen, um seine Lungen für das Tauchen zu schonen.

Hauptgesprächsthema war Bill. In trinkfreudiger Runde erzählten sie sich »verrückte Bill-Geschichten«, eine toller als die andere. Noel versuchte zu erklären, wie Bill gleichzeitig so bewunderungswürdig und so ruppig sein konnte.

»Bills größte Schwäche liegt darin, dass er sich diesem Projekt absolut verschrieben hat«, sagte Noel. »Mit Haut und Haar. Das kann einem ganz schön auf die Nerven gehen. Und er kann nicht verstehen, dass ein anderer nicht so tickt wie er.«

Steve kam auf Barbara zu sprechen, bekrittelte, dass es ihr an Taucherfahrung fehlte, und hatte Sorge, dass ihr Können nicht ausreiche, um die Grotte zu durchforschen. »Mal ehrlich«, schloss er. »Sie wäre überhaupt nicht hier, wenn sie nicht Bills Freundin wäre.«

»Sie ist so was wie eine schöne Amazone, eine große, blonde Geologin, die Höhlen erforscht und Probetauchgänge mit Bills Rebreather macht. Schön für den umtriebigen Bill.«

Die Sonne verschwand langsam am Horizont, als Barbara und Bill aus Huautla zurück am Fluss eintrafen, um ihre Kleider zu waschen. Kurz darauf löste sich die Partyrunde auf, und alle bis auf einen begaben sich auf den Rückweg, wanderten hinauf über den steilen Erdfall am Río Iglesia. Zurück blieb ein Ire namens Tony, der mittlerweile so sturzbetrunken war, dass er nicht mehr allein über den steilen Hang kam. Barbara trug sein Gepäck, während Bill ihn Huckepack hinauf bis ins Dorf schleppte.

Am nächsten Morgen machten die meisten einen Ausflug in die Stadt. Die Briten fuhren zurück nach Cuetzalan, und Don Broussard nahm den Bus nach Texas. Noel und Steve fuhren mit dem Bus nach Zipolite, einer Stadt an der südlichen Küste mit weiten Stränden. In den 1960er-Jahren war Zipolite mit seinen zwei Meilen langen hügeligen Stränden ein Mekka für Hippies und bot auch jetzt noch ein buntes Bild mit allen möglichen ausgeflippten Leuten. Strohgedeckte Häuschen säumten die Ufer, wo man sich für fünf Dollar am Tag eine Hängematte leihen konnte. Der Strand ging nach Süden, und Noel und Steve genossen es, die Sonne von ihrer Hängematte aus untergehen und aufsteigen zu sehen. Sie amüsierten sich darüber, wie viel bequemer diese Hängematten im Vergleich zu denen im Camp Fünf waren. Am liebsten hätten sie den lieben langen Tag darin verbracht, doch die Aussicht, zu schnorcheln, frische Fische zum Mittagessen zu verspeisen und in der Sonne zu brutzeln, lockte sie heraus. Abends fanden sie sich in der Disco ein, mischten sich bei *cervezas* unter die bunte Menge junger Leute mit Piercings und Tattoos. Eines Abends kam eine exotisch aussehende Mexikanerin mit langem schwarzem Haar und nackter Brust um das Häuschen gerannt, wo sie ihre Hängematten geliehen hatten, stürmte hinein, hob einen Stock, um den sich eine Schlange gewunden hatte, besang Steve mit magischen Klängen und peitschte mit der Schlange auf ihn ein.

Acht

Bill und Barbara hatten das Basislager mehr oder weniger für sich. Noel und Steve waren ja am Strand, und Kenny war mit seinen alten Freunden Wes und Tom unterwegs.

Am folgenden Morgen stand Barbara früh auf und ging zu Fuß nach Huautla zum Einkaufen. Sie genoss es, über den Dorfmarkt zu bummeln, die kunstvollen Stickereien zu beschauen und mit den Marktfrauen zu plaudern. Am Ende kaufte sie sich ein Kleid und ein paar Meter Tuch.

Bill verbrachte den Großteil des Morgens allein am großen Tisch im Küchenhaus. Er machte sich ein paar Konserven auf – nach wochenlanger Gefrierkost eine wahre Delikatesse – und spielte Gitarre. Wenn er überhaupt ein Hobby hatte, dann dieses. Er spielte keine ganzen Lieder, schlug fünf oder sechs Akkorde einer klassischen Komposition an, klimperte die Refrains von ein paar Popsongs und improvisierte. Er fand das sehr meditativ.

Während er auf seiner Gitarre spielte, waren seine Gedanken schon bei der Liste für die Ausrüstung, die er benötigte, falls – nur eine kleine Vorüberlegung, für den Fall dass, wie er sich selber sagte –, ja falls er zurück in die Grotte gehen und einen weiteren Vorstoß wagen würde, während die anderen ihre freien Tage genossen. »Maske und Tauchgerät« kritzelte er in sein wasserfestes Notizbuch. »Neues Computermodul« hielt er als Nächstes fest, verspeiste einen großen Löffel Dosenpfirsiche und griff ein paar Akkorde einer mittelalterlichen Weise. »Tauchleine« – doch dann riss sein Gedankenfaden ab.

Mit der Gitarre auf dem Schoß lehnte er sich gegen die dünne Blechwand des Küchenhauses und stierte aus der offenen Tür. Ian hielt eine Tauchleine umklammert, als er starb. Der Aluminiumgriff lag nur wenige Zentimeter neben seiner Hand, als Bill ihn gefunden hatte. Ian hatte einen Vorstoß in die zweite Grotte machen wollen und zwei Fixpunkte installiert, bevor er rätselhafterweise umkehrte. Als Bill ihn fand, führte die dünne weiße Tauchleine von der großen roten Plastikrolle in losen Schlangenlinien hinein in die weiterführende Kammer. Das alles stand ihm wieder vor Augen, als er an der Wand im Küchenhaus lehnte, und es war, als würde Ian zu ihm sprechen. Die Hand, die Seilrolle, die Tauchleine; durch all das schien er ihm zu sagen: *Da lang, Kumpel! Da lang!*

Bill steckte das Notizbuch zurück in die Tasche seiner schmutzigen weißen Malerhose, hängte die Gitarre an die Wand und schlenderte zum Geräteschuppen. Dort fand er eine weitere Dive-Rite-Seilrolle speziell für Expeditionen, genau so eine, wie Ian sie benutzt hatte. Sie war leer. Er kramte nach einer neuen Spule und begann, Tauchseil aufzuwickeln. Währenddessen spulte sich in seinem Kopf ein Film ab – dort unten in der Grotte war die Arbeit noch nicht erledigt. 13 Jahre lang hatte er darauf gewartet, diesen Höllenschlund zu durchqueren. Ian hatte ihm den Weg gewiesen. Alles, was ihm jetzt noch zu tun blieb, war, die Arbeit zu Ende zu bringen.

Er hatte die Rolle fertig aufgespult und wusste nun, was er zu tun hatte: Es war nicht nur seine letzte Chance, die San-Agustín-Grotte zu durchstoßen; sie zu durchstoßen war höchstwahrscheinlich auch seine *einzige* Chance, das Team wieder zusammenzubringen. »Hey, Jungs«, sagte Bill sich in Gedanken und malte sich aus, was er ihnen sagen würde, sollte es ihm gelingen, die zweite Grotte zu erforschen. »Ich war unten. Und ratet mal! Keine weiteren Grotten mehr! Ein einziger weit offener Schacht! Leicht zu machen! Geht prima.«

Dann zog er einen der Ersatz-Rebreather aus der Ecke und begann, ihn auseinander zu nehmen. Dabei bemerkte er, dass Bernardo, der alte Mann aus dem Dorf, und sein Enkel ihm vom Hügel auf der anderen Seite des kleinen Tals aus zusahen. Bernardos weiße Haarpracht erinnerte ihn an Jim Bowden, und er hing einer weiteren Erinnerung nach. Der weißhaarige Jim und Sheck Exley hockten 1993, als Bills Team auf einem Übungstauchgang die Rebreather auf Herz und Nieren prüfte, zusammen auf dem Hügel oberhalb von Jackson Blue Springs. Bill konnte nicht wissen, dass die beiden in der Nähe von Ciudad Mante die 1000 Fuß (rund 300 Meter) tiefe Zacaton-Höhle in Angriff nehmen wollten. Zu der Zeit, als Bill und sein Trupp Ian aus der Höhle bargen, waren sie dabei, ihre Ausrüstung vor Ort zu bringen. Sie verlegten zwei Tauchleinen rund zehn Meter voneinander entfernt. Alle siebeneinhalb Meter hatte die Leine eine Markierung, damit sie erkennen konnten, wie tief sie waren, auch wenn ihre Messgeräte unter dem Druck implodieren sollten. Und an jede Leine hängten sie große Atemgasflaschen, mehr als ein Dutzend. Ihr Tauchplan war ziemlich einfach: zwölf Minuten lang in gerader Linie abtauchen, die 1000-Fuß-Marke im Visier, dann die folgenden zwölf Stunden langsam wieder aufsteigen und dabei mehrere Dekompressionsstops einlegen.

Als er den Rebreather auseinander nahm, stellte Bill sich vor, wie Jim und Sheck in ihrer geheimen Höhle ihre präzise geplanten Dekompressionsstopps einrichteten. 300 Meter unter der Erdoberfläche reichte die Füllmenge eines gängigen Scuba-Tanks – 80 Kubikfuß beziehungsweise 2,24 Kubikmeter, aus denen Hobbytaucher üblicherweise 45 Minuten oder länger atmen – höchstens ein bis zwei Minuten. Der Rebreather, dachte Bill stillvergnügt, würde danach noch für mindestens sechs Stunden Atemgas liefern, und zwar ungeachtet der Tiefe. Er entnahm den Hauptspeicher, verpackte ihn vorsichtig in eine trockene Schachtel und stellte diese neben die Seilrolle. Obenauf legte er ein paar Ersatztauchlampen und eine 400-Meter-Rolle mit sieben Millimeter dickem Kletterseil, welches er durch die Grotte bis zur ersten Luftglocke verlegen wollte. Im Gegensatz zur anderen Tauchleine konnte das sieben Millimeter starke Seil unter Wasser gezogen und gezerrt werden, ohne dass man Angst haben musste, es würde reißen. So ähnlich war er während der Peña-Colorada-Expedition 1984 verfahren und hatte festgestellt, dass sich die Tauchzeit durch eine Grotte um die Hälfte verkürzt, wenn man sich an der schwereren Leine entlanghangelt.

Kurze Zeit später kam Barbara zurück. Bill fiel sogleich mit der Tür ins Haus und eröffnete ihr, dass er unbedingt die Grotte durchforschen wollte. Was sie nicht sonderlich überraschte, hatte sie doch früher oder später damit gerechnet. Sie erklärte sich sogleich bereit, ihn zu unterstützen. Den ganzen restlichen Abend und den folgenden Morgen verbrachten sie mit Packen. Am Nachmittag standen sie am Einstieg zur Höhle. Doch kaum hatten sie den Grund des Jungle Drop erreicht, plagte Bill ein anderes Problem – er und Barbara litten nämlich an leichten Bauchkrämpfen.

»Willst du weiter?«, fragte er. »Wir können uns noch einen Tag Auszeit gönnen und warten, bis wir uns wieder besser fühlen.«

»Nein«, erwiderte sie. »Nein, lass uns heute noch da runter.«

»Ich meine es ernst«, legte er ihr nahe. »Es ist völlig okay, wenn du abbrechen möchtest. Wir lassen unsere Sachen hier, gehen ins Haus zurück und versuchen es morgen noch mal.«

»Nun, das würde mir keinen Spaß machen«, antwortete sie. »Und Höhlentouren haben mir eigentlich immer ... ja ... Spaß gemacht.«

Er blickte sie etwas verwirrt an. Als Spaß oder gar als Höhlentour sah er das hier längst nicht mehr an.

»Komm, weiter«, sagte sie. »Wir lassen uns einfach Zeit. Zur Abwechslung wollen wir mal einfach Spaß dabei haben.«

»Okay«, sagte er. »Genießen wir es. Du gibst das Tempo vor. Ich folge. Keine Eile.« Und so ließen sie sich Zeit und erreichten Camp Drei in knapp sechs Stunden.

Während Bill und Barbara in die Höhle vorstießen, fuhren Wes und Kenny nach Huautla. Dort wollten sie zu Mittag essen, ein paar Telefonate erledigen, danach nicht allzu spät nach San Agustín zu-

Sheck Exley, Pionier der Höhlentaucher.

rückfahren, damit Kenny mit Wes noch eine Tour zur Akklimatisierung in die oberen Ausläufer der Höhle unternehmen konnte.

Auf dem Weg in die Stadt sprühte Wes vor lauter Energie und versuchte, Kennys Laune zu heben, indem er ihn darauf hinwies, welch großes Glück es doch darstellte, dass er und die anderen Moles genau im rechten Moment eingetrudelt waren. »War wohl der richtige Zeitpunkt«, sinnierte Wes, »um mal frischen Wind in die Expedition zu bringen. Der ganzen Sache mal ein bisschen neuen Lebensgeist einhauchen. Du wirst schon sehen.«

Und während Bill und Barbara beschlossen, ihre Höhlentour »mit Spaß« anzugehen, telefonierte Wes am Münzsprechapparat im Restaurant Bellas Rosas mit seiner Frau Terri und erzählte ihr von Ian. Sie hielt eine genauso schlimme Nachricht für ihn bereit.

»Ooooh, Wes«, sagte sie, »Sheck ... er ist tot.«

»Was?«

»Sheck ist *tot*«, wiederholte sie.

»Neee, das ist nicht wahr! Weißt du es genau?«

»Ja. Heute Morgen ist er gestorben. Und bis jetzt konnte seine Leiche nicht geborgen werden. Er liegt noch immer dort unten.«

Wes sackte vor dem Münztelefon auf den zementierten Boden. Der Inhaber beäugte ihn misstrauisch, denn Wes war kaum mehr in der Lage, den Hörer zu halten.

»Ww... Wirklich wahr? Gibt es keinen Zweifel mehr?«

Sie erzählte ihm, dass ein gemeinsamer Freund sie angerufen hatte, der wissen wollte, wo Wes steckte, weil Hilfe bei der Bergung benötigt wurde, und noch ein paar weitere Einzelheiten – ein Schock für Wes. Er schaffte es mit Mühe und Not, den Hörer aufzulegen, blieb aber zusammengekauert am Boden sitzen. Voll Sorge musterte der Inhaber den Amerikaner, der immer und immer wieder vor sich hin murmelte: »Was ist nur passiert?«

Wes hätte es an jenem Morgen in der Zacaton-Höhle gefallen, wäre er dort gewesen. Ein gleichmäßiger Wind trieb Wolkenfetzen über den runden Rand der Doline, etwa 20 Meter über dem Wasserspiegel. Jim und Sheck schwammen über die Oberfläche, machten ihre Pre-Dive-Checks und nahmen sich ein paar Minuten Zeit, um sich mental zu sammeln. Sie gingen den Tauchgang im Kopf durch und verlangsamten bewusst ihre Atmung auf vier bis fünf tiefe Züge pro Minute, was der Hälfte der Atemzüge entspricht, die ein Mensch normalerweise pro Minute macht. Als sie so weit waren, nickten sie einander zu und tauchten ab in das warme, klare Wasser.

Jim stieg mit einer Geschwindigkeit von rund 30 Metern pro Minute ab. Die Markierungen an der Tauchleine schossen nur so an ihm vorbei, als er immer tiefer tauchte, vorbei an einem Felsvorsprung in 76 Metern Tiefe und in die schwarze Tiefe darunter. Danach schaltete er von Pressluft auf Mischgas um, nach drei Minuten auf Travel Mix, nach sechs Minuten auf Bottom Mix. Bei 240 Metern verlangsamte Jim den Abstieg, um besser auf eventuelle Muskelzuckungen oder Sehstörungen achten zu können, erste Anzeichen für ein HPNS-Syndrom, das so genannte Heliumzittern.

Als er den Druckmesser kontrollierte, kam ihm der Verdacht, dass er entweder seine Gaszufuhr falsch berechnet oder zu schwer geatmet hatte. An der 900-Fuß-Marke (270 Meter) wurde ihm klar, dass er nicht genug Füllgas hatte, um es bis auf 1000 Fuß zu schaffen.

Er kuppelte am Atemregler seiner Tarierweste. Nichts passierte; er stieg weiter ab. Er kuppelte noch einmal ganz fest. In einer so großen Tiefe braucht man eine Menge Gas, um genug Auftrieb zu erzeugen und die Abstiegsgeschwindigkeit zu reversieren. Er verspürte den Drang, sich mit den Füßen strampelnd nach oben zu befördern, wehrte sich aber gegen diesen Instinkt. In solchen Tiefen würde jegliche Kraftanstrengung seinen Blutkreislauf mit Kohlendioxyd überladen, was wiederum die Anfälligkeit für Stickstoffnarkose, Sauerstoffvergiftung und Dekompressionskrankheit erhöhen könnte.

»Ooohhh«, stieß er betont langsam aus, weigerte sich sogar, schnell zu denken. »Ooohhh... Gott... schneller. Bitte schneller.«

Als er spürte, dass er aufzusteigen begann, sah er die locker befestigte 925-Fuß-Marke (280 Meter) durch seine behandschuhte Hand flutschen. Zuerst langsam, dann schneller und schneller stieg er auf und ließ dabei das sich ausdehnende Gas aus der Tarierweste ab. Als er den ersten Dekompressionsstopp erreichte, versagte der Atemregler. Anstatt dass dieser kleine Mengen des kostbaren Gases abgab, schoss ein ganzer Blasenstrahl heraus. Er glich das Problem damit aus, dass er nach jedem Atemzug den geriffelten Plastikknauf zudrehte. Der weitere Aufstieg verlief ohne Zwischenfälle. Wie vereinbart, tauchte ihm nach ungefähr 45 Minuten seine Tauchpartnerin Ann Kristovich nach, um zu sehen, ob alles in Ordnung war. Das war es. Jim ging es prima.

Nachdem er den Felsvorsprung in 76 Metern Tiefe hinter sich hatte, war er zurück in der Tageslichtzone. Und dort fiel ihm zum ersten Mal auf, dass Shecks Flaschen noch an den Tauchleinen hingen. Er nahm an, dass Sheck es hinunter bis auf 1000 Fuß geschafft hatte und ein bis zwei Stationen auf der Dekompressionsleiter hinter ihm war. Doch als Jim auch den Stopp auf 64 Meter und den auf 55 Meter hinter sich hatte, ohne Sheck gesichtet zu haben – oder zumindest ein paar verheißungsvolle Blubberblasen, die auf seine Anwesenheit weiter unten deuteten –, machte er sich zunehmend Sorgen. Auf jedem weiteren Dekompressionsstopp suchte Jim das Wasser auf ein Zeichen nach Sheck ab, und auf jedem Stopp sah er nur unbenutzte Flaschen, an denen die Atemschläuche wie tote Tintenfischarme baumelten. Seine Freundin Karen Hoehle tauchte ihm auf 33 Meter entgegen und hielt ihm eine Tafel hin: »Wir haben Sheck verloren.«

Jim war wie vom Donner gerührt. In den folgenden acht Stunden, in denen er langsam von einem Dekompressionsstopp zum nächsten stieg, wuchs seine Ungläubigkeit. Sheck Exley hatte ein Buch über das Höhlentauchen geschrieben, ein Sicherheitshandbuch mit dem Titel »Basic Cave Diving: A Blueprint for Survival«. Das Büchlein mit den blauen Seiten war in zehn Kapitel unterteilt, in denen jeweils ein zentrales Thema abgehandelt wurde: Lampen, Tauchleine, Vermeidung von Schlamm, Planung der Luftzufuhr und so weiter. Und jedes Kapitel begann mit einer warnenden Geschichte von einem tragischen Tauchunfall, bei dem Sheck selbst die Leiche des vermissten Tauchers entdeckt hatte. Sheck Exley, der von 2000 Höhlentauchgängen immer sicher zurückgekehrt war, galt als der Erdengott des Floridan Aquifer. *Wie konnte ein solcher Gott tot sein?*

Die hohen Wände des Canyon warfen lange Schatten und hüllten die Zacaton-Höhle schon fast in Dunkelheit, als Jim sich der Überschrift des dritten Kapitels erinnerte – »Zu tief«. Dort gibt Sheck Hobby-Höhlentauchern den Rat, niemals unter die 40-Meter-Marke zu tauchen. Das Kapitel schließt: »Die Hartgesottenen, die unbedingt in größere Tiefen vordringen wollen, sollten sich zuvor unbedingt von erfahrenen Höhlentauchern unterweisen lassen.« Jim hatte genau das getan: Er hatte sich von Sheck unterweisen lassen – so wie auch Bill, Wes und so wie fast jeder zweite Höhlenforscher, der das Höhlentauchen lernen wollte. Und als sich Jim in der Düsternis an seiner Leine festhielt, rings um ihn das sprudelnde Wasser, fühlte er sich plötzlich allein, schrecklich allein.

Wes kauerte am Boden vor dem Münztelefon. Wie Jim fühlte er sich von Gott und der Welt verlassen. In all den Jahren war er Shecks Lehrling gewesen, hatte drei der Leichenbergungen, die in Shecks Buch beschrieben werden, miterlebt. Die Höhlentauchunfälle waren seit Erscheinen des Ratgebers stetig zurückgegangen. Für Wes, die Moles und unzählige andere Höhlentaucher gründete der feste Glauben, dass es möglich war, sich in Unterwasserhöhlen zu wagen und sicher und lebendig wieder aufzutauchen, in weiten Teilen auf Shecks Erfahrung. Und nun war Sheck nicht mehr da, und damit hatte Wes das Herzstück seines Glaubens verloren. Er rappelte sich hoch, bezahlte die Telefongebühren und schritt hinaus auf die staubige Hauptstraße von Huautla. In drei knappen Worten überbrachte er Kenny die Nachricht: »Gott ist tot.«

Zurück in San Agustín, zogen sie sich entsprechend um und kletterten die Doline hinunter. Kenny stieg durch den engen Kriechgang voran bis auf das Felssims am Rande des Jungle Drop. Wes fädelte das Seil durch die verstellbaren Bremsbügel seiner Seilhalterung, tastete sich mit den Füßen langsam zurück an den Rand des Simses und hielt an. Mit starrem Blick sah er den klaffenden Abgrund hinunter, der größer als ein Fußballfeld direkt unter seinen Füßen steil in die Tiefe stürzte. Dann sah er hoch zu Kenny. Tränen standen ihm in den Augen.

»Ich geh da nicht runter. Ich bin fix und fertig«, stammelte Wes und fing an zu schluchzen.

Kenny zog ihn langsam vom Rande des Abgrunds weg, damit er sich in Ruhe setzen konnte.

»Ich ... ich bin am Ende«, sagte Wes und versuchte nicht länger, seine Tränen zurückzuhalten. »Ich will mit alldem gar nichts mehr zu tun haben.« Er fädelte das Seil wieder aus der Seilhalterung, verstaute sein Steiggerät, stand auf und ging. Er hatte das untere Maisfeld schon halb durchquert, als Kenny ihn einholte.

»Tut ... tut mir Leid, Mann. Mir reicht es einfach, verstehst du?«, sagte Wes zu Kenny. »Ich will nach Hause.«

Kenny nickte.

»Nein, stimmt nicht. Ich *will* nicht nach Hause. Ich will zu Hause *sein*. Verstehst du, was ich meine?«, fragte Wes. »Ich will versuchen, einen Flug von Oaxaca zu bekommen.«

Wes marschierte zu den Schlafräumen und packte seine Sachen zusammen. Da kam Jaime Escudero vorbei. Jaime hatte im Gebälk Rattengetrippel gehört, die vom dort eingelagerten Mais angelockt wurden. Ahnungslos kam er hereinspaziert und erzählte Wes in einfachen spanischen Worten, dass er sich bereits nach einer neuen Unterkunft für sie umgesehen habe, ganz in der Nähe und ohne Ratten.

Das interessierte Wes im Moment herzlich wenig. Da er Jaime aber nicht kränken wollte, denn die Escuderos waren immerhin die Gastgeber des Teams, ging er mit, um sich das neue Haus anzusehen. Es war ein schönes Haus mit einem großen, offenen Raum und zwei Arbeitstischen, ideal, um sich darauf mit seiner Fotoausrüstung breit zu machen.

»Du kannst schon mal hier bleiben, wenn du willst«, schlug Jaime vor, worüber Wes sehr gerührt war. Und plötzlich fühlte er sich nur noch sehr, sehr müde. Er beschloss, noch eine Nacht zu bleiben, und legte sich schlafen.

Früh am Morgen des folgenden Tages brachen Bill und Barbara zum Camp Fünf auf. Bill war bereits um halb zehn Uhr gerüstet und im Wasser. Doch bevor er die erste Bailout-Flasche erreichte, hörte er ein gurgelndes Geräusch. Und da ein solches Geräusch auf ein mögliches Problem am Rebreather deuten kann, war er nach 25 Minuten unter Wasser wieder oben an der Tauchbasis, wo er zusammen mit Barbara eine Stunde lang das Gerät nach undichten Stellen untersuchte. Die Schläuche waren in Ordnung, das Kreislaufsystem und die Tarierweste ebenfalls, an den Atemreglern war nichts zu finden. Was auch immer war, es schien sich um keinen ernsthaften Fehler im System zu handeln. Also startete Bill einen neuen Vorstoß in die Grotte. Doch er kam nur wenig weiter als beim ersten Versuch – zwar war er am ersten Dekompressionsstopp vorbei, aber noch nicht bis in die Versturzkammer vorgestoßen –, da hörte er das gleiche Gluck-Gluck-Gluck.

Verdammt, dachte er. *Ich muss umkehren.*

Dieses Mal schleppten er und Barbara das Gerät auf die größere obere Plattform und nahmen es gänzlich auseinander. Da sie aber wieder nichts fanden, schloss Bill, dass das Problem in der Auftriebsblase liegen musste. Er nahm die Blase aus dem Rebreather heraus, füllte sie mit Luft und drückte sie unter Wasser. Und siehe da – kleine Blubberblasen stiegen auf. Danach testete er sämtliche Blasen des anderen Geräts. Sie leckten ebenfalls.

»Kein Wunder, dass die Jungs Probleme mit ihrem Auftrieb hatten«, bemerkte Barbara.

Bill blieb nichts anderes übrig, als sich zurück an die Oberfläche zu begeben und eine andere Auftriebsblase zu holen.

»Warte mal«, sagte Barbara, »könnte sein, dass hier irgendwo eine Kiste mit Flickzeug steht.« Die sie auch gleich fand. Die Kiste enthielt ein paar Urethan-Flicken und eine Tube Aquaesal, aber keine Tube mit chemischem Trockenbeschleuniger. Barbara schnitt münzgroße, kleine Flicken zurecht, die sie zusammen aufklebten. Bill hielt das geflickte Stück dann über einen Kochbrenner, um den Trockenprozess zu beschleunigen. Drei Stunden lang waren sie damit beschäftigt, und als die Blase trocken zu sein schien, füllte Bill sie mit Luft und drückte sie unter Wasser.

»Keine Blasen!«, jubelte er. »Weiter geht's.«

Barbara montierte den Rebreather, während Bill sich erneut rüstete, und am Nachmittag war er zurück im Wasser.

»Falls ich ganz durchstoße, steige ich aus dem Wasser und sehe mich ein wenig um. Mach dir also keine Sorgen, das kann mindestens fünf, sechs Stunden dauern, vielleicht sogar ein bisschen länger. Okay?«

Sie lächelte. »Du machst das schon, G. Ich passe so lange auf.«

Nachdem er weg war, räumte sie das Lager ein wenig auf, machte es sich in einer Hängematte bequem, nahm sich ein Buch von Oscar Wilde, das irgendwer hatte liegen lassen, und versuchte ein bisschen zu lesen. Doch Wildes redselige Figuren, die sich in endlosen Gleichnissen ergingen, langweilten sie bald, und sie klappte das Buch wieder zu.

Etwa eine Stunde später erschien Neeld Messler, ein junger Höhlenforscher, der nach San Agustín gekommen war, um Wes' Fototeam zu unterstützen. Nachdem er die Schreckensnachricht von Ians und Shecks Tod bekommen hatte, überredete er Jim Brown zu einem Materialtransport in die Höhle. Die anderen blieben in Camp Drei zurück, Neeld machte sich auf den Weg zum Camp Fünf. Barbara war überrascht, ihn allein kommen zu sehen, doch sie erfuhr sogleich den Grund und war wie vom Schlag getroffen. *Sheck? Tot?* Sie konnte es nicht glauben und versuchte, die Fakten, die er ihr darlegte, zu begreifen.

»Er starb in der Nähe von Ciudad Mante«, erklärte er.

»Nein, bestimmt nicht«, sagte sie. »Er war nicht in Mante. Die neue Höhle hatte er sonst wo entdeckt. Er und Jim hatten die Arbeiten dort bereits aufgenommen.«

Messler aber blieb unbeirrt: »Soviel ich gehört habe, ist er in Mante umgekommen.«

Sie wollte ihn korrigieren, biss sich aber auf die Zunge. Was er sonst noch berichtete, musste dann ja auch nicht unbedingt stimmen, dachte sie bei sich. Vielleicht war es ja Jim, nicht Sheck, oder zwei ganz andere Höhlenforscher waren umgekommen. Gemeinsam kochten sie sich etwas, setzten sich und warteten auf Bill. Sie stellte sich vor, wie es gewesen sein musste, auf Shecks Rückkehr zu warten.

Wahrscheinlich nicht viel anders als die nervöse Unruhe, die sie momentan selbst verspürte. Shecks langjährige Freundin Mary Ellen Eckhoff hatte nur widerwillig zugestimmt, ihn bei seinem Tiefenrekordversuch auf 1000 Fuß zu unterstützen. Obwohl auch sie Rekorde im Tauchen hielt – im Höhlentauchen ebenso wie im Freiwassertauchen –, hatte Sheck sie gebeten, auf ihn zu warten. Sie sah den beiden nach, als sie vom Felssims oberhalb der Doline abstiegen, ging dann um die Doline herum zum Materiallager und machte sich fertig, um seine Dekompression zu überprüfen. Als sie zurückkam, wurde ihr klar, dass etwas nicht stimmte: Es war nur *ein* Luftblasenstrudel zu sehen, der an die blaugrüne Wasseroberfläche stieg, und der blubberte um Jims Leine.

Mary Ellen tauchte ab bis zum Felsvorsprung auf 76 Meter, hoffte, dass Shecks Luftblasen einfach nur irgendwo eingeschlossen oder durch das große Unterwasserschelf abgelenkt worden waren. Einen Augenblick lang legte sie sich auf den Vorsprung, spähte hinab in das lichtlose Dunkel, sah aber nichts.

Sie machte sich auf den Rückweg, wo Ann Kristovich sie zufällig erblickte. Ann, die Teamärztin, hatte gerade einen Dekompressionsstopp eingelegt, nachdem sie Jim untersucht hatte. Sie war überrascht, Mary Ellen so aufgeregt im Wasser schwimmen zu sehen. Sie streckte den Arm nach ihr aus, um sie daran zu hindern, weiter aufzusteigen. Mary Ellen zuckte krampfartig und war einem Zusammenbruch nahe. Ann kontrollierte Mary Ellens Tauchcomputer und vermutete, dass sie an mindestens einem Dekompressionsstopp vorbeigeschossen war, was jedoch keine Erklärung für die krampfartigen Zuckungen darstellte. Sie blickte durch die Tauchmaske in Mary Ellens Gesicht – es war tränenüberströmt.

Ann hielt Mary Ellen fest am Arm und half ihr, die Tauchmaske zu säubern. Doch die füllte sich erneut mit Tränen. Mary Ellen schluchzte und schluchzte; Ann hielt sie ganz fest. So verharrten die beiden in einer Umarmung der Trauer, bis der weitere Aufstieg durch das trübe, nachmittägliche Licht sicher war. Als sie endlich die Oberfläche erreichten, war Mary Ellen noch immer aufgewühlt.

»Sheck kommt immer zurück«, sagte sie schluchzend. »Immer. Er kommt immer zurück. Warum diesmal nicht...?«

Neeld blieb ein paar Stunden bei Barbara und ging dann zurück zum Camp Drei. Barbara versuchte, ein wenig zu dösen, es gelang ihr aber nicht. Auf Bill zu warten war gar nicht so schlimm gewesen, bevor sie von Sheck erfahren hatte. Doch nun konnte sie sich unmöglich entspannen.

Die Fakten sickerten langsam in ihr Bewusstsein wie das Wasser durch die Höhle: *Sheck ist tot. Wenn Sheck in einer Höhle zu Tode kommen kann, dann jeder andere auch. Bill ist in der Höhle. Am selben Ort, an dem Ian starb. Bill wird sterben...* Immer wieder versuchte sie, sich nicht verrückt zu machen, doch es war, als würde sie versuchen, den Wasserfall anzuhalten.

An Essen, Schlafen oder Lesen war nicht zu denken. Krampfhaft hielt sie sich davon ab, nicht auf die Uhr zu sehen, sie wollte nicht die Minuten zählen, bis sie die Kavallerie rufen müsste. Also legte sie sich wieder in die Hängematte, allein in der donnernden Dunkelheit, und fragte sich: *Kommt Bill auch diesmal wieder?*

Nach zwei Fehlstarts ging Bill den dritten Vorstoß in die Grotte in Ruhe an. Er schwamm langsam und lauschte aufmerksam nach austretender Luft. Während Luftblasen beim offensystemischen Pressluftatmen ein gutes Zeichen sind, deuten sie beim Rebreather auf Probleme. Er kontrollierte die Sauerstoff- und die Heliox-Flasche – deren Gummigriffe bereits glitschig waren vom Schlamm –, und alle 30 Meter markierte er die Tauchleine mit nummerierten weißen Plastikpfeilen. Er stieg den Versturzschacht hinunter, durchtauchte den Schluf in 24 Metern Tiefe und erreichte binnen 30 Minuten die Rolland Air Bell, wie er die Luftglocke inzwischen nannte.

Langsam watete er an der rechten Seite der Luftglocke entlang und atmete heftig, als er mit dem 140 Pfund schweren Gerät durch das Wasser stapfte. Seine Atemzüge hallten durch die stille Luftglocke, bis plötzlich ein weiteres Geräusch zu hören war, das unheilvoll klang, als ob sich noch irgendeine andere schnaufende Kreatur mit ihm in der Kammer befände.

Oben auf der Sandbank entdeckte er Ians Wellington-Stiefel, genau dort, wo er sie abgestellt hatte, wie Wachhunde, die nur darauf warteten, ihn durch die zweite Grotte zu führen. Sie verlockten ihn zum Weitergehen. Aufgrund seiner jahrzehntelangen Höhlenerfahrung hatte Bill sich über jedes Stück Ausrüstung, das sein Team mit in die Höhle nahm, eine feste Meinung gebildet. Und die gängige britische Stiefelmarke erachtete er für die Höhlenarbeit als eine schlechte Wahl, denn die Stiefel waren nicht mit einem verstählten Schaft ausgestattet, der für bestimmte Abseiltechniken unabdingbar ist. Doch trotz seiner Meinung zu Ians Stiefelwerk, auf Ian selbst ließ er nichts kommen. Er hatte Ians Stiefelwahl toleriert, und zwar aus dem gleichen Grund, der ihn auch akzeptieren ließ, dass Ian trotz seines Diabetes mit dem Tauchen fortfuhr – aus Respekt vor seinem außergewöhnlichen Können und seinem inneren Antrieb. Und diesen Geist konnte er hier spüren.

Er schaltete den Rebreather wieder an und schwamm ungefähr 20 Meter hinaus, bis er Ians Seilspule auf dem klaren, sandigen Grund liegen sah. Er hob sie auf und setzte seinen Weg in Richtung Sump Two fort, hielt sich links und geriet in einen klaffenden Unterwassertunnel. Als er anhielt, um die Tauchleine zu verankern, sah er ein Stück weiter links einen weiteren Tunnel. Das musste, so mutmaßte er, der Hauptkorridor sein. Die Rolland Air Bell war wie ein Ochsenjoch u-förmig gewölbt – ein verlassener Nebenarm des unterirdischen Flusslaufs, der nur wenig Wasser führte.

Sachte schwamm er auf der Hauptwasserstraße weiter, die sich alsbald vor ihm auftat. Den Grund konnte er wegen des Schlamms zwar nicht erblicken, aber er befürchtete, dass der große Schluf stellenweise sehr tief sein könnte. Er hielt sich an der Decke, die zu seiner großen Erleichterung nach nur achteinhalb Metern nicht weiter abfiel.

Nach rund 85 Metern war Bills Tauchleine zu Ende. Er verband sie mit einer zweiten Spule und drang weiter in südliche Richtung vor. Der Tunnel begann sich zu weiten, und nachdem er rund die

Hälfte der Tauchleine der zweiten Spule abgerollt hatte, merkte er, dass er wieder an die Oberfläche stieg. Rund 170 Meter über der Rolland Air Bell sah er die vertraute spiegelgleiche Wasseroberfläche.

Er kroch auf eine gut 20 Meter breite Kieselbank, schob die Kopfhaube seines Nasstauchanzuges zurück und lauschte: Von irgendwo aus der Ferne klang das undeutliche Rauschen eines Wasserfalls, was hieß, dass es sich nicht nur um eine Luftglocke handelte, sondern um einen offenen Korridor.

»Du meine Güte«, schnaufte er vor sich hin, noch immer schwer keuchend unter der Last des Rebreather auf dem Buckel. »Geschafft – schließlich und endlich.«

Er schnallte das Tauchgerät ab, stellte sich aufrecht hin und untersuchte die weitläufige Kammer mit seiner Elektrolampe.

»Endlich!«, sagte er. »Endlich!«, rief er. »Endlich!«, schrie er, und das Echo seiner Worte schallte zurück. »Endlich haben wir die Mutter aller Höhlen durchforscht!«

Er holte eine kleine Karbidlampe hervor, entzündete sie und ging die Kiesbank hinauf. Doch nach zehn bis 15 Metern hielt er an, als er merkte, dass er vor lauter Aufregung noch die Innensocken des Nasstauchanzuges an den Füßen trug. Er rannte zurück zum Rebreather, zog sich seine Stiefel an, steckte eine Karbidflasche und eine Ersatzlampe in seinen kleinen Tagesrucksack und zog wieder los.

Die Felsbrocken oben auf der Kiesbank waren riesig und völlig blank. Keine Spur von schlammigem Wasser. Das deutete darauf hin, dass hier während der Regenzeit ein gewaltiger Sturzbach durchschoss. Ein Stück weiter vorn teilte sich der riesige Korridor. Bill entschied sich für den linken Tunnel, stieß aber nach nur 100 Metern auf eine weitere Grotte. Also ging er auf dem gleichen Weg wieder zurück und probierte es mit dem rechten Tunnel, merkte aber bald darauf, dass auch der zum selben Strömungskanal führte.

»Nein«, sagte er sich. »Nein, tu mir das nicht an. Ich kann nicht kommen und denen erzählen, ich hätte noch eine Grotte gefunden.«

Er kehrte um, ging seiner Spur nach, zurück zur Kiesbank und über den Hang, um zu sehen, ob ihm etwas entgangen war. Und siehe da – dort, wo er nach rechts hinunter in die Grotte gebogen war, waren große Versturzblöcke aufgestaut.

Was zum Teufel soll denn das?, dachte er bei sich.

Er kraxelte etwa 40 Meter weit über die Versturzblöcke, bis er in eine neue Kammer stieß. Und die war alles andere als klein – am anderen Ende war sie gut zwölf Meter hoch und wölbte sich weiter nach oben in das tiefschwarze Dunkel. Er marschierte rund 100 Meter hinunter in das scheinbare Zentrum der Halle. Das war eindeutig ein trockener Nebengang, den er da gefunden hatte und der um Sump Three herumführte.

»Huuuuii!«, rief er, als er im Dauerlauf den offenen Korridor hinunterrannte. Noch immer in kompletter Montur, mit Nasstauchanzug und Kapuze, begann er zu schwitzen. Das Licht seiner Karbidlampe reflektierte den Dampf, den er erzeugte, und hüllte ihn in einen von ihm selbst produzierten Nebel.

Trotz der schlechten Sicht schaffte er es bis zu einem Canyon und folgte dem Fluss, bis dieser in eine Grotte mündete, die so groß war, dass sie wie ein unterirdischer See aussah. Oberhalb des Sees entdeckte er einen Schluf und kletterte hinauf. Was er vorfand, war eine sauber ausgespülte Röhre von drei Metern Durchmesser, der er rund 100 Meter weit folgte, bis er an eine steil abfallende, ungefähr sechs Meter tiefe Höhlung kam. Er begann hinunter zu klettern, hielt dann aber an.

Jedem anderen würde ich jetzt sagen, gehe nicht ohne Steiggerät und Sicherung, dachte er. *Vielleicht sollte ich ein Mal wenigstens meine eigenen Ratschläge befolgen.*

Er machte kehrt und ging zurück zu seinem Tauchgerät. Plötzlich konnte er es kaum mehr erwarten, Barbara und den anderen von seiner Entdeckung zu berichten. Er war optimistisch – optimistisch, aber nicht sicher –, dass seine Entdeckung fantastisch genug war, um die anderen zum Weitermachen anzustacheln. Noch einmal hielt er an und tat etwas, was er normalerweise nie tat, etwas nach moderner Höhlenmoral streng Verbotenes: Er benutzte den rußigen Qualm der Karbidflamme als Schreibstift und schrieb an die Höhlenwand: Bill Stone, April 8, 1994.

Er brauchte eine Stunde, um sich für den Tauchgang zurück vorzubereiten, und eine weitere Stunde für den Rückweg durch beide Grotten. Die zweite Grotte besah er sich noch einmal gründlich und hielt kurz vor Camp Fünf an, um einen Dekompressionsstopp einzulegen. Und wie er so in der Schwebe hing, allein in der Dunkelheit, hätte er am liebsten zu Barbara hinaufgeschrien, was er soeben alles gesehen hatte.

Barbara war im Halbschlaf, als Bill ihr von der Grotte aus zurief. Mit einem Satz sprang sie aus der Hängematte, fast hätte sie sich dabei überschlagen. »Jippiiee!«, schrie sie laut, als sie ihm über die Leiter hinunter auf die untere Plattform entgegeneilte.

Sie half ihm, das Gerät abzunehmen, und sicherte es an einer der Seilverspannungen an der Plattform. Tropfnass stand er vor ihr, doch sie drückte ihn fest an sich. Aufgeregt erzählte er ihr von seinen Entdeckungen, schrie so laut, dass er sogar das Donnern des Wasserfalls übertönte. So glücklich hatte sie ihn noch nie gesehen. Überschwänglich schilderte er ihr seine Erlebnisse in jedem einzelnen Gang.

Sie hielt sich verzweifelt zurück, wollte ihm nicht von Sheck erzählen, rang mit ihrem Dilemma, während er munter weiterredete. Sie erinnerte sich, wie sie sich gefühlt hatte, als ihre Eltern ihr den Tod der über alles geliebten Großmutter verheimlichten, bis sie ihre Abschlussprüfungen hinter sich gebracht hatte. Das hier aber, so dachte sie, war ein ganz anderer Fall.

»Waren Wes und seine Crew schon hier?«, fragte er.

Sie sah ihm in die Augen und fragte sich, wie sie ihm Wes' Abwesenheit erklären könnte, ohne mit der grausamen Nachricht herauszuplatzen – es ging nicht.

»Nein, sie haben es nicht mehr geschafft«, schrie sie zurück. »Dafür kam Neeld heute Nachmittag vorbei.«

Bill folgte ihr auf die obere Plattform, noch immer in seinem abgewetzten, schwarzen Nasstauchanzug. Sie setzte Wasser auf.

»Wo sind –«, fing er an.

»Nun, es gibt schlechte Neuigkeiten«, schnitt sie ihm das Wort ab.

»Wirklich?«

»Sheck ist tot.«

»Was?«

Sie drehte sich zu ihm hin, damit er sie auch richtig verstand.

»Sheck. Er ist tot«, rief sie.

»Das kann nicht wahr sein.«

»Doch, es ist wahr. Neeld hat es mir gesagt. Er hat es von Wes.«

»Unmöglich.«

»Er ist vor ein paar Tagen in der Nähe von Ciudad Mante gestorben.«

Bill lehnte gegen die ausgezackte Kalksteinwand und schüttelte den Kopf, immer wieder, hin und her. »Nein«, setzte er noch einmal an, »das hat Neeld bestimmt falsch verstanden. Sheck war nicht in Mante. Er und Jim wollten doch zu ihrer geheimen Höhle. Vielleicht ist ja Jim etwas zugestoßen; er ist älter und weniger erfahren. Vielleicht…«

Er gab es auf und ließ den Kopf hängen. Er war tief erschüttert. 15 Jahre nach seinem ersten Vorstoß in die Grotte hatte er den Höhepunkt seiner Forscherkarriere erreicht und war zurückgekommen, um allen dieses unvorstellbare Ereignis kundzutun. Er fühlte sich wie auf einer Achterbahn, die soeben abgestürzt war.

Sie hatten eigentlich vorgehabt, noch eine Nacht im Camp Fünf zu verbringen und am folgenden Morgen an die Oberfläche zurückzukehren. Doch nun wollte Bill nichts wie weg, einfach nur weg, von dem Lärm und von der Grotte. Sie sicherten die Rebreather an der unteren Plattform, räumten die obere Plattform auf und begannen den langen Aufstieg zum Camp Drei. Er trug den Hauptspeicher aus Ians Tauchgerät bei sich, die Auftriebsblasen, die noch immer geflickt werden mussten, und einen Packen Müll. Barbara trug den Trockenbeutel, den das Team als Klo benutzt hatte. Der Beutel selbst war wasserdicht, der Großteil seines Inhalts war noch einmal in einzeln verschließbare Beutel eingeschlossen. Doch jedes Mal, wenn der Beutel gegen den Fels stieß – was in den engen Kriechgängen und Schlufen der Lower Gorge häufig passierte –, entwich ein penetranter Gestank.

»Hey, G«, keuchte sie oben an einer Steilstufe, wo sie anhielten, um Atem zu schöpfen. »Du weißt doch, wie Steve immer darauf herumhackt, dass ich nur hier wäre, weil ich deine Freundin bin.«

»Ja und?«, fragte Bill zögerlich, nicht recht wissend, worauf sie hinauswollte.

Sie ließ sich neben ihn auf den Boden plumpsen und drückte sich fest gegen den Klobeutel, damit ihm der Gestank in die Nase drang.

»Nun, dann richte ihm beim nächsten Mal bitte aus, dass ich nicht mehr seine Scheiße schleppe, wenn ich eine Verabredung mit meinem Freund habe.«

Bill prustete vor Lachen. Einmal mehr war er angetan davon, wie sie es immer wieder schaffte, die Dinge von der heiteren Seite zu sehen.

»Das soll stinken? Dann riech mal da dran«, gab er zurück und zupfte an der Neoprenhaut seines Nasstauchanzuges, den er samt seiner von Schweiß und Urin durchtränkten Fleece-Schichten schon den ganzen Tag lang trug.

»Das riecht okay, Schätzchen«, sagte sie und flüchtete wie eine Sandkrabbe. »Schon gut, du hast ja Recht.«

Das stinkende Zweiergespann verbrachte die Nacht in Camp Drei und erreichte die Oberfläche erst am folgenden Tag bei Einbruch der Dunkelheit. Barbara war todmüde. Sie hatte seit zwei Tagen nicht geschlafen und fiel nach einem ausgiebigen Bad gleich ins Bett. Bill traf im Küchenhaus auf Wes, der zusammengesunken am Esstisch saß, von seinem sonst so forsch-fröhlichen Auftreten keine Spur. Ein Blick auf das Häufchen Elend nahm Bill die letzte Hoffnung, dass Shecks Tod vielleicht doch nur eine Fehlinformation war. Bill setzte sich neben ihn, und die ganze restliche Nacht schwelgten sie bei ein paar Gläsern in alten Geschichten von Sheck.

Wes hatte mittlerweile ein paar Einzelheiten erfahren. Er erzählte Bill, dass Sheck und Jim zwei Tauchleinen benutzt hatten, Sheck aber nicht zurückgekehrt war. Dann, am dritten Tag nach dem verhängnisvollen Tauchgang, als das Team die Einrichtungen an der Doline abmontierte, schoss seine Leiche plötzlich an die Oberfläche. Jim und Ann arbeiteten gerade im Wasser und hörten das Platschen, drehten sich um, und wie vom Donner gerührt erblickten sie Sheck. Bei seinem Aufstieg war Muskelgewebe gerissen, und so konnten sie die blanken Knochen sehen. Er gab zischende Geräusche von sich, da noch immer Stickstoff aus seinen Muskeln entwich, und er stank erbärmlich, nach drei Tagen im 30 Grad warmen Wasser.

»Die Tauchleine war dreifach um seinen Arm gewickelt«, fuhr Wes fort. »Du und ich, wir wissen, dass Sheck viel zu erfahren war, als so etwas zufällig zu tun. Meiner Meinung nach wusste er, dass etwas nicht stimmte. Er sicherte sich an der Leine, um seine Position zu halten, damit er einen kühlen Kopf bewahren konnte, um sein Problem zu lösen, was immer es für eins gewesen sein mag.«

Wes stockte, hob den Kopf, den er die ganze Zeit in die Hände gestützt hatte, und sagte: »Vielleicht war es so, oder er hat gewusst, dass er am Ende war, und wollte nicht, dass jemand von uns sein Leben riskiert, um seine Leiche zu suchen.«

»Wie tief war er?«, fragte Bill und reichte ihm die Schnapsflasche.

»Sein Messgerät zeigte 906 Fuß«, antwortete Wes und stellte die Flasche hin. »Jim machte bei 925 Fuß kehrt (282 Meter). Zwar spürte er am nächsten Tag die üblichen Schmerzen in den Knochen, aber abgesehen davon geht es ihm gut – und abgesehen davon, dass er das ungemeine Pech hatte, am falschen Tag mit Sheck zu tauchen.«

»Ja«, sagte Bill und nickte. »Ich werde nie verstehen, warum er so höllisch erpicht darauf war, die 1000-Fuß-Marke zu erreichen. Aber er war es eben. Weißt du noch, wie er die 780-Fuß-Marke in der Mante-Höhle erreichte? Damals, '88. Ich habe ihn später in jenem Jahr zufällig noch einmal getroffen. Ich sollte unbedingt seinen neuen Tauchcomputer überprüfen. Fand ich irgendwie seltsam. Aber mit Technik hatte er es ja nie sonderlich. Also habe ich mir das Ding vorgenommen, bin durch die verschiedenen Menüs geklickt und zufällig auf seine letzte Tauchtiefe gestoßen – 780 Fuß. Ich sah ihn an, doch er stand nur da. Lächelte verschmitzt.«

»Hm, ja. So war er«, meinte auch Wes. »Er sagte nicht viel. Zog einfach sein Ding durch.«

Die Schnapsflasche wanderte hin und her, und beide nahmen einen tüchtigen Schluck.

»18«, sagte Wes. »Ich kenne nun 18 Menschen, die beim Höhlentauchen ums Leben gekommen sind. 18, die ich persönlich gekannt habe. Mit den meisten war ich eng befreundet. Aber mit niemandem so wie mit Sheck. Es kommt mir vor... als... als hätte Sheck ein Teil unseres Sports mit sich genommen. Was wir hier tun, wird nie mehr so sein wie vorher.«

»Klar, er hätte auch bei einem Autounfall oder so ums Leben kommen können«, überlegte er weiter. »Das wäre nicht so... ich meine, klar, natürlich, die Trauer und der Verlust... aber wenn man jemanden verliert, der, wie soll ich sagen...«

»... der bei seiner Lieblingsbeschäftigung stirbt«, nahm ihm Bill die Worte aus dem Mund.

»Ja. Und jeder wird jetzt sagen: ›Einen schöneren Tod könnte man ihm doch gar nicht wünschen‹«, fuhr Wes fort und stierte Bill an.

»Nun, weißt du was? Ich könnte. Ich *könnte*... und ich tue das.«

So redeten sie stundenlang, bis Bill es aufgab, Wes aufzumuntern, sich in eine Ecke verzog und über die Achterbahn der Gefühle sinnierte, der diese Expedition inzwischen glich.

Was zum Teufel geht hier vor sich?, fragte er sich immer wieder, während der Alkohol langsam seine Sinne umnebelte. *Warum das alles?*

Eine Antwort erhielt er am folgenden Abend, als das Team die Expedition in zwei Präsentationen in Huautla der Öffentlichkeit vorstellte. Die erste fand auf dem Dorfplatz statt, die zweite eigens für die örtlichen Honoratioren im Hotel Rinconcito im Bellas-Rosas-Restaurant. Noel und Steve trafen gerade noch rechtzeitig ein, um Bills Diavortrag mitzubekommen. Er beschrieb das Projekt auf Spanisch, mit texanischem Akzent, und zog eine Menge Vergleiche zur Weltraumforschung. Im Anschluss daran hielten ein paar Ortsgrößen eine Rede, und zum Schluss sprach der *presidente* der Oppositionspartei.

»Wer in den Weltraum aufbricht – der Astronaut, wie man ihn nennt –, der sieht den Himmel«, begann der Mann mittleren Alters in einfachem Spanisch, was Bill sehr entgegenkam. »Wer unter die Erde geht, der ist ganz woanders.« Er schlurfte in seinen staubigen Badeschlappen um den Tisch herum zu Bill und fuhr fort: »Du sagst, du weißt nicht, warum ihr mit so vielen Problemen konfrontiert seid. Du sagst – trotz all eurer medizinischen Wissenschaft –, du weißt nicht, warum dein Freund gestorben ist.«

Ein Seufzen ging durch die Zuhörerschaft. Bill reckte den Hals und sah Renato fragend an. Der aber zuckte nur mit den Schultern.

Erst als er gewiss war, dass alle im Raum aufmerksam zuhörten, sprach der *presidente* weiter: »Ich werde dir sagen, warum dieser gute Mensch starb. Es geschah, weil ihr *Chi Con Gui-Jao* nicht um Erlaubnis gefragt habt. Ihr wart hochmütig und anmaßend. Und dafür müsst ihr nun bezahlen.«

Neun

Da Wes wegen seines Auftrags für »National Geographic« noch eine Woche länger bleiben wollte und auch Noel und Steve wieder aus Zipolite zurück waren, machte Bill mit allen eine dreitägige Tour hinunter in den Canyon Santo Domingo, wo die Flüsse, die sich tief durch das dunkle Herz von Huautla ihr Bett graben, wieder ans Licht kommen. Sie schlugen ihre Zelte am sandigen Strand auf, schwammen im warmen, grünen Wasser und verbrachten die Abende am Lagerfeuer.

Die Taucher machten auch ein paar kleinere Tauchgänge. 1988 hatte Jim Smith bewiesen, dass die Flüsse dort dieselben sind, die das Huautla-System durchziehen. Er hatte damals zehn Kilogramm Färbeflüssigkeit in die San-Agustín-Grotte gekippt und im tief eingeschnittenen Flusstal später Spuren davon entdeckt.

Das Wasser lockte Bill. Er watete hinein, um den Tauchern zu helfen, sich startklar zu machen, und schwamm darin während der Mittagshitze. Auch das Wasser zum Kochen holte er aus dem Fluss. Doch immer wenn er das kühle Nass an seiner Haut spürte – das gleiche Nass, das ihn unten in der Grotte schlottern ließ –, weckte es in ihm den Wunsch, noch einmal einen Vorstoß zu wagen, bevor die Expedition endgültig zum Ende kam.

Am letzten Nachmittag des Kurztrips – Wes fotografierte die anderen gerade beim Tauchen – nutzte Bill einen stillen Moment, um seinem alten Freund Noel, der in der Hängematte lag und eine leichte Durchfallerkrankung auskurierte, das Vorhaben schmackhaft zu machen.

»Okay, hombre«, begann er. »Langsam müssen wir mal über das Finale sprechen.«

»Ja, ich weiß.« Noel hatte diese Unterhaltung schon kommen sehen, dafür kannte er Bill zu gut. »Was gedenkst du zu tun?«

Bill sah auf den Boden und kraulte sich den Bart. Dann blickte er Noel an. »Ich denke, du und ich, wir sollten eine Woche lang den Vorstoß auf die andere Seite starten. Und ich denke, wir sollten Barbara mitnehmen. Sie wäre bereit dazu, und als Drei-Personen-Mannschaft könnten wir effizienter arbeiten und vermessen.«

Noel nickte. »Ich bin dabei. Aber ich kann mir nicht vorstellen, wie wir es schaffen wollen, noch einen Rebreather hinunterzubringen.« Er seufzte.

»Ich trage einen für sie«, antwortete Bill.

»Und wer schleppt ihn wieder zurück?«

Bill zuckte mit den Schultern und hob fragend die Hände. Beiden war klar, dass der Job an ihnen hängen bleiben würde. Und ihnen war auch klar, dass sie ohne Verstärkung womöglich einen Teil der Ausrüstung in der Höhle zurücklassen müssten.

»Ich kann verstehen, dass du ans Abmontieren denkst«, antwortete Bill, obwohl er die Hoffnung noch nicht ganz aufgegeben hatte. »Aber sieh mal, jetzt haben wir schon so viel zusammen erlebt. Kann ich nicht doch auf dich zählen?«

»Klar«, sagte Noel nicht gerade überzeugend. »Natürlich.«

Am Abend des 14. April kehrte die Gruppe nach San Agustín Zaragoza zurück. Kenny, Wes und Neeld brachen am nächsten Morgen für ein paar Tage zur Höhle auf, um Fotos zu machen. Wes hatte vor, im Sump One bei ein paar Tauchgängen in Flachwasser den Rebreather zu fotografieren. Nachdem er über Jahre immer wieder an der Dekompressionskrankheit gelitten hatte – an den »bends« –, hatte er seine eigene Tauchroutine entwickelt, mit übertriebenen Sicherheitsgrenzen. Bevor er abtauchte, hinterließ er auf der Tafel im Küchenhaus eine Nachricht: »Kann in Flachwasser kein Heliox 86/14 benutzen«, und bat Bill, ihm einen mit Pressluft gefüllten Scuba-Tank mitzubringen.

Ein paar Stunden später tauchten Noel und Steve nach, wobei sie sich über fast die ganze Strecke aneinander klammerten. Mit seiner Nachricht wollte Wes nichts anderes, als Bill mitteilen, was er noch unbedingt brauchte; Noel und Steve aber verstanden dies als deutlichen Seitenhieb auf Bill. Jeder Taucher wusste, dass das Heliox-84/16-Gemisch zum Tieftauchen bestimmt war: Indem man Helium durch Stickstoff ersetzt, beugt man dem Tiefenrausch vor, und indem man die Sauerstoffmenge von 21 auf 14 Prozent reduziert, mindert man die Gefahr einer Sauerstoffvergiftung in der Tiefe. Mit einer maximalen Tiefe von lediglich 23,5 Metern war Sump One weit flacher, als Bill erwartet hatte, und machte das Heliox überflüssig. Noel und Steve hielten es daher für durchaus möglich, dass das mit wenig Sauerstoff durchmischte Atemgas mitverantwortlich gewesen sein könnte für die Probleme, die sich während des ersten Vorstoßes ergeben hatten – eine unwahrscheinliche Theorie, die allerdings auch von Bill Farr vertreten wurde. Der Haken lag darin, dass unten Heliox deponiert war. Und jetzt auf Pressluft umzuschwenken hieß, noch mehr Tanks hinunter ins Camp Fünf zu schleppen – eine Aufgabe, um die sich niemand riss.

Tom Morris und Paul Smith, die beiden Moles, die Wes bei den Fotoarbeiten assistieren wollten, stiegen als Letzte in die Höhle ab. Jim erklärte sich bereit, die Taucher beim Abseilen anzuleiten, doch kaum hatten sich die beiden unten ausgeseilt, war er auch schon wieder weg. Erst spät kamen sie am Camp Drei an und breiteten sich auf den letzten freien Flecken aus. Tom nahm Ians alten Platz ein, wo bislang noch keiner hatte schlafen wollen.

In jener Nacht war die Stimmung in Camp Drei ziemlich im Keller, aus mehreren Gründen. Zum einen wurde Paul krank, weckte das halbe Camp mit Gestöhne und Brechanfällen und ging am nächsten Tag nicht mit Wes und dem Team auf Fototour. Kenny fand im Kreis seiner Freunde zu seinen Witzen zurück und zog die Trockenhöhlengänger mit ihren »Löchern im Boden« auf, die für seinen Geschmack »viel zu trocken« seien.

Am Morgen des 17. wachte Kenny auf und fand, dass die Höhle anders klang als sonst. »Hey, Noel«, flüsterte er, »hör doch mal! Das Wasser klingt viel lauter.«

»Ach was«, meinte Noel schlaftrunken. »Das ist nur Einbildung. Leg dich wieder schlafen.«

Auch Wes erwachte und hatte den gleichen Eindruck. Er zog sich an und rief: »Hey! Heute ist es viel lauter hier unten.« Kenny und er stapften hinunter zur Metro, um der Sache auf den Grund zu gehen. Dort schäumte das Wasser, war braun und strömte in reißenden Fluten dahin.

»Heiliger Strohsack!«, rief Wes. »Das Wasser ist gut über einen Meter hoch!«

Die Upper Gorge führt das Wasser aus den Einzugsgebieten der La Grieta, Nita Nanta und der Agua de Carrizo und wird daher schnell überflutet. Ein paar Tropfen Regen an der Oberfläche, und die Schlucht verwandelt sich für mehrere Tage in einen unpassierbaren Sturzbach. Wes war hell begeistert. Die Wassermassen würden großartige Bilder bringen! Er zog seine Leute zusammen, marschierte mit ihnen die Metro hinauf, um herauszufinden, wie weit sie gehen konnten, und schoss auf dem Weg jede Menge Fotos – dramatische Fotos, auf denen abwechselnd Steve und Kenny posierten, während Neeld, Tom und Noel Blitzlichter und Ausrüstung hielten.

Zurück im Camp, entdeckte die Crew, dass Paul in ihrer Abwesenheit von einem Bett ins nächste gekrabbelt war, bis er eines gefunden hatte, dass ihm gemütlich genug erschien.

»Wer hat mein Buch gelesen?«, fragte Tom.

»Wer hat von meinem Teller gegessen?«, schob Jim hinterher.

»Und was zum Teufel soll dein nasser Arsch in meinem Schlafsack?«, grollte Wes.

Beim Abendessen – gefriergetrocknete Kartoffeln und eiweißreiche portionierte MRE-Kost (Verpflegungsrationen der US-Armee;

Anm. d. Übers.) – kam irgendwer auf die glorreiche Idee, das Essen zu rationieren, bis der Wasserpegel wieder fallen würde. Die Vorräte reichten für vier bis sechs Tage, das hatten sie schnell überschaut. Kein akutes Problem also. Doch der bloße Gedanke daran hatte eine kuriose Nebenwirkung: Alle aßen wie die Scheunendrescher.

Noel, der solche Situationen schon öfter erlebt hatte, fand die Bedenken der Neulinge eher amüsant und zog sie damit auf.

»Was, wenn das hier die Sintflut ist?«, fragte er und musterte jeden in der Runde mit seinen Glubschaugen. »Was, wenn dieser Sturzbach über einen der großen Versturzhänge tost, die Felsbrocken von der Upper Gorge herunterrieseln lässt wie Sand durch eine Sanduhr und wir hier für immer in der Falle sitzen!«

Wes fand das nicht lustig. Ein solches Schreckensszenario hatte er vor nicht allzu langer Zeit selbst miterlebt – 1988, in einer Höhle der Nullarbor Plain, einer der trockensten Wüsten Australiens. Er und die anderen biwakierten in einer großen Luftglocke, als sich auf seinem Arm plötzlich die Haare sträubten, ein Ionisierungseffekt, verursacht durch Wasser, wenn es mit schneller Fließgeschwindigkeit in ein geschlossenes Gebiet einschießt. Auf seine Frage hin, ob es zu einer Überschwemmung kommen könnte, lachten ihn die Aussies nur aus und erinnerten ihn daran, dass er sich unterhalb einer Wüste befand. Doch binnen Minuten kam die Wand aus Lehm und Fels herunter, rutschte vom Sims über ihnen, und sie rannten, so schnell sie konnten, vor der Flut davon, in eine abseits gelegene Kammer. Sie saßen in der Falle. Nach 29 Stunden fanden Rob Palmer, ein britischer Höhlenforscher, und Wes eine Route, die hinausführte.

Steve rührte eine Schokoladenmousse an und verteilte sie in der Runde. Jeder bekam nur einen Löffel voll. Paul zwei. »Wenn uns das Essen ausgeht«, raunte Wes Paul zu, »dann fressen wir *dich* zuerst.«

Am folgenden Morgen war Neeld früh auf den Beinen und ging zur Metro, um den Wasserstand zu kontrollieren. Kurz nach zehn Uhr war er wieder zurück, vermeldete, dass das Wasser zwar etwas gesunken war, aber lange nicht niedrig genug stand, um die Grand Cascade zu passieren. Wes versammelte alle um sich, wollte mit ihnen zum Camp Fünf. Doch nach einem Blick auf den Wasserstand unterhalb der Li-Nita-Fälle kehrte auch er um, und die Crew brachte den restlichen 18. April mit dem Fotografieren von Camp Drei zu.

In Camp Drei war es ungewöhnlich heiß und schwül. Die Wassertemperatur des Wasserschwalls, der von der Oberfläche einströmte, war weit wärmer als das sonst übliche, langsam fließende Rinnsal. Das warme, turbulente Wasser füllte die kühlere Höhlenluft mit zusätzlicher Feuchtigkeit, welche wiederum zu einem warmen, schweren Nebel kondensierte.

Beim Abendessen – gefriergetrockneter Hühnereintopf und gesalzene Kartoffeln – tauschten sie Höhlenabenteuergeschichten aus und überlegten, ob Camp Fünf überhaupt noch stand oder ob ihr Material inzwischen von den Wänden gerissen und mit der Flut in die Grotte gespült worden war.

Kenny teilte mit, dass er sich mit dem Gedanken trage, das Team zu verlassen. »Ich habe in meinem Leben schon viele verquere Expeditionen erlebt, aber keine war so schlimm wie diese.« Unaufgefordert zählte er seine Gründe auf: Mangel an Arbeitskräften, sinkende Moral, unerprobte Technologie, Ians Tod, die nahende Regenzeit. Trotz alledem ginge er nicht gern. »Ich hasse Drückeberger«, sagte er. »Und ich will kein Drückeberger sein. Ich drücke mich nicht wegen euch Jungs.«

Auch Steve suchte nach einem galanten Weg auszusteigen. »Ich habe es nur bis zur Hälfte der Grotte geschafft. Ich will auch noch den Rest sehen. Oder anders gesagt... ich habe Angst davor, mein Leben lang darüber nachzugrübeln, wie es wohl gewesen wäre. Und ich will den Ort sehen, wo...« – er suchte nach den richtigen Worten – »ihr wisst schon, Ians letzte Station.« Nach einem kurzen Moment fügte er hinzu: »Ich muss abwägen – die Furcht vor dem, was schief gehen könnte, gegen das Hochgefühl, an einem Ort zu sein, wo niemand zuvor gewesen ist.«

Abermals brachte er seine Bedenken gegenüber Barbara zur Sprache. »Wenn sie an einem Tauchgang teilnimmt, der eine Nummer zu groß für sie ist, und es gibt ein weiteres Unglück, dann ist Bill dran, eventuell wegen fahrlässiger Tötung.«

»Ach was. Sagt über Bill, was ihr wollt«, sagte Wes. »Ich kenne ihn seit ewigen Zeiten. Und solange wir hier unten festsitzen, bin ich heilfroh, dass er dort oben ist. Niemand sonst kann euren Arsch retten, wenn ihr beim Höhlentauchen in eine Falle geratet. Und wenn ich in einer trockenen Höhle festsitze und mir einen Retter aussuchen könnte, dann würde ich Bill ganz oben auf die Liste setzen. Und nichts wird ihn daran hindern, herunterzukommen und uns herauszuholen; falls es so weit kommt.«

Nachdem es an der Oberfläche zwei Tage lang geschüttet hatte, konnte sich Bill gut vorstellen, was dort unten los war. Er selbst hatte 1981 in Camp Drei in der Falle gesessen, als ein ähnlicher Aprilsturm mit gewaltigen Niederschlagsmengen über das Plateau fegte. Der Wasserpegel in der Metro war damals um einen Meter gestiegen, und seine Teamkollegen und er hatten zwei lange Tage mit Warten und Kartenspielen verbracht.

Oben in San Agustín trotzten Barbara und er dem Regensturm, trafen Vorbereitungen für einen letzten Vorstoß in die Höhle. Bill rief in San Antonio an, um Bill Steele zu fragen, ob er die nötige Ausrüstung zusammenstellen könnte, um die Acurex-Tanks auf 5500 PSI zu füllen, damit Noel, Steve, Wes oder Tom die Möglichkeit hatten, die Grotte mit offensystemischen Scuba-Tanks zu betauchen. Die dann notwendige Arbeit, ein paar leichtgewichtige Fiberglastanks hinunterzubringen, würde in etwa so anstrengend sein wie einen dritten Rebreather zu transportieren. Es ärgerte ihn, dass die Tanks nach einmaligem Gebrauch wieder zurückgeschleppt werden mussten, aber da dies das Endspiel der Expedition war, war es schon fast egal. Mittlerweile führte Barbara ein etwas seltsames Experiment durch, um zu beweisen, dass die mit Helium-Sauerstoff gefüllten Mischgastanks, die bereits in der Grotte standen, auch sicher waren. Sie warf einen Tank mit einer Heliox-86/14-Füllung in ihren Rucksack, streifte sich Maske und Atemregler über und unternahm einen Gewaltmarsch von einer halben Stunde rund um das Dorf. Da der stramme Marsch körperlich anstrengender war als die meisten Tauchgänge und der zu überwindende Höhenunterschied rund um San Agustín erheblich größer als in der Grotte, müsste, so dachte sie, der Sauerstoffanteil von 14 Prozent auch für die Tiefe ausreichen. Die Dorfbewohner jedenfalls amüsierten sich köstlich, wie sie so schnaubend und keuchend durch das Dorf marschierte; Bill bewies sie damit einmal mehr, dass sie eine weit optimistischere Einstellung hatte als die anderen Taucher, auch wenn sie nicht so erfahren war.

Am Montag, den 18., brachen die beiden auf, um nach dem Fototeam in der Höhle zu sehen. Im Gepäck hatten sie eine Acurex-Flasche mit Pressluft für Wes sowie Unmengen an Lebensmitteln und Karbid für die ganze Mannschaft. Der Dust Devil war ungewöhnlich ruhig. Als Barbara sich in den 77 Meter tiefen Space Drop einseilte, rief sie Bill zu: »Ich glaube, die Schlucht ist lauter als sonst.« Er stieg ihr nach, um die Lage zu erkunden.

Die steilwandige Upper Gorge war von einer Wand zur anderen voll schäumendem Wasser. Bill hing in seinem Gurtzeug, die Zehen baumelten nur Zentimeter über dem Schaum. Er schwang am Seil vor und zurück, bis er auf einem großen Felsbrocken, der nicht völlig unter Wasser lag, zu stehen kam, und sah stromabwärts. So weit er blicken konnte, waren alle kleineren Felsbrocken, über die sie normalerweise stiegen, unter den weißen, schäumenden Wellen verschwunden. Der Fluss hatte sich seine Höhle zurückerobert.

»Kein Zweifel«, rief er schließlich zurück, »wir gehen heute kein Stück weiter. Wenn die anderen in Camp Drei sind – verdammt, ich hoffe, dass sie dort sind –, nun, wo auch immer sie sind, sie müssen die Nacht dort verbringen.«

Sie kletterten zurück zum Depot 620 und sahen das Vorratslager durch – zwei Schlafsäcke und zwei Nasstauchanzüge. Es würde zwar eine ungemütliche Nacht werden, aber dennoch wollten sie hier biwakieren und die Nasstauchanzüge als Schlafunterlage benutzen. Einen Ofen, um etwas von der reichlich vorhandenen Gefriertrockenkost zu wärmen, gab es nicht. Und so verleibten sie sich zum Abendessen lieber allerlei Naschwerk ein, Studentenfutter und Speckstreifen, das Barbara eigentlich für das Fototeam eingesteckt hatte.

»Wie es wohl in Camp Fünf aussehen mag?«, fragte Bill und stocherte im Essen. Sie fachsimpelten ein wenig, sagten sich ein paar hydrologische Formeln vor, um sich weiszumachen, dass das Wasser in der Grotte keinesfalls so turbulent sein konnte wie in der Upper Gorge. Im Stillen aber machte sich Bill Sorgen. Die Rebreather hatten sie an die untere Plattform gehängt, nur wenige Zentimeter über dem Wasser, und ihm kamen Zweifel, ob sie dort noch immer hingen.

Den Morgen vertrödelten sie in ihrem behelfsmäßigen Camp – es bestand ja angesichts der Lage auch kein Grund zur Eile –, und Bill seilte sich erst gegen Mittag noch einmal in die Gorge ab. Der Wasserpegel war unverändert. Danach ließen sie die Vorräte, einschließlich den Tank für Wes, zusammen mit einer kleinen Notiz im Depot zurück und kehrten zur Oberfläche zurück.

Während er sich den langen Steilschacht hinaufzog, entwarf Bill bereits einen Rettungsplan. Hielt die Flut noch länger an, so dachte er, müsste er in das geheime Depotlager und noch mehr Seil holen. Dann richtete er in Gedanken schon einmal eine abgelegene Route ein, die er von 1979 kannte, welche die Upper Gorge umging. Und bis er am oberen Ende der Stairway to Hell angelangt war, hatte er ausgerechnet, wie viel Seil er benötigen würde.

Während des ganzen Aufstiegs spielte er das Einrichten der Route durch. Dann, am Dirt Slope angekommen, zog er die schlammverkrustete Handleine hinauf, die sie benutzt hatten, und befestigte sie erneut an der linksseitigen Wand. Die neue Route führte über die moosbedeckte Steilwand des Canyon hinunter und durchschnitt die herkömmliche Route auf halbem Weg zum Slip'n'Slide, was mit jeder Tour in die Höhle oder aus der Höhle 15 Meter an Abstieg beziehungsweise noch einmal 15 Meter an Aufstieg einsparte.

»Du hast nicht zufällig Bleistift und Papier dabei?«, fragte er Barbara, als sie die Abkürzung fertig eingerichtet hatten. Er wollte eine Notiz anbringen, um die anderen auf die neue Route aufmerksam zu machen. Doch eigentlich müssten sie die neue Route auch so finden, dachte er.

Bei Einbruch der Dunkelheit kamen sie am Küchenhaus an. Für Barbara war das ihr bislang schnellster Aufstieg, und Bill zeigte sich beeindruckt, wie zäh und ausdauernd sie geworden war. Sie wurden von Carl Ganter und Brita Lombardi, zwei Fotografen, sowie von Mike Stevens, dem Programmierer des Cis-Lunar, erwartet. Frisch gewaschen gönnten sie sich ein ausgiebiges Mahl mit Salat und Spaghetti, während sie über die Hungersnot in Camp Drei witzelten.

»Wenigstens haben sie genug Wasser zum Trinken«, sagte Barbara.

»Hunger? Wahrscheinlich sind die Jungs viel zu müde, um ans Essen zu denken«, warf Bill zwischen ein paar Akkorden auf der Gitarre ein. »Wes kann ein ziemlicher Sklaventreiber sein. Wahrscheinlich hat er sie bis zum Hals im Wasser durch die schlimmsten Abschnitte der Metro gescheucht, um es für ›National Geographic‹ möglichst dramatisch aussehen zu lassen.«

Die Hafergrütze war alle. Das Frühstück im Camp Drei bestand aus einer dünnen Brühe mit ein paar Brocken Gefrierkost. Auf der Packung stand zwar »Boeuf Stroganoff«, aber das wollte keiner so recht glauben. Und niemand verspürte große Lust, noch einmal Wasser holen zu gehen, da sie hofften, sie würden das Camp bald verlassen. Außerdem war nicht mehr viel von der Limonadenmischung Crystal Light da, wofür sich das Wasserholen gelohnt hätte.

Der eine oder andere hatte noch ein paar Müsliriegel in seinen Materialtaschen gebunkert, die er verstohlen in der Dunkelheit verdrückte.

Abgesehen davon, dass alle an Hunger und Wasserentzug litten, hatte auch niemand ein Auge zugetan. Der Mangel an zirkulierender Luft machte den Geruch nach menschlichem Abfall und verbrauchtem Karbid im ganzen Camp umso penetranter. Darüber hinaus hatte Paul etliche Teammitglieder mit seiner Magen-Darm-Grippe angesteckt, die ganze Nacht herrschte ein reges Kommen und Gehen auf dem Klo. Irgendwer hatte es nicht mehr rechtzeitig geschafft, aber keiner wollte es gewesen sein; jedenfalls waren bis zum Morgen mehrere hineingetreten.

Wes kommandierte die murrende Truppe zurück zur Upper Gorge, um einen Ausstieg aus der Höhle zu versuchen. Der Wasserpegel war nur leicht zurückgegangen, doch er brannte darauf, aus der Höhle zu kommen, und drängte vorwärts. Die in lockeren Schlaufen festgemachten Seile, die im März als Handleinen in Brusthöhe eingerichtet worden waren, schwammen nun unter Wasser. Wes hangelte sich auf Zehenspitzen über die knietiefen, flachen Stellen und hängte seine Steigklemmen ein, um über die letzten Meter an den Seilen emporzuklettern.

Der größte Absatz ließ sich sonst, vor der Flut, leicht mit der Handleine bezwingen, doch jetzt war daraus ein Steilschacht geworden. Ein mächtiger Wasserfall ergoss sich über eben jene Route, auf der auch die Handleine hing. Wes fasste in den Wasserfall hinein und zog das Ende des Seils heraus, stieg dann daran empor, indem er sein ganzes Körpergewicht unbeholfen in Richtung der linksseitigen Wand verlagerte. Obgleich die Wand viel zu glatt und zu glitschig war, um sich daran festzuhalten, gelang es ihm, unter Einsatz seines ganzen Gewichts mit den Fingerspitzen die Wand zu berühren, wobei er sich nur knapp über den reißenden Fluten halten konnte. Bei Noel sah das Manöver sehr viel leichter aus, und Kenny, der als Dritter an der Reihe war, ahmte Noels Technik nach.

Der nächste Steilabsatz gestaltete sich noch schlimmer. Noel und Wes drängten sich dicht aneinander. Weiterzugehen war zu gefährlich, und sie beschlossen, wenn auch widerwillig, mit der Truppe wieder umzukehren. Kaum hatten sie diesen Beschluss gefasst, drang von unterhalb des tosenden Wasserfalles ein lautes Rufen zu ihnen hinauf.

»Steve…«, schrie jemand aus voller Kehle, um den Wasserfall zu übertönen, »STEVE BRAUCHT HILFE!«

Steve hatte nicht gesehen, wie die anderen die Wasserfallstufe erklommen hatten. Anstatt sich auf eine Seite zu stemmen, wollte er den Wasserstrahl mit gegrätschten Beinen umgehen und stemmte jeweils einen Fuß auf je eine Seite des Wasserstrahls gegen die Wand. Er rutschte ab, schwang nach vorn, mitten hinein in die Wucht des herabstürzenden Wassers, und rang nach Luft. Die untere Steigklemme hatte er direkt an seinem Klettergurt befestigt, was es ihm unmöglich machte, sich von dem Seil zu lösen. Mit aller Kraft drückte er sich gegen die Wand, doch er hatte keine Chance, der gewaltigen Wucht des meterbreiten Wasserstrahls, der ihn niederdrückte, auch nur halbwegs etwas entgegenzusetzen.

Zu allem Unglück hatte er den Aufstieg mit seinem noch halb vollen Rucksack auf dem Rücken begonnen, anstatt ihn seitlich am Gurt festzubinden, wie es für Höhlengänger am Seil eigentlich üblich ist. Der leichtgewichtige Urethanbeutel füllte sich schnell mit Wasser und verdoppelte sein Gewicht. Er steckte in der Klemme.

Tom, der Nächste in der Seilschaft, sah entsetzt, wie Steve nach Atem rang. O Mann, o Gott, dachte er, ich muss da rauf. Doch Tom befand sich selbst gerade auf einer überschwemmten Querung, weshalb er keine Möglichkeit sah, Steve rechtzeitig zu erreichen. Und selbst wenn, war er sich nicht sicher, ob er irgendetwas tun konnte, um ihm von unten aus zu helfen. Also schrie er, so laut er konnte: »Noel! Steve braucht Hilfe! Steve… er ertrinkt! Noel! Steve! HILFE! HILFE! HILFE!«

In der Falle sitzend, mitten im donnernden Wasserfall, drangen

Toms Hilfeschreie kaum an Steves Ohr. Doch sie brachten eine verschüttete Erinnerung in sein Bewusstsein zurück. Vor Jahren, beim Freitauchen unter einem alten Steindamm, war er plötzlich hinter einer harten Felswand stecken geblieben, und die Luft ging ihm langsam aus. Er schaffte es gerade noch hinauf in ein kleines Luftloch im Damm. Ein wenig benommen, aber dennoch unbekümmert rief er nach seinem Tauchpartner Larry, der in der Nähe ein paar Bilder machte. Nachdem Larry seinem Freund herausgeholfen hatte, mahnte er ihn wegen seiner allzu laxen Moral in einer derart misslichen Lage: »Wenn du je wieder in einer solchen Klemme steckst, dann schrei ›Hilfe!‹, so laut du kannst. Und zwar so lange, bis Hilfe kommt.« Genau das hätte er tun sollen – nach Hilfe schreien, und zwar zehn bis 20 Sekunden vorher, als er noch bei Atem war.

Im gleichen Moment, als er Toms Rufe vernahm, schwenkte Noel herum und stieg eilends wieder hinab. Mit einer Hand hakte er seinen Cow's Tail in ein quer verspanntes Seil ein, was ihn zusätzlich sicherte. Die andere Hand ausgestreckt, beugte er sich über die Klippe hinaus, so weit sein Arm reichte, und hängte seine Steigklemme in das Seil, an dem Steve zu ertrinken drohte. Dann spreizte Noel die Beine auseinander, lehnte sich zurück, indem er seine Steigklemme als Haltegriff benutzte, und riss das Seil, an dem Steve hing, mit einem heftigen Ruck zu sich her und damit Steve aus dem Zentrum des Wasserfalls.

Steve hustete einen ganzen Schwall Wasser aus und keuchte nach Luft. Noel wartete, bis er wieder halbwegs Atem geschöpft hatte, und rief dann: »Wirf den Rucksack ab, Steve! Lass deinen Rucksack fallen!«

Aber entweder hörte ihn Steve nicht, oder er verstand ihn nicht, denn er stieg weiter. Und irgendwie schaffte er es, sich und sein schweres Gepäck hochzuziehen, wenn auch nur ein paar Zentimeter. Er fühlte sich schwach, ohne Saft und Kraft in den Knochen.

Noel hielt noch immer die schwere Leine und rief erneut: »Dein Rucksack ist voller Wasser. Wirf ihn ab! Los, mach schon!«

Schließlich kapierte Steve, der mit seinen Kräften am Ende war, wo der Haken lag. Er griff nach hinten und löste eine Schnalle, stellte den Rucksack hochkant und kippte das Wasser aus. Ohne dieses Mehrgewicht konnte er den Aufstieg zu Noel nun leicht bewältigen.

»Bist du okay?«, rief Noel ihm zu, als er schließlich oben auf dem Sims anlangte.

»Ja. Ich denke schon«, stammelte Steve. »Danke, Mann. Danke. Wirklich…«

Noel musterte ihn von oben bis unten. Er schien ohne Knochenbrüche davongekommen zu sein. Und seine Atmung schien ebenfalls in Ordnung. »Die nächste Steilstufe ist noch schlimmer«, fiel ihm Noel ins Wort. »Wir kommen hier heute nicht heraus. Wir kehren um. Zurück zum Camp.«

Das war Musik in Steves Ohren. Das Seil noch immer fest umklammert, fing er an, es durch die Bremsbügel seiner Seilhalterung zu fädeln.

»Was zum Teufel machst du da?«, schrie Noel.

»Abseilen«, kam Steves knappe Antwort, denn er wollte unbedingt sofort ins Camp zurück.

»Das würde ich an deiner Stelle nicht tun«, rief Noel zurück. »Und wenn, dann würde ich nicht mehr als drei Bügel benutzen. Das war mal eine Handleine, erinnerst du dich? Das untere Ende ist verspannt…«

Doch ehe er ausgeredet hatte, seilte sich Steve über den Wasserfall zurück ab. Und wie Noel befürchtet hatte, hielt ihn die Seilhalterung am Seil fest, das nicht als Abseilleine – als lose hängendes Seil mit einem Knoten am Ende – eingerichtet war, sondern als Handleine, welches von einem weiter oben fixierten Bolzen hinunter durch den einst trockenen Schacht verlief und auf der anderen Seite wieder hinauf. Noel musste voller Entsetzen mit ansehen, wie Steve direkt auf das schäumende Strudelbecken unterhalb des tosenden Wasserfalles zusteuerte. Er trat an den Rand und sah ihn gerade noch unter dem wirbelnden Schaum verschwinden.

Panisch paddelte Steve an die Oberfläche, kam aber nicht weit. Er drehte sich um, wollte sehen, was ihn zurückhielt, doch das Wasser war zu dunkel. Suchend tastete er im eiskalten Wasser, bis er merkte, dass seine Seilhalterung noch am Seil befestigt war und das Seil viel zu viel Spannung hatte, um ihn an die Oberfläche steigen zu lassen. *O*, dachte er, *davor also wollte mich Noel warnen.*

»O Gott«, murmelte Noel oben auf dem Steilabsatz. »Er ist komplett untergetaucht.« Erneut machte er seine auf den Kopf gestellte Steigklemme fest und zerrte an der Leine, aber Steve war zu tief, als dass er damit hätte etwas ausrichten können. Noel, der Arzt, begann die Sekunden zu zählen, die sein Freund ohne Sauerstoff war: *Eintausendeins. Eintausendzwei. Eintausenddrei.*

Mittlerweile machte Steve sich unter dem schäumenden Wasserfall daran, das Seil, so schnell er das mit seinen zitternden Finger schaffte, aus seiner Seilhalterung zu fädeln. Er beugte sich vor, damit die Leine etwas durchhing, und hörte auf, um sich zu schlagen, konzentrierte sich ganz auf das Problem. Mit der gelockerten Leine gelang es ihm, einen Aluminiumbremsbügel zu lockern. Nun drehte er die Seilhalterung herum und schob das dicke Nylonseil von der anderen Seite durch. Damit lockerte er den nächsten Bremsbügel...

Eintausenddreizehn. Eintausendvierzehn. Eintausendfünfzehn.

Noel konnte sehen, dass Steve nicht mehr wie wild zappelte. Von seinem Standplatz aus schien es, als hätte Steve aufgehört zu atmen, der Grotte nachgegeben und in seinen Anstrengungen nachgelassen.

»Verflucht noch mal!«, schrie Noel. »Er ist tot. Das macht zusammen zwei. Zwei Freunde, die in dieser beschissenen Höhle umgekommen sind!«

Wes, der das Geschehen vom gleichen Punkt aus beobachtete, kam zu demselben Schluss: »Das kann nicht wahr sein, nicht noch einmal!«, murmelte er.

Inzwischen schaffte es Steve, sich mit wenig Spannung auf seiner Seilhalterung an die Oberfläche zu ziehen. Er holte noch einmal tief

Luft, löste die Seilhalterung völlig und schwamm dann stromabwärts, wo Tom schreckensstarr verharrte.

Noel brach vor Erleichterung zusammen und strauchelte nach hinten, als er das Seil losließ. In sich gekehrt lehnte er gegen den nassen Kalkstein und wiederholte geistesabwesend: »Das macht zusammen zwei.«

Die Lage in Camp Drei war ernst in jener Nacht. Die geistreichen Witzeleien und Geschichten von Höhlenabenteuern wichen einer nüchternen Diskussion über mögliche Ausstiegsstrategien. Noel wollte noch ein paar Tage bleiben und das Fototeam dann hinunter in die Lower Gorge zum Camp Fünf führen. Doch Neeld musste unbedingt einen Flieger bekommen; Steve und Kenny hatten die Nase voll; und die beiden Moles wollten einfach nur raus.

»Du musst es endlich einsehen, Noel, mit dem Projekt ist Schluss«, sagte Wes. »Es wird für alle Zeit, zusammenzupacken und nach Hause zu fahren.«

»Ich mache mir Sorgen um Bill«, gab Noel zu. »Es passt nicht zu ihm, dass er überfällig ist. Es ist leichter, durch das Wasser herunterzukommen als hinauf. Wenn er bis jetzt nicht gekommen ist, dann entweder, weil wir wirklich in der Falle sitzen oder weil er selbst irgendwo in der Höhle festsitzt.«

Wes beteuerte erneut, dass Bill bestimmt kommen würde, sobald er könnte. Dabei war er überzeugt, dass Bill mittlerweile damit beschäftigt war, eine der Alternativrouten einzurichten – Routen, die man früher benutzt hatte, vor Mark Minton oder bei Jim Steeles Entdeckung des Aprilscherz-Abzweigs. Doch Wes hatte es eindeutig satt, sich jeden Abend zurück nach Camp Drei abzuseilen. Bevor er sich schlafen legte, meinte er: »Wer an Gott glaubt oder an irgendeine höhere Macht, der sollte heute Abend um einen niedrigeren Wasserpegel beten.«

Noel steckte ein paar Räucherstäbchen an und brachte der Höhle eine kleine Opfergabe aus Knoblauch und Tabak dar.

Am nächsten Morgen schien das Wasser so weit zurückgegangen zu sein, dass ein Ausstieg durchaus zu erwägen war. Die Leute vom Fototeam waren so erpicht darauf, endlich hinauszukommen, dass sie Teile der Ausrüstung zurücklassen wollten, damit ihr Gepäck leichter würde – teure Nikon-Kameras etwa und ganze, speziell angefertigte Blitzlichtgarnituren. »Ach, eine neue Nikon. Könnte ich gut gebrauchen«, frotzelte Noel und nahm eines der unzähligen teuren Geräte hoch, die Wes ausgemustert hatte.

Eigentlich war geplant, den Aufstieg fotografisch zu dokumentieren. Nachdem Wes zahlreiche Fotos von der Grand Cascade geschossen hatte, war er klatschnass. »Keine Bilder mehr«, sagte er während einer kleinen Schnaufpause, in der sich seine Brust vor Anstrengung hob und senkte. »Ich hoffe nur, dass ich heil und lebendig aus dieser Höhle herauskomme.«

Derselbe Wasserfall, der Steve tags zuvor um ein Haar das Leben gekostet hätte, wurde nun auch Noel zum Verhängnis. Die quer verspannte Leine dehnte sich, und Noel wurde vom Strudel erfasst und in die Tiefe gezogen. Er konnte sich zwar schnell wieder befreien, verlor aber im tosenden Wasser beide Kontaktlinsen, weshalb er den Rest der Tour nahezu blind bewältigen musste.

»Porter Falls«, brummte er, als er den nächsten Absatz erreicht hatte. »Ab sofort heißt der hier Porter Falls.«

Als Neeld und Steve oben am Aprilscherz-Abzweig angekommen waren, war die Handleine, die hinunter zum Dirt Slope geführt hatte, nicht mehr auffindbar. Sie starrten über den Felsrand. Neeld war entsetzt, als er sah, dass Steve seinen Materialsack über den Rand abließ.

»Was machst du denn da?«, fragte er.

»Auf Teufel komm raus weg hier«, antwortete Steve.

»Aber da ist kein Seil.«

»Mir egal«, gab Steve zurück. »Du kannst ja hier Wurzeln schlagen. Ich bin weg.« Und damit begann er, den Materialsack voraus, den steilen Dirt Slope frei hinunterzuklettern. Ein Fehltritt, und er würde 15 Meter in die Tiefe stürzen und auf den harten Fels aufschlagen. Ein Wahnsinnsakt! Doch als Neeld sah, dass es funktionierte, zuckte er mit den Achseln und stieg ihm nach.

Noel und Kenny fanden das neue quer verspannte Seil – welches Bill wenige Tage zuvor verlegt hatte – und benutzten es wie vorgesehen.

Bill und Barbara saßen im Küchenhaus, als die vier ankamen. Gleich zur Begrüßung hielt Barbara Noel das Mikrofon des Kassettenrekorders unter die Nase und fragte spitz: »Also, Dr. Sloan, was meinen Sie zu den Überlebenschancen an der Oberfläche bei Einatmung von Heliox 86/14?« Ausführlich berichtete sie ihm und Steve von ihrem Heliox-Marsch. Noel war von der langen Tour aus der Höhle derart erschöpft und von der ganzen Situation psychisch so ausgelaugt, dass er Barbaras Experiment nicht relevant und ihre spitze Frage nicht komisch finden konnte. Ohne einen Ton zu sagen, schob er sie beiseite, eilte hinaus und über den Hang hinauf zu seiner Unterkunft, um sich umzuziehen. Barbara zuckte mit den Achseln und ging zu Bett; auch Bill legte sich schlafen.

Nachdem Steve sich umgezogen hatte, ging er zurück ins Küchenhaus und bereitete ein großes Abendessen vor, da er damit rechnete, dass die Moles jeden Moment eintreffen würden. Doch Noel und er warteten fast drei Stunden lang; sie aßen und warteten. Gegen halb zwei Uhr morgens lief Noel hinauf zur Unterkunft, um seine Höhlenausrüstung zu holen und nach ihnen zu suchen.

»Was ist denn los?«, fragte Bill verschlafen. Auch er litt unter der Darmgrippe und schlief nicht sonderlich gut.

»Ich mache mir Sorgen um Wes, Tom und Paul«, flüsterte Noel. »Sie sind noch immer nicht da.« Er erzählte, dass Steve und Neeld die neu eingerichtete Route am Dirt Slope verpasst hatten und deshalb ohne Seil abgestiegen waren. Nun befürchtete er, dass auch die Moles die Route verpasst hatten.

»Was seid ihr? Ein Haufen Wühlmäuse?«, fragte Bill. »Man

klettert doch nicht ohne Seil über einen Steilhang wie den Dirt Slope!«

Noel und Steve stiegen hinunter in die *sótano* und siehe da – die Moles kampierten auf dem Gesims oberhalb des Dirt Slope. Sie hatten beschlossen, bis zum Morgengrauen zu warten, und gehofft, dass jemand kommen und sie hier unten finden würde.

»Seil... dort... links«, schrie Noel in den gähnenden Abgrund hinunter. Tom und Paul, die froren wie die Schneider, entdeckten das neu verspannte Seil und schafften es herauszukommen. Wes hingegen hatte einen Schlafsack dabei. Er war zu erschöpft, wollte einfach nur seine Ruhe und bis zum Morgen friedlich schlafen.

Die Flut machte Bills letzte Hoffnung zunichte, das Team noch einmal aufmuntern zu können. Am folgenden Tag reiste Neeld ab und einen Tag später auch Kenny.

Auch Jim wollte abreisen, konnte aber nicht, da der Transporter – welcher der Expedition als eine Art Vorratskammer diente – bei der Einreise an der Grenze auf seinen Namen registriert worden war und nun nicht ohne ihn das Land wieder verlassen konnte. Also klinkte er sich aus, ohne abzureisen. Er richtete sich eine Schlafkoje im kleinen Alkoven über der Fahrerkabine ein, wo er sich auch sonst fast den ganzen Tag lang einigelte – bis die Dorfkinder kamen und so lange an das Auto hämmerten, bis er die Heckklappe öffnete und ihnen ein paar Hand voll Süßigkeiten spendierte. Klar, dass der geglückte Bestechungsversuch sie ermutigte, es immer wieder zu probieren, bis es Jim – dem Wächter des weißen Transporters, wie sie ihn nannten – zu bunt wurde und er der Sache einen Riegel vorschob.

Wes lieh Bill eine Kamera und ein paar Blitze und gab ihm einen Nachmittag lang einen Crash-Kurs im professionellen Fotografieren. Wes wäre gern geblieben, aber sein Wunsch, nach Hause zu fahren, war am Ende doch stärker, und er zwängte sich mit den Moles in Toms Pickup, der an jenem Nachmittag langsam aus der Stadt rollte.

Steve wäre liebend gern mitgefahren, doch in dem kleinen Wagen war partout kein Platz mehr für ihn und sein Gepäck. Niedergeschlagen bot er Bill seine Hilfe an beim Materialtransport aus Camp Drei, tauchen allerdings wollte er nicht mehr. Bill dankte ihm für seinen bisher gezeigten Einsatz und war froh, dass sie im Guten auseinander gingen. Als Steve erfuhr, dass Bill Barbara als Ersatztaucherin einplante, war er allerdings wieder stocksauer.

Wenig später lief ihm Barbara über den Weg. »Über dieser Expedition hängt eine schwarze Wolke«, meinte er zu ihr. »Du weißt schon, was ich meine.«

»Nein, eigentlich nicht.« Sie blickte ihn fragend an, konnte aus seiner verschlossenen Miene aber nichts herauslesen. »Eines habe ich hier gelernt«, sagte sie. »Alles ist immer viel schwerer, als man erwartet, alles dauert immer viel länger, als man erwartet, und alles geht immer irgendwie schief.«

Steve sah sie durchdringend an. »Du wärst nicht hier, wenn du nicht Bills Freundin wärst.«

»Ja, das stimmt wohl«, antwortete sie. »Wenn ich Bill nicht kennen gelernt hätte, wüsste ich nicht von dieser Expedition, und wenn ich nicht davon wüsste, hätte ich auch nicht dabei sein können.«

Es war ihr nicht entgangen, dass Steve etwas gegen ihre Rolle im Expeditionsteam hatte; und zweifellos hatte er auch etwas dagegen, dass diese sich womöglich ausweiten könnte.

»Als Nächstes ist Noel an der Reihe, mit Bill zu tauchen«, erklärte sie ihm. »Und das sollte er auch, denke ich. Aber wenn nicht, werde ich es tun.«

»Wenn du tauchst, reise ich ab.«

Sie zuckte nur mit den Schultern und ging weiter.

Noel war noch immer unschlüssig. Vor der Flut hatte er fest vorgehabt, beim letzten Vorstoß mitzutauchen. Doch Steves Unkenrufe sowie das ganze Gerede über *Chi Con Gui-Jao* hatten ihn verunsichert. Den Namen des Höhlengottes kannte er von seinem ersten Besuch in Huautla. Auch damals schon hatte man ihn vor dem Höhlengott gewarnt. Wie der *presidente* beim Diavortrag, der Bill des Hochmuts beschuldigte, waren viele Mazteken der Überzeugung, Ian sei gestorben, weil die Höhlengänger *Chi Con Gui-Jao* nicht um Erlaubnis gebeten hatten.

An den freien Tagen hatte Noel zusammen mit Steve, der sich im Gegensatz zu Bill für die maztekische Kultur interessierte, nachgeforscht, was es mit den *curanderos* auf sich hatte und mit *Chi Con Gui-Jao*. Und wie der Zufall, oder *Chi Con Gui-Jao*, so spielt, hatte der Sohn des Mannes, in dessen Haus Noel untergebracht war, einen Onkel, der ein *curandero* in einem nahe gelegenen Dorf war. Sie arrangierten ein Treffen, und zwar bei Vollmond – darauf bestanden die *curanderos*. Und am Tag, als die Moles abreisten, verschwand Noel klammheimlich mit Blanca und Marcos Escudero, der Tochter und dem Sohn seines Vermieters. In seinem Toyota fuhren sie ins Tal hinunter, durch die Tenango Gap weiter in Richtung Río Santiago. Am Rande der Stadt hielten sie an, gingen in der Dämmerung über die staubige Straße bis zu einem Adobe-Häuschen mit Lehmboden und nur einem Raum.

Drinnen wurde Noel gebeten, auf einer kleinen Holzbank Platz zu nehmen. Mitten im Raum stand ein großer Holztisch, der eigentlich eine große Holztrommel war, so eine, wie man sie zum Aufwickeln von Elektrokabel gebraucht. In einer kleinen Blechdose schwelte Kopalharz, und kleine Kerzen erhellten den Tisch. Auf der anderen Seite stand ein weißhaariger Mann mit gebeugten Schultern, so etwa in den Siebzigern. Für die Mazteken waren diese Männer mehr als Priester. Während Priester aus ihrem Glauben heraus sprachen, sprachen *curanderos* aus ihrer Erfahrung heraus. Nach jahrelanger Erfahrung mit den verschiedensten halluzinogenen Pflanzen hatte der *curandero* Erdengötter und katholische Götter mit eigenen Augen geschaut, mit eigenen Ohren gehört und war hier, um diese Weisheit mit anderen zu teilen.

Auf der Holztrommel, die als Tisch fungierte, breitete der Alte ein Handtuch aus. Darin waren in sorgsam zusammengefalteten Papieren je eine Hand voll Maiskörner gewickelt. Den Mais legte er auf dem Handtuch in mehrere Reihen von jeweils zwei bis drei Körnern aus. Dann sprach er auf Maztekisch, sang, psalmodierte und schwenkte Räucherstäbchen über die fein säuberlich aufgereihten Maiskörner. Prüfend untersuchte er das Muster des Rauchs über dem Mais und wählte bedächtig sechs Körner aus, die er zur Seite legte.

Dann schnitt und faltete er zwei kleine Stücke Papier zu kleinen Päckchen, zog ein paar Blätter der San-Pedro-Pflanze hervor – grüne Blätter, etwa Handteller groß und halb so breit – und zerrieb sie zu Pulver. Das Pulver streute er in die vorbereiteten Päckchen und sprach darüber Gebete.

Auf Maztekisch erklärte er den Besuchern, dass die beiden wichtigen Erdengötter – der Wächter über die Berge wie auch *Chi Con Gui-Jao* – der Reise ihren Segen gegeben hätten. Zu Noel sagte er, er möge keine Angst haben, denn Angst mache ihn krank. Falls ihn doch Angst überkomme, solle er den Sand vom Eingang der Höhle essen, denn der würde ihm Mut und Tapferkeit verleihen. Anschließend gab er Noel die Päckchen mit der San-Pedro-Pflanze und trug ihm auf, eines am Höhleneingang zu vergraben und das andere mit in die Höhle zu nehmen. Außerdem solle jeder, der die Höhle betritt, eine Knoblauchzwiebel bei sich tragen, um verschiedene andere böse Geister abzuwehren, wie etwa solche, die in Schlangengestalt erscheinen.

Als Segensspender nahm er ein mit Minze parfümiertes Blatt, schritt durch den Raum, berührte damit mehrere heilige Gegenstände und wischte Noel, Marcos und Blanca von Kopf bis Fuß damit ab.

Zurück in San Agustín, übersetzte Marcos alles, was der *curandero* gesagt hatte, samt einer Vorhersehung: »Fünf Leute werden die Höhle betreten. Ihr werdet sieben Unterwassertunnel finden. Und alle führen zum Río Santo Domingo.«

Am Dienstagmorgen, den 26. April, machten sich Bill und Barbara startklar für ihren allerletzten Vorstoß in die Höhle. In dem niedrigen Küchenhaus – in dem Bill selbst nach all den Monaten beinahe jedes Mal mit dem Kopf gegen das verrostete Wellblechdach schlug – nahmen sie ein ausgiebiges Frühstück ein und packten auf Noels Rat hin auch jeder ein Stück Knoblauch in den Rucksack. Dann war es so weit – sie schnallten sich ihr Gurtzeug um, setzten Helm und die voll gestopften, orangefarbenen Materialsäcke auf und marschierten über das Maisfeld bergab.

Auf dem Weg in die *sótano* trafen sie Bernardo und Virgilio Escudero, den weißhaarigen Großvater mit seinem neugierigen Enkel, die das Team während der letzten drei Monate stundenlang still aus der Ferne beobachtet hatten. Als seine Ziegen hastig vom Weg in das dichte Gestrüpp trippelten, sagte der alte Mann etwas auf Maztekisch und streckte ihnen höflich die wettergegerbte Hand entgegen.

Auch Bill streckte ihm seine blasenüberzogene Hand hin. Ihre Finger berührten sich, drückten sanft gegeneinander und zogen sich wieder zurück. Diese vornehme Art der Begrüßung ohne Berührung der Handflächen, wie sie unter Mazteken üblich ist, hatte Bill schon seit jeher fasziniert – eine respektvolle Berührung, ohne sich ein betont männliches Händedruckduell zu liefern, wie es unter US-amerikanischen Geschäftsleuten oft üblich ist.

Leise sprach Bernardo mit Virgilio auf Maztekisch. Der alte Mann verstand zwar etwas Spanisch, zog es aber vor, in seiner Muttersprache zu reden und seinen Enkel – einen Musterschüler in der Dorfschule – übersetzen zu lassen.

»Mein Großvater«, fing Virgilio stockend auf Spanisch an, »also, er fragt, ob... er sagt, dass euer Doktor zu unserem Doktor gekommen ist.« Der kleine Junge war Bill gegenüber ein wenig schüchtern.

Bill stutzte und sah Barbara an. Doch die hob nur die Schultern.

»*Curandero*«, flüsterte Bernardo.

»*Sí*«, wiederholte Virgilio. »Er sagt, der Mann mit den großen Augen ist mit Marco beim *curandero* gewesen.

Bill nickte Bernardo zu. Wie klein dieses Dorf doch war. Hier gab es keine Geheimnisse.

»Was hältst du davon?«, fragte Bill ihn auf Spanisch.

»Mein Großvater sagt, dass der Mann, bei dem euer Doktor war, ein guter *curandero* ist.«

Bill stutzte erneut. »Gibt es denn auch schlechte *curanderos*?«

»Aber ja«, antwortete der Junge. »*Brujos*. So nennt man sie. Sie lassen schlimme Dinge geschehen.«

Da flüsterte Bernardo etwas.

»*Brujos*, sie sind wie Teufel«, fuhr der Junge fort. »Doch der Mann in Río Santiago, der ist ein guter *curandero*. Er ist in der *sierra* wohl bekannt.«

»Glaubst du an diese Geister?«, wollte Bill von dem Jungen wissen. »Glaubt dein Großvater daran?« Den Knoblauch in seinem Rucksack erwähnte er nicht.

Da hob Bernardo an, erzählte etwas auf Maztekisch, und Virgilio übersetzte seine Geschichte.

»Er sagt, dass sein Vater einst den Weg zum Fluss Santo Domingo hinuntergegangen ist. Dort wurde er krank. Die Krankheit kam über ihn, weil er vor vor dem Flussgott, *Chi Con Nanda*, Angst gehabt hatte. Er fieberte, und ein Zauber lag auf ihm. Mein Großvater, er sagt, dass dieser Mann, derselbe *curandero*, seinen Vater geheilt hat.«

»Na dann...«, stammelte Bill. Er wusste nicht recht, was er sagen sollte, »dann kann uns ja nichts passieren, nicht wahr?«

»*Sí*.« Virgilio nickte. »Euch kann nichts passieren.«

Bernardo lächelte und stupste den Jungen an weiterzugehen. Er nickte zuerst Barbara zu, dann Bill und warf den beiden über die Schulter einen maztekischen Abschiedsgruß zu.

Die Höhle bot das in der Trockenzeit gewohnte Bild. Der Abstieg bereitete Bill und Barbara keinerlei Probleme. In Camp Drei jedoch sah es verheerend aus. Teile der Fotoausrüstung lagen überall ver-

Barbara am Ende.

streut, und auf allem saß dichter Schwamm. Den ganzen folgenden Tag waren sie mit Putzen beschäftigt und mussten außerdem zusätzliche Lebensmittelvorräte und Karbid aus dem Depot 620 herbeischleppen.

Nach einer erholsamen Nacht – Bill schlief in der friedvollen Stille von Camp Drei immer gut – wachte er am Donnerstag schon frühmorgens auf, blieb aber liegen und dachte nach. Noel war überfällig, was Bill eher auf die neuerliche Unschlüssigkeit seines Freundes zurückführte als auf ein Unglück. *Falls Noel bis morgen nicht auftaucht, was wäre so schlimm, mit Barbara weiterzugehen?*, fragte er sich.

Sie ist in der Lage, mit dem Gerät zu tauchen, und mental gefestigter als Noel. Sie hat ein schnelleres Tempo, und sie schleppt jeden Tag 35 Pfund, ohne zu murren. Der Gang zu Camp Sechs ist kein Erkundungstauchgang. Dort verläuft über die ganze Strecke eine Tauchleine – wenn die Flut sie nicht weggerissen hat –, und wir könnten es mit einer Buddy-Leine probieren...

Doch das war der Haken bei der Geschichte: Sie waren keine gleichwertigen Buddys, keine gleichwertigen Tauchpartner. Barbara vertraute Bill zwar vollkommen, doch er war noch nicht an dem Punkt angelangt, an dem er ihr unter Wasser sein Leben anvertraut hätte. Jedes Mal, wenn er mit ihr zusammen tauchte, überlegte er im Hinterkopf, wie er sie retten würde, falls etwas schief ginge. *Sie kennt ihre Grenzen zwar*, dachte er, *aber das hilft mir nichts. Denn es gibt immer Dinge, die schief gehen können und die dann auch schief gehen.* Das Team hatte einmütig beschlossen, die Grotte nicht paarweise, sondern in einer Reihe von Solotauchgängen zu durchforschen, da bei begrenzten Sichtverhältnissen für den Tauchpartner die Gefahr besteht, im Seil verwickelt zu werden. Und ein von Panik ergriffener Taucher reißt seinen Partner eher in den Tod, als dass er von ihm gerettet wird. Dieser traurigen, aber wahren Tatsache hatten Jim Smith und Rolf Adams sich auf einem Übungstauchgang beugen müssen. Jim versuchte, Rolf zu retten, und kam dabei um ein Haar selbst zu Tode. Rolf hatte den Tiefenrausch bekommen, und als Jim ihm zu Hilfe eilte, wurde Rolf von Panik gepackt und zog Jim den Atemregler aus dem Mund. Nicht ahnend, dass er selbst noch ausreichend Luft hatte, saugte er ein paar Minuten lang durch Jims Atemschlauch, wobei er sich mit beiden Händen an seinem Tauchpartner festklammerte. Das wäre Jims sicherer Tod gewesen, hätte Rolf nicht die oberste Tauchregel gebrochen und beim Aufstieg die Luft angehalten – die Luft in seiner Brust dehnte sich aus, seine Lungen platzten und sein Klammergriff lockerte sich. Rolf wirbelte hinab in die dunkle Tiefe, und Jim schoss an die Wasserdecke. Dieses Erlebnis hatte Jim so mitgenommen, dass er das Tauchen aufgab.

»Manchmal muss man sich zurückziehen und den anderen sterben lassen«, hatte Sheck damals Jim und Bill getröstet, »sonst erwischt es beide.«

Und wie Bill so dalag, in der friedvollen Lautlosigkeit von Camp Drei, Barbara schlafend neben sich, wurde ihm klar, dass er niemals imstande wäre, sich zurückzuziehen und sie sterben zu lassen, egal wie ernst die Lage wäre. *Es geht also nicht darum, ob sie will, sondern darum, ob ich will, ob ich mein Leben in ihre Hände geben will.*

Nach dem Frühstück verstauten sie das Zubehör für die Rebreather in ihr Gepäck – drei Mischgastanks und zwei Flaschen mit Lithiumhydroxid – und begannen den Abstieg durch die Lower Gorge. Die gewaltige Flut hatte in dem unwegsamen Schacht ihre Spuren hinterlassen. Auf fast jedem Absatz hielt Bill an, um die Seile, die bedenklich ausgefranst waren, zu reparieren und neu einzurichten. Barbara war vor Bill an der Tauchbasis.

»Ich sehe zwei Rebreather!«, rief sie, und beiden fiel ein Stein vom Herzen. Doch als sie die Schäden näher begutachteten, mussten sie feststellen, dass Bills Nasstauchanzug – den er auf das untere Deck zum Trocknen gelegt hatte – fehlte.

»Verdammt«, fluchte er. »Ich muss wohl noch mal nach oben.«

»Warte mal, G.« Barbara hob eine der Tauchlampen auf und leuchtete damit die Wasseroberfläche ab, richtete den Schein in jeden Winkel und jede Ritze des Canyon. Nach wenigen Minuten hatte sie den Nasstauchanzug entdeckt, der langsam stromabwärts trieb. Während Bill eine Bestandsaufnahme der Materialvorräte im Camp Fünf vornahm, schwamm sie ein paar Runden und sammelte ein halbes Dutzend Sachen ein, die die Flut bis ans andere Ende des Canyon gespült hatte. Nachdem sie alle wichtigen Dinge beieinander und die beiden Rebreather eingerichtet hatten, gingen sie zurück zum Camp Drei, wo sie die Nacht verbringen wollten.

Zu ihrer Überraschung wurden sie dort von Noel erwartet, und auch Jim und Steve waren da; Noel hatte sie überredet, mit anzupacken und Ausrüstung aus der Höhle zu transportieren. Doch richtig gute Laune hatte niemand. Steve war sauer, weil es danach aussah, dass ein Großteil der Ausrüstung verkauft werden musste, um die Schulden der Expedition zu tilgen, Noel ihm anfangs aber erzählt hatte, die teuren Trockenanzüge sowie die von Sponsoren bereitgestellte Ausrüstung würden am Ende der Expedition untereinander aufgeteilt werden –, und darauf hatte sich Steve verlassen. Noel war sich zudem noch immer nicht schlüssig, ob er Bill auf einem letzten Vorstoß begleiten sollte.

»Nach all den Jahren stehen wir nun vor den Toren des Gelobten Landes«, meinte Bill zu Noel, als sie in Stonehenge beim Abendessen saßen. »Ich werde versuchen hineinzugelangen. Und ich würde mich freuen, wenn du mitkommst.«

Nach dem üppigen Abendessen, gefriergetrocknetes Hähnchen und Kartoffeln, stand Bills Entschluss im Hinblick auf Barbara fest. Falls Noel nicht mitkäme, würde er sie mitnehmen, trotz des Risikos. Endlich war er zu einer Entscheidung gekommen, was ihn in Hochstimmung versetzte. Barbara war zu Bett gegangen, da wandte er sich an Noel.

»Weißt du, Bruder, ich habe mein Kontingent verschossen«, sagte er leise. »Ich habe meine Frau, mein Haus, mein Geld verloren – alles für dieses Projekt. Und das ist sie nun, meine Chance, womöglich meine einzige.« Er beugte sich vor und strich sich langsam über das stoppelige Kinn. »Ich ziehe das jetzt durch, auch allein. Ich werde diese Höhle bis zum bitteren Ende durchforschen. Egal wie.«

Noel war entgeistert. Er konnte zwar nicht wissen, dass Bill auch das Unglücksrisiko mit Barbara analysiert und abgeschätzt hatte, doch was Bill da von sich gab, klang ihm doch sehr nach einkalkuliertem Märtyrertod. Krampfhaft suchte er nach Worten, Bill umzustimmen.

»Ich ... ich weiß nicht, Mann ...«

»Schlaf drüber«, unterbrach ihn Bill. »Mal sehen, was du morgen dazu meinst.« Und damit ging auch er ins Bett. Noel saß noch eine Weile allein im Schein der Karbidlampe, unschlüssiger denn je.

Wenig später kam Steve angeschlichen und kniete sich neben ihn. Er hatte Bills Worte zum Teil mit angehört, und seine Entscheidung stand fest: »Ich helfe morgen beim Materialtransport hinunter in die Grotte, und danach schleppe ich noch ein paar Ladungen von hier nach 620«, redete er auf Noel ein, in einem ebenso verschwörerischen Ton wie Bill zuvor. »Anschließend verlasse ich die Höhle. Und dann reise ich aus Mexiko ab. Und wenn ich erst einmal weg bin, bin ich weg; rechne dann nicht mehr mit meiner Unterstützung. Ich bin nämlich ... ich bin nämlich zum Beispiel nicht gewillt, für diese verfluchte Höhle zu sterben.«

Wieder fand Noel keine Worte, legte einfach nur seine Hand auf Steves Schulter, nickte, und Steve drückte ihn unbeholfen an sich.

Die ganze Nacht warf sich Noel im Schlaf hin und her. Er brannte darauf zu erkunden, was hinter der Grotte lag; es war sein sehnlichster Wunsch, in unberührte Gefilde im Herzen des Huautla-Systems vorzudringen. Er verdiente die Belohnung, schließlich hatte er jahrelang auf diese Mission hingearbeitet. Doch war er nicht gewillt, dafür zu sterben. Und schon gar nicht wollte er am anderen Ende der Grotte festsitzen mit einem alten Freund, der vor keinem Wahnsinn zurückschreckte, um sich seinen Traum zu erfüllen.

Zudem fehlte es an allen Ecken und Enden an unterstützenden Kräften. Als Anästhesist war es Noels Aufgabe, in die Zukunft zu blicken, dafür zu sorgen, lebensbedrohliche Situationen abzuwenden, statt sie tatenlos geschehen zu lassen. So auch beim Höhlentauchen. Doch wie sollte er sich beim Vorstoß durch die Grotte auf mögliche Probleme vorbereiten? Wenn er mit Bill zusammen die Höhle befuhr, blieb Barbara als Einzige zurück, um ihnen gegebenenfalls nachzusteigen. Und um das zu tun, müsste sie zuerst an die Oberfläche klettern und alles, was man zur Montage eines dritten Rebreather brauchte, hinunterschleppen – wozu mindestens drei Touren erforderlich wären –, um dann im Camp Fünf das Tauchgerät ohne jede Hilfe zusammenzubauen. Darüber hinaus müsste sie sich auch ganz allein zum Tauchen startklar machen und zum allerersten Mal durch beide Grotten hindurchtauchen, ebenfalls ganz allein. Das Risiko, dass bei diesem ganzen Prozedere etwas schief laufen würde, war einfach zu hoch.

Hellwach in der alles umschließenden Dunkelheit, sah Noel vor seinem geistigen Auge, wie er Bill nach einem Sturz am anderen Ende der Grotte behandelte, dann umkehrte, um Hilfe zu holen, und obendrein irgendwo auf dem Weg Barbaras leblosen Körper im Wasser treibend fand. Die schlaflosen Stunden zogen sich endlos hin, und Noel fragte sich, was *Chi Con Gui-Jao* zu seinem Dilemma sagen würde.

Die richtige Entscheidung, gibt es die überhaupt?, fragte Noel schließlich am frühen Morgen den Höhlengott. *Wenn ich aber eine Größe aus der Gleichung herausnehme, nämlich mein persönliches, egoistisches Motiv, unbedingt in unberührte Höhlengefilde vorzudringen, dann wird mir klar, was ich zu tun habe. Als Nothelfer bin ich besser vorbereitet als Barbara. Das ist meine Aufgabe.*

Kurz nach dem Frühstück hielt er Barbara auf dem Weg zur Toilette auf.

»Wenn ich nicht mitgehe, wie wäre das für dich?«, fragte er sie. Er rechnete eigentlich damit, dass sie ihre Entscheidung erst einmal abwägen wollte, bevor er mit Bill darüber sprach. »Es ist nämlich so: Ich will nicht mit, ohne einen Nothelfer im Rücken.«

Barbara unterdrückte einen Jubelschrei, aber nur aus Achtung vor Noel. Schließlich war er der erfahrenere Taucher und hatte insofern Vorrecht, und dazu war er seit der Peña-Colorada-Expedition 1984 mit diesem Projekt befasst gewesen.

»Du musst dich nicht entscheiden, bevor wir die Grotte erreicht haben«, sagte sie.

»Meine Entscheidung steht.«

»Wenn du dir wirklich sicher bist…«, sagte sie.

»Bin ich«, gab er zurück und kniff im schwachen Schein der Taschenlampe die Augen zusammen. »Und du?«

Sie nickte. Noel sah ihr an der Nasenspitze an, dass sie ihre Begeisterung kaum verbergen konnte, und fühlte sich erleichtert. Er lächelte.

»Okay. Dann sag ich es Bill.«

»In Ordnung.«

Bill war in der Küchennische, und Noel ließ den Lichtkegel seiner Taschenlampe hüpfen, um Bills Aufmerksamkeit zu erregen. Außerhalb von Steves Hörweite besprachen sie sich.

»Mann, ich habe mir zu viel zugemutet«, begann Noel. »Ich stehe unter enormer Anspannung. Habe Nächte lang nicht geschlafen. Ich bin…. verdammt, ich habe einen *curandero* aufgesucht, das dürfte alles sagen.« Er stockte einen Moment und beschloss, seine Bedenken im Hinblick auf die fehlenden Hilfskräfte nicht auszubreiten. Solange Bill und Barbara den Vorstoß ohnehin unternehmen wollten, warum sie dann mit derlei Argwohn belasten, dachte er. »Okay. Was ich eigentlich sagen will: Ich sollte nicht tauchen.«

Doch Bill merkte ihm an, dass er vom inneren Gefühl her anders wollte. So ganz nahm er ihm seinen Entschluss nicht ab, merkte aber, dass sein alter Freund endlich zu einer Entscheidung gekommen war. Und die wollte er ihm auch gar nicht ausreden. »Wirst du Barbara und mich dann vom Camp aus unterstützen?«, fragte er nach einer kurzen Pause.

»Bis zum Schluss.«

Die fünf machten sich auf den Rückweg durch die Lower Gorge hinunter zum abschüssig gelegenen Camp Fünf, das sie als Gefälligkeit für Wes ein paar Stunden lang fotografierten. Steve und Jim verabschiedeten sich, Bill, Barbara und Noel legten sich früh ins Bett, obwohl das unentwegte Donnern des Wasserfalls sie lange nicht einschlafen ließ.

Am folgenden Tag waren Bill und Barbara gegen Mittag im Wasser, doch einer der Atemregler an Barbaras Tauchgerät hatte plötzlich ein Leck. Bill nahm es auseinander und entdeckte ein Loch in der Membran. Eine Ersatzmembran hatten sie in der Grotte nicht zur Verfügung. Sie überlegten kurz, zum Bailout-Bottle-Depot zu tauchen und den Atemregler dort wegzunehmen, ließen es aber bleiben, da ein weiteres Vordringen zu riskant wäre, wenn die lebenswichtige Bailout-Flasche im Notfall nicht mehr funktionstüchtig war.

Noel erklärte das ganze Unterfangen für gelaufen.

»Das Ganze ist doch wie ein schlechtes Omen, Mann«, sagte er. »Stell dir vor, noch ein Atemregler platzt.«

Bill fauchte zurück: »Noel, ich habe ein Viertel meines Lebens in dieses Projekt gesteckt. Und ich habe dir schon oft gesagt, dass ich jetzt verdammt noch mal nicht aufgebe. Und wenn ich einen Alleingang an die Oberfläche machen muss, dann tu ich das.«

Noel zog sich zurück, änderte seine Meinung aber nicht.

»Ich glaube, oben in der Upper Gorge ist noch ein Atemregler«, unterbrach Barbara schließlich die gespannte Stille. Fragend sahen Bill und Noel sie an. »Der, welcher für Wes gedacht war.«

»Hey!«, sagte Bill. »Du hast Recht. Da war die anstrengende Schlepperei mit dem Acurex für Wes doch nicht ganz umsonst!«

Bill legte sich das Steiggerät an, und ohne weiteres Gepäck, den Körper voller Adrenalin, schoss er nur so durch die Höhle und erreichte Depot 620 in der Rekordzeit von nur einer Stunde. Die tintenfischartigen Atemschläuche befestigte er um seinen Hals, sauste zurück und war nach nur zwei Stunden wieder im Camp Fünf. Noel und Barbara waren platt.

Am späten Nachmittag war Barbaras Tauchgerät wieder zusammengebaut, doch ihr Tiefensensor zeigte permanent auf null, egal wie tief sie tauchte. Bill nahm ihn unter die Lupe und hatte den Fehler bald gefunden: Als er den Computer am Gerät ausgewechselt hatte – um die Blackbox mit den Aufzeichnungen von Ians letztem Tauchgang zu entnehmen –, hatte er es versäumt, den Tiefensensor neu zu kalibrieren. Er wollte den Fehler mitten im Dunkeln in aller Eile beheben, verband dabei versehentlich einen Hochdruckschlauch mit dem Sensor und zerstörte damit den Niedrigdrucksensor. Und eben *der* musste nun ebenfalls ausgewechselt werden.

Bill stand auf und hämmerte mit der Faust gegen das Oberdeck.

»Kann ich dir irgendetwas bringen?«, fragte Barbara mitleidig.

»Ja«, sagte er, »ein Stück Dynamit, damit ich dieses verdammte Ding in die Luft sprengen kann.«

»Ja, wirklich«, stimmte ihm Noel zu. »Diese Dinger sind eher kompliziert als verlässlich. Wahrscheinlich sollten wir die Sache doch ein für alle mal abschreiben und mit dem Abbauen anfangen.«

Bill durchbohrte ihn mit einem starren Blick und wandte sich ab.

Zum großen Erstaunen aller war im Camp Fünf ein Ersatztiefensensor deponiert. Ian hatte ihn in die gut sortierte Ersatzteilkiste gelegt.

»Als ob sein Geist hier bei uns wäre«, sagte Bill, während er das Ersatzteil installierte, wobei er etwas vorsichtiger vorging.

»Als ob er sagen würde: ›Noch eine Chance, Leute. Auf geht's!‹«

Bis das Tauchgerät fertig montiert war, war es zu spät zum Tauchen. Bill und Barbara nahmen ihre Schlafsäcke aus dem riesigen Materialsack, den sie sich für die Tour durch die Grotte zusammengepackt hatten. Doch Barbaras Schlafsack war ganz durchnässt, da eine der Nalgene-Flaschen geleckt hatte, weshalb Bill und Noel einen Kocher anheizten und den Schlafsack eine Stunde lang zum Trocknen über die Flamme hielten. Der eine hielt den Schlafsack senkrecht in die Höhe, während der andere sich vergewisserte, dass die Fußöffnung nicht in direkte Berührung mit dem Feuer kam. Und als die Karbidlampe langsam verglomm, saßen die drei den restlichen Abend zusammengekauert um den blauen Schein des Kochers.

Zehn

Bill erwachte in der Dunkelheit. Die Wände der Höhle zitterten. Feuchter Dunst kroch über sein unrasiertes Gesicht. Das Dröhnen des Wasserfalls prallte am harten Kalkstein ab und wurde vom tiefer gelegenen Wasser zurückgeworfen – eine nie enden wollende Explosion, welche die blanken Felswände des steilwandigen Canyon erbeben ließ. Sofort wusste er, wo er war: im Camp Fear, im Camp der Furcht. Für wenige Stunden hatte er Schlaf gefunden, doch nun wieder einschlafen zu wollen glich dem Versuch, direkt neben dem Gerumpel einer Diesellok einzunicken.

Umschlungen von der donnernden Dunkelheit, schaukelte er schläfrig in seiner Hängematte hin und her. Seine Kapuzenmütze hatte er zusammengerollt und sich fest über die Ohren gezogen – wie Kenny es immer machte. Er sehnte sich nach den fernen Anfangstagen der Expedition, als alle hoch motiviert waren. Wie gut hatte er noch das umtriebige Geraschel im Ohr, wenn Ian aus seiner Hängematte neben ihm kletterte, den Ofen anheizte, Tee aufsetzte und ihm über das Dröhnen des Wasserfalls hinweg zurief: »Los, Mann! Auf geht's! Und rechtzeitig zum Tee und zur Medaillenverleihung zurück sein!«

»Verdammt!«, murmelte Bill. *Wieso musste es so kommen?*

Mit Ians Tod schien sich alles aufzulösen: Die Vorräte schwanden dahin, die Ausrüstung war in Unordnung gebracht, das Team bis auf drei Mann geschrumpft, und die Regenzeit nahte in Riesenschritten. Und doch trieb ihn Ian an, weiterzumachen. *Selbst jetzt noch*, seufzte Bill, *treibst du uns an.*

»Bist du wach, G?«, drang Barbaras Stimme aus der Hängematte neben ihm durch die tiefschwarze Dunkelheit.

»Ja«, antwortete er. »Bin dabei aufzustehen.«

Er kroch aus seinem warmen Schlafsack und trat auf den mit kalten Pfützen bedeckten Boden der Plattform. Als Erstes entzündete er einen der Deckenbrenner, dann wandte er sich Barbara zu.

»Wie fühlst du dich?«, fragte er.

»Nicht so tatenlustig wie gestern«, sagte sie. Auch sie hatte nicht gut geschlafen, und die alles durchdringende Kälte hatte sie ausgelaugt.

»Wenn du kein gutes Gefühl hast, dann lass uns die Sache abbrechen«, meinte er.

An seinem Tonfall hörte sie, dass etwas nicht stimmte, wusste aber nicht was. Sie nahm an, ihm waren Zweifel an ihrem Entschluss gekommen. Das ärgerte sie. Nach all den Monaten, in denen sie sich ihm und den anderen bewiesen hatte, wollte sie ihre Entscheidung jetzt unter keinen Umständen rückgängig machen. Nicht jetzt.

»Schieb bitte nicht mir den schwarzen Peter zu«, fauchte sie ihn an. Ihre Trotzreaktion traf ihn völlig unvorbereitet. »Wir ziehen das jetzt durch«, erklärte sie, »mit einem Lächeln auf dem Gesicht und einem guten Gefühl.«

Er lachte. Das genau war es, was er hören wollte. Ihre Entschlossenheit berührte sein Herz. Im schwachen Schein der Karbidlampe suchte seine Hand die ihre.

»Okay, ein letzter Versuch«, sagte er. »Wenn wir abtauchen und nicht alles absolut einwandfrei läuft, dann brechen wir ab.«

Kurz darauf war auch Noel wach, und in Camp Fünf herrschte bald emsiges Treiben. Noel machte die beiden Rebreather einsatzbereit, während Bill und Barbara den riesigen orangefarbenen Materialsack packten mit allem, was sie brauchten, um am anderen Ende von Sump Two ein neues Lager einzurichten: drei Karbidhelmlampen und sechs Liter Karbid, um sie zu befeuern; Gurtzeug, Seilhalterungen, Steigklemmen sowie eine schlagsichere Gerätekiste; Vermessungsgerät und Fotoausrüstung; vier Liter gefriergetrockneter Lebensmittel, ein Liter Kartoffelflocken; zwei Tassen, zwei Löffel, einen Topf, einen Kocher und drei Brennstoffkanister mit Isobutan; zwei Rollen Klopapier, vier Müllsäcke und zwei Schafsäcke. Damit alles trocken blieb, verstauten sie die Sachen in Nalgene-Flaschen. Um den Auftrieb zu neutralisieren und die eingeschlossene Luft auszugleichen, gab Bill ein Bleigewicht von 25 Pfund in den Materialsack. Zwei Seile – ein 80 Meter langes Neun-Millimeter-Seil und ein 100 Meter langes Sieben-Millimeter-Seil – wurden außen befestigt. Am Ende sah der Materialsack mit einem Gesamtgewicht von 150 Pfund aus wie ein schwangerer Golfsack.

Bill ließ den Sack ins Wasser ab, wo er knapp unter der Oberfläche auf und ab schaukelte, sah ihm einen Moment lang zu und fragte sich, was wohl passieren würde, wenn Wasser in die Nalgene-Flaschen mit dem Karbid eindrang: Wenn der Druck des austretenden Acetylengases zwei Atmosphären überstiege – am Grund der Hauptgrotte würden es bis zu drei Atmosphären sein –, wäre es selbstexplosiv. Er blickte zu Noel und bemerkte: »Na, hoffen wir, dass nichts leckt.«

Noel wandte sich wieder der Checkliste für die Rebreather zu, und als er damit fertig war, zog sich das altvertraute breite Grinsen über sein Gesicht, wie immer, wenn er etwas Wichtiges zu sagen hatte. Normalerweise reagierte Bill darauf mit einem Nasenstüber, doch heute schien er ihn eher noch zu ermuntern.

»Alles drin und dicht«, sagte Noel.

Bill lachte. Er war erleichtert zu sehen, dass sich sein alter Freund langsam von dem Trübsinn erholte, der ihn wochenlang geplagt hatte. Nun, da er beschlossen hatte, nicht zu tauchen, stürzte Noel sich voll und ganz in seine neue Aufgabe als unterstützende Kraft. Im Falle einer weiteren Flut oder anderer Schwierigkeiten war er der Einzige auf der Welt, den Bill sich am Einstieg zur Grotte stationiert wünschte.

»Wenn was passiert, dann kommst du uns nach, in Ordnung?«, fragte Bill, und Noel fuhr zusammen. »Ja... klar... natürlich«, nickte er.

Bill lächelte. »Gib mir eine Woche – bis zum Morgen des 8. Mai, dann hol die Kavallerie.«

Sieben Tage. Noel nickte erneut.

Barbara machte sich zuerst tauchklar. Noel half ihr beim Angurten des Rebreather und beim Einpassen der zahllosen Schlauchverbindungen. Um ihren Arm schnallte er den zusätzlichen Sauerstoffanzeiger, einen Tiefenmesser, die Tauchuhr und ein Tauchmesser. Die Computerkonsole befestigte er an einem der D-Ringe aus rostfreiem Stahl an ihrem Gurtzeug, den Atemregler für das offensystemische Bailout-System ebenfalls. Ersatztauchlampen und eine Ersatztauchmaske verstaute er in verschließbare Gurttaschen an ihrem Hüftgurt. Danach reichte er Barbara ihre Tauchmaske, die rosa umrandet war – das einzige annähernd weibliche Attribut ihrer Ausrüstung. Als der Taucherhelm saß, griff er um sie herum nach hinten und zog das Mundstück des Rebreather nach vorn. Im Sichtfenster ihrer Tauchermaske spiegelten sich leuchtend grün die vier LED-Lichter der Helmanzeige.

»Alles fertig, Barbara«, bestätigte Noel und klopfte ihr auf die Schulter. Mit Daumen und Zeigefinger formte sie das unter Tauchern übliche Zeichen für »okay«, glitt ins kalte Wasser, drehte zunächst ein paar langsame Runden am Ende der Grotte, passte die Ausrüstung an und überprüfte alles noch einmal. Sie war die Erste, die seit Ian wieder mit dem Gerät tauchte, und wollte ganz sicher sein, dass alles einwandfrei lief. Ihre Krypton-Helmlampe schien über das dunkle Wasser, malte Kreise um die Tauchplattform.

Bill sah indes zu, wie sein dampfender Atem über die Wasseroberfläche der Grotte rollte, während Noel nun ihm beim Anpassen und Einrichten der Ausrüstung zur Hand ging. Als er eintauchte, wogte das kalte Wasser in kleinen Wellen durch die gerasterte Oberfläche seines schwarzen Nasstauchanzugs. Noel reichte ihm den

Bill Stone auf einem Tauchgang mit dem Rebreather.

Materialsack und hängte ihn an die D-Ringe des Brust- und Hüftgurts. Die beiden Freunde sahen einander prüfend an und verabschiedeten sich mit einem festen Händedruck.

»Bis in ein paar Tagen, Bruder«, sagte Bill und steckte sein Mundstück ein.

»Kommt lebend wieder«, sagte Noel.

Vorsichtig schwamm Barbara durch den trüben Schlämmkreideschleier. Sie hielt die Knie angezogen, machte sachte Kickbewegungen mit den Füßen, um keinen Schlamm aufzuwirbeln, und folgte der dünnen weißen Nylonführungsleine, die an der Decke des Canyon entlanglief. Die weißen Entfernungsmarken aus Plastik, die Bill angebracht hatte, zogen vorbei wie Leitplanken auf der Autobahn.

Bill folgte ihr mit einer Körperlänge Abstand; der Materialsack hing unter ihm wie eine lenkbare Gondel an einem Ballon. Die Trägheit des riesigen Sacks war lästig: Er musste heftig paddeln, um vorwärts zu kommen, doch einmal in Schwung, kam er mit erstaunlicher Stoßkraft voran. Barbara glitt von einem Dunstschleier in den nächsten, hinein und wieder hinaus. Jedes Mal, wenn sie flüchtig vor ihm auftauchte, heftete er seinen Blick auf die Instrumentenanzeige auf dem Rücken ihres Tauchgeräts. Der unheimlich anmutende Schein der grünen Leuchtzifferanzeige sagte ihm, dass der Sauerstoffgehalt in ihrem Rebreather in Ordnung war.

Bleib auf Grün, Baby, dachte er. *Bleib auf Grün!*

Die weißen, dreieckförmigen Entfernungsmarken zogen langsam vorbei, und der enge Canyon öffnete sich nach 140 Metern in eine blauweiße Leere. Ganz langsam stiegen die beiden den tiefen Schacht in das Versturzkammer-Labyrinth hinab, welches das erste Tauchteam verwirrt hatte. Sie folgten der Führungsleine bis ganz hinunter. Die Schachtwände lagen zwar nur 13 Meter auseinander, doch in dem schlammigen Dunst waren sie so gut wie nicht vorhanden. Das Wasser drückte zunehmend gegen ihre Körper, während sie tiefer und tiefer in die Grotte trieben. Bis sie den Versturzberg erreicht hatten, hatte der Druck den Isolationsgrad ihrer Nasstauchanzüge auf die Hälfte des Oberflächenwertes komprimiert.

Sie zwängten sich durch die Öffnung in das Labyrinth und kamen in den großen, bogenförmigen Korridor mit dem Kiesboden. Da die Sicht in diesem Abschnitt der Grotte besser war, konnten sie sich leichter hindurchhangeln, hielten sich an kleinen Felsvorsprüngen im Boden und an der Wand fest und nahmen dabei richtig Fahrt auf. Die Führungsleine lockerte sich. Der Druck ließ nach.

Am Ende des eng auslaufenden Korridors schürfte Barbara mit einer ihrer Taucherflossen gegen den ausgezackten Kalkstein. Das schrammende Geräusch alarmierte Bill sofort. Schlagartig wurde ihm bewusst, wie still es die ganze Zeit gewesen war. Das Donnern von Camp Fünf lag ein gutes Stück hinter ihnen. Die Rebreather funktionierten einwandfrei: kein Geräusch, also auch keine Blasen.

Sie waren eine halbe Stunde unterwegs, da stieß Barbaras Kopf durch die silbrige Wasseroberfläche. Sie hatte sich so darauf konzentriert, vorsichtig der Führungsleine zu folgen, dass sie gar nicht bemerkte, dass sie die Rolland Air Bell erreicht hatte. Kurz darauf tauchte Bills Kopf auf. Der Lichtstrahl ihrer Helmlampen fiel in die dunkle Höhle oberhalb.

»Alles klar?«, fragte er, und seine Worte hallten durch die Kammer. Es war still, so still, dass das Tröpfeln des Wassers von den schlammbedeckten Wänden lauter klang, als es war.

»Absolut«, antwortete sie. »Der Sauerstoffpegel war optimal. Und die Anzeige stand die ganze Zeit auf Grün.«

»Gut. Behalte nur immer alles im Auge.«

»Wohin jetzt?«

»Da hinüber, auf die andere Seite dieser Sandbank dort«, sagte er und schwenkte mit dem Lichtstrahl seiner Helmlampe in die gezeigte Richtung. »Du kriechst am besten.«

Das Wasser entlang der Sandbank war nur einen Meter tief. In voller Montur etwas unbeholfen, bewegten sie sich plätschernd voran, taten ihr Möglichstes, um unter Wasser zu bleiben, damit das Wasser das Gewicht der schweren Geräte und des prall gefüllten Materialsacks trug. Auf diese Art und Weise krochen sie über eine Strecke, fast so lang wie ein Fußballfeld. Sobald sie im etwas tieferen Wasser am anderen Ende der zweiten Sandbank angelangt waren, hielt Bill an.

»Also schön. Du kennst ja die Routine«, sagte er, und seine Stimme dröhnte in der Echokammer wie die eines Unteroffiziers beim Wehrdienst. »Manuell auf PO_2 schalten, dann das Programm starten und den Setpoint deines Sauerstoffs auf eine Atmosphäre zurückfahren.« – »Okay. Habe ich«, antwortete sie. »Soll ich wieder vorn tauchen?« Er nickte und zeigte auf die nächste Führungsleine. »Und pass auf die Felsriefen an der Decke auf. Sie sind scharf wie Rasiermesser.«

Barbara stieg ab und setzte den Weg südwärts in Richtung Sump Two fort. Die Kammer fiel mit rund 45 Grad Gefälle jäh in die Tiefe ab, und die Decke war überzogen mit Felsriefen. Sorgfältig musterte Bill die dünne weiße Führungsleine, untersuchte jeden einzelnen Fixpunkt, um sicher zu sein, dass er nicht zu eng um das Seil montiert war und noch Spiel hatte. Er hatte Angst, dass es bei zu festem Zug gegen eine der Felsriefen scheuern und durchschnitten werden könnte und sie dann für den Rückweg keine Führungsleine mehr hätten.

Doch die Decke wurde bald wieder glatt, und unter ihnen tat sich Sump Two auf, mit einem weiten Gewölbedach aus schwarzem Felsgestein, das stellenweise überzogen war mit einem dünnen Film aus ockergelbem Sediment. Der Boden entschwand der Sicht, fiel ab in die tiefe Leere unterhalb und hätte genauso gut nicht vorhanden sein können. Der Schein ihrer Helmlampen – wie auch ihre Konzentration – blieb auf das weiße Seil gerichtet, das an der Höhlendecke entlanglief.

Das mach ich doch mit links, dachte Bill. Langsam drehte er den Kopf in einem engen Kreis, und der laserartige Peilstrahl der kleinen Lampe auf seinem Helm beschrieb im trüben Dunst ein O – Zeichen der Höhlentaucher für »okay«. Ohne sich umzudrehen, antwortete Barbara mit dem gleichen Signal.

Auf halben Weg durch den 180-Meter-Tunnel sichtete Bill Ians leere Spule, die nach wie vor auf dem löchrigen Kalksteinschelf feststeckte, dort, wo er sie vor fast einem Monat deponiert hatte. Er griff danach, wollte sie aufheben, hielt dann aber inne, betrachtete die rote Seiltrommel und lächelte leise in sich hinein: *Wir lassen sie lieber hier liegen. Nur für den Fall, dass der Black Dog Ians Hilfe braucht, um den Weg zu finden.*

Der Boden der Grotte stieg langsam an und schränkte die Bewegungsfreiheit ein, was zur Folge hatte, dass Barbara nun mehr Schlamm aufwirbelte. Mit jedem Flossenschlag zerstoben kleine ockergelbe Pilzwolken. Die Sicht fiel auf null. Bill konnte der Tauchleine nicht mehr länger mit den Augen folgen und suchte sie mit den Fingern zu ertasten.

Die Leine war weg.

Einen Moment lang tastete er herum, doch keine Leine war zu finden. *Kein Problem*, dachte er – der Boden stieg leicht an. Er hatte das Ende der Grotte sicherlich erreicht, und über ihm war bestimmt schon Luft. Also ließ er sich steigen, in der Annahme, er würde lediglich etwas weiter entfernt vom Ufer auftauchen als geplant. Doch er war nicht da, wo er vermutet hatte. Anstatt aufzutauchen, trieb er in eine Art Nische, möglicherweise auch in einen unerforschten Schacht. Er stieg noch einen Moment lang weiter auf, dann war ihm schlagartig klar: Er hatte sich verirrt.

Der Lichtschein von seinem Kopf war nutzlos. Der Schlamm war zu dicht, um irgendetwas zu sehen, nicht einmal die Hand vor seiner Maske. Er war sicher, die Tauchleine verlief nur wenige Meter unterhalb. Doch in welcher Richtung? Er tastete nach seiner Ersatzspule, einer kleinen Sicherheitsspule, die jeder Höhlentaucher für Situationen wie diese mitführt. Das Standardprozedere sah vor, die Spule zu fixieren, dann mit dem Seil quer durch den Tunnel zu streifen – und damit gleichzeitig den Rückweg zu markieren –, um irgendwann die Hauptführungsleine zu kreuzen. Sheck hatte ihm beigebracht, wie man das ohne Tauchermaske macht, um eine Verirrung in einem Silt-out zu simulieren. Bill tastete also nach der Ersatzspule, doch sie war nicht da.

Seine langen Finger wanderten über sein Gurtzeug, rauf und runter, über jeden einzelnen D-Ring, suchten blind nach der vertrauten Messingschelle der Ersatzspule. Doch sie war nicht da. Irgendwie hatte er sie im ganzen Durcheinander in Camp Fünf liegen lassen. Verflucht. Ihm war bewusst, dass Höhlenunfälle ihre Ursache nicht selten in einer Aneinanderreihung solcher scheinbar unbedeutender Nachlässigkeiten haben. Die warnenden Beispiele zu Anfang eines jeden Kapitels in Shecks Überlebenshandbuch zeigen, wie kleinste Fehler fatale Folgen nach sich ziehen können. Und Bill hatte sich bereits zwei solcher Fehlschläge geleistet: Sichtverlust mit der Führungsleine und keine Ersatzspule.

Erneut fluchte er. Sein Atem ging rasend schnell. Die erste Panikreaktion jagte noch mehr Adrenalin durch seine Adern. Wäre er mit konventionellem Scuba-Gerät getaucht, hätte er das verbliebene Atemgas gefährlich schnell nachgesaugt, um seiner misslichen Lage beizukommen – und das wäre sein dritter fataler Fehler gewesen.

Aber zum Glück atmete er ja nicht aus einem offensystemischen Pressluftsystem. Vielmehr wurde das Atemgas, das er viel zu schnell ausatmete, nicht vergeudet, sondern vom Rebreather immer wieder neu verwertet. Diese Erkenntnis beruhigte ihn. Es war, als ob seine Erfindung zu ihm spräche: *Du kannst Panik haben, so viel du willst, du hast immer noch sechs Stunden, um das hier in den Griff zu bekommen.* Er schwebte im ockergelben Dunst, wartete, dass sich sein Geist und sein Körper entspannten.

Er dachte kurz nach und beschloss, einen Skydive zu wagen. Zuerst ließ er etwas Luft aus seiner Tarierweste. Dann, als er zu sinken begann, streckte er die langen Arme und Beine so weit von sich, wie er konnte. Langsam trieb er abwärts, wie in fliegendes X. Es funktionierte – eine Taucherflosse berührte die Führungsleine. Und innerhalb weniger Minuten war er wieder auf Kurs und setzte seinen Weg durch die Grotte fort.

Nachdem Bill und Barbara aufgebrochen waren, blieb Noel allein auf der unteren Plattform. Seine Karbidlampe hatte er gelöscht und sah den Lichtern der beiden nach, wie sie allmählich in der tintenschwarzen Tiefe der Grotte verschwanden. Als sie fort waren, saß er in der Dunkelheit, sann über ihr Schicksal nach und über sein eigenes. Er war zurückgeblieben, aus freien Stücken. Nach wochenlanger Agonie war seine Entscheidung, auf den letzten Vorstoß zu verzichten, unwiderruflich. Bill und Barbara waren fort. Für eine Woche, wenn alles glatt lief. Für immer, wenn nicht.

Bills alarmierend ernste und nachdrückliche Bitte wollte ihm nicht aus dem Kopf: *Wenn etwas passiert, dann kommst du uns nach, in Ordnung? Gib mir eine Woche – bis zum Morgen des 8. Mai, dann hol die Kavallerie.* Noel rührte mit seinem Zeh im Wasser.

»Welche gottverdammte Kavallerie?«, schrie er wütend in die Dunkelheit. Kenny war mit Wes und Tom abgereist. Steve würde nicht wieder tauchen. Und Jim wartete im Grunde nur auf eine Mitfahrgelegenheit nach Hause. Noel war der einzige noch verbliebene Taucher, der Bill und Barbara im Falle eines Falles nachtauchen könnte. Und diese Aussicht ließ ihn schaudern.

Er machte die Karbidlampe wieder an, kletterte zurück auf das Oberdeck und verkroch sich in seiner Hängematte. Ein paar Stunden wollte er noch abwarten, falls die beiden den Tauchgang abbrechen würden. Und wie er sich in seinem feuchten Schlafsack wälzte, fiel sein Blick auf eine Ersatzspule, die an Bills Hängematte baumelte. Er langte hinüber und drehte sie herum – »Stone« war da seitlich auf die Spule gekritzelt.

»O mein Gott!«, rief er. Hatte er Bill etwa die Ersatzspule von sonst jemandem mitgegeben? Oder hatte er seinen alten Freund ohne in die Grotte geschickt? Er sah Bill vor sich, verirrt in einem Silt-Out, unfähig, die Führungsleine wieder zu finden. Dann sah er sich selbst, wie er mit einer Handlampe einen Seitengang nach dem anderen ableuchtete und Bills Leiche einfach nicht finden konnte. Und wieder schauderte er. Er zog sich den Schlafsack bis über beide Ohren, schlafen konnte er aber nicht.

Als die Zeiger seiner Uhr nach drei Uhr nachmittags zeigten, packte er einen Materialsack mit Altutensilien zusammen und machte sich auf den langen Aufstieg zur Lower Gorge. Er ließ sich Zeit, war bei jedem Schritt über den glitschigen Grund doppelt vorsichtig, denn ihm war bewusst, dass jetzt, wo niemand mehr da war, der ihn aus der donnernden Höhle retten könnte, etwas so Banales wie ein verstauchter Knöchel lebensgefährlich sein konnte.

Auch Camp Drei lag verlassen da. Noel marschierte mitten hinein und stand in Stonehenge, mutterseelenallein. Langsam drehte er eine Runde, starrte hinaus in das gähnende Dunkel. Es kam ihm vor, als sei er auf der dunklen Seite eines fremden Mondes einsam und hilflos von der Außenwelt abgeschnitten. Er setzte sich auf den bequemsten Steinstuhl – auf den, den Tom in den endlos langen Nächten während der Flut mit Beschlag belegt hatte – und sehnte sich nach Gesellschaft. Er war nun König von Camp Drei und Hauptbewohner gleichzeitig.

Ein paar Stunden später setzte er Wasser auf. Während er das Abendbrot zubereitete, hörte er das Klirren von Steiggerät. Es war Steve, der über den Flusssteinkamm hinauf nach Camp Drei kletterte.

»Hey, Steve!«, sagte Noel, sprang auf ihn zu und begrüßte ihn freudig. »Mann, bin ich froh, dich zu sehen.«

»Ja, werde nicht lange bleiben«, brummte Steve. »Jim und ich reisen morgen ab.«

Noel ließ den Kopf hängen, hatte er sich doch gerade über ein wenig Gesellschaft gefreut, wenn nicht gar über eine mögliche Tauchhilfe.

Steve entging nicht, dass sein Freund niedergeschmettert war. »Don ist nicht weit hinter uns«, tröstete er ihn. »Sieht aus, als würde er sich eine Weile hier einrichten wollen. Dann bist du nicht allein.«

Wenig später traf Jim gut gelaunt ein. »Das ist der erste Tag, an dem es mir in dieser Höhle Spaß macht«, sagte er zu Noel.

Noel bat die beiden Taucher inständig, noch eine Woche zu bleiben, nur für den Fall, dass er Bill und Barbara nachtauchen müsste. Außerdem bat er sie, ihm beim Abbau der Camps zu helfen. Steve und Jim aber waren überzeugt, dass das Wasser in der Upper Gorge langsam anstieg und es nur eine Frage der Zeit war, bis man im Camp Drei endgültig festsaß. Auch Noel hatte den Wasserpegel ständig beobachtet, allerdings kein Ansteigen festgestellt. Nach seinem Dafürhalten hatten die täglichen Begegnungen mit dem Schacht, in dem er beinahe ertrunken war, Steves Meinung dahingehend beeinflusst. Darüber hinaus hatten die beiden in den letzten

Tagen eine schwere Gepäckladung nach der anderen von Camp Drei hinauf zum Depot 620 geschleppt und waren nun der Ansicht, ihren Teil zum Abbau beigetragen zu haben.

Wenige Minuten später kündigte erneutes Geklapper Dons Eintreffen an. Ein paar Tage nach der Teamversammlung am Ostersonntag hatte er den Bus von Huautla genommen und war heim nach Austin gefahren, um ein paar geschäftliche Dinge zu erledigen. Seinen kleinen, blauen Pickup – den Big Dog –, der nach wie vor bis unters Dach mit Ausrüstung voll gestopft war, hatte er solange am Geräteschuppen geparkt. Don Broussard, der Huautla-Veteran, wusste, dass Bill beim Abbau Hilfe benötigen würde. In Austin hatte er an einer Versammlung des örtlichen Höhlenclubs teilgenommen, einen knappen Bericht über Ians Tod und den Stand der Expedition gegeben und anschließend in die Runde gefragt, ob jemand nach San Agustín mitkommen wolle, um bei dem undankbaren Job des Abbaus und Reinigens der Höhle zu helfen. Zwei junge Höhlengänger meldeten sich freiwillig: der Zimmermann Chris Sobin und Bev Shade, seine 19-jährige Freundin. Doch gleich auf der ersten Tour in die Höhle verletzte sich Chris am Rücken, und Bev wartete oben, bis sie sich einer anderen Höhlengängergruppe anschließen konnte. Und so kam Don, trotz aller Mühen, ein paar Helfer zu rekrutieren, allein im Camp an.

Er nahm auf einem der Stonehenge-Stühle Platz und zerstreute Noels Bedenken ein wenig, war zuversichtlich, dass seine jungen Lastenträger sich nach ein paar Tagen Erholung als nützlich erweisen würden. Außerdem, so berichtete er weiter, sei Bill Steele mit ein paar jungen freiwilligen Helfern eingetroffen. Bill Steele, der Höhlenveteran – der die Gruppe durch ein Kanalisationsrohr kriechen ließ, als sie bei ihm zu Hause in San Antonio zu Besuch war –, hatte vier Neulinge mitgebracht, die beim Abbau helfen wollten: Mike Cicheski, Ted Lee, Don Morley und Carleton Spears. Don Broussard war davon überzeugt, dass Bill Steeles texanischer Helfertrupp sich am folgenden Tag an den Abstieg machen würde.

Noel war begeistert. Zwar würden ihm Don Broussard, Bill Steele und die Höhlenneulinge keine große Hilfe sein, sollte er Bill und Barbara nachtauchen müssen – denn keiner von ihnen war Höhlentaucher –, doch fühlte er sich bei der Aussicht auf einen sechsköpfigen Hilfstrupp, der Tonnen von Ausrüstung aus der Höhle an die Oberfläche schleppen würde, außerordentlich erleichtert. »O Mann, das ist ja fantastisch«, rief Noel aus. »Endlich haben wir Hilfe.«

»Nun, freu dich nicht zu früh«, antwortete Don. »Die Leute, die Bill Steele mitbringt, könnten sich beim Abseilen die Hände verletzen. Verlass dich deshalb nicht zu sehr darauf, dass sie viel mehr als sich selber hinaustransportieren.«

Bill brachte seine Tour durch Sump Two ohne weitere Zwischenfälle zu Ende und tauchte auf. Barbara saß bereits auf dem breiten Kiesstrand und wartete auf ihn. Er kroch neben sie und rollte sich auf den Rücken. Nachdem er den Rebreather abgenommen hatte, packte er eine der kleinen Karbidlampen aus Messing aus und zündete sie an. Der schwache Schein der Flamme wärmte ihre nassen Gesichter.

Er nahm ihre Hand, verlor kein Wort über seine Beinahe-Katastrophe und sagte nur: »Sehr gut gemacht.«

Der Kiesstrand führte in ein Gebiet mit blank polierten Versturzblöcken. Die Fließfacetten verliefen entlang der Westwand, führten von Sump Two weiter in Richtung Sump Three. Da der Fluss diese Höhle ausgemeißelt hatte, gab es kaum Zweifel, dass der Weg durch Sump Three die direkteste Route zum Santo Domingo Resurgence eröffnen würde. Doch sie hatten nur zwei Cis-Lunar-Rebreather für einen sicheren Rückweg, und jeder zusätzliche Tauchgang würde das Risiko eines Zwischenfalls erhöhen. Zudem führten im Gegensatz zur Rolland Air Bell – in der die einzige weiterführende Route überschwemmt war – vom Kiesstrand aus mehrere Trockengänge weiter. Bill und Barbara einigten sich darauf, nicht mehr weiter zu tauchen. Sie fuhren die computergesteuerten Rebreather herunter und deponierten sie an der höchst gelegenen Stelle. Der Regen konnte jetzt jeden Tag wieder einsetzen, und dann würden die niedrigen Gänge schnell überflutet sein. Und falls die nächste Flut die kostbaren Tauchgeräte beschädigte, gäbe es kein Zurück.

Sie packten die Materialsäcke aus und schlugen etwa 100 Meter unterhalb der Grotte auf einer winzigen, fast flachen Kiesinsel, umgeben von einem Meer aus ausgezacktem Kalkstein, ihr Lager auf – Camp Sechs, das noch spartanischer eingerichtet war als Camp Fünf. Die Nasstauchanzüge, die sie in saubere Plastikmüllsäcke steckten, benutzten sie als Schlafunterlagen. Eine Felsleiste in Brusthöhe, auf die sie Kocher, Kochtopf und die drei Nalgene-Flaschen mit den Lebensmitteln stellten, diente als Küche. Der Karbidvorrat in der 4,5-Liter-Flasche sollte eine Woche lang für Licht sorgen.

Barbara öffnete eine 1-Liter-Flasche mit Studentenfutter, schüttete eine Tasse voll aus und reichte sie Bill: »Das hier wird rationiert.«

»Ja«, sagte er nachdenklich, kramte einen kleinen Früchteriegel hervor, schleckte eine Weile daran, bevor er anfing zu kauen, und sagte mit einem Lächeln: »Ich kann gar nicht glauben, dass wir doch noch bis hierhin gekommen sind, ins Herz von Huautla.«

Sie lächelte zurück, spähte hinunter in den klaffenden, gewölbten Korridor, der in südliche Richtung mitten hinein in tiefschwarzes Dunkel führte. »Ja, und wir werden unberührtes Gebiet durchforschen.«

Nachdem sie die kleine Zwischenmahlzeit beendet hatten, stellten sie ihre Vermessungsinstrumente zusammen – Kompass, Klinometer, 30-Meter-Maßband – und kehrten zurück nach Sump Two. Von dort aus gingen sie daran, den Weg in die Höhle zu vermessen.

Kaum hatten sie angefangen, bekam Barbara Schwierigkeiten mit ihrem Helm. Höhlentaucher verwenden häufig ein leichtgewichtiges Modell, das ursprünglich für den Kajaksport entwickelt wurde.

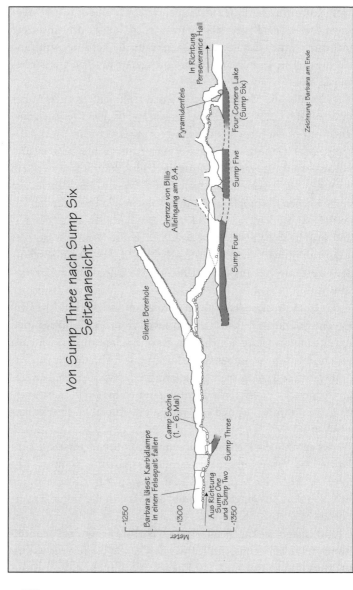

Unter Wasser war es sehr zweckdienlich. Doch nun rutschte ihr der Stirnriemen ständig über die Augen, da das schwere Gewicht der Karbidhelmlampe darauf drückte. Als sie den Helm abnahm, um den Riemen festzuzurren, rutschte die Helmlampe aus der Halterung. Unglücklicherweise stand Barbara gerade auf einem riesigen Versturzberg unweit von Camp Sechs. Die Lampe fiel in einen tiefen Felsspalt.

»Ich, o ... ich glaube, wir haben ein Problem«, rief sie stockend.

Bill, der eine Skizze anfertigte von dem Gang, den sie soeben vermessen hatten, verstaute Bleistift und Notizbuch fachgerecht in einem Tragebehälter, der an einem Gurt über seiner Schulter hing, und sprang hinüber zu Barbara. Gemeinsam spähten sie hinunter in den Felsspalt.

»Wo liegt sie? Dort unten? Kannst du sie sehen?«

Sie drehte den Kopf langsam nach rechts und nach links. »Deine Arme sind länger als meine. Vielleicht kommst du ja dran.«

Er reichte ihr seinen Helm, zwängte seinen Kopf in den engen, stockdunklen Spalt, quetschte sich mit den Schultern ein Stück tiefer. Mit der rechten Hand schwenkte er den Lichtstrahl durch jede noch so enge Ritze, reckte und streckte den Arm, verdrehte sich den Hals und drückte seine Nase platt, alles auf einmal, bis er plötzlich etwa drei Meter unter sich den kleinen Messingzylinder erspähte, der wackelig auf einem kleinen Felssims wippte. Egal wie er sich auch krümmte, die Lampe lag außer Reichweite. Verzweifelt bog und wand er sich, drehte sich hin und her, bis er völlig erschöpft war. Mit einem leisen Klicken knipste er das Licht aus und lag still in der Dunkelheit. »Ich kann sie sehen, aber ich komme nicht dran«, sagte er.

»Verdammt! Nicht schon wieder!«, schrie sie auf.

Er riss den Kopf hoch: »Was ist los?« Barbara klickte ihre Lampe an und begann hektisch am Boden vor ihren Füßen herumzusuchen. »Was um Himmels willen tust du denn?«, fragte er noch einmal.

»Ich wollte ... ich wollte gerade den Filzbelag in der Lampe trocknen«, stammelte sie fassungslos. Seine Lampe hatte ein wenig gespuckt, da wahrscheinlich ein Filzkissen während des Tauchens nass geworden war. Und nun hatte sie die Lampe im Dunkeln auseinander genommen, da sie die Batterien schonen wollte, und dachte, dass sie die Einzelteile einer Karbidhelmlampe ohnehin blind erfühlen könnte. »Und als ich den Boden festdrehen wollte, flog die Feder vom Zünder. Sie war wohl locker und ist einfach weggesprungen.«

Bill krabbelte auf allen vieren zu ihr hinüber und suchte ebenfalls den Boden ab. Der winzige Zünder hatte Zündkappe, Feuerstein und Feder wie kleine Kanonenkugeln in den dunklen Höhlenraum geschleudert. Diese winzigen Teile inmitten der Versturzblöcke wieder zu finden war schier unmöglich. Er sah Barbara durchdringend an, sagte aber nichts. Das brauchte er auch nicht. Vor lauter Schuldgefühl war sie so niedergeschmettert, dass er es förmlich spüren konnte.

Sie löschte ihre Lampe, und Dunkelheit umfing sie.

»Tut mir Leid«, stammelte sie. »Ich hab's vermasselt.«

Bill holte tief Luft. Natürlich hatte er eine Stinkwut auf Barbara. Aber vor allem hatte er eine Stinkwut auf sich selbst, weil er die kleinen Karbidhelmlampen eingepackt hatte anstatt die karbidbefeuerten Deckenbrenner, die nicht so leicht verloren gehen konnten. Er stieß einen tiefen Seufzer aus, der durch die pechschwarze Stille hallte, und überdachte die missliche Lage. Neben den elektrischen Tauchlampen – von denen jede etwa drei Stunden Brennkraft besaß, oder anders gesagt, knapp mehr, als sie brauchten, um Camp Sechs abzubrechen, die Tauchgeräte zu holen, die Tauchausrüstung anzulegen und durch die beiden Grotten zurück zu Camp Fünf zu schwimmen – hatten sie noch drei der kleinen Karbidlampen dabei. Zwei verbrauchten sie von einem Tag auf den anderen. Die dritte war als Ersatzlampe gedacht. Eine war nun im Felsspalt verschwunden, die zweite erwies sich als unbrauchbar, es sei denn, man entfachte sie mit der dritten Lampe. Falls mit dem dritten Zünder nun auch noch etwas schief lief – wenn sich etwa die Zündkappe losdrehte oder sich der Feuerstein verbrauchte –, wurde es knapp mit ausreichendem Licht bis zu Camp Fünf. Dabei entbehrte ihre Lage nicht einer gewissen Ironie: Der teuerste und technologisch aufwändigste Vorstoß in eine Tiefenhöhle, der je unternommen wurde, hing nun am seidenen Faden eines einzelnen antiquierten Karbidbrenners.

Barbara hatte schon einmal erlebt, dass ihr in einer Höhle die Beleuchtung ausging. Damals, in ihrer Highschool-Zeit, hatte sie mit ihrem ersten Höhlenpartner Greg McCarty beschlossen, eine enge Höhle in Iowa zu befahren, die angeblich ein totes Ende hatte. Sie hofften, vielleicht doch auf einen schmalen fortführenden Gang zu stoßen, durch den sich die Höhlengänger vor ihnen vielleicht nicht hatten zwängen wollen. Und so nahmen die beiden jugendlichen Höhlenforscher ihr Gepäck ab und zwängten sich durch einen engen Kriechgang, an dessen Ende sie eine kaminartige Höhlung entdeckten. Ganz aus dem Häuschen, womöglich in unerforschte Gefilde vorstoßen zu können, rutschten sie etwa drei Meter weit den langen, schmalen Spalt hinunter und dann etwa vier Meter weit eine zweite kaminartige Höhle hinab. Die Spalte war so eng, dass sie sich an die Seiten pressten, um genügend Reibung zu erzeugen und nicht zu fallen. Die Schwierigkeiten tauchten erst auf, als es Zeit war, den Rückweg anzutreten. Die Wände waren zu glatt, um Halt zu finden, und der Spalt war zu eng, um sich aufzurichten. Barbara fand schließlich eine Methode, sich hochzuziehen, kam aber nur mit Mühe voran. Ein gutes Stück, bevor sie den Kriechgang erreicht hatten, war das letzte Karbid verbrannt. Das Ersatzkarbid sowie die Ersatzlampen befanden sich im Gepäck, welches sie am Höhleneinstieg zurückgelassen hatten. Im Stockdunkeln tasteten sie sich aus der Höhle. Mittlerweile waren zwei Jahrzehnte vergangen, doch Barbara hatte seither nie wieder eine Höhle betreten, ohne ausreichenden Karbidvorrat und ein paar Ersatzlampen mitzunehmen.

Und nun saß sie da. Das letzte Mal hatte sie sich nur ein paar

Meter vom Höhleneinstieg entfernt befunden. Dieses Mal aber befand sie sich gut eine Meile beziehungsweise mehr als anderthalb Kilometer unter dem mexikanischen Himmel.

»Kann passieren«, sagte Bill schließlich. Das war weniger als Absolution gemeint denn als Erinnerung, dass keine Zeit war, sich mit Dingen aufzuhalten, die sie ohnehin nicht ändern konnten. Die missliche Lage war eindeutig: Entweder sie holten die Lampe herauf, die tief dort unten im Versturzschacht am Rande einer Felsleiste vor sich hin wippte, oder aber sie mussten umkehren, solange die Batterien noch stark genug für den Rückweg nach Camp Fünf waren. Doch falls sie jetzt umkehrten, dann, so wusste Bill, würden sie sich ein Leben lang mit der Gewissheit quälen, buchstäblich am Rande des Unbekannten gewesen und dann umgekehrt zu sein. Wie auch immer, ihnen blieb keine Zeit, sich damit groß aufzuhalten. Das Einzige, was sie tun konnten, war: Augen zu und durch – so wie auch Doc Savage und seine Gefährten zahllose Hindernisse überwunden hatten. Er knipste eine Lampe an und der dünne Peilstrahl schweißte sie wieder als Team zusammen.

Und dann machte er sich ans Werk, schlang ein Nylongurtband um einen der mülltonnengroßen Felsblöcke, zog an einem Ende, während Barbara in der Hocke mitten im Versturzberg mit ihren langen Beinen am anderen Ende drückte. Die Steinbrocken waren glatt und glasartig, als kämen sie frisch aus einer riesigen Felsbrockenschleuder. In Wirklichkeit sahen sie nur deshalb so aus, weil der Versturzberg die meiste Zeit unter einem gewaltigen unterirdischen Fluss lag. Und die Kraft des Wassers sowie kleine Sandkörnchen, die der Fluss mitführte, hatten die Brocken seit Jahrtausenden jeden Sommer und Herbst abgeschliffen. Bills Schlinge rutschte ein paar Mal vom Felsen. Und jedes Mal, wenn er sie wieder umlegte, erinnerte ihn die glasartige Oberfläche daran, dass sie nur noch wenige Wochen hatten, bis der Fluss sich die Höhle zurückerobern würde.

Bill zog, so fest er konnte. Die enge Nylonschlinge drückte durch seinen mehrlagigen Capilene-Pullover und quetschte seine Schulter. Barbara zwängte sich tiefer in den Versturzberg hinein, um die Hebelwirkung besser ausnutzen zu können. Und so schafften sie es, binnen einer Stunde mehrere 200-Pfund-Steine zu verschieben.

Sobald sie so viele Steine von der Stelle bewegt hatten, wie sie konnten, machte sich Bill daran, eine Angelleine zu basteln, und zwar aus der Schnur, die ansonsten dazu verwendet wurde, die für Höhlentouren benötigten Seile außen am Materialsack festzuzurren. Die Angelleine bestand aus mehreren zusammengeknüpften Einzelstücken, mit einem einzigen Knoten am Ende. Und der, so hoffte er, würde als Haken dienen, um die Lampe aufzugabeln. Die Lampe war nun besser zu erkennen. Bill lag auf dem Boden, das Gesicht nach unten. In der linken Hand hielt er die Lampe, in der rechten die zur Angelschnur umfunktionierte Führungsleine. Er spulte die Schnur nach unten, benutzte seine Finger als Kurbel. Unzählige Male schwang das Ende der Schnur peinigend dicht heran und dann doch knapp vorbei. Verzweifelt war ihm bewusst, dass all seine Versuche auch darin enden könnten, die Lampe vom Sims zu stoßen, anstatt sie an den Haken zu bekommen, und dann würde sie noch tiefer fallen und vollkommen außer Sicht geraten. Kalter Schweiß perlte ihm von der Stirn, als er angestrengt zu erkennen versuchte, ob er die Lampe nun am Haken hatte oder nicht.

Endlich. Nach knapp zwei Stunden hatte er es geschafft – der Knoten in der Angelschnur verfing sich im Spalt zwischen dem Messingzylinder der Karbidhelmlampe und dem Zündrädchen, das in die untertassengroßen Chromreflektoren geschraubt war. Ironischerweise war es die Zündkappe, an der sich die Schnur zunächst verfangen hatte. Er holte die Schnur ein, ganz langsam, voller Angst, eine plötzliche Bewegung könnte die Lampe noch tiefer in den Spalt befördern – doch einen Moment später hielt er sie in Händen.

Er strahlte und hielt den Preis der Mühe hoch – wie einen mit dem letzten Schlag abgefangenen Flugball. Barbara brüllte vor

Freude, wollte ihn küssen, doch seine Wut war noch nicht ganz verflogen.

»Ich sag dir etwas«, meinte er kurz darauf, »wir befestigen die Dinger nun an unseren Helmen, damit das nicht noch einmal passiert.«

Endlich konnten sie mit den Vermessungsarbeiten fortfahren. Etliche Stunden lang durchforschten sie einen ruhigen tunnelförmigen Schacht, der in einem toten Ende auslief – den Silent Borehole, wie sie ihn benannten –, und kehrten für die Nacht zurück zum Camp. Nach einem großen Abendessen mit gefriergetrocknetem Boeuf Stroganoff breiteten sie ihre Schlafsäcke auf den als Unterlage zweckentfremdeten Nasstauchanzügen aus und krochen hinein.

»Weißt du«, sagte Barbara, »ich glaube, das ist das erste Mal, dass wir etwas Zweisamkeit genießen, seit wir aus dem Hotel in Tehuacán abgereist sind.«

»Ja, du hast Recht«, antwortete er. »Ich weiß ja nicht, was wir morgen alles erleben werden, aber eigentlich könnten wir schon jetzt einen Tiefenrekord aufstellen... hmm... gleich hier.«

Sie lachte und kuschelte sich dicht an ihn. »Ich frage mich, wer *diesen* Rekord bislang hält.«

Noels flehentliche Bitten um Hilfe bewegten Steve und Jim schließlich dazu, ihre Abreise um einen Tag zu verschieben und ihn beim Materialtransport zu unterstützen. Und so machten sie am 2. Mai weitere zwei Touren zum Depot 620, während Noel und Don die Ausrüstung aus Camp Fünf heraufschleppten. Am folgenden Morgen stiegen sie zurück an die Oberfläche.

Auf dem Weg nach oben trafen sie Bill Steele. Er kam gerade am Ende des 110-Meter-Schachts an und staunte nicht schlecht: Steve hatte seit der Abreise aus San Antonio vor drei Monaten einen dichten Bart bekommen, und beide Männer bewegten sich mit einer natürlichen Selbstverständlichkeit durch die Höhle, wie sie nur expeditionserfahrenen Höhlengängern zu Eigen ist. Während sich seine eher ängstlichen Höhlenneulinge langsam und ungeübt von oben den Schacht hinunterarbeiteten, legte Bill Steele ein Plauderstündchen ein.

»Es war hart, das Ding am Laufen zu halten«, sagte Steve. »Bills Vorstoß hat unsere Kräfte fast überstiegen.«

»Ja, und im Moment durchforscht er das tiefe Ende«, stimmte Jim zu.

Bill Steele war überrascht, Steve und Jim so abschätzig über Bill Stone reden zu hören und dass sie so erpicht waren, aus der Höhle zu kommen. Er hatte zwar von Ians Tod erfahren, wusste aber nichts von den zermürbenden Zwistigkeiten innerhalb des übrigen Teams. Wie der Abbau vorankäme, wollte er wissen.

»Bill hat 20 Leute bis zum Umfallen eingespannt, um Material in die Höhle zu schleppen«, sagte Steve. »Du wirst nicht glauben, welch riesige Materialberge in Tommy's Borehole lagern. Und noch einmal ein ebenso großer Berg in der Grotte. Verrückt.«

»Muss das alles wieder raus?«, fragte Bill Steele.

Jim und Steve sahen sich an und lachten.

»Für mich war es das«, sagte Steve. »Ich komme nicht mehr mit. Ist mir egal, was mit dem Material passiert. Kann meinetwegen dort liegen bleiben, bis zum nächsten Jahr oder bis sonst wann. Wir haben viel zu viel hinuntergeschleppt. Völlig bescheuert!«

Steves Einstellung verdutzte Bill. War das derselbe junge Mann, den er drei Monate zuvor kennen gelernt hatte? Zwar hatte Bill solcherlei Verhaltensweisen schon des Öfteren erlebt – ein junger Höhlenforscher fühlt sich über die Grenzen seines Sicherheitsempfindens hinausgetrieben, hat Angst und drückt diese Angst in Form von Empörung gegen den Expeditionsführer aus –, doch nicht in diesem Ausmaß.

»Nach Ians Tod gab es keinen Grund mehr zu bleiben«, fuhr Steve fort. »Seither hatte ich ein ungutes Gefühl. Ich will hier nicht sterben.«

Bill Steele war kein Taucher, aber ein erfahrener Expeditionsführer und zeigte sich von der eisernen Konsequenz der beiden überrascht. Vor drei Monaten waren so viele Taucher mit Feuereifer bei der Sache gewesen, ein jeder versessen darauf, der Erste zu sein, der die Grotte durchtaucht. Und nun – war Noel der Einzige, der Bill und Barbara unterstützte? Er wandte sich an Jim.

»Falls wir dich brauchen und dich da draußen holen kommen«, fragte er ihn, und sein Blick hielt ihn fest, »dann kommst du doch runter, oder?«

Jim scharrte mit den Füßen, sah auf den Kalksteinboden und murmelte leise: »Ja.«

Das klang nicht gerade überzeugend, doch ehe Bill darauf reagieren konnte, trafen die ersten Helfer ein, keuchend und mit großen Augen. Ungefähr 50 Meter oberhalb hatte einer von ihnen Schwierigkeiten mit einem Sicherungshaken bekommen. Bill wandte sich seiner Truppe zu und gab Anleitungen. Bis sich alle vom Seil losgemacht hatten, waren Steve und Jim schon dabei, mit der »Frog«-Methode flink und geübt ihren Ausstieg fortzusetzen. Bill führte seine Truppe die Upper Gorge hinunter. Er kam sich dabei ein bisschen vor wie Joseph Conrads Held Marlow auf seinem Weg ins Herz der Finsternis.

Am Camp Drei traf er auf Noel und Don, die um eine einsame Karbidlampe kauerten. Die jungen Helfer waren allesamt erschöpft und legten sich gleich schlafen. Bill hingegen gesellte sich zu Noel und Don, die in Stonehenge saßen, keinen Schlaf fanden und gequält die Tage zählten: noch fünf Tage.

Eigentlich hatte er erwartet, den liebenswerten, spaßigen Arzt zu treffen, den er seit Jahren kannte. Die schmerzgekrümmte Erscheinung, die er stattdessen vorfand, schockierte ihn. Noel litt leise vor sich hin, spürte ein aufkommendes Geschwür und saß völlig verkrümmt da. Er hatte abgenommen, und die verschrumpelte Haut hing schlaff an seinen Knochen. Seine Haare glichen einer Filzmatte, von der einzelne ungebändigte Büschel in alle Richtungen abstanden. Und die geweiteten Pupillen wanderten träge über seine großen, glasigen Augäpfel, die über seinem dreckverkrusteten Bart hervorquollen.

»Gott, ich hoffe, die kommen da lebendig wieder heraus«, sagte Noel zu Bill, nachdem er ihm in einem unzusammenhängenden Monolog einen ersten Überblick über den Stand der Expedition gegeben hatte. »Ich will da nicht noch einmal durchmüssen. Was ich natürlich tun werde. Dafür bin ich hier. Falls sie nicht herauskommen, geh ich hinein. Aber mir wäre lieber, wenn nicht.«

Bill Steele blickte zu Don, erhoffte sich von ihm irgendwelche Hinweise, was mit Noel passiert war. Doch Don zog nur flüchtig die Schultern hoch und goss Noel einen Becher Crystal-Light-Limonade mit Schuss nach, die sie die ganze Zeit schon tranken. Als Noel sich vorbeugte, um den Becher zu nehmen, rutschte er mit seinem verdrehten Rumpf vor die Karbidlampe, und sein Schatten kroch wie eine riesige Höhlenkreatur an der steilen Felswand dahinter hoch.

Noels Gedanken schweiften weiter. »Warum hat Bill das bloß getan?«, fragte er. »Wir hätten aufhören können, als wir noch alle okay waren. Aber wir mussten ja weitermachen. Und nun sind die beiden dort unten. Und wir sind hier. Bis auf Steve und Jim. Die sind an der Oberfläche, auf die können wir nicht zählen.«

Bill Steele half Don dabei, Noel zu umsorgen. »O, ich denke, das ist verständlich«, meinte er nachdenklich. »Schließlich ist das der erste Todesfall hier in Huautla und Umgebung seit 36 Jahren.«

»Überrascht es dich, dass Ian gestorben ist?«, fragte Don.

»Es überrascht mich eher, dass nicht schon früher jemand umgekommen ist«, antwortete Bill. »Wie oft war es schon knapp! Jahrelang haben wir einen Riesendusel gehabt.«

Am nächsten Morgen war Noel wieder fast der Alte. Doch Bills freiwillige Helfer, eine Gruppe Bergkletterer im mittleren Alter, waren allesamt erschöpft. Die Tagestour ins Camp Drei hatte sie geschafft. Aus Rücksicht auf ihre Gesundheit und Noels psychischen Zustand schlug Bill vor, einen Tag Pause einzulegen.

Gegen Mittag stieg die Gruppe den kurzen Schacht in die Anthodite Hall hinauf, die stadiongroße Kammer gleich oberhalb von Camp Drei, die Bill Stone und Tommy Shifflett 1979 entdeckt hatten. Bill Steele wollte kaum glauben, dass Noel noch nie dort gewesen war; für ihn ein Indiz dafür, wie hart Bill sein Team rangenommen hatte. Noel brachte der Gruppe ein Spiel bei, »Mord im Dunkeln«, das er bei der Trainingstour 1993 von Kenny gelernt hatte.

Anschließend kehrten sie zum Camp Drei zurück und bereiteten ein opulentes Abendessen zu. Da sie wussten, dass sie alles herausschleppen mussten, was sie nicht verkonsumierten, aßen sie wie die Scheunendrescher. Noel kippte sich sogar Zucker über sein Essen. Bill lachte und erinnerte ihn daran, dass er alle natürlich abbaubaren Stoffe genauso gut in den Fluss kippen könnte.

Unterdessen erzählte Noel den Neuankömmlingen von den Ereignissen auf der Expedition: von seiner Tour durch die Grotte mit Steve und Ian, der Tarotkartenlesung, der Bergung von Ians Leichnam, der Flut, Steves Sturz und seinem Besuch bei einem *curandero*. Vier Tage musste Noel noch aushalten, und das nervenaufreibende Warten zehrte an ihm. »Was denkst du, wird passieren?«, fragte er Bill immer und immer wieder. »Werden sie zurückkommen? Wenn nicht, weißt du, was ich dann zu tun habe?«

Dabei wusste Bill Steele ebenso wenig wie alle anderen, was passieren würde. Dennoch versuchte er, Noel zu trösten. »Es wird alles gut«, sagte er. »Über Huautla hat schon immer eine Schutzgöttin gewacht. Wie oft war es schon knapp; wie oft hätte schon einer umkommen müssen. Doch es ist, als ob eine schützende Hand uns immer wieder auffängt. Auch ich habe das oft erlebt. Wie oft hätte ich schon tot sein müssen, bin gefallen, und dann, bumm, habe ich mich wieder gefangen.«

Bill foppte Noel ein wenig, wollte ihn ein bisschen aufheitern. »Weißt du, was mich wirklich beunruhigt, Noel, das ist, mit dir hier zu hocken«, stichelte er. »Denn jedes Mal, wenn ich mit einem Arzt auf Höhlentour war, haben wir auch einen Arzt gebraucht. Scheint wie ein Unglücksrabe, so ein Arzt.«

Am Morgen des 2. Mai war Bill früh auf den Beinen, klemmte sich eine kleine Elektrolampe zwischen die Zähne und schlich auf Zehenspitzen hinüber zum ausgezackten Versturzberg, wo er tags zuvor ein Klo gebuddelt hatte. Nach heißer Hafergrütze zum Frühstück schlüpften Bill und Barbara in ihre schwarzen Sportanzüge und legten sich ihre Klettergurte um. Bevor sie aufbrachen, inspizierte Bill noch einmal die Feuersteine auf den restlichen zwei Karbidlampen und zog die Zündkappen mit einer Zange fest.

Sie gingen nach Süden, am Silent Borehole vorbei, in Richtung des Ganges, an dem Bill am 8. April umgekehrt war. Dieser Tunnelgang hätte sehr wohl weitergeführt, doch er bog nach Osten und, was noch viel irritierender war, er stieg ungewöhnlich steil an. Von daher hielt Bill es für ziemlich unwahrscheinlich, dass die Route vom 8. April hinunter zum Ausgang im Santo Domingo Canyon führen würde. Bei nur knapp einer Woche, die ihnen zum Durchforschen blieb, konnten sie es sich nicht leisten, jeden weiterführenden Gang zu erkunden. Vielmehr mussten sie strategische Überlegungen anstellen, welche Routen sie verfolgen und welche sie ignorieren wollten. Einziger Wegweiser dabei war der Fluss. Die jahreszeitlich bedingten Fluten hatten das Labyrinth ausgemeißelt und Muscheln im Felsgestein zurückgelassen sowie andere Hinweise, die auf den weiterführenden Weg deuteten. Auf diese geologischen Hinweise verließen sie sich und kehrten zu dem überfluteten Tunnelgang etwas westlich der Route vom 8. April zurück, dem sie die Bezeichnung Sump Four gegeben hatten.

Dort am Rande eines weiteren unheimlichen, schwarzen toten Arms standen Bill und Barbara vor einer Zwickmühle. Da sie den Entschluss gefasst hatten, nicht weiterzutauchen, konnten sie dem Fluss selbst nicht folgen. So gesehen war der Fluss ihnen Führer und Pförtner zugleich. Er gab ihnen den Anreiz, weiterzugehen, versperrte ihnen aber gleichzeitig auch den Weg. In geologischen Zeiträumen betrachtet, sind Flüsse auch unruhige Gebilde. An der Oberfläche strömen sie durch Feld- und Waldniederungen, steigen und fallen mit den Jahreszeiten, stets auf der Suche nach dem schnellsten Weg ins Meer. Unter der Erde, wo die Ufer durch Felsen verengt sind, steigt und fällt das Wasser wesentlich dramatischer, als wäre es Teil eines geologischen dreidimensionalen Schachspiels. Ein rollender Felsbrocken könnte unter Umständen eine Reihe Spielzüge eröffnen:

Kommt der Felsbrocken auf einem weicheren Fels zum Halten und sollte es dem Fluss belieben, den Stein mehrere 1000 Jahre lang zu umspülen, dann entsteht eine kleine Grotte, wie die, in die Ian abgetaucht war, um sich seinen Hammer wieder zu holen. Und führt eine solche Grotte den Fluss dann auf eine tiefer gelegene Gesteinsschicht, die nur ein klein bisschen weicher ist als die des vorhandenen Flussbetts, dann nutzt der Fluss die Gelegenheit dieser Öffnung, um sich eine Schicht tiefer zu fressen. Eine solche Fließbewegung entlädt sich dann zunächst als gewaltiger Wasserfall, wie die Grand Cascade oder die Washing Machine. Und späterhin verlässt der Fluss vollständig sein oberes Flussbett und lässt einen oberhalb gelegenen Gang zurück, der bei Niedrigwasser trocken bleibt. Nach einem solchen oberhalb gelegenen Gang hatten auch Ian und Noel gesucht, als sie sich bei ihrer frühen Erkundungstour durch Sump One an der Decke entlanghangelten. Und auch Bill war einem solchen »fossilen Flussbett« gefolgt, als er vor einem Monat Sump Three umging. Und jetzt, am 2. Mai, hoffte er, ein ebensolches Schweizer-Käse-Mezzanin auszumachen.

Er packte eine der leuchtstarken Krypton-Tauchlampen aus und benutzte den durchdringenden Strahl, um die Kalksteinlagen zu untersuchen, die sich über dem südlichen Ende von Sump Four erhoben. Dort, etwa acht Meter oberhalb der Grotte, war ein ovalförmiger leerer Raum. Barbara rollte das Neun-Millimeter Seil ab und führte ein Ende zu Bill, der die Wand oberhalb des Beckens auskundschaftete. Sie hatte kleine, ausgezackte Felsnasen, die hie und da herausstanden, war ansonsten aber absolut senkrecht. Bill machte einen Achterknoten in das Seilende und hängte ihn in seinen Gurt. Das Seil würde einen Sturz zwar nicht abfangen, aber zumindest könnte ihn Barbara daran aus dem See ziehen, falls er ausrutschte. Langsam rückte er auf der schlammverkrusteten Wand vor, bis unter ihm kein trockener Boden mehr war. Die Wand war glitschig, doch die Felsnasen boten ihm gute Haltemöglichkeiten. Es dauerte nicht lange, da hatte er die Acht-Meter-Wand frei beklettert und kroch nun in die oberhalb gelegene Öffnung. Er brachte einen Bolzen an, richtete das Seil ein, und Barbara folgte. Unterdessen erkundete er das Mezzanin. So groß war es gar nicht, vielleicht zwei Meter breit und fünf Meter hoch. Die Wände waren gräulich-weiß. Große Muscheln, die die Wasser der Flut hier ablagerten, hatten sich an der Felswand und auf dem Boden eingekerbt. Er entdeckte einen Schacht, der hinab in tiefes Dunkel führte – möglicherweise der Überrest einer alten Grotte –, warf einen großen Stein hinunter und vernahm ein lautes »Platsch«. Er seufzte. Irgendwo unter ihm lag Sump Five.

Er rollte noch mehr Seil an, fixierte es und seilte sich den Schacht hinunter. Die grünliche Färbung der Grotte ging, je weiter er nach unten kam, in einen schwärzlichen Ton über, und er war gewiss, dass er im nächsten Moment eintauchen würde. Doch bevor er über der Wasseroberfläche ankam, erspähte er eine schmale, steil ansteigende Felsleiste, die sich an der Ostwand entlangzog. Er schaukelte am Seil und schaffte es, hinüber zur Felsleiste zu schwingen. Dort fixierte er das Seilende, und Barbara seilte sich an. Gemeinsam stiegen sie über die stufenartig angeordneten Felsleisten bis zur Fortführung des Tunnelganges in Deckenhöhe.

Der neu entdeckte Tunnel lief 80 Meter weit auf eine Schachtdecke zu. Und von unterhalb des Schachtes ragte ein mächtiger Block aus Muttergestein auf, wie eine ausgezackte Marmorpyramide. Bill richtete ein weiteres Seil ein, an dem sie sich auf den Pyramidenfels abseilten. Die Pyramide wies in etwa die Größe und Neigung eines steilen Hausdaches auf und stand inmitten eines großen Sees, der sich in alle Richtungen erstreckte. Es war, als ob dieser Tunnel sie mitten in der Nacht auf einer Felsinsel inmitten eines schwarzen Meeres ausgesetzt hätte. Barbara ließ ihren Lichtschein über die schwarze Lagune wandern.

»Sieht aus, als fiele das in deine Abteilung, G«, sagte sie. »Ich schwimme ungern im kalten Wasser.«

Er sah an seinem trockenen, staubigen Sportanzug hinunter. Ein Bad in dem schwarzen Meer dort unten würde ihm bestimmt nicht besonders gut tun, da könnte er ebenso gut in Badehose in einem eisigen Bergsee schwimmen. Er watete in südöstliche Richtung. Das kalte Wasser traf ihn wie ein Messer. Barbara sah zu, wie sein Licht langsam schwand, und lauschte dem Hall des ebenfalls langsam schwindenden Plätscherns.

Bills Atem rollte wie Dampf über die Wasseroberfläche, als er bis zum Hals durch das schwarze, eiskalte Wasser watete. Seinen Bauch hielt er krampfhaft eingezogen, versuchte vergeblich, die eindringende Kälte abzuwehren. Er schwamm 40 Meter nach Südosten, kehrte um, als die Decke auf das Wasser traf, und startete einen neuen Versuch in Richtung Nordosten mit dem gleichen Ergebnis. Der nordwestliche Arm führte dorthin zurück, wo sie hergekommen waren, floss dort aller Wahrscheinlichkeit nach in das flussabwärts gelegene Ende von Sump Five. Er zog sich aus dem Tümpel, hinauf auf die Pyramidenplatte, schlotternd und schwer keuchend.

»Nun, diese Routen werden wir nicht weiter verfolgen«, sagte er.

Blieb der südwestliche Arm, der anscheinend längste und tiefste überhaupt. Vom Seil aus hatte er in dieser Richtung eine Kiesbank erspäht. Aber da er schon unzählige Male zuvor Kiesbänke in der Nähe von Grotten gesichtet hatte, hatte er beschlossen, zunächst die anderen Routen zu erkunden. Und nun blieb nur noch, dort hinüberzuschwimmen und mit eigenen Augen zu überprüfen, ob sich seine Befürchtungen womöglich bestätigten, was das Ende der San-Agustín-Expedition bedeuten würde: noch eine Grotte.

Er holte tief Atem und schwamm wie wild auf die entfernte Sandbank zu. Nach nicht einmal zwei Schwimmzügen überlief es ihn kalt: Er würde es nicht schaffen. Im Gegensatz zu den ersten drei Versuchen war es ihm nun nicht mehr möglich, den Boden zu berühren. Trotz der kräftigen Schläge mit seinen langen Armen begann er zu sinken. Sein metallenes Steiggerät – Steigklemmen, Seilhalterung, Karabiner – und seine schweren Bata-Gummistiefel zogen ihn nach unten wie einen Sack Zement. Für eine Umkehr war es zu spät, und zu spät für Barbara, ihm ein Seil zuzuwerfen. Er paddelte mit aller Kraft, war aber kaum imstande, den Kopf über Wasser zu halten. Nach 30 Metern ging ihm allmählich die Puste aus. Er spürte, wie das Wasser höher und höher über seinem Kopf zusammenschlug. *Schwimm, Mann! Schwimm!*, schalt er sich. Und dann – gerade als er mit dem Kopf völlig untertauchte, stieß er mit den Zehen auf sandigen Grund. Er rang nach Atem, schnappte nach Luft und machte einen großen Schritt nach vorn. Jetzt konnte er wieder das Wasser durchwaten, lief an die Sandbank, schlotternd am ganzen Körper. Gekrümmt, die Hände auf den Knien, machte er ein paar tiefe Atemzüge. *Diesmal hättest du beinahe deinen letzten Schnaufer getan*, schalt er sich erneut.

Als er wieder zu Atem gekommen war, stand er auf und nahm im nächsten Augenblick wahr, dass die von vier Ecken begrenzte Lagune keine Grotte war, wie er befürchtet hatte. Die hohe Sandbank und die niedrige Decke hatten eine Fata Morgana entstehen lassen: Von der Pyramide sah es aus, als wären Sandbank und Decke verbunden; doch nun, da er hier war, konnte er erkennen, dass die Decke gleich hinter dem Ufer abrupt anstieg. Wie ein klatschnasser Hund schüttelte er das kalte, tropfende Wasser von sich ab und ging dann in aller Ruhe über die Sandbank, von einem Ende zum anderen. Ein paar 100 Meter weiter öffnete sich vor ihm plötzlich ein klaffender Tunnelgang. Anfangs rund 15 Meter breit, dehnte er sich zu einem weiten Loch, so gewaltig groß, dass es in seiner ganzen Ausdehnung nicht zu überschauen war. Ein paar Sekunden lang starrte er in das tiefe Dunkel, riss den rechten Arm hoch und stieß einen gellenden Schrei aus.

»Aaaahooooooo! Aaaahoooooooiiiee!«

Seine Stimme hallte in unregelmäßigen Abständen wider, und er kostete den Moment aus – ein gewaltiger Triumph. Nach so vielen Jahren des Kampfes hatte er die Route endlich gefunden, den geheimen Eingang zum weiten, unerforschten Ende der Welt. Das große Unbekannte, das da vor ihm lag, zog ihn in Bann. Zum ersten Mal seit Jahren war der Weg vor ihm weit offen. Er und Barbara brauchten nur noch ihre Ausrüstung zu nehmen und siegreich durch die weiten Korridore schreiten, hinein in das Herz des Huautla-Systems – hinein in unbegrenztes Neuland.

Elf

Nachdem er Steiggerät und Stiefel abgestreift hatte, schwamm Bill zurück, um Barbara zu holen. »Du wolltest doch in unberührte Gefilde?«, sagte er und zog sich auf die Pyramidenplatte hoch. »Das Ding liegt weit offen vor uns.«

Sie stopfte ihr Klettergerät in eine große Nalgene-Flasche, schnallte sich ihre Stiefel um den Hals und folgte Bill zurück durch den eiskalten Four Corners Lake. Auf der Sandbank angekommen, legten sie sich die Ausrüstung um und machten sich auf den Weg in die mächtige Kammer dahinter, mit der inneren Gewissheit, dass jeder einzelne Schritt sie dorthin führte, wo nie zuvor ein Mensch seinen Fuß hingesetzt hatte.

Sie kletterten hinunter in ein riesiges Feld aus wuchtigen Versturzblöcken, dazwischen blank geschliffene Steinbrocken, groß wie Kleinlastwagen. Das Gestein hatte seltsam orangerote und rote Streifen, wie sie es nie zuvor in Huautla gesehen hatten. Der Abstieg ging flott voran, und das ohne Seil. Vom Abenteuerfieber gepackt, kletterte Bill frei voraus, nahm eine Steilstufe nach der anderen, stieg dann wieder zurück hinauf, nur um sich zu vergewissern, dass sie auch wieder hinausfinden würden. Dann kletterten beide gemeinsam hinab und stiegen weiter zur nächsten Steilstufe.

»Wow! Sieh dir das an!«, sagte Barbara, als sie oben auf einem der mächtigen Steinblöcke stand. Ein turmhoch aufragender Stalagmit stieß in das schwarze Dunkel, wie eine Zitadelle, welche die Tore zum Jenseits bewacht. Mit seiner Höhe bildete der Stalagmit einen nützlichen Orientierungspunkt in der mächtigen Kammer, welche 140 Meter breit und über 30 Meter hoch war. Das Licht ihrer Karbidhelmlampen war viel zu schwach und erleuchtete nicht mehr als die unmittelbare Umgebung, die sie gerade bestiegen. Insofern glich die Tour einer bergigen Felsklettertour bei Nacht.

»Was meinst du, wie sollen wir diesen Ort benennen?«, fragte er.

»Wie wär's mit ›Hall of Perseverance‹ – ›Berharrlichkeitshalle‹?«, schlug sie vor.

»Klingt, als hätte sich das ein Hustenbonbonhersteller ausgedacht«, lachte er. »Wie wär's mit Perseverance Hall?«

»Damit kann ich leben«, erwiderte sie. »Beharrlich jedenfalls haben wir sie erobert.«

Er nahm den Rucksack ab und kramte eine der leuchtstarken Tauchlampen heraus. Gewissenhaft untersuchte er die Lampe, strich mit dem Daumen über den Schalter, vor und zurück, ohne ihn zu berühren. Denn jede Sekunde, die diese Lampe brannte, war eine Sekunde weniger zu der Zeit, wenn sie sie am meisten benötigen würden – auf dem Rückweg zu Camp Fünf. Doch ohne ein stärkeres Licht würden sie hier im Inneren blind umherirren. Also knipste er den Schalter an, ließ den laserartigen Lichtstrahl wandern, und erst da sahen sie, dass die Kammer am hinteren Ende in einen Trichter auslief. »Mann, ich hoffe bloß, das ist keine Versturzsperre«, sagte er und richtete den Lichtstrahl auf den so ziemlich tiefsten Punkt im Trümmerfeld, ungefähr 50 Meter weiter unten. »Wir gewinnen hier gerade mal ein wenig an Tiefe.«

»Dann lass es uns doch herausfinden«, schlug sie vor. »Aber da der Rucksack schon mal offen ist, können wir gleich auch ein paar Fotos machen.« Bill holte die wasserdichte Kamera heraus, und Barbara kramte das große Blitzlicht hervor. Sie stieg voran, richtete den Blitz in den Tunnel hinunter, während Bill ihre Silhouette vor die Linse nahm. Jeder Lichtblitz erhellte die Kammer wie ein Wetterleuchten und eröffnete ihnen einen flüchtigen Blick auf das, was vor ihnen lag. Bis er die Kamera wieder verstaut hatte, war sie gut ein Fußballfeld weit von ihm entfernt.

Er beeilte sich, sie einzuholen. Ein großer Fehler. Er trat auf einen tischgroßen Steinbrocken, der ins Rutschen geriet, sich immer schneller den v-förmigen Schacht hinunterbewegte, auf dem er seit wer weiß wie vielen Jahrtausenden geduldig wankend gelegen hatte. Wie eine Bowlingkugel, die eine abschüssige Allee hinunterrollt, begann der fünf Tonnen schwere Brocken sich nach unten zu drehen. Bill krabbelte und kroch auf allen vieren, um sich irgendwie oben zu halten.

Barbara hörte das donnernde Gerumpel hinter sich und hielt auf der Stelle an. Kein Irrtum, das war das Krachen eines schweren, brüchigen Kalksteinblocks. Sie schnellte herum, fürchtete, im nächsten Moment Gesteinsbrocken ausweichen zu müssen, die ihr vor die Füße rumpelten. Doch sie sah nichts als tiefstes Dunkel.

»G!«, schrie sie. »G!«

Doch der lag inzwischen kopfüber in einer Furche, die Füße in der Luft, das Hinterteil an den mächtigen Felsbrocken gequetscht. Er war dem rollenden Steinbrocken direkt in die Bahn gefallen, doch der krachte zufällig in einen anderen Versturzblock, bevor er ihn zermalmen konnte. Er zog sich hoch und griff an seine Karbidhelmlampe, um über das Feuersteinrädchen zu streichen. »Buumm« hallte es durch die Kammer, als sich die Flamme entfachte.

»G! Bist du in Ordnung?«, fragte Barbara, als sie zu ihm zurückeilte.

»Ach, nun ja…«, meinte er und wand sich hin und her. Doch gebrochen zu sein schien nichts. »Uff!«, schnaufte er. »Zwei Minuspunkte für die falsche Bewegung.«

»Was ist passiert?«

»Der verfluchte Steinbrocken ist mir einfach unter den Füßen weggerutscht«, sagte er. »Hätte mir das Bein zerquetschen können.«

Wie ernst das hätte ausgehen können, war offensichtlich: Hätte Bill sich das Bein gebrochen, hätte er mehr oder weniger die nächsten sechs Wochen genau dort verbracht, wo er im Moment lag. Barbara hätte ihn nie und nimmer allein bis zum Camp Sechs transportieren können. Und selbst wenn, hätte er mit einem gebrochenen Bein nie und nimmer die Grotte durchschwimmen können. Sie hätte also allein zum Camp Sechs zurückgehen, die Campingausrüstung zusammenpacken, alles hierher schleppen und ein neues Lager errichten müssen, damit er sich hätte erholen können. Danach hätte sie noch einmal zurück zu Camp Sechs müssen, ein Tauchgerät zusammenmontieren und damit allein durch die Grotte schwimmen müssen, um Noel zu holen. Bill hing noch immer dem Gedanken der möglichen Verkettung unglücklicher Umstände nach, als Barbara bei ihm ankam.

»Herrje«, sagte sie und reichte ihm eine Hand, um ihm hochzuhelfen. »Das darf uns nicht noch mal passieren!«

Gemeinsam setzten sie den Weg fort – nur jetzt viel langsamer – und steuerten auf das finstere Ende der mächtigen Kammer zu, wo sich an der hohen Felswand riesige Gesteinsbrocken aufgestapelt hatten wie Murmeln im Glas. Bill erkundete die Gegend links vom Seil und seilte sich in einen Spalt zwischen zwei größeren Felsbrocken ab. Zwölf Meter weiter unten landete er auf dem Muttergesteinsboden. Er war wieder am alten Flussbett. Der Fluss hatte diese Höhle ausgemeißelt und kannte ihre Geheimnisse besser als sonst einer. Und ihre Aufgabe bestand darin, dem Lauf des Flusses zu folgen.

Was in der Lower Gorge eine Furcht einflößende Wassermasse gewesen war, schien hier in der mächtigen Kammer gezähmt. Der Tunnel war ausgeschwemmt, ausgebogen und glatt poliert – ein weiteres Zeugnis für die gewaltigen Wassermassen, die hier hindurchstürzten, sobald der Regen einsetzte. Sie kamen an drei hintereinander liegende schmale Seen, die sich von einer Tunnelwand zur anderen erstreckten. Die ersten beiden waren nur hüfttief. Bill watete in das kalte, klare Wasser, und Barbara folgte. Sie hielten sich an den Rand des zehn Meter breiten Ganges, wo das Wasser nicht so tief war. Weit und breit war kein Ufer in Sicht, und so erschien der dritte See wie eine Grotte. Das herauszufinden hieß allerdings noch einmal schwimmen. Doch beide froren und waren hundemüde.

»Ich weiß nicht, wie du denkst, aber mir erscheint das eine gute Stelle, um mit der Vermessung des Rückwegs zu beginnen«, schlug Bill vor. »Es sei denn, dir ist nach Schwimmen zumute.«

»Nein, danke«, sagte sie. »Ich schätze, wir sind mindestens schon eine Meile hinter dem Camp. Und mir ist kalt.«

Er machte den Rucksack auf und holte den optischen Kompass hervor, das Klinometer, das Vermessungsband und ein wasserfestes Notizbuch. Barbara nahm die Instrumente und das Band, Bill das Notizbuch, und gemeinsam gingen sie daran, den Rückweg nach Camp Sechs zu vermessen. In der Nässe und Kälte ging es langsam voran. Aus ihren schwarzen Sportanzügen stiegen kleine Dampfwolken, da ihre Körperwärme Feuchtigkeit abgab.

Als sie Camp Sechs erreichten, setzte Barbara Wasser auf und fragte spaßeshalber, was er essen wolle.

»Wie wär's mit einer Riesenflasche Vanillepudding?«

Sie lachte. Seit Monaten hatten sie hart gearbeitet und sich in erster Linie von gefriergetrockneter Kost ernährt. Von den 205 Pfund, die Bill auf den Rippen hatte, als er aus Maryland abreiste, waren beim letzten Mal an der Oberfläche nur abgezehrte 189 Pfund übrig geblieben. Beide sehnten sich nach richtigem Essen.

»Klar«, witzelte sie. »Und ich nehme Chinesisch. Etwas mit reichlich Gemüse, dazu vielleicht Huhn, und alles mit würziger, brauner Soße.«

»Entweder das oder eine große Tasse voll mit, nun ja …«, lächelte Bill. »Wofür ich mich jetzt wirklich erwärmen könnte, wäre Stroganoff-Instant!«

»Nimm, so viel du willst, es ist im Ausverkauf«, sagte sie und reichte ihm eine Tasse voll.

Und Boeuf Stroganoff war auch alles, was zum Abendessen da war. Bill kramte zwei kleine Zip-Lock-Taschen hervor mit Salz und Cayenne-Pfeffer, die in den Lebensmittelflaschen verstaut waren.

Barbara hatte sie in weiser Voraussicht bereits vor gut einer Woche dort deponiert.

»Gut mitgedacht«, meinte er.

In Camp drei wurde Noel kurz nach Mitternacht wach. Er hatte ein Geräusch gehört, lag still im Dunkeln – hoffte, dass es Bill und Barbara waren –, hörte dann aber nichts mehr.

Und nun, da er wach war, spürte er, dass er pinkeln musste. Doch das hieß, ein Licht finden, Schuhe finden und quer durch das Camp laufen – uff. Also versuchte er, sich wieder umzudrehen und weiterzuschlafen. Da knipste Bill Steele eine Lampe an.

»Hast du das auch gehört?«, fragte Noel.

»Ja«, antwortete Bill. »Ich habe gehofft, es wären Bill und Barbara.«

»Ich auch, aber dann war alles still.«

»Ja. Ich muss mal pieseln.«

»Ich auch«, erwiderte Noel.

Die beiden tappten zum Klo, pinkelten, als sie plötzlich ein lautes Stöhnen vernahmen. »Wer war das?«, fragte Bill. Die beiden drehten eine Runde und besahen die Schlafenden. Zuerst die Neuankömmlinge, dann Don. Er lag neben seinem Schlafsack mit dem Gesicht nach unten auf dem schmutzigen Boden.

»O, mein Gott«, sagte Noel.

Bill kniete sich hin und drehte ihn um. Er war blass und sabberte. Seine Hände hielt er vor der Brust, die Handflächen nach außen gedreht, wie wenn ihm jemand ein Schießeisen vorhielt. Er war starr wie ein Stein.

»Insulinüberdosis«, sagte Noel und nahm damit Bill die Antwort vorweg. »Wir müssen ihm Zucker zuführen.«

Erleichtert, dass Noel wusste, was zu tun war, weckte Bill die anderen.

»Wir müssen schnell machen, er ist kurz davor, bewusstlos zu werden«, sagte Noel, hatte stracks die eigene Angst abgeschüttelt und war nur noch Arzt, und zwar ebenso eilends wie damals, als Steve unter den Wasserfall abgerutscht war. »Wenn er krepiert, dann war's das für uns.«

Noel bat Mike Cicheski, schleunigst die Zuckerflasche zu holen, über die sie in der Nacht zuvor noch Witze gemacht hatten, und Wasser. Bill und er brachten Don in Sitzposition, lehnten ihn gegen Bills Rücken. Als Mike zurückkam, mischte Noel Zucker und Wasser zu einem Sirup, drückte Dons Mund auf und flößte ihm den Sirup unter die Zunge ein.

»Kann er schlucken?«, fragte Bill.

»Muss er nicht«, antwortete Noel ruhig. »Zucker geht direkt in die Blutbahn, über die Schleimhäute in Mund und Zunge.«

Noel redete sanft auf Don ein, während er ihm löffelweise den klebrigen Sirup einflößte, erklärte ihm jeden Handgriff, den er tat. Innerhalb einer Stunde war Don wieder bei sich, saß aufrecht da und sagte: »Ich bin gleich wieder okay.«

Nachdem er einen Müsliriegel gegessen hatte und wieder bei Atem war, erklärte Don, dass er seine Insulinmenge falsch berechnet hatte. Er hatte sie nämlich für die harte Arbeit des Materialschleppens bemessen, doch da die Gruppe stattdessen einen Ruhetag eingelegt hatte und hinauf zur Anthodite Hall gegangen war, verbrauchte er weniger Kalorien, aß weniger und brauchte folglich auch weniger Insulin. Sobald er sich erholt hatte, wechselte er seinen Schlafsack – denn der gebrauchte war überall mit Zuckerwasser verspritzt – und legte sich wieder schlafen.

Bill Steele war zu aufgedreht, um zu schlafen. Er saß noch eine Weile mit Noel in Stonehenge und plauderte.

»Ist Don bald wieder in Ordnung?«

»Aber ja«, sagte Noel gelassen, »dem geht es morgen wieder bestens. Es ist ungefähr so, als ob deinem Auto der Sprit ausgeht. Dann tankst du, und schon läuft es wieder ganz normal.«

»Das war knapp, nicht wahr«, sagte Bill, noch immer mitgenommen. »Um ein Haar hätten wir noch einen Mann verloren.«

Noel nickte. Er starrte den Flusssteinhang hinunter in die Lower Gorge und meinte: »Oder zwei«.

»Hey, G, wie spät ist es?«, flüsterte Barbara im Dunkeln.

Bill drehte sich auf die Seite und hielt sich seine Rolex dicht vors Gesicht. Sie war ziemlich verkratzt und mit Schlamm verkrustet, aber die Uhrzeit konnte man noch erkennen.

»Sechs Uhr morgens. 4. Mai. Zeit weiterzumachen.«

Barbara stand auf, feuerte den Kocher an und rührte Hafergrütze an. Bevor sie sich auf Höhlentour begaben, hatte sie noch eine Flasche mit Fruchtextrakt gefüllt. Auch ein Päckchen Ahornzucker hatte sie eingepackt, extra für Noel, der den über alles mochte. Ihr Geschmack war es nicht, also aß Bill ihre Portion mit.

»Du hast Recht, B«, sagte er, nachdem er ein paar Löffel genommen hatte. »Das Zeug schmeckt wie Klebe.« Unlustig stierte er in seine purpurrote Tasse und wusste plötzlich, was fehlte.

»Noel müsste hier sein«, sagte er.

»Ian müsste hier sein«, antwortete sie.

Bill nickte. Beide fehlten ihnen.

Nach dem Frühstück zogen sie die Nasstauchanzüge an. Sie hatten vor, sie den ganzen Tag lang über ihrer Fleece-Unterwäsche zu tragen. Ein Nasstauchanzug – aus dickem Neopren – garantiert nämlich nicht nur einen guten Auftrieb und Wärmeisolation im kalten Wasser, er ist zudem höchst unempfindlich gegen Stöße und Schläge. Des Weiteren packten sie in den Materialsack zwei Liter Karbid, die restlichen Bolzen und sämtliches Seil, das übrig war. Sie legten ihr Gurtzeug um, Seilhalterungen und Steigklemmen, Helme und Handschuhe, und brachen auf.

Bis sie sich einen Weg durch die Perseverance Hall gebahnt hatten und unten am See ankamen, an dem sie beim letzten Vorstoß umgekehrt waren, mussten sie fast drei Stunden lang stramm klettern. Tags zuvor hatten sie das Gebiet größtenteils vermessen, weshalb ihnen die Route relativ vertraut war. Barbara kletterte auf einem Felssims an der linksseitigen Wand entlang, um sich einen besseren Überblick zu verschaffen. Sie meinte eine Grotte zu erblicken. Aber dort, wo die Decke auf das Wasser traf, war auch eine kleine Felsleiste sichtbar. Möglicherweise handelte es sich aber nur um eine Spiegelung. Oder vielleicht um einen engen Luftspalt. Solche »Beinahe-Grotten« hatten sie bereits viele entdeckt, einige so niedrig, dass sie sich auf den Rücken drehen und mit der Nase an der Decke entlangrobben mussten.

»Schwimmen wir?«, fragte er.

»Ich möchte mich gern erst umsehen. Ich glaube, da ist Luft.«

»Dann sieh mal nach«, sagte er »aber besser mit Führungsleine. Ich gebe sie dir von hier aus nach. Und falls du fällst, zieh zweimal fest daran, dann halte ich sie stramm, damit du dich zurückziehen kannst.«

Sie hängte das Seil an ihren Hüftgurt und tauchte in den See. Das Wasser war lausig kalt, obgleich nicht ganz so kalt, wie es ohne ihren Nasstauchanzug gewesen wäre. Sie schwamm auf das winzige, schwarze Gewölbe in der Ferne zu. Eine Zeit lang hörte Bill, wie ihre Karbidhelmlampe gegen die niedrige Felsdecke schürfte, dann nichts mehr. Allerdings sah er noch den Lichtschein ihrer Lampe, der verschwommen über das schwarze Wasser wogte, doch nicht mehr lange, dann sah er nichts mehr. Sie war weg. Er setzte sich an den Rand des dunklen Wassers, gab langsam Leine nach, fragte sich, ob er es überhaupt merken würde, wenn sie kräftig an der Leine zog, und erinnerte sich an 1979 – an seinen ersten spannenden Tauchgang in die Sump One –, als weder Steve Zeman noch Hal Lloyd sein heftiges Zerren bemerkt hatten.

Was, wenn ich es nicht eindeutig spüre?, fragte er sich. *Wie lange soll ich warten, bevor ich anfange, sie zurückzuziehen?*

Zehn Minuten vergingen, 15.

15 Jahre später, sinnierte er. *Da haben wir alles – Laptop. Leichtgewichttanks. Mk-IV-Rebreather. Spezialausrüstung von einer Menge Sponsoren – alles, was man mit Geld kaufen kann. Und am*

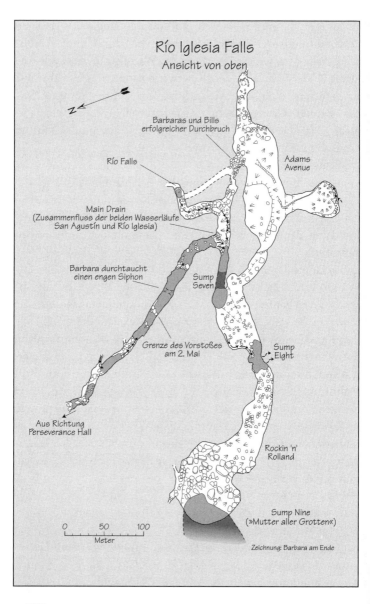

Ende läuft es darauf hinaus, dazusitzen und abzuwarten, bis dein Tauchpartner an der Leine zieht!

20 Minuten. Er war drauf und dran, ins Wasser zu tauchen, da spürte er plötzlich den kräftigen Zug am Seil. Er stemmte seine langen Beine gegen die Wand, sie zog sich daran zurück, und im nächsten Moment sah er das Flackern ihrer Lampe und hörte in der Ferne das Wasser plätschern. Kurz darauf tauchte sie auf.

»Machbar!«, sagte sie, und ihre Stimme schnappte über vor Aufregung. »Ich habe das ganze Seil gebraucht. Es sind mindestens 60 Meter zu schwimmen. Und am anderen Ende liegt ein großer Flusstunnel.«

»In Ordnung!«, sagte Bill und sah noch einmal auf den kleinen Spalt, durch den sie gekommen war. »Es braucht nicht viel Regen, dann sitzen wir dort drüben fest. Am besten, ich verbolze das Seil an beiden Enden, damit es geradewegs durchführt. Wenn dann die Flut kommt, solange wir dort drüben sind, können wir uns am Seil zurückziehen.«

Barbara schwamm wieder zurück, während Bill das Seil verbolzte. Danach folgte er ihr durch das niedrige, luftgefüllte Gewölbe. Am anderen Ende angekommen, nahm er Hammer und Bohrer und fixierte das Seil an einem Felsblock am hinteren Ende des Sees. Er hatte es schon erlebt, dass Höhlengänger hinter solchen Hindernissen feststeckten. Wie schnell konnte man hier durch noch so geringe Regenfälle für immer abgeschnitten werden.

»Willst du zuerst die gute oder die schlechte Nachricht hören?«, fragte sie, als sie zurückkehrte und er mit dem Sichern der Leine fertig war.

»O, die schlechte zuerst.«

»Ich bin dem Wasser flussabwärts durch einen weiteren See gefolgt. Und der wurde zu einer Grotte. Ich bin einmal rund herum geschwommen. Sie führt nicht weiter.«

»Und was ist die gute Nachricht?«

Sie hatte Mühe, ihre Enttäuschung zu verbergen und sich auf die gute Nachricht zu konzentrieren. »Rund 100 Meter hinter einem Haufen Steine strömt von links ein riesiger Fluss ein. Der führt bestimmt viermal so viel Wasser wie dieser hier!«

»Viermal so viel? Das ist ja unglaublich!«

»Ja. Aber er führt flussaufwärts. Und das ist nicht die Richtung, in die wir wollen. Hier ist also das Ende unseres Wegs.«

Doch das wollte er nicht unbesehen glauben: »Sehen wir noch mal nach.«

Gemeinsam wateten sie noch einmal den Tunnel hinunter, und schon auf den ersten 100 Metern konnten sie das Rauschen des neu entdeckten Flusses hören. Er kam von links, was einen so genannten T-Zusammenfluss ergab. Flussabwärts, rechter Hand, lag Sump Seven. Barbara hatte Recht: Ohne Tauchausrüstung ging es hier nicht weiter. Flussaufwärts sah es jedoch anders aus. Der neu entdeckte Fluss floss einen atemberaubenden Canyon hinab, der gut zwölf Meter breit und 20 Meter hoch war. Sie machten sich an den Aufstieg. Die Route knickte abrupt nach links ab und führte dann über einen großen Versturzberg, den sie nur mit Mühe bezwingen konnten. Vor Anstrengung lag feuchter Dunst auf ihren Gesichtern, doch im nächsten Moment standen sie vor einem gigantischen Wasserfall. Zwölf Meter über ihnen stürzte ein gewaltiger Fluss aus einem weit ausgedehnten Schacht und ergoss sich in hohem Bogen in die Tiefe. Zweifelsohne war diese ohrenbetäubende Kaskade der größte Wasserfall, den sie je unter der Erde gesehen hatten.

»Der Río Iglesia!«, brüllte Bill.

»Glaubst du?«, schrie Barbara zurück.

»Kein Zweifel!«

Der größte unter den zahlreichen Flüssen, die über die Oberfläche des Huautla-Plateaus fließen, ist der Río Iglesia, der seit jeher ein speläologisches Faszinosum darstellt – vielen Speläologen aber auch Enttäuschungen bereitete seit dem verregneten Sommertag 1965, als Bill Russell samt Gefährten aus Austin in Texas nach San Agustín gekommen waren. 1967 folgte eine kanadische Expedition, die dem Fluss durch die Sótano del Río Iglesia bis auf 300 Meter Tiefe nachging, nur um ihn dann in einen Versturzberg verschwinden zu sehen. Seither waren ganze 26 internationale Expeditionen gekommen, um den Hauptfluss zu verfolgen, den unterirdischen Heiligen Gral, von dem alle glaubten, dass er das verworrene Labyrinth der Wasserläufe an der Oberfläche des Huautla-Plateaus irgendwo vereinigen würde.

»Der Main Drain!«, rief Bill und gebrauchte damit den Namen, den John Fish dem gewaltigen Fluss gegeben hatte. »Wir stehen mitten in ihm drin!«

Er holte die Vermessungsinstrumente heraus, reichte sie Barbara, klappte sein wasserfestes Notizbuch auf und fragte: »Wie wär's mit Río Falls?«

»Klingt gut«, rief sie laut.

Er überlegte einen kurzen Moment, legte dann Buch und Bleistift beiseite und kramte das Verbolzwerkzeug aus dem Sack.

»Was hast du vor?«

»Ich will eine dauerhafte Vermessungsmarkierung anbringen. Irgendwann, irgendwie kommt irgendwer hierher und wird froh sein, wenn er die beiden Vermessungspunkte dann so leicht verknüpfen kann. Wer weiß, vielleicht kommen wir ja wieder! Und dann sind wir dafür dankbar«, sagte er lachend.

Während er den symbolträchtigen Bolzen anbrachte, angelte sich Barbara die Kamera aus dem Rucksack. »Ich denke, das ist ein Bild wert, nicht wahr?«

Bill nickte. Sie schossen mehrere Fotos und machten sich dann daran, das Gebiet flussabwärts zu vermessen. Río Falls lud nicht gerade zum Verweilen ein. Der vom Wind vorwärts getriebene Sprühnebel wehte ihnen heftig um die Nase, und sie froren entsetzlich.

»Nun, das war's wohl«, sagte Barbara und meinte damit die geschlossene Grotte an der T-Kreuzung. Ihre Enttäuschung war offensichtlich. »Wir machen am besten mit der Vermessung Schluss.«

»Vielleicht«, sagte Bill. »Noch besser, du machst hier Pause. Ich hab nämlich einen Verdacht.«

»Was meinst du?«

»Siehst du die 90-Grad-Biegung, die der große Tunnel hier macht? Ich wette mit dir, da drüben kommt noch was.« Er kramte nach der Tauchlampe, knipste sie an und ließ den Schein über die südöstliche Wand leuchten. »Siehst du ... da hinten«, rief er. »Da ist ein kleiner Spalt. Gib mir noch fünf Minuten.«

Sie folgte ihm zum Eingang des kleinen Spalts und setzte sich. Eigentlich war es sinnlos, ihn weiterzuverfolgen, da er wahrscheinlich ohnehin nirgendwo hinführte. Doch ihre Neugierde siegte, und es dauerte keine zehn Minuten, da war auch sie in dem Spalt, etwas verrenkt zwar, aber es ging.

»Hey, G, bist du in Ordnung da vorn?«, rief sie, wobei die schlammigen Wände den Schall ihrer Stimme schluckten.

»Ich bin hier«, tönte es gedämpft zurück. Sie fand ihn in einer kleinen Kammer. »Ich glaube, hinter mir geht es noch weiter«, sagte er. »Gib mir noch ein paar Minuten.«

Das Warten wurde Barbara lang, und sie machte sich auf, eine andere Route zu suchen. Da sie das Ende der Gangspalte über ihr nicht sehen konnte, kletterte sie hinauf, um sie näher zu untersuchen.

»Wo bist du?«, rief Bill, nachdem ihn sein Kriechgang in einer Schleife zurück zur Felsleiste über den Río Falls geführt hatte.

»Hier oben. Es geht hier weiter«, rief sie zurück und bahnte sich einen Weg durch das Dunkel. Bloß das Scharren ihrer Stiefel war noch zu hören, und so beschloss Bill, ihr zu folgen.

15 Meter weiter oben gelangten sie in eine gigantische Kammer – 50 Meter breit, 363 Meter lang, 15 Meter hoch und steil abfallend. Der Boden war von hohen Erdhügeln bedeckt. In den fruchtbaren Tälern des Río Iglesia, wo die Menschen seit Jahrhunderten Ackerbau betreiben, haben unzählige Regenzeiten die tiefen Hänge ausgewaschen, und der Fluss hatte seine fruchtbare Fracht hier in dieser

Kammer abgeladen. Wie eine Golfanlage – alles in einfarbig braun – unter einem weiten Deckengewölbe aus gelbbraunem Kalkstein sah es aus.

Barbara ließ den Boden durch die Finger ihrer behandschuhten Hand rieseln. »Nein, so etwas habe ich noch nie in einer Höhle gesehen«, rief sie plötzlich. Sie hob einen winzigen Käfer auf, der sich bei ihrer Berührung zusammenkrümmte.

Bill und Barbara durchkämmten die Kammer, hangelten sich an den Wänden entlang und entdeckten einen kleinen abschüssigen Tunnel. Sie gingen ihm nach, und plötzlich hörte Bill ein rollendes Donnern, sehr leise zunächst, fast als ob seinen Ohren ein Streich gespielt wurde, dann lauter. Der Tunnel fiel immer weiter ab, und das Donnern wurde immer lauter. Nach weiteren 100 Metern wusste er, was es war: Er stand vor einem 20 Meter breiten, glasklaren Fluss mit kieselsteinigem Grund.

Er ließ alle Tunnel, die sie durchforscht hatten, Revue passieren: in östliche Richtung durch den Río Iglesia-Tunnel, in südliche Richtung durch den Versturzgang, dann in westliche Richtung durch die große Kammer. Sie hatten sich um eine riesige Umleitung herum vorwärts gearbeitet, die wieder auf den eigentlichen Fluss zurückführte. Das wusste er jetzt ganz sicher. Mit jedem Schritt wurde es lauter, und kurz darauf sah er den turbulenten Fluss. Er sprudelte aus einem tiefen Becken heraus und führte in den quirlenden Stromschnellen allerlei Steinklumpen mit sich. Beim Anblick des Beckens wurde ihm klar, dass er den Weg um Sump Seven gefunden hatte, die Route, von der sie gedacht hatten, dass sie an der T-Kreuzung, die zu den Río Falls führt, zu Ende sei.

Die Strömung war hier unten, wo der Río Iglesia mit dem Main Drain zusammengeflossen war, noch viel stärker. Der Fluss schoss geradezu in einen 25 Meter breiten See: Sump Eight. Wellen schäumten an der Oberfläche und wogten kreisförmig an die Südwand, wo der Fluss urplötzlich in einer Grotte verschwand. Barbara nahm die Führungsleine und schwamm über den turbulenten See.

Am anderen Ende zog sie sich hinauf auf die glatt geschliffenen Steine. Bill nahm indes die Vermessungsgeräte und schwamm ihr hinterher.

Auf der anderen Seite des Sees stieg der Tunnel an, führte hinauf zu einem 40 Meter breiten Gesteinsberg. Merkwürdigerweise war der Fluss verschwunden. Barbara preschte weiter vor, während Bill eine Skizze von der Kammer machte. Doch im nächsten Moment war sie schon wieder zurück, völlig außer Atem.

»Hinter der nächsten Anhöhe... da wird es... wirklich riesig groß«, keuchte sie.

»Ist das hier etwa nicht groß?«, fragte Bill und schwenkte mit dem Arm auf den über und über mit Steinen besäten Tunnel.

»Du verstehst wohl nicht«, sagte sie, ich meine, EX-OR-BI-TANT!«

Sie erstiegen den Gipfel des Gesteinsbergs und spähten hinunter in einen unendlich großen Trichter, der von einer Seite zur anderen leicht 100 Meter maß. Die Decke war außer Sicht. Gigantisch. Ein Moment des stillen Triumphes. Schweigend standen sie beieinander.

»Na dann los«, durchbrach Bill schließlich den Moment der rauschhaften Verzückung. »Lassen wir ein Vermessungsseil hinunter!«

Barbara kletterte mit dem Vermessungsband den Abhang hinab. Auf den ersten 100 Metern stieß das Band auf etwas, das wie schwarzes Dunkel eines tiefer gelegenen Tunnels aussah. Doch das Dunkel lichtete sich nicht, als sie näher kamen. Sie hatten das Gefühl, als träfe der Schein ihrer Lampen auf einen schwarzen Schwamm. Da begriffen sie, dass es ein See war – ein großer See. Wie groß, erkannte Bill erst, als er Barbaras letzte Vermessungsstation erreicht hatte. Er maß mindestens 25 Meter im Durchmesser und war gut doppelt so lang. Von zwei Uferseiten her fielen steile Sandbänke ab; die beiden anderen Ufer waren gesäumt von senkrecht aufragenden Steinpfeilern.

Bill kniete sich an den Rand des Wassers und leuchtete mit seiner

Tauchlampe unter die Oberfläche. Der Lichtschein reichte weit genug hinunter, um zu erkennen, dass der sandige Abhang unter dem Wasser ebenso abschüssig weiterführte. Darüber hinaus konnte er sehen, dass der mächtige Tunnel – sowie der Fluss, dessen Lauf er auf der anderen Seite des riesigen Trichters verloren hatte – ebenfalls in die Tiefe führte. Das hier war also kein See. Er knipste seine Lampe aus, setzte sich zum ersten Mal seit Stunden hin und blickte hinauf zu Barbara:

»Willkommen am Mother Sump, der Mutter aller Grotten«, sagte er langsam.

Bill war fasziniert von den riesigen Wellen im Sand, die aussahen wie kleine Dünen. »Kannst du dir vorstellen, welch gewaltige Fluten hier durchgeflossen sein müssen, um so etwas zu formen?«, fragte er.

Barbara machte einen Schritt über eine der kleinen Dünen und hob etwas auf – einen Eisstiel. Dann fand sie eine Zahnbürste. »Wo kommt das wohl her?«

»Aus San Miguel?«, mutmaßte er, womit er ein kleines Dorf südöstlich von San Agustín meinte. Wie die Dünen, so zeugte auch der Abfall davon, dass die bevorstehenden Regenfälle den übergroßen Trichter in ein sturzbachartiges, 100 Meter breites, tosendes Becken verwandeln würden, in dem die Fluten alles auf ihrem Weg mit sich fortrissen, hinein in den riesigen Schlund tief unter der Erde.

»G, welches Datum haben wir heute?«

»O, den 4. Mai.«

Der Eisstiel hatte sie daran erinnert: Die Regenzeit stand unmittelbar bevor. »Meinem Gefühl nach ist das hier kein Ort, wo man sich noch eine oder mehrere Wochen aufhalten sollte«, sagte sie.

»Das meine ich auch.«

Mit der Tauchlampe inspizierten sie die Klippen oberhalb der Mother Sump, suchten sie nach einem höher gelegenen Sims ab, das die Flut nicht unterspülen würde, fanden aber keine weiterführende

Route. Er stand in Sump Nine und fühlte sich wie ein Käfer, der in einer Kloschüssel gefangen war. Es war nur noch eine Frage der Zeit, bis einer an der Klospülung zog.

»Schachmatt«, sagte er. »Keine Zeit für einen Tauchgang. Keine weiterführende Route. Zeit, nach Hause zu gehen.«

Seine Füße waren schwer, als er zurück über den Hügel stieg. Er wollte weiter, aus tiefster Seele, wollte einen Weg hinunterfinden. Doch sein Verstand sagte ihm, dass das Spiel vorbei war – zumindest für dieses Jahr.

Barbara hantierte mit der abgeschrubbten Zahnbürste. Sie hatte keine einpacken dürfen – jeder Zentimeter im Materialsack war kostbar – und sich daher seit Tagen nicht mehr die Zähne geputzt. Von der, die sie gefunden hatte, war nicht mehr viel übrig, aber wenn sie den Schlamm abkratzte und die Borsten in kochendem Wasser sterilisierte... Doch da kam ihr die traurige Erkenntnis, dass sie in wenigen Tagen zurück im Camp Drei sein würde. Ihre Zeit am anderen Ende der Grotte war beinahe um.

Schweigend stiegen sie den Trichter bergan, blickten von oben aus ein letztes Mal zurück – ein atemberaubender Anblick.

»Mir ist ein Name dafür eingefallen«, meinte Barbara.

»Und der wäre?«

»Rockin' ‚n' Rolland«, schlug sie vor. »Der Name bezieht sich auf die Steine und kleinen Hügel. Außerdem mochte Ian gute Wortspiele.«

Bill lachte und schrieb den Namen in sein kleines, gelbes Notizbuch.

»Ein großartiger Name«, sagte er. »Und wie wär's mit Adams Avenue für die große Kammer mit dem erdigen Boden? Rolf hätte diesen Ort geliebt.«

Sie vermaßen den Rückweg und erreichten Camp Sechs ungefähr 22 Stunden nach ihrem Aufbruch. Am 5. Mai erholten sie sich von den Strapazen, bereiteten sich dann auf den Tauchgang zurück vor. Alles lief glatt, bis Bill abtauchte. Kaum hatte er das Tauchgerät angestellt, versagte der Hauptcomputer, woraufhin er das Gerät gründlich unter die Lupe nahm.

Keine Frage, die Geräte hatten auf dem langen Weg hinunter einiges aushalten müssen, und das Kabel, das zum Hauptanzeiger führte, hatte sich um den Bruchteil eines Millimeters gelockert, kaum sichtbar, aber doch weit genug, um ein paar Tropfen Wasser eindringen zu lassen. Und das genügte, um den ganzen Computer lahm zu legen.

»Verdammt noch mal!«, fluchte Bill. »Ich bin erledigt.«

»Was ist denn los?«

»Der Computer ist im Arsch. Muss den Tauchgang manuell machen...«

Er stockte mitten im Satz, denn plötzlich meldeten sich die Lebensgeister des Geräts zurück. Der zweite und der dritte Computer – die redundanten Reservesysteme für einen genau solchen Notfall – hatten die Steuerung übernommen, und die grünen Leuchtanzeigen flackerten auf. »Verflucht und zugenäht... gute Arbeit, Nigel!«, rief Bill laut in Anspielung auf Nigel Jones, den Entwickler der elektronischen Schaltungen des Cis Lunar. Und für den Rest der Tour funktionierten die Reservecomputer einwandfrei.

Bills letzter Tauchgang durch die Grotte, die seine Fantasie so viele Jahre genährt hatte, war überwältigend. Nach einer derart langen Trockenperiode war die Sicht gut wie nie. Barbara tauchte voran, Bill drehte seine Lampen aus, und die dunklen Tiefen wurden nur von ihrem Licht erhellt. Zum ersten Mal, seit er 1979 voller Staunen in die endlos blaue Weite geblickt hatte, war er sich der Ehrfurcht gebietenden Vielschichtigkeit dieses Unterwasser-Canyons ganz und gar bewusst.

Die Rebreather funktionierten einwandfrei. Keine Blasen. Die Heimreise verlief absolut ruhig.

Als er so durch das Wasser glitt, fragte er sich, ob das hier nicht sogar besser war als ein Weltraumspaziergang. Nicht die Erde nur umkreisen, nein, in ihrem tiefsten Innern zu schwimmen, ihre Geheimnisse zu ergründen. Hier, in den endlosen Tiefen im Innern der Erde, hatte er sich schließlich seinen Kindheitstraum erfüllt – so zu sein wie John Glenn.

Wenig später näherten sich die beiden dem laut dröhnenden Canyon am Camp Fünf. Als sie unter der Tauchplattform anlangten, drückte Bill Barbara fest an sich. »Wir haben es geschafft!«, sagte er. »Bei Gott, wir haben es geschafft!«

Bis sie Camp Drei erreichten, war es spät in der Nacht. Es hatte fünf Stunden gedauert, die Tauchgeräte zu verstauen, und zwei weitere Stunden, um mit einem Rebreather im Gepäck die Lower Gorge zu überwinden. Noel hörte sie kommen und lief ihnen eiligst über den Flusssteinhang entgegen.

»Huuuiii«, heulte Bill, als er ihn den Hügel hinabsausen sah.

»Bill! Barbara! O Mann! Ich kann euch gar nicht sagen, wie erleichtert ich bin, euch wiederzusehen!«

Auf einen kräftigen Händedruck folgte eine lange und feste Umarmung. Nachdem Noel Barbara ebenso innig wie seinen alten Freund an sich gedrückt hatte, trat er einen Schritt zurück und fragte: »Nun?«

»Nun, Dr. Sloan«, begann Bill gespielt förmlich. »Willkommen in der tiefsten Höhle auf dem amerikanischen Kontinent!«

Gemeinsam stiegen sie hinauf nach Stonehenge. Bill Steele war mitsamt seinen freiwilligen Helfern an die Oberfläche zurückgekehrt. Außer Noel war noch Don da. Gebannt saßen die beiden auf ihren Steinstühlen und klebten Bill und Barbara an den Lippen, als sie von den Höhepunkten ihrer einwöchigen Reise in die Tiefe erzählten. Feierlich öffnete Bill die Nalgene-Flasche, in der er sein Vermessungsbuch und die vier Filmrollen sicher deponiert hatte – vier Monate harter Arbeit in einer kleinen Plastikflasche. Stellenweise las er aus seinen Aufzeichnungen vor, und zwischendurch erzählten er und Barbara, wie sie die drei Kilometer des jungfräu-

San Agustín Zaragoza. Dicht gepfercht stehen die Häuser des Dorfes auf dem kraterähnlichen Rand, der die gewaltigen Dolinen San Agustín und Río Iglesia teilt.

lichen Tunnels und sieben neue Grotten entdeckt hatten, die alle in südliche Richtung zum Santo Domingo Canyon verliefen.

Ein emotionales Wiedersehen. Noel spürte, wie seine innere Anspannung allmählich nachließ; die Schmerzen, die sein Geschwür verursachte, schwanden dahin und damit auch sein Mr.-Hyde-Gehabe. Und während man sich sonst in Camp Drei völlig vereinsamt fühlte – Wes und die Moles beispielsweise kamen sich während der Flut hier vor wie Gefangene auf einem anderen Stern –, fühlten sich Bill und Barbara wohl und heimisch, fast so wie in der eigenen guten Stube in Gaithersburg.

In den folgenden fünf Tagen schleppten alle vier – Bill, Barbara, Noel und Don – Material aus der Höhle. Sie schlugen Camp Fünf ab und verstauten die Einzelteile der Plattform für künftige Zwecke in einer hoch oben gelegenen Nische. Im Camp Drei machten sie sauber und begannen auch hier mit dem Abtransport der riesigen Materialberge in höher gelegene, vorübergehende Lager. Zur freudigen Überraschung aller erschien Jim und half mit beim Abbau. Bev Shade hatte ihn dazu überredet, die 19-Jährige, die Don mit ihrem Freund aus Austin mitgebracht hatte. In Tommy's Borehole, ganz in der Nähe von Depot 620, errichteten sie ein Zwischenlager namens Camp 2B. Camp 1B stand auf der Schachtdecke des 60-Meter Schachtes, der Angel Soto Perrua um ein Haar das Leben gekostet hatte. »Mit jeder Schlucht, die wir hinter uns haben, geht es mir besser«, ließ Noel eines Abends wissen. »Die Daten haben wir. Und alle Mann sind sicher über der Flutmarke.«

Mehr als eine Tonne Material über die langen Schächte der Bowl Hole Series zu transportieren war eine Schinderei, eine undankbare Arbeit und körperlich weit kräftezehrender als die Bergung von Ians Leichnam. Eine scheinbar endlose Schlange Materialsäcke wartete darauf, über ein um den anderen Schacht hinaufgeschleppt zu werden. Bill und Noel bekamen vom ständigen Reiben gegen die noppige Innenbeschichtung der nassen Gummihandschuhe eitrige Entzündungen an den Fingern. Und alle litten von einem 18-Stunden-Tag am Seil an Muskelkater und vom durchgescheuerten Gurtzeug an wunden Stellen. Als sie das obere Ende des 110-Meter-Schachts erreicht hatten, beschlossen sie, ein paar Ruhetage an der Oberfläche einzulegen und erst danach das ganze Material über die Stairway to Hell hinaufzuschaffen.

Nach 18 Tagen unter der Erde erreichten sie gegen Abend den Slip'n'Slide, und Bill sog den Geruch der üppigen Vegetation des Cracked Slab ein, als ein heftiger Wolkenbruch niederging. Mühsam schleppte er sich über den Jungle Drop hinauf, Arme und Beine schmerzten bei jeder Bewegung, schürften alte Wunden auf, wenn er sich in seinem Gurtzeug aufstemmte. Das lange, dünne Seil schwang im heulenden Wind hin und her, und der Gewitterregen durchweichte seine schlammige Kleidung.

Als Barbara über den letzten Steilabsatz heraufkam, kroch Bill aus dem Einstiegsschacht auf das Maisfeld. Die winzigen Sämlinge, die er in den Anfangstagen der Expedition nicht hatte niedertreten wollen, waren zu hohen Stängeln herangewachsen. Er stapfte hinunter in die Lichtung und warf den Kopf in den Nacken. Der Wind blies seine Karbidlampe aus, und der harte Regen klatschte in sein unrasiertes Gesicht.

»Lass es regnen«, rief er dem Herrscher über die Himmel zu und allen anderen Geistern, die ihn vernahmen. »Wir sind fertig. Jetzt seid ihr dran.«

Epilog

Am nächsten Morgen war Barbara früh auf und wusch sich bei Sonnenaufgang die Haare. Bill schlief etwas länger und machte sich nach einem ausgedehnten Frühstück (besser gesagt, er fiel über alles her, was essbar war) daran, die Vermessungsdaten in einen Laptop einzugeben. Barbara las ihm die Zahlen aus dem Notizbuch vor, und Bill gab sie ein. Sie gelangten zu dem Ergebnis, dass ihr Vorstoß das Sistema Huautla auf 56 Kilometer verlängert hatte.

Außerdem galt das Huautla-System mit 1475 Tiefenmetern nun wieder als tiefste Höhle auf dem amerikanischen Kontinent und kletterte in der weltweiten Reihenfolge vom zwölften auf den fünften Platz.

»Verdammt«, sagte Bill, enttäuscht darüber, dass sie damit noch immer 127 Meter hinter dem Rekordhalter lagen – der 1602 Meter tiefen Höhle »Réseau Jean Bernard« in den Savoyen.

Dabei war die französische Höhle bis zum Sommer 2001 selbst dreimal von ihrem Tabellenplatz verdrängt worden. Zuerst im Januar 1998 von einer weiteren französischen Höhle, der »Mirolda« (1616 Meter tief), ebenfalls in den Savoyen. Dann im Sommer 1999 von der österreichischen Höhle Lamprechtsofen (1632 Meter tief). Und zuletzt überraschenderweise von einer Höhle namens Voronja auf dem Arabika-Massib in Georgien, die im Januar 2001 auf eine Rekordtiefe von 1710 Metern erschlossen wurde. Damit lag das Sistema Huautla nur noch auf Platz acht der Liste.

Die sich rasch verändernde Rangfolge veranschaulicht, mit welch großer Dynamik die Erforschung von Tiefenhöhlen voranschreitet.

Das Sistema Huautla jedoch bleibt ein starker Kombattant, da es weitere 400 Meter ›Tiefenpotenzial‹ beherbergt, während ein Großteil der anderen Höhlen auf den oberen zehn Rängen im Wesentlichen erschlossen sind. Unter der vermessenen Tiefe versteht man die von Menschen erschlossene Tiefe und das nachfolgende Kartografieren der erschlossenen Höhlengänge; und nur diese Zahlen zählen für die Rekordlisten. Das Tiefenpotenzial hingegen wird gemessen, indem man die Entfernung berechnet zwischen dem höchst gelegenen passierbaren Einstieg und dem tiefst gelegenen Quelltopf, aus dem von oben einfließendes Wasser wieder austritt. (Zur Messung des Potenzials wird ein Färbemittel-Verfahren angewendet, das heißt, es werden nicht toxische Färbemittel in höher gelegene Flüsse oder Grotten eingelassen, und man überprüft, in welchen Quellen unter der Erde diese wieder zum Vorschein kommen.) In Mexiko gibt es mindestens drei Orte – darunter die Höhle Sistema Huautla und ihre Schwesterhöhle Sistema Cheve –, die eine potenzielle Tiefe von bis zu 1710 Metern aufweisen. Doch das Spiel hat erst begonnen; und jede große Expedition ist ein weiterer kühner Zug bei der internationalen unterirdischen Schachmeisterschaft.

Diese Zahlen sagen allerdings nichts aus über die relative Schwierigkeit, den Grund des Sistema Huautla zu erreichen. Die Rockin'-‚n'-Rolland-Kammer bleibt einer der entlegensten Orte im Innersten der Erde, der je von Menschen erreicht wurde. Wie mit allem, was einen Rekordanspruch erhebt, bedarf es einer genauen Definition von ›entlegen‹. Man könnte nämlich leicht auf die Idee kommen, »entlegene Ferne« mit der »Entfernung vom nächstgelegenen Einstieg« zu verwechseln. Bei einer solch einfachen Definition würde die Blue Spring Cave in Tennessee mit der Castleguard Cave in Kanada und der Sistema Cheve in Mexiko um den Rekord konkurrieren. Denn alle drei Höhlen sind rund zehn Kilometer vom nächsten Einstieg zu Ende. Um diese Begrenzung zu überwinden, muss man allerdings – wie bei jeder Grenze – weitere Faktoren in Betracht ziehen: die körperlichen Anstrengungen, die technologisch verfügbaren und erforderlichen Mittel sowie ein großes Maß an notwendiger psychischer Stärke. Allein die 655 Längenmeter an überfluteten Tunneln – ganz zu schweigen von den mehr als drei Kilometern Seilstrecke, die es zu überwinden gilt, um jene Grotten zu erreichen – machen eine Tour zum Sump Nine und zur Rockin'-‚n'-Rolland-Kammer zu einer Tour der Extraklasse. Die entlegensten Punkte der Höhlen Voronja und Lamprechtsofen können hingegen in einer dreiwöchigen Expedition erreicht werden, noch dazu ohne Tauchgänge.

»Du hast eigentlich keinen Grund zum Jammern«, meinte Barbara frotzelnd zu Bill. »Wir haben drei Seen erschlossen, vier Grotten und die Perseverance Hall. Wir sind auf den Río Iglesia gestoßen und haben das unterirdische System auf – wie viel? – 53 Längenmeter erweitert. Also, soweit ich es beurteilen kann, haben wir eine großartige Expedition hinter uns gebracht.«

Bill lachte. Das musste auch er zugeben.

In den folgenden Wochen unternahm das verbliebene Team noch mehrere Tagestouren, um Material aus der Höhle zu transportieren. Nach insgesamt 44 Tagen unter der Erde war es geschafft, und Bill und Barbara sahen keine Notwendigkeit mehr, im lichtlosen Dunkel zu biwakieren.

Am 17. Mai zog das Team rund 23 Packen über den 110-Meter-Schacht und dann weiter hinauf über den 280 Meter langen Steilschacht am Einstieg. Noel sorgte dafür, dass die kleine Truppe einigermaßen bei Laune blieb – er brachte sie dazu, eine dichte Kette zu bilden und die Materialsäcke von einem zum andern weiterzugeben – wie bei einer Eimerbrigade. Somit war ein enger Kontakt hergestellt, man scherzte und lachte, und die letzten mühsamen Tage des »Endlosabbaus«, wie das Team es nannte, wurden erträglicher.

Am 21. Mai hatten sie das gesamte Material bis zum Fuß des Jungle Drop geschafft und richteten von oben aus Seile und Seilzüge ein, um es hochzuziehen.

Als das Ergebnis der Autopsie bekannt wurde, trauerten sie noch einmal um Ian. Acht Tage nach Ians Auffinden war die Autopsie in Oaxaca vorgenommen worden und hatte ergeben, dass er an einer Asphyxie unter Wasser gestorben war, einem Atemstillstand infolge Sauerstoffverarmung des Bluts. Eine Untersuchung des Blutzuckerspiegels war nach so vielen Tagen nicht mehr möglich.

Der Gedanke, der Rebreather könnte Ians Tod verursacht haben, verlor an Plausibilität, nachdem Barbara mit dem gleichen Gerät ohne Zwischenfall bis zum Camp Sechs und zurück getaucht war. Und nach der Untersuchung des Speicherchips, den Bill aus Ians Tauchgerät genommen hatte, war diese Theorie endgültig widerlegt. Der Chip hatte aufgezeichnet, dass Ian eine Zeit lang an der Oberfläche entlanggeschwommen war, bevor er dann unerklärlicherweise drei Meter in die Tiefe sank. Des Weiteren ging aus den Daten hervor, dass sein Sauerstoffgehalt genau auf oder über dem Wert für Normalluft lag. Demzufolge wirkte das Mischgas zu keinem Zeitpunkt hypoxisch.

Eine eingehende Untersuchung prüfte vier mögliche Todesursachen und schloss sie letztlich aus: Hardware- oder Software-Fehler am Rebreather; Bedienungsfehler oder Ohnmachtsanfall infolge eines Sturzes mit dem Tauchgerät. Am Ende blieb nur eine Erklärung: Ian war auf die Sandbänke mit einem Tauchgerät gestiegen, das so viel wog wie er selbst, und hatte es – vor lauter Forschergeist – versäumt, die Dosis für seinen Blutzuckerspiegel aufgrund der körperlichen Mehrbelastung zu erhöhen. Kurz danach verlor er wegen des zu geringen Zuckergehalts im Blut das Bewusstsein, höchstwahrscheinlich, während er zurück zum Strand schwamm. Rechtzeitig verzehrt, hätte ein Müsliriegel ihm das Leben gerettet.

Ian Rollands Asche wurde auf dem Gipfel des Ben Nevis in Schottland verstreut, den er oft bestiegen hatte, für gewöhnlich im Winter, wenn das Eis gut war. Die Gedenkrede auf seinen langjährigen Freund hielt Rob Parker. Bei der Trauerfeier waren auch Mitglieder des RAF-Bergrettungsteams und der British Cave Diving

Group anwesend. 1995 heiratete Ians Frau Erica ein zweites Mal, ein Mitglied des RAF-Bergrettungsteams.

Im Herbst 1997 reiste Bill Stone in die Grafschaft Wookey Hole in England, um wiederum eine Gedenkrede zu halten – auf Rob Parker. Nach jahrelanger Auszeit im Höhlentauchen – nicht zuletzt wegen seines florierenden Kletterwand-Unternehmens – war Parker in die blauen Höhlen auf den Bahamas zurückgekehrt, um bei einer Filmdokumentation der BBC über Rob Palmer mitzumachen. Rob Palmer, ein britischer Höhlentaucher, war bei einem rätselhaften Tauchunfall im Roten Meer umgekommen. Die Filmarbeiten waren bereits abgeschlossen, als Rob Parker und sein Partner Duffer Mallone mit offensystemischen Geräten in der Four Sharks Blue Hole auf Tauchgang gingen. Doch sie blieben zu lange unter Wasser, waren auf 100 Meter Tiefe getaucht, und das Mischgas wurde knapp. Rob war gezwungen, in 80 Metern Tiefe auf eine Flasche mit Pressluft zu wechseln, und brach mit einer Stickstoffnarkose bewusstlos zusammen. Hätte er mit einem Rebreather getaucht, wäre er noch am Leben.

Bauern aus San Agustín Zaragoza wurden angeheuert, um die Ausrüstung aus dem Höhleneinstieg hinauf ins Dorf zu tragen, und am Nachmittag des 21. Mai trafen die ersten Lastenträger mit Rebreathern auf dem Rücken am Geräteschuppen ein.

Das technologische Gerät, das die Expedition 1994 nach San Agustín überhaupt möglich machte – der Cis-Lunar-Mk-IV-Rebreather –, war ein Pioniergerät und so neuartig, dass es selbst hartgesottene professionelle Taucher in Furcht versetzte. Mythos, Aberglaube und Misstrauen hielten sich noch Jahre später. Und noch lange danach glaubten ein paar Expeditionsteilnehmer – trotz der gegenteiligen Datenauswertungen –, dass der Rebreather an Ians Tod eine Mitschuld trug. Die Leistungsstärke des Mk-IV während der Expedition war jedoch unbestritten: 18-mal wurde die San-Agustín-Grotte damit betaucht; zumeist unter einer Tiefe von 25 Metern. Zugleich lag der Gesamtverbrauch des Atemgases während des ganzen Projekts –

knapp 80 Kubikfuß Heliox und 50 Kubikfuß Sauerstoff – unter dem, was ein Freizeittaucher mit Scuba-Gerät auf einem ruhigen Nachmittags-Tauchgang verbrauchen würde.

Zunächst noch zögerlich, dann aber mit zunehmender Begeisterung wurde der Cis-Lunar-Rebreather anerkannt: zuerst von der wissenschaftlichen Tauchervereinigung – allen voran vom Bishop Museum in Hawaii, welches das Gerät auf Tiefen von mehr als 120 Metern zur Entdeckung von über 60 neuen Fischarten einsetzte –, dann von der Unterwasserfilmvereinigung, die aus dem lautlosen Betrieb den Vorteil zog, sich unter die Meeresbewohner mischen zu können, ohne diese wie sonst mit zischenden, blubbernden Blasen zu verscheuchen. 1999 bewies eine Expedition der National Geographic Society, dass Rebreather mittlerweile zur Standardtechnologie avanciert waren.

1997 kam ein von Bill Stone, Nigel Jones und Mike Stevens entwickeltes Modell auf den Markt. Davon wurden 40 Geräte produziert, bevor 1998 das verbesserte Folgemodell Mk-V-Mod1 eingeführt wurde. 2001 fiel Bills Rebreather-Firma Cis-Lunar dem eigenen Erfolg zum Opfer. Zehn bekannte Tauchgerätehersteller produzierten die kommerziellen Rebreather, was sich für den Neuling Cis-Lunar als zu starke Konkurrenz erwies.

Der Cis-Lunar-Rebreather blieb das Gerät für all jene, die sich an den Grenzen der Unterwasserforschung bewegen. Auch die National Geographic Society setzte im Frühjahr 2001 auf ihrer Expedition zu einer mächtigen Eisinsel vor der Küste der Antarktis den Mk-VO ein.

Am 22. Mai gaben die noch übrigen Teammitglieder eine spärlich besuchte Pressekonferenz in Huautla de Jiménez. Anwesend waren Vertreter des Fernsehsenders Telemundo, ein paar Journalisten aus Oaxaca sowie zwei der drei *presidentes* von Huautla. Während Renato García und Sergio Zambrano Ansprachen hielten, wanderte Bills Blick durch den weiß gekachelten Speiseraum des Bellas Rosas,

Kniend mit der Club-Fahne die alten Freunde Noel Sloan und Bill Stone; dahinter, von links nach rechts: Barbara am Ende, Paul Smith, Tom Morris, Wes Skiles, Kenny Broad, Steve Porter, Jim Brown.

den der Sohn des Besitzers, Leonardo Casimiro Altamirano, extra für dieses Ereignis hergerichtet hatte. Er überlegte, wie viele Teammitglieder fehlten.

Kenny Broad war bereits vor einem Monat aus Huautla abgereist. In jenem Sommer wurde er im Auftrag des »National Science Foundation's Ocean Drilling Program« mit einem gasbetriebenen Bohrer, einem Schlauchboot, Lebensmittelvorräten und Wasser auf einer abgeschiedenen Insel im Südpazifik abgesetzt. Da die Expedition chaotisch organisiert war, holte ihn der Versorgungshelikopter nicht pünktlich wieder ab, und die geplante zehntägige Tour geriet zu einer sechswöchigen Odyssee. Im Frühjahr 2000 promovierte Kenny an der Columbia University in New York in Anthropologie und nahm einen Lehrauftrag im heimischen Florida an, wo er weiterhin seiner Tauchleidenschaft nachgehen konnte.

Steve Porter fuhr mit Bill Steele und den freiwilligen Helfern zurück nach Texas. Für Noel hinterließ er folgende Nachricht: »Noel – mein lieber, lieber Freund. Ich hoffe, dass alles für dich gut ausgeht und bald zu Ende ist. Werde, so wie es aussieht, mit Steele und seinen Leuten abreisen ... Bis du nach Texas kommst, bin ich wahrscheinlich zu Hause in Dallas bei meinen Eltern. Wie wär's, wenn du dort einfach vorbeischaust? ... Und bring mir meine Helmlampe von Bill mit, okay?« Steve nahm seine Arbeit als Verkehrsanalyst in Minneapolis wieder auf und heiratete kurze Zeit später. Die aktive Tiefenhöhlenforschung hat er aufgegeben, doch er ist nach wie vor leidenschaftlicher Wracktaucher in den Great Lakes und leitet Rettungs- und Bergungstauchgänge.

Und so waren auf der Pressekonferenz nur noch Noel, Barbara, Bill und Angel übrig. Angel war zwar nie tiefer als bis zum 110-Meter-Schacht vorgedrungen, aber er hatte die Expedition bis zum bitteren Ende tatkräftig unterstützt.

Jim Brown war noch vor der Pressekonferenz abgereist. Zurück in San Agustín Zaragoza, half er Don, Bev und Chris, die Transporter zu beladen. Nach der Expedition zog er nach Florida, wo er den Moles beitrat. Um so viel wie möglich tauchen zu können, lebte Jim ein sparsames Leben: Er schlief in einem Campingbus, der Tom Morris gehörte, und ernährte sich noch über ein Jahr von der bei der 1994er-Expedition übrig gebliebenen Gefriertrockenkost. 1999 zog er an die nordwestliche Pazifikküste, wo er als Web-Programmierer arbeitete, und hat weiterhin an Höhlentauchexpeditionen teilgenommen – in Wakulla Springs, in Belize und 2001 in der Infiernillo-Grotte im Sistema Purificación in Mexiko.

Noel Sloan hat seine Entscheidung, am endgültigen Vorstoß nicht dabei zu sein, bereut, wie er 2000 sagte: »Ich war tief entmutigt, weil ich den Höhlenabschnitt verpasst habe. Ich habe lange daran geknabbert und alles versucht, um mich damit abzufinden. Seltsam, wie das Leben manchmal spielt.« Er nahm seine alte Stellung als Anästhesist im General Hospital in Indianapolis wieder auf.

1995 nahm er erneut an einer Expedition in das Sístema Huautla teil und trug wesentlich zur Erforschung der Quelltöpfe im Huautla-System bei. »Nach allem, was 1994 geschehen ist, musste ich noch einmal dorthin zurück«, erklärte er.

Barbara am Ende schloss 1995 ihre Doktorarbeit in Geologie ab und hielt 1998 Vorlesungen an der University of Maryland. Anschließend erhielt sie aufgrund ihrer Kenntnisse in der Höhlenkartografie eine Stelle als Grafikprogrammiererin. Auf einer Expedition der National Geographic Society 1999 nach Wakulla Springs war sie für visuelles Programmieren zuständig und fertigte die erste dreidimensionale Höhlenkarte. Diese virtuelle Reise durch das Höhlensystem in Florida ermöglicht es auch Nichttauchern, sich ein Bild von unterirdischen Landschaften zu machen. Derzeit ist Barbara am National Institute of Standards and Technology tätig, wo sie zusammen mit Chemikern und Physikern an Projekten über Halbleiter und Supraleiter arbeitet.

Bill und Barbara hatten mit ihrer Expedition Erfolg, mit ihrer Beziehung allerdings nicht. Barbara ist mit einem neuen Team Höhlenforscher ständig auf Forschungsreisen in Übersee, an verschiedenen Orten, die sie und ihre Kollegen bislang noch geheim halten müssen.

Auf der Pressekonferenz in Huautla erhob sich Bill (die saubere Jeans und das Baumwollhemd, das er trug, hatte Olivia Pereda aus dem Dorf extra für ihn gewaschen, als sie hörte, dass er hier sprechen würde) und ging zum Mikrofon. Er sah völlig anders aus als bei seinem letzten öffentlichen Auftritt in Huautla. Nichts erinnerte mehr an den nervösen Mann mit dem zottigen Bart und zerzausten Haar, der sich am 10. April so sehr für eine rasche Rückkehr in die Grotte eingesetzt hatte. Nun stand da ein frisch rasierter Wissenschaftler kurz vor seiner Heimreise in die Staaten, wo er am National Institute of Standards and Technology bahnbrechende Forschungen durchführte über elektromagnetische Impulse, die Feuerwehrmänner in brennenden Gebäuden aufspürten. Später wurde er zum Leiter der »Construction Metrology and Automation Group« ernannt, einer Forschungsgruppe, die sich mit Roboter- und Informationstechnologie an Baustellen befasst.

Seit dem San-Agustín-Projekt ist Bill ein gefragter Expeditionsleiter, zum Beispiel bei der dreimonatigen Expedition der National Geographic Society in Wakulla Springs, Florida. Darüber hinaus entwickelte Bill mit finanzieller Unterstützung und Ermunterung von Jim King einen radargesteuerten Kartografen, der mit Hilfe von Sonarwellen und modernster militärischer Technologien Begrenzungen von Unterwasserhöhlen punktgenau ortet. Anfang 1999 erfasste der digitale Höhlenkartograf 10 Millionen Daten aus dem Innern von Wakulla Springs – Daten, die Einzeltaucher nie und nimmer hätten zusammentragen können. Als Anerkennung für seine Erfolge in der Lebensrettung, für seinen unermüdlichen Forschungseinsatz und für das gesammelte bildliche Datenmaterial der Unterwasserwelt bekam Bill Stone 2001 vom Explorers Club den Willard Bascom Quadrennial Preis verliehen.

Sobald das letzte Seil verstaut war und sie sich von den Dorfbewohnern verabschiedet hatten, machten sich die wenigen, die von der einst größeren Forscherkarawane noch übrig waren, auf nach Norden – Jim Brown in seinem Transporter, der zu so etwas wie seinem Ektoskelett geworden war, Don Broussard, Chris Sobin und Bev Shade im Big Dog, Noel in seinem Pickup und Barbara und Bill in der Toyota-Rostlaube. Am 24. Mai passierten sie bei Laredo die Grenze in die USA, wo sie sich allmählich wieder in ihr Alltagsleben einfanden.

So wie Bergsteiger oft gefragt werden, wie es kommt, dass es Menschen auf die Gipfel der Berge zieht, müssen sich Höhlengänger nicht selten die Frage gefallen lassen, warum ein scheinbar normaler Mensch all seine Freizeit in lichtlosen Tiefen verbringt. »Weil es sie nicht gibt, *die* Tiefe«, lautet die stoische Antwort des Höhlengängers, woraufhin der Fragende meist völlig verdutzt aus der Wäsche guckt.

»Weil es sie nicht gibt« – das ist eine gute Erklärung dafür, warum Höhlenforscher wie Bill, Barbara und so viele andere weiter nach dem tiefsten Punkt der Erde suchen. *Während jeder Bergsteiger weiß, welcher Berg der höchste der Welt ist, weiß niemand, welche Höhle die tiefste der Welt ist, bis sie nicht alle durchforscht worden sind.* Und genau das haben Höhlenforscher in den vergangenen Jahrzehnten getan – in Mexiko, Österreich, Frankreich, Spanien, Kroatien, Georgien, Usbekistan und anderswo. Sie haben sich einen verheißungsvollen Einstieg nach dem anderen vorgenommen, nur um immer wieder festzustellen, dass es die tiefste Stelle dort, wo sie eventuell hätte sein können, »nicht gibt«.

Bill hat die »Mutter aller Grotten« nicht aufgegeben. Noch mehrmals kehrte er in das Gebiet zurück, durchforschte die Sótano del Río Iglesia und die Cueva San Agustín, hoffte, die Abkürzung zu finden, durch die der Eisstiel seinen Weg in die Sump Nine gefunden hatte. Im März 2001 leitete er zusammen mit Bev Shade eine Expedition, die spaßeshalber die »InnerSpace Odyssey« genannt wurde, auf der es Tauchern gelang, zum Quelltopf des Sistema Huautla vorzustoßen. Unter Verwendung von Cis-Lunar-Mk-VP-Tauchgeräten und Heliox-Mischgas verlegte das Team eine Tauchleine durch einen 65 Meter tiefen Schacht, tauchte in einem luftgefüllten Höhlengang – 1059 Meter tief im Innern des Plateaus – wieder auf und öffnete sich dadurch die Hintertür zur Mother Sump, der »Mutter aller Grotten«.

Damals 1994, einen Tag, nachdem Barbara und er aus der Sótano de San Agustín geklettert waren, hatte Bill folgenden Eintrag in sein Tagebuch geschrieben:

... die Sonne schien durch das Fenster, und es war ein geradezu magischer Moment. Mir wurde klar, dass nach zehn Jahren alles, was wir angestellt hatten, letztlich geklappt hat. Zugegeben, wir mussten auf diesem Weg tragische Verluste hinnehmen, Ian und

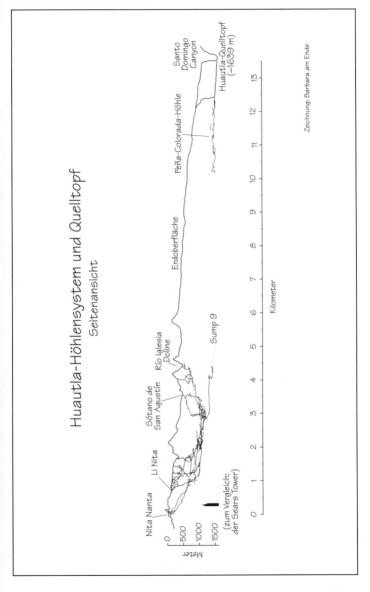

Rolf. Doch nichtsdestotrotz haben wir erreicht, was wir uns vorgenommen hatten. Und die Tatsache, dass es noch immer unerforschte Höhlen zwischen Mother Sump und Santo Domingo Canyon gibt, macht den Ruf der Höhle umso verlockender. Es geht also weiter.

Dank

Der größte Dank gebührt den Mitgliedern der San-Agustín-Expedition 1994. Viele von ihnen haben sich sechs Jahre später in ausführlichen Interviews noch einmal ihre Erinnerungen ins Gedächtnis gerufen. Ihre Offenheit hat die Rekonstruktion des weit gespannten Bogens der Ereignisse und der mitunter schwierigen zwischenmenschlichen Beziehungen während der Expedition ermöglicht.

Aufrichtiger Dank gilt ebenso allen Mitgliedern der Unterstützungsteams, die bereitwillig halfen, mehr als eine Tonne an Ausrüstung und Versorgungsmitteln in und aus der Höhle zu transportieren, sowie den über 60 Sponsoren, die großzügigerweise das meiste Material zur Verfügung stellten – die Liste der Firmennamen findet sich auf den folgenden Seiten.

Des Weiteren danken die Autoren den Gerichts- und Verwaltungsbezirken in Mexiko für ihre uneingeschränkte Unterstützung, ohne die diese sowie zahlreiche andere wichtige Expeditionen nicht möglich gewesen wären.

Ein besonderer Dank gilt Sergio Zambrano und Angel Soto Porrua, beide aus Mexico City, deren engagierte Hilfe bei der Planung der Expedition für alle unschätzbar war, sowie Nigel Jones und Mike Stevens vom Cis-Lunar-Entwicklungsteam – dank ihrer Mammutsitzungen bis zwei Uhr morgens wurde der Rebreather schließlich Wirklichkeit!

Dank auch an Wes Skiles für die Fotos und an Linda Heslop für die Abbildungen, an Michael Carlisle, Neal Books von der Carlisle

Company und Rick Horgan von Warner Books für ihren unschätzbaren Rat.

Last, but not least sind die Autoren den früheren Forschern im Huautla-System – Jim Smith, Bill Steele, Mark Minton und vielen weiteren – zu innigstem Dank verpflichtet. Ihre Arbeit hat den forschungstechnischen Rahmen geschaffen und der Expedition 1994 den Weg geebnet.

Bill Stone dankt speziell Ron Bergman von der North Allegheny Highschool in Pittsburg, der ihm in frühester Jugend grundlegende Kenntnisse in der Höhlenforschung vermittelt hat, seiner Mutter, Helen Stone, und seinem Vater, Walter Curtis Stone, für das Verständnis, die Ermutigung und finanzielle Unterstützung auf seinem Weg zu einem so ungewöhnlichen Ziel. Besonders verpflichtet ist er Sheck Exley, der ihm beibrachte, wie man in einer Höhle unter Wasser überlebt, und ihn die Kraft der Bescheidenheit lehrte, sowie Jim King, Roland Puton und Bill Graves, die über viele Expeditionen die Systementwickler seines Vertrauens waren. Schließlich gilt Bill Stones aufrichtiger Dank auch der Geschäftsführung des National Institute of Standards and Technology für das große Verständnis, das es ihm ermöglichte, sich sowohl als Naturwissenschaftler als auch als Forscher zu verwirklichen.

Barbara am Ende dankt ihrer Schwester Louise O'Connor und ihrem Bruder Fabio (Gerald am Ende) für ihre wohlmeinenden Ratschläge. Sie hofft, dass ihr Vater keinen Herzanfall bekommen wird, wenn er die detaillierte Darstellung der Expedition liest, und entschuldigt sich im Vorfeld für die Sorgen, die er sich im Nachhinein machen wird. Ihrer verstorbenen Mutter, die Barbara zu Höhlen fuhr, bis diese selbst den Führerschein hatte, dankt sie ganz besonders. Sie wünscht, sie wäre noch am Leben, um das Erscheinen dieses Buches mitzuerleben, damit sie ihr sagen könnte: »Mom, du hattest Recht!« Und Barbara dankt der großen Gemeinschaft der Höhlenforscher, die ihr die besten Jahre ihres Lebens beschert und ihr in den schlimmsten Zeiten immer eine Schulter zum Ausheulen geboten haben.

Monte Paulsen dankt allen Höhlenkundlern – Expeditionsforschern wie auch Hobby-Höhlengängern –, die bereitwillig ihre Erfahrungen und Geschichten mit ihm, dem Neuling, teilten. Sein Dank gilt auch Anna Mulrine für ihre trefflichen Aussprüche, Jason Vest für seinen feinsinnigen Witz hinter der Brummbärfassade sowie Ron Williams und allen Mitarbeitern bei Dragonfly Media, ohne deren Unterstützung dieses Buch niemals fertig geworden wäre. Ein ganz besonderes Dankeschön richtet er an seine Familie, die sein Vorhaben stets akzeptiert hat, sowie an Sheila, die ihn immer wieder ermunterte.

Glossar

Atemregler – der Atemregler (Lungenautomat) reduziert den Druck der Druckluftflasche auf den Umgebungsdruck. Um trotz des sich verändernden Flaschendrucks leichtes Atmen zu gewährleisten, führen moderne Atemregler die Druckminderung in einem zweistufigen Prozess durch. Die Luft strömt nicht konstant aus dem Atemregler. Der Luftstrom wird durch das Einatmen des Tauchers initiiert. Die Luft wird in das umgebende Wasser ausgeatmet.

Bailout-Flasche – Reservetauchflasche mit Scuba-Tank und Atemregler, die von Rebrather-Tauchern als Notfallflasche verwendet wird, falls die primäre Atemgas-Versorgung nicht gewährleistet ist.

Bolzen – Bolzen oder Stahlverankerung als Fixpunkt an einer ansonsten glatten Felswand. Am Bolzen muss ein Bohrhaken befestigt werden, an den Klettersteigkarabiner und Anseilschlaufen eingehängt werden können. Bolzen werden zur dauerhaften Einrichtung von Steilschächten verwendet wie auch zum Erklettern weicher Felswände, um höher gelegene Gänge zu erreichen.

Chi Con Gui-Jao – im maztekischen Glauben der Höhlengott; eine launische und rachsüchtige Gottheit. Da die wörtliche Übersetzung lautet »Der weiß, was unter den Steinen liegt«, verwenden die Mazteken diesen Ausdruck gelegentlich auch für die Höhlenkundler.

Cow's Tail – kurzes Sicherungsseil aus steifem Material oder Nylon, nicht länger als 45 cm. Es wird an einem Ende an das Gurtzeug eingehängt, am anderen Ende hat es einen Karabiner. Der Karabiner sitzt so fest, dass er absteht und damit leicht an ein Sicherungsseil oder einen Bohrhaken eingehängt werden kann.

Dekompressionscomputer – Computer, der Grundzeit, Tiefe und Atemgas des Tauchers überwacht und die Dekompressionsstopps beim Aufstieg berechnet, damit der Taucher nicht von der Dekompressionskrankheit befallen wird.

Dekompressionskrankheit – ein Zustand, bei dem der erhöhte atmosphärische Druck unter Wasser bewirkt, dass sich Stickstoff aus der Atemluft in das Körpergewebe löst. Es bilden sich Gasbläschen, die mit dem Blut durch den Körper zirkulieren und sich häufig in den Gelenken einnisten, was zu Muskelschmerzen, möglichen Dauerschäden oder gar zum Tode führt. Die Krankheit ist auch als »Bends« bekannt. Die Vorgänge, die sich im Körper des Tauchers abspielen, sind vergleichbar mit einer durchgeschüttelten Mineralwasserflasche, die zu schnell geöffnet wird. Der Druck entweicht zu plötzlich, und Blasen steigen auf.

Diluentgas – Atemgas, das im geschlossenen Kreislauf des Rebreather die Konzentration des reinen Sauerstoffs verdünnt. Das Diluentgas – für gewöhnlich ein Mischgas aus Luft, Nitrox oder Heliox – enthält einen geringen Anteil an Sauerstoff, so dass es im Notfall auch eingeatmet werden kann.

Doline – geschlossene Oberflächenhohlform oder Erdfall in Karstgebieten, wo alles Oberflächenwasser in den Boden einsickert und kein Fluss oder Tal herausführt (außer unter der Erde).

Fixpunkt – der Punkt, an dem die Führungsleine an das Gestein gesichert wird.

Flussstein – **Travertinformation**; vom Wasser abgelagerter mineralischer Kalkabsatz an Höhlenwänden und Höhlenboden.

Frog-Methode – Klettermethode mit Hand- und Bruststeigklemmen.

Grotte – unterirdische Höhle, die gänzlich mit Wasser überflutet ist. Grotten beginnen im Allgemeinen als Seen, wobei die Höhlendecke schließlich unter der Wasseroberfläche verschwindet. Eine unter Wasser liegende Höhlenstrecke, die durchtaucht werden muss, wird bisweilen auch als *Siphon* bezeichnet.

Höhlenforscher/Höhlenkundler/Speläologe – als Bezeichnung der wissenschaftlich betriebenen Höhlenkunde im Deutschen gebräuchlich, im Englischen auch für die mehr sportlich betriebene Höhlenforschung. Die Speläologie umfasst als interdisziplinäre Wissenschaft Aspekte aller Naturwissenschaften sowie einen großen Teil der Humanwissenschaften (z. B. Archäologie, Anthropologie und Historik).

Huautla – (ausgesprochen: UAUA-tla) eine Provinz im Staat Oaxaca in Mexiko nach der gleichnamigen Stadt Huautla de Jiménez, dem maztekischen Verwaltungssitz dieser Region. Das gewaltige Kalksteinplateau östlich der Stadt sowie das unterhalb gelegene Höhlensystem wird ebenso genannt. Der Name ist abgeleitet aus dem Nahuatl und bedeutet »Ort der Adler«.

Hypoxie – Sauerstoffmangel in den Geweben; bei extrem niedriger Sauerstoffkonzentration, verstärkt durch schwere körperliche Anstrengung, kann ein Taucher bewusstlos werden oder sterben.

Jumar – Schweizer Marke von Steigklemmen. Da Jumar einer der ersten Hersteller auf dem Markt war, wird der Ausdruck bis heute als Synonym für jegliche Steigklemmen auch anderer Marken gebraucht.

Kalkstein – eine Gesteinsart aus Kalziumkarbonat. Kalkstein ist in Grundwasser löslich und bildet daher Höhlen und andere **Karst**formationen aus.

Karabiner – feste Metallverschlussringe zum Sichern an stabilen Verankerungen. Sie sind für gewöhnlich oval oder d-förmig mit Schnapperöffnung an einer Seite. Karabiner mit Verschlusssicherung haben einen zusätzlichen Sicherheitsmechanismus, der ein ungewolltes Öffnen verhindert.

Karbidhelmlampe – Calciumkarbid und Wasser reagieren zu Acetylen, das mit grellweißer Flamme verbrennt. Je nach Größe geben die in der Höhlenforschung verwendeten Hand- und Helmlampen vier bis zehn Stunden Licht. Im 19. Jahrhundert wurden sie als Bergwerkslampen verwendet.

Karbidlampen – In einem Karbidentwickler, der aus zwei Kammern besteht, tropft das Wasser langsam aus der kleinen oberen Kammer auf die kieselgroßen Karbidklumpen in der Kammer darunter. Während das Wasser tröpfelt, steigt Acetylengas aus der Karbidkammer auf, woraufhin das ausströmende Gas über eine kleine keramische Düse verbrannt wird und gleißend helles Licht erzeugt.

Karst – die durch die Wirkung von Oberflächen- und Grundwasser in löslichen Gesteinen (z.B. Kalk) entstehenden typischen Oberflächenformen. Zu den Karsterscheinungen gehören unter anderem auch die **Dolinen**.

Kriechgang – ein schmaler, niedriger Höhlengang, der nur auf allen vieren oder auf dem Bauch durchkrochen werden kann.

Lithiumhydroxid – eine hochreaktive chemische Substanz, die Kohlendioxid aus dem Gas im Atemkreislauf des Rebreather absorbiert und dafür Wasser abgibt. Der Stoff ähnelt im Aussehen weißlichem Katzenstreu.

Luftglocke – Kleine luftgefüllte Kammer mit teils überfluteten Gängen, flussaufwärts wie flussabwärts.

Nalgene – Markenname für robuste Plastikflaschen mit wasserdichtem Verschluss.

Nasstauchanzug – Besteht aus geblähtem Neopren, d.h. aus einem gummiähnlichen Material mit Gaseinschlüssen und einer dünnen Wasserschicht. Das Wasser wird durch die Körperwärme des Tauchers erwärmt, woraus die isolierende Wirkung des Nasstauchanzugs resultiert, wenngleich diese nicht so hoch ist wie beim **Trockentauchanzug**.

Onboard Computer – so werden die drei Computer im Cis-Lunar-Mk-IV-Rebreather insgesamt bezeichnet, die Sauerstoffkonzentration, Tiefe, Druck und Dekompressionsbedarf überwachen und steuern.

Partialdruck – Der Partialdruck – auch Teildruck genannt – ist der Druckanteil vom Gesamtdruck eines Gasgemisches. Bei einem Gasanteil von 78% Stickstoff in der Atemluft beträgt auch der Druckanteil 78%, so dass von 1 bar Druck der Atemluft 0,78 bar an Stickstoffteildruck entfallen. Dieses gilt für alle Gasbestandteile. Für den Taucher ist der Begriff Partialdruck von großer Wichtigkeit, da bestimmte Tauchkrankheiten von den Teildrucken der einzelnen Gasanteile abhängig sind.

Rebelay – Sicherungshaken. Oft benutzt man sie, um tiefe Schächte in kleinere Steigabschnitte zu unterteilen, damit mehrere Steiger ohne weitere Zugbelastung in Seilschaften gleichzeitig ab- und aufsteigen können.

Rebreather – Geschlossenes Sauerstoffkreislaufgerät, das kleine Scuba-Tanks enthält. Das Ausatemgas wird in einer Gegenlunge zur Wiederverwendung aufgefangen. Eingebaute Computer überwachen und steuern den individuellen Sauerstoffbedarf. Das ausgeatmete Kohlendioxid wird mit **Lithiumhydroxid** gereinigt. Das bedeutendste Merkmal beim Sauerstoffkreislaufgerät ist, dass keine Luft beim Ausatmen verschwendet wird und keine Blasen ins Wasser abströmen.

Röhre – ein unterirdischer Tunnel, der groß genug ist, um ihn mühelos zu begehen.

Schacht – steiles Gefälle in einer Höhle, das normalerweise nur mit Seilen bestiegen werden kann.

Schluf – Engstellen in Höhlen.

Sótano – spanisch für »Keller«. Im Lateinamerikanischen auch die Bezeichnung für eine Oberflächenhohlform in karstigen, bergigen Regionen, die auf den Einsturz von Höhlen zurückgeht.

Stalaktit – Tropfstein, der von der Höhlendecke nach unten wächst.

Stalagmit – Tropfstein, der vom Höhlenboden nach oben wächst.

Steigklemme – ein handgroßes mechanisches Gerät, das zur Seilbesteigung verwendet wird. Ein Metallrahmen, für gewöhnlich aus Aluminium, wird um das Seil geklemmt und dient als Haltegriff. Der sprunggefederte Klemmmechanismus erlaubt dem Seilkletterer durch Lösen und Schließen der Klemme ein leichtes Aufsteigen.

Tarierjacket / Tarierweste – ein westenartiges Tauchausrüstungszubehör, zu dem eine wasserdichte Auftriebsblase gehört mit einer Lufteinlass- und Luftablassvorrichtung. Wird vom Sauerstofftank des Tauchers aus versorgt. Die Tarierweste dient zum Austarieren bei Auftriebsabfall infolge der Kompression am **Nasstauchanzug** beim Abtauchen. Beim Auftauchen muss der Taucher die sich ausdehnende Luft aus der flexiblen Auftriebsblase ablassen.

Travertin – mineralischer Kalkabsatz bei Quellen und Bächen.

Trockentauchanzug – wasserfester Tauchanzug für kaltes Wasser. Enge Gummilaschen um Nacken und Handgelenke halten das Wasser ab. Aufgrund der geringen Wärmedämmung empfiehlt sich zur Wärmeisolation wärmende Unterwäsche oder Fleece-Unterbekleidung.

Versturz – Durch die Arbeit des Wassers im Berg werden Höhlenräume geschaffen, die die Statik des darüber liegenden Gesteins verändern. Werden unterirdische Räume zu groß, muss die Decke so lange nachbrechen, bis ein statisch stabiles Gewölbe entstanden ist. Die herabfallenden Steine prägen das Bild des Höhlenbodens. Versturz ist ein wichtiger höhlenformender Prozess, der lokal zur Höhlenerweiterung führen kann. Durch diesen so genannten Verbruchvorgang kann etwa über einem Canyon eine hallenartige Erweiterung entstehen.

Die Expeditionsteilnehmer

Expeditionsleiter

Dr. Bill Stone (USA)

Tauchteam

Dr. Barbara am Ende (USA)
Dr. Kenny Broad (USA)
Jim Brown (USA)
Steve Porter (USA)
Ian Rolland (UK)
Dr. Noel Sloan (USA)

Unterstützungsteam

Leonardo Altamirano (Mexiko)
Dick Ballantine (UK)
Don Broussard (USA)
Harry Burgess (USA)
Mike Cicheski (USA)
Don Coons (USA)
Jaime Escudero (Mexiko)
Bill Farr (USA)
Tony Finnegan (UK)
Renato García Dorantes (Mexiko)
Pete Hall (UK)
Joe Ivy (USA)
Patty Kambesis (USA)
Ted Lee (USA)
Mark Madden (UK)
Karlin Meyers (USA)
Don Morley (USA)
Matt Oliphant (USA)
John Palmer (UK)
Rob Parker (UK)
Nancy Pistole (USA)
Bev Shade (USA)
Chris Sobin (USA)
Angel Soto Porrua (Mexiko)
Shirly Sotona (USA)

Carleton Spears (USA)
Rick Stanton (UK)
Bill Steele (USA)
John Thorpe (UK)
Carol Vesely (USA)
Alex Wade (UK)
Pete Ward (UK)
Paul Whybro (UK)
Yvo Wiedman (Deutschland)
Sergio Zambrano (Mexiko)

Fototeam

Neeld Messler (USA)
Tom Morris (USA)
Wes Skiles (USA)
Paul Smith (USA)
James York (USA)

Die Sponsoren

Air Products and Chemicals, Inc.
Air UK
AT&T
Autodesk, Inc.
British Sports Council
Canyon Industries, Inc.
Cascade Designs, Inc.
Combined Services Cavin Association
Cumberland Tool & Die Co.
Deep Breathing Systems, Inc.
Delaware Underwater Swim Club
Dive Rite Manufacturing, Inc.
Dogwood City Grooto
Dudas Diving Duds
Duracell Inc.
Mike Emmermann
Explorers Club
Florida Public Utilities Co.
Forestry Suppliers, Inc.
Forty Fathom Grotto
Ginnie Springs, Inc.
Haley, Bader, & Potts, Inc.
Haskel, Inc.
Johnson Camping Inc.
Kela
Keson Industries
KLM
Liberty Mountain Sports, Inc.
Luxfer, USA
Machining Services, Inc.
Medisense Britain Ltd.
Miss Leslie Smart Memorial Fund
Bill Mixon
National Geographic Society
Niterider
NOKIA/Amron International
Novo Nordisk Pharmaceutical Ltd.
NSS Cave Diving Section
Oceanic USA
Oregon Freeze Dry, Inc.
Panasonic
Patagonia, Inc.
Charles Pease Jr.
Pigeon Mountain Industries, Inc.

Professional Scuba Association
Professional Sports, Inc.
Rasna Corp.
R.D. Werner Co., Inc.
Richmond Area Speleological Society
Rolex Watch U.S.A.
Royal Air Force
Royal Geographical Society
ScubaPro
Sea Quest, Inc.
Sheriff's Office, Jackson County, Florida
Sherwood/Harsco Corp.
Sierra Precision, Inc.
Skedco, Inc.
Star Foods
Teledyne Analytical Instruments
Tilos, Inc.
Underwater Kinetics
Visionics Corp.
Warm Wind
Welsh Sports Council

Die Expeditionen in das Sistema Huautla von 1965 bis 2001

1965, Juli: Nach Durchsicht jüngst veröffentlichter topografischer Landkarten des Militärs wird der texanische Höhlenforscher William Russell erstmals auf das Vorkommen tiefer Höhlen im Huautla-Plateau aufmerksam und durchforscht mit einem Team verschiedene relativ kleine Höhlen nahe Puento Fierro im Nordwesten.

1966, Juni: William Russell reist erneut mit einem Team nach Huautla. Zu Fuß gehen sie bis ins Dorf San Agustín Zaragoza, wo sie im Verlauf eines einzigen Nachmittags die Einstiege zur Sótano de San Agustín, der Sótano del Río Iglesia, der Cueva San Agustín und der Cueva de Agua Carlota entdecken.

1966, Dezember: William Russell und Terry Raines durchforschen als Expeditionsleiter mit einem Team die Cueva San Agustín und die Sótano de San Agustín, wo ihnen in einer Tiefe von 280 Metern das Seil ausgeht.

1967, Januar–Februar: Ein Team unter der Leitung von John Fish vermisst die Cueva San Agustín bis auf eine Tiefe von 449 Metern, womit sie fortan als die bis dahin zweittiefste Höhle in Amerika gilt. Bei 449 Metern geht ihnen das Seil aus.

1967, April: Ein Vorstoß in die Sótano de San Agustín unter der Leitung von John Fish, Terry Raines und Orion Knox muss wegen der frühen Regenzeit und dem damit verbundenen gefährlich hohen Wasserpegel in der Höhle vorzeitig abgebrochen werden.

1967, Dezember: Ein kanadisches Team unter der Leitung von Peter Thompson stößt in der Sótano del Río Iglesia bis auf den scheinbaren Grund der Höhle in 535 Metern Tiefe vor. Der Fluss allerdings verschwindet schon bei 285 Metern Tiefe, was in der Fachwelt eine fast 30 Jahre dauernde Kontroverse ausgelöst hat.

1968, Dezember–Januar 1969: Im Zuge eines Gemeinschaftsprojekts der McMaster University und der University of Texas in Austin wird in einer Tiefe von 250 Metern das erste unterirdische Camp (Camp Eins) in San Agustín errichtet. In einer Tiefe von 612 Metern stoßen sie auf eine Grotte, womit San Agustín fortan als die bis dahin tiefste Höhle auf dem amerikanischen Kontinent gilt. Ein großer, horizontal verlaufender Tunnel in 540 Metern Tiefe, durch den ein heftiger Wind bläst, bleibt unerforscht; dieser Tunnel lässt den Forschergeist des Teammitglieds Richard Schreiber acht Jahre lang nicht ruhen.

1969, Dezember: Ein kleines Team unter der Leitung von John Fish und Terry Raines stößt bis auf eine Tiefe von 474 Metern vor.

1970, Dezember: Auf der letzten Höhlenexpedition nach Huautla, bevor das mexikanische Militär überall im Land Straßensperren errichtet, stößt ein Team unter Leitung von Mike Boon in der Cueva de Santa Cruz, der Flusshöhle westlich von San Andrés, bis auf eine Tiefe von 320 Metern vor. Die Cueva de Agua Carlota wird bis zu einer Grotte in 163 Metern Tiefe durchforscht.

1976, Dezember: Nach Aufhebung der militärischen Sperren bereitet sich Richard Schreiber auf einen neuerlichen Vorstoß in die Cueva San Agustín vor und erreichte eine Tiefe von 625 Metern, indem er dem windigen Tunnel folgt, den er 1968 entdeckt hatte.

1976, Dezember–Januar 1977: Ein texanisches Team unter der Leitung von Bill Stone errichtet in der Sótano de San Agustín in einer Tiefe von 536 Metern Camp Zwei und entdeckt die Metro unterhalb der Upper Gorge. Auf der fünftägigen Expedition stößt die Truppe bis auf eine Tiefe von 800 Metern vor.

1977, März: Von Camp Zwei aus entdeckt ein Team unter der Leitung von Richard Schreiber den Sala Grande de la Sierra Mazateca. Ein Teammitglied, das die Höhle vorzeitig verlässt, zieht das

Seil versehentlich einen 100 Meter langen Schacht hinauf, so dass das Team fünf Tage lang festsitzt. Jim Smith und Jean Jancewicz erreichen als Erste die San-Agustín-Grotte.

1977, Mai: Nach der Durchforschung von San Agustín errichtet das texanische Team in La Grieta auf 260 Meter Tiefe ein Camp und erreicht während eines zehntägigen Vorstoßes eine Tiefe von 665 Metern.

1977, Dezember–Januar 1978: Ein internationales Team (Teilnehmer aus Texas, Georgien und Australien) unter der Leitung von Bill Stone und Bill Steele durchstößt die La Grieta bis zu ihrem scheinbaren Ende auf 760 Metern Tiefe; allerdings zeigen Karten, dass der unterirdische Tunnel in Richtung Sótano de San Agustín weiterführt. Das Team montiert die Einrichtungen in La Grieta ab und erreicht in der Sótano de Agua de Carrizo eine Tiefe von 780 Metern.

1978, Mai: Ein Team unter Leitung von Bill Stone und Bill Steele durchstößt in Agua de Carrizo zwei separate Routen bis auf eine Tiefe von über 800 Metern. Der tiefste Schacht endet bei 848 Metern in einer Versturzkammer in unmittelbarer Nähe des unteren Endes der La Grieta. Da die Sommerregenzeit früh einsetzt, stecken vier Mitglieder 18 Stunden lang im unterirdischen Camp fest.

1979, Februar–Mai: Ein kleines Team – Steve Zeman, Dino Lowrey, Hal Lloyd, Tommy Shifflett und Bill Stone – errichten in San Agustín Camp Drei. In den folgenden drei Monaten entdecken sie in 500 Metern Tiefe insgesamt sieben Kilometer neuer Gänge. Zum ersten Mal durchtaucht Stone die San-Agustín-Grotte.

1979, Dezember: Ein Forschungsteam unter Leitung von Bill Steele entdeckt den winzigen Einstieg zur Li-Nita-Höhle und durchforscht sie bis auf eine Tiefe von 130 Metern.

1980, Januar–Februar: Ein polnisches Team unter Leitung von Maciej Kuczynski erleidet unterhalb der 600-Meter-Marke in San Agustín zwei ernste Unfälle. Die Rettungsaktion eines internationalen Teams, darunter Belgier, Mexikaner, Briten und das amerikanische Team unter Leitung von Stone und Steele, verläuft erfolgreich, allerdings bleibt der Pole Josef Cuber infolge einer Wirbelsäulenverletzung gelähmt.

1980, Februar–Mai: Ein Team unter der Leitung von Bill Stone und Bill Steele errichtet in Li Nita in 630 Metern Tiefe ein Lager, durchstößt die Höhle auf 1030 Meter und macht sie damit zur ersten kilometertiefen Höhle außerhalb Europas. Am Ende der Expedition durchtaucht Stone die 1030 Meter tief gelegene Grotte in Li Nita und taucht in der Sótano de San Agustín nahe Camp Drei wieder auf. Das verbundene System – Sistema Huautla – erreicht eine Tiefe von 1220 Metern und gilt fortan als die bis dahin drittiefste Höhle. Des Weiteren entdeckt Mark Minton Nita Nanta, eine kleine Höhle, die in senkrechter Höhe 120 Meter oberhalb von Li Nita liegt.

1981, Februar–Mai: Ein Team unter Leitung von Bill Stone und Mark Minton errichtet in Nita Nanta in 400 Metern Tiefe Camp Eins und durchstößt die enge Höhle bis auf 927 Meter Tiefe. Obwohl es von da aus nur noch 100 Meter bis zur Li Nita sind, ist der Schluf zu eng, um ihn weiterzuverfolgen. Darüber hinaus durchstößt Stone die San-Agustín-Grotte mit einem neuen Fiberglas-Scuba-Tauchgerät und erweitert die Tiefe des Sistema Huautla auf 1248 Meter. Bill Stone und Pat Wiedeman entdecken die Cueva de la Peña Colorada.

1982, März–Mai: Ein Team unter Leitung von Mark Minton und Bill Steele errichtet in der Nita Nanta auf 640 Meter Tiefe ein zweites Camp im »Fußballstadion«. Eine Tour unter Leitung von Doug Powell eröffnet eine neue Route in Richtung Li Nita, die aber von Flusssteinen versperrt ist. Zwischenzeitlich wird die neu entdeckte Höhle Nita Nashi bis auf 641 Meter Tiefe durchforscht, wo sie in einer Grotte endet.

1982, April: Bill Stone, John Zumrick und Pat Wiedeman durchforschen die Cueva de la Peña Colorada am südlichen Ende des

Huautla-Plateaus. Sie durchtauchen den 524 Meter langen Siphon und entdecken eine 2,1 Kilometer lange Röhre, die in nordwestliche Richtung zur San Agustín führt. Des Weiteren werden der Quelltopf der Huautla sowie der Quelltopf der Cueva Cheve entdeckt.

1983, März: Ein Team unter Leitung von Mark Minton und Jim Smith zwängen sich durch den engen Flussstein-Schluf und durchstoßen die Nita Ninta bis auf eine Tiefe von 1030 Metern.

1983, Dezember–Januar 1984: Nita Nanta wird bis auf eine Tiefe von 1098 Metern durchstoßen, jedoch werden die Vermessungsarbeiten nicht abgeschlossen.

1984, Februar–Mai: Ein internationales Team aus elf Höhlentauchern errichtet am Grund des Peña-Colorada-Canyon für drei Monate ein Camp. Mit 72 Fiberglas-Scuba-Tanks entdeckt das Team unter Leitung von Bill Stone und Bob Jeffreys mehrere Tunnel von insgesamt 9,2 Kilometern Länge, davon 1,3 Kilometer mit insgesamt sieben Siphons, die im Norden in Richtung Huautla führen. Unterhalb der Siphons werden zwei Camps errichtet, die Ersten überhaupt, die unterhalb von Unterwassertunneln errichtet werden. Beim Abbau der Einrichtungen schlägt Zumrick den Einsatz von Rebreathern vor, um die logistische Barriere zu überwinden, die der Transport der Scuba-Tanks darstellt.

1985, März–Mai: Fieberhaft wird in den Tiefen von Nita Nanta und Sótano de San Agustín daran gearbeitet, eine Verbindung zu finden. Computerkarten zeigen, dass die Wasser der Nita-Nanta-Grotte, der nördlichen Begrenzung von San Agustín, sowie die am Grund der La Grieta und Agua De Carrizo alle in einer riesigen Versturzkammer in 800 Metern unter dem Dorf San Andrés Hidalgo zusammenfließen. Nach wochenlanger, penibler Suche nach einer Route durch die Gesteinsberge taucht ein Team unter Leitung von Mark Minton und Jim Smith am Grund der La Grieta auf und fügt dem Sistema Huautla damit neun Längenkilometer (jedoch keine Tiefenmeter) hinzu.

1987, März–Mai: Ein Team unter der Leitung von Jim Smith und Mark Minton errichtet Camp Vier in der Sótano de San Agustín am Ende des nördlichen Tunnels, der als »Kinepak Kanyon« bekannt ist und etwa 600 Meter unter dem Einstieg in die Cueva San Agustín liegt. Das Team transportiert vier Scuba-Tanks zu einer flussaufwärts gelegenen Grotte, die Smith beim ersten Versuch durchstößt. Er taucht am Grunde der Nita Nanta auf. Mit dieser Verbindung misst das Sistema Huautla 1353 Tiefe und gilt damit kurzzeitig als die zweittiefste Höhle der Welt. Steele und Minton entdecken den »Aprilscherz-Abzweig« nah des Einstiegs zur Cueva San Agustín und durchstoßen ihn bis hinunter zur Verbindung mit der Upper Gorge. Die neu erschlossene Route halbiert die Transitzeit zu Camp Drei und eröffnet den spektakulärsten Höhlenrundweg der Welt (bei Nita Ninta hinein, durch die San Agustín, bei La Nita hinaus).

1988, Januar–Mai: Jim Smith, unterstützt von Ed Holladay, führt im Zuge seiner Doktorarbeit in Geologie im Sistema Huautla Farbspurexperimente durch. Während der fünfmonatigen Feldstudie machen die beiden über 35 Abstiege in mehr als 500 Meter Tiefe, um Aktivkohleklappen und verschiedenartige Färbeflüssigkeiten auszusetzen. Smith erhält die erste positive Farbspur zum Huautla-Quelltopf. Damit ist die Verbindung mit der Sótano del Río Iglesia bewiesen und die Existenz eines unterirdischen Zusammenflusses zweier Flüsse aufgezeigt. Des Weiteren wird Nita Ka entdeckt und auf 785 Meter Tiefe durchstoßen.

1988, Dezember–Januar 1989: Nita Ka läuft enttäuschenderweise bei 760 Metern Tiefe aus, ohne eine Verbindung zum Sistema Huautla.

1990, Februar: Jim Smith führt seine hydrologischen Studien des Sistema Huautla fort, durchforscht die Cueva de Agua Carlota, umgeht die 1970 entdeckte Grotte und durchstößt die Höhle bis zu einer Versturzkammer in 504 Metern Tiefe um weitere drei Tiefenkilometer.

1994, Januar–Mai: Ein internationales Team aus 44 Höhlenforschern und -tauchern errichtet in der Cueva San Agustín Camp Fünf. Mit computergesteuerten Rebreathern gelingt es dem Team, zwei lange Grotten zu durchstoßen und am anderen Ende Camp sechs zu errichten. Während einer sechstägigen Tour kartografieren Barbara am Ende und Bill Stone drei Kilometer neuer Tunnel, die nach Süden zum Huautla-Quelltopf führen. Dabei entdecken sie in einer Tiefe von 1475 Metern die vermutete Kreuzung mit dem unterirdischen Río Iglesia, bevor sie vom Sump Nine an einem weiteren Vordringen gestoppt werden.

1994, Februar–März: Jim Smith und Ron Simmons durchforschen abermals die Cueva de Santa Cruz, finden aber keine weiterführenden Routen.

1995, April–Mai: In der Hoffnung, eine »Hintertür« zum Sump Nine zu finden, errichtet ein Team unter Leitung von Bill Stone, Barbara am Ende und Noel Sloan im Dorf Río Tuerto auf halbem Weg zwischen San Agustín und dem Huautla-Quelltopf ein Basislager. In sämtlichen der zahlreichen Dolinen, Schächte und unterirdischen Gewässer finden sich Schwemmabfälle aus den nahe gelegenen Zuckerrohrfeldern. Paul und Jill Heinerth sowie Sloan durchtauchen den Huautla-Quelltopf bis in eine Tiefe von 850 Metern.

1997, Januar: Ein Team unter Leitung von Bill Stone und Barbara am Ende steigt über den Armadillo Canyon zur Quelle des Agua Frio hinunter und errichtet dort ein Basislager, um in einem »Ziellauf« um die Cueva de la Peña Colorada den Sump Nine in der Sótano de San Agustín zu erreichen, scheitern aber an den schlechten Sichtverhältnissen. Das Team kartografiert trockene und überflutete Tunnel von insgesamt 1,2 Kilometern Länge.

2001, Januar–Mai: Ein Team unter Leitung von Bill Stone und Bev Shade kehrt an die Cueva San Agustín zurück, um eine Verbindung zum entschwundenen Fluss Río Iglesia zu suchen. In der Sótano del Río Iglesia werden neue Gänge gefunden, doch bleibt keine Zeit, sie zu durchforschen. Später durchstoßen die Taucher Rick Stanton und Jason Mallison unter Einsatz von Mk-V-Rebreathern den Huautla-Quelltopf bis auf 1059 Meter Tiefe von der darüber liegenden Quelle. Eine luftgefüllte Röhre führt nordwärts hinein in die Ostwand des Peña-Colorada-Canyon.

Die Tiefenhöhlen der Welt

(Stand: Mai 1994; Angaben in Meter)

1. Réseau Jean Bernard
Land: Frankreich
Region: Haute-Savoie
Tiefe: 1602
Länge: 17900

2. Gouffre Mirolda / Lucien Bouclier
Land: Frankreich
Region: Haute-Savoie
Tiefe: 1520
Länge: 9000

3. Shakta Vjacheslav Pantjukhina
Land: Georgien
Region: Abkhazien
Tiefe: 1508
Länge: 5530

4. Lamprechtsofen-Vogelschacht
Land: Österreich
Region: Salzburg
Tiefe: 1483
Länge: 14657

5. Sistema Huautla
Land: Mexiko
Region: Oaxaca
Tiefe: 1475
Länge: 56953

6. Sistema del Trave (La Laureola)
Land: Spanien
Region: Asturien
Tiefe: 1441
Länge: 7300

7. Boj-Bulok
Land: Usbekistan
Region: Usbekistan
Tiefe: 1415
Länge: 5000

8. Il laminako Aterneko Leizea (BU56)
Land: Spanien
Region: Navarra
Tiefe: 1408
Länge: 11 893

9. Sistema Cheve
Land: Mexiko
Region: Oaxaca
Tiefe: 1386
Länge: 22499

10. Sniezhnaja-Mezhonnogo
Land: Georgien
Region: Abkhazien
Tiefe: 1370
Länge: 19 000

Die Tiefenhöhlen der Welt

(Stand: Herbst 2001; Angaben in Meter)

1. Voronja Cave (Krubera Cave)
Land: Georgien
Region: Abkazien
Tiefe: 1710
Länge: unbekannt

2. Lamprechtsofen-Vogelschacht
Land: Österreich
Region: Salzburg
Tiefe: 1632
Länge: 44 000

3. Gouffre Mirolda / Lucien Bouclier
Land: Frankreich
Region: Haute-Savoie
Tiefe: 1616
Länge: 9379

4. Réseau Jean Bernard
Land: Frankreich
Region: Haute-Savoie
Tiefe: 1602
Länge: 20 000

5. Torca del Cerro (del Cuevon)
Land: Spanien
Region: Asturien
Tiefe: 1589
Länge: 2685

6. Shakta Vjacheslav Pantjukhina
Land: Georgien
Region: Abkhazien
Tiefe: 1508
Länge: 5530

7. Ceki 2 (Cehi II) »La Vendetta«
Land: Slowenien
Region: Rombonski Podi
Tiefe: 1480
Länge: 3959

8. Sistema Huautla
Land: Mexiko
Region: Oaxaca
Tiefe: 1475
Länge: 56953

9. Sistema del Trave
Land: Spanien
Region: Asturien
Tiefe: 1441
Länge: 9167

10. Boj-Bulok
Land: Usbekistan
Region: Usbekistan
Tiefe: 1415
Länge: 14270

11. Il laminako Aterneko Leizea (BU56)
Land: Spanien
Region: Navarra
Tiefe: 1408
Länge: 14500

12. Sustav Lukina Jama –Trojama (Manual II)
Land: Kroatien
Region: Velebit
Tiefe: 1392
Länge: unbekannt

13. Sistema Cheve
Land: Mexiko
Region: Oaxaca
Tiefe: 1386
Länge: 24300

**NATIONAL GEOGRAPHIC
ADVENTURE PRESS**

ABENTEUER IM GEPÄCK

REISEN · MENSCHEN · ABENTEUER · ABENTEUER

Oss Kröher
Das Morgenland ist weit
Die erste Motorradreise vom Rhein zum Ganges
ISBN 3-442-71165-7
Ab Mai 2002

Deutschland, 1951: Zwei junge, wagemutige Männer wollen raus aus dem Nachkriegsmuff. Mit einem Beiwagengespann machen sie sich auf den Weg nach Indien. Ein spritziger Bericht voll mitreißender Aufbruchsfreude.

Wickliffe W. Walker
Tragödie am Tsangpo
Wildwasserexpedition auf Tibets verbotenem Fluss
ISBN 3-442-71177-0
Ab September 2002

Unfassbare 2.700 Höhenmeter stürzt sich der Tsangpo in Tibet durch eine der wildesten Schluchten der Welt. Die Erstbefahrung gelang nur um den Preis eines Toten. Ein ungemein packender Expeditionsbericht.

Christian E. Hannig
Unter den Schwingen des Condor
Rad-Abenteuer zwischen Anden und Pazifik
ISBN 3-442-71133-9
Ab Juli 2002

Mit dem Fahrrad ins Abenteuer: Auf seiner Fahrt von Bolivien über die Anden bis nach Lima schließt der Autor Freundschaft mit Indios, gerät in einen Rebellenaufstand und begibt sich auf die geheimnisvollen Spuren der Inka.

So spannend wie die Welt.

NATIONAL GEOGRAPHIC

GOLDMANN

**NATIONAL GEOGRAPHIC
ADVENTURE PRESS**

Über alle Berge

REISEN · MENSCHEN · ABENTEUER

Philip Temple
Schnee über dem Regenwald
Mit Heinrich Harrer auf den Gipfeln
Neuguineas
ISBN 3-442-71194-0

Neuguinea 1962: Zusammen mit dem berühmten Bergsteiger Heinrich Harrer dringt der Autor in die faszinierende Dschungel- und Bergwelt Neuguineas vor. Ohne Kartenmaterial erforschen sie Regionen, die bis dahin noch kein Weißer betreten hat.

Franjo Terhart
Unentdeckte Pyrenäen
Auf alten Schäferpfaden durch das Land der Katharer
ISBN 3-442-71169-X

Es gibt sie noch: Schäfer, die mit ihren Herden auf uralten Pfaden wandern. Franjo Terhart hat einen von ihnen durch die Pyrenäen begleitet. Ein Streifzug durch eine an Kultur- und Naturschätzen, an Geschichte und Mystik unerhört reiche Landschaft.

Heidi Howkins
Herausforderung K2
Eine Frau auf dem Weg zum Gipfel
ISBN 3-442-71201-7

Die erste Amerikanerin auf dem K2: Heidi Howkins bezwingt den berüchtigten Achttausender im klassischen alpinen Stil – ohne Träger, ohne aufwändiges Basislager, ohne modernes Equipment. Ein mitreißender Bericht über den Kampf einer Bergsteigerin gegen Fels und Eis.

So spannend wie die Welt.

**NATIONAL GEOGRAPHIC
ADVENTURE PRESS**

Manche mögen's weiß

Jean-Louis Etienne
Zauberwelt Arktis
Abenteuer im Polareis
ISBN 3-442-71189-4

Enthusiasmus, Poesie und die Lust am Abenteuer prägen die Schilderungen des berühmten Polarforschers Jean-Louis Etienne. Abenteuerbericht und Resümee zugleich, lässt dieses Buch vor unseren Augen ein zerbrechliches Universum von sensationeller Schönheit entstehen.

Richard Parry
Die Männer der Polaris
Die wahre Geschichte der tragischen
Arktis-Expedition von 1871
ISBN 3-442-71183-5

Mord und Kannibalismus – ist dies die Bilanz der letzten Nordpolexpedition von Charles Francis Hall? Doch was 1871 unter scheinbar besten Voraussetzungen beginnt, endet bald in einer Spirale aus Missgunst und Verrat ...

David Hempleman-Adams
Arktisches Solo
Eine spektakuläre Wanderung zum Nordpol
ISBN 3-442-71196-7

Alle Wege führen nach Norden: Unter diesem Motto macht sich der Abenteurer David Hempleman-Adams auf den riskanten und beschwerlichen Marsch durch das ewige Eis der Arktis zum Nordpol. Ein dramatisches und fesselndes Soloabenteuer auf Skiern.

So spannend wie die Welt.